权威·前沿·原创

皮书系列为
"十二五""十三五"国家重点图书出版规划项目

福利彩票蓝皮书

BLUE BOOK OF
WELFARE LOTTERY

中国福利彩票公益发展报告
（2018）

REPORT ON WELFARE LOTTERY PHILANTHROPY IN CHINA
(2018)

中国社会科学院福利彩票课题组

主 编／何 辉

社会科学文献出版社
SOCIAL SCIENCES ACADEMIC PRESS（CHINA）

图书在版编目（CIP）数据

中国福利彩票公益发展报告 . 2018 / 何辉主编 . − −
北京：社会科学文献出版社，2019. 12
（福利彩票蓝皮书）
ISBN 978 − 7 − 5201 − 5850 − 3

Ⅰ . ①中…　　Ⅱ . ①何…　　Ⅲ . ①社会福利 − 彩票 − 研究
报告 − 中国 − 2018　　Ⅳ . ①F832. 5

中国版本图书馆 CIP 数据核字（2019）第 298100 号

福利彩票蓝皮书
中国福利彩票公益发展报告（2018）

主　　编 / 何　辉

出 版 人 / 谢寿光
组稿编辑 / 陈　颖
责任编辑 / 桂　芳
文稿编辑 / 桂　芳　陈晴钰　薛铭洁

出　　版 / 社会科学文献出版社 · 皮书出版分社 （010）59367127
　　　　　　地址：北京市北三环中路甲 29 号院华龙大厦　邮编：100029
　　　　　　网址：www. ssap. com. cn
发　　行 / 市场营销中心 （010）59367081　59367083
印　　装 / 天津千鹤文化传播有限公司

规　　格 / 开　本：787mm × 1092mm　1/16
　　　　　　印　张：25. 75　字　数：384 千字
版　　次 / 2019 年 12 月第 1 版　2019 年 12 月第 1 次印刷
书　　号 / ISBN 978 − 7 − 5201 − 5850 − 3
定　　价 / 158. 00 元

本书如有印装质量问题，请与读者服务中心（010 − 59367028）联系

福利彩票蓝皮书编委会

主要编撰者简介

何　辉　经济学博士，中国社会科学院大学经济学院副教授，执行院长，兼任中国社会科学院大学社会组织与公共治理研究中心秘书长。主要研究领域为政府规制、慈善市场、社会组织。

马　妍　国家彩票杂志社副社长，研究领域为国内外彩票政策、彩票管理体制、彩票市场研究。

马福云　法学博士，中共中央党校（国家行政学院）社会和生态文明教研部社会建设教研室主任、教授，主要研究领域为社会建设、基层社会治理、彩票管理等。

王卫明　文学博士，南昌大学新闻与传播学院新闻学系主任、教授、博士生导师，主要研究领域为慈善传播、政治传播、家庭传播等。

郭　瑜　中国人民大学科研处副处长，劳动人事学院副教授、社会保障系主任，研究领域为养老保险与养老服务、社会救助等。

王晶磊　中国社会科学院大学网络中心高级工程师，主要研究领域为数据分析、项目管理、公共治理。

前　言

党的十九大报告指出，中国特色社会主义进入了新时代，我国社会主要矛盾已经转化为人民日益增长的美好生活需要和不平衡不充分的发展之间的矛盾。从新时代的视角来思考我国的福利彩票会发现：我国的福利彩票在设计之初，就被视为发展我国社会福利事业的新思路乃至新突破，经过30多年发展，福利彩票已经当之无愧地成为我国社会福利和公益事业发展的重要支柱。随着新时代我国社会主要矛盾的转换，福利彩票的发展也进入新时期。这就意味着我们需要认真分析在新时代，福利彩票如何紧紧围绕人民日益增长的美好生活需要和不平衡不充分的发展之间的矛盾，明确自身的目标定位，与时俱进地调整和优化发展战略，更好地推动我国公益事业发展，更好地服务于决胜全面建成小康社会。

正是基于这样的目标，在中国福利彩票发行管理中心的指导和支持下，中国社会科学院福利彩票课题组聚集了一个由中国社会科学院内外专家构成的研究团队，系统研究并跟踪我国福利彩票事业的发展，推出福利彩票蓝皮书。课题组成员既有中国社会科学院的学者，也有我国福利彩票研究领域和传播领域的多位资深学者，编写《中国福利彩票公益发展报告》，有如下三个目标。

一是充分利用社会科学文献出版社权威的蓝皮书平台，按年度分析研究我国福利彩票的发展状况，并公开发布。社会科学文献出版社的蓝皮书系列最早出版于1992年，当时中国社会科学院的常务副院长刘国光受总理基金委托，做了我国经济形势分析与预测的报告。报告除了可供决策部门参考以外，对于公众、研究机构以及企业部门也非常有参考价值，经请示后出版。从那个时候开始，蓝皮书系列得到迅猛发展，现在每年出版的皮书大概500

种，涵盖各个领域、区域、行业和国际问题等，已经成为国内外各个方面重要的决策参考资料。

福利彩票来源于社会，且其目的是社会公益和社会福利。因此，福利彩票相关部门有必要向社会公开相关的信息，例如福彩公益金的流向，公益金的使用效率和效果，有义务回应各方面的关注。自 2014 年以来，我国福利彩票系统内的部分省份发布了本地区的福利彩票社会责任报告，起到了较好的社会效果。但这些社会责任报告由于不是公开发行，因此受众面有限。公开出版蓝皮书是我国福利彩票业履行社会责任的新举措，可以更好地回应社会各界对中国福利彩票的高度关切，彰显中国福利彩票的发行宗旨，提高福彩公益金使用信息的透明度，引导社会各界关心、支持社会福利事业和其他社会公益事业的发展。

二是推动我国福利彩票研究的发展。目前，国内已经出版一些涉及福利彩票的理论研究图书，但整体上看，实证性、跟踪性的研究还远远不够。蓝皮书本身的体量较大，涉及的内容也更加广泛，兼具现状研究、政策分析等属性。我们相信福利彩票蓝皮书的出版，将有助于提升我国福利彩票的研究水平，特别是推动政策研究的深化。

三是出版福利彩票蓝皮书也是推动我国福利彩票事业发展进而推动我国公益事业发展的新途径。在蓝皮书中，我们将逐步开展对我国不同地区的福利彩票机构发展的案例研究，开展对世界不同国家或地区的彩票公益发展的案例研究。这些将有助于通过多维度的对比，深化我国的福利彩票政策分析。我们也正在建构福利彩票公益发展评估体系。该体系将用来对一个地区的福利彩票的整体发展情况，包括宗旨与使命、治理结构、管理能力、公益金项目的绩效、公益责任履行和公益发展的影响等内容进行评估，推动相关地区的福利彩票发展，增强机构和系统的使命感，加强能力建设，进一步推动中国福利彩票事业健康发展，增进全民福祉，提高全社会的福利水平。

《中国福利彩票公益发展报告（2018）》是在社会科学文献出版社蓝皮书平台出版的福利彩票蓝皮书系列的第一部。参与调研和写作的专家主要来自中国社会科学院、知名高校、福彩相关机构和媒体等。尽管本书的诸位作者大多在福利彩票领域有多年的耕耘，且很多都是该领域的资深学者，但对于这样一本有重要责任和使命感的蓝皮书，还缺乏足够的组织编撰经验，必然有这样或那样的疏漏和不足，非常欢迎同仁和读者批评指正。

编者

2019 年 11 月

摘　要

　　1987 年中国福利彩票由党中央国务院特许发行，到 2017 年已经 30 年。截至 2017 年，福利彩票已累计销售彩票超过 17951 亿元，筹集彩票公益金约 5379 亿元，为我国的福利和公益事业做出了巨大的贡献。仅以 2017 年为例，国内学者测算当年全国的全核算社会公益总价值为 3249 亿元，其中，全国志愿服务贡献价值 548 亿元，彩票公益金 1143 亿元，社会捐赠总量 1558 亿元。彩票公益金占比达 35%。如果按民政部的相关统计数据来核算，福彩公益金占比会更高。在历年全国的彩票公益金中，福利彩票占比都在 50% 以上。可以看出，福利彩票公益金一直以来都是中国公益慈善事业发展的重要资金来源。

　　福利彩票发行的初衷是"团结各界热心社会福利事业的人士，发扬社会主义人道主义精神，筹集社会福利资金，兴办残疾人、老年人、孤儿福利事业和帮助有困难的人"。这些年来，中国福利彩票不忘初心，围绕"扶老、助残、救孤、济困"的发行宗旨，有力地推动我国公益慈善事业快速发展。福利彩票在诞生之初被认为是发展社会福利事业的新思路、新突破，而如今，已成为我国社会福利和公益事业的重要支柱。

　　2017 年，福利彩票发行销售和公益金筹集都稳步增长，销量达到 2169.77 亿元，筹集公益金 621.40 亿元。本报告梳理了中央筹集的公益金的使用情况，包括中央专项公益金的项目，以及民政部本级项目和补助地方资金项目的情况。整体来看，在公益金的使用方面，进一步加大了对养老服务和地方公益事业的支持力度，强化公益金的使用管理。福彩机构也举办大量的公益活动，推动公益品牌的传播，这些都为我国的社会公益事业做出了重要贡献。

　　本报告包括六部分。在总报告篇，课题组较为系统地对我国福利彩票2017年的销售和公益金筹集、公益金的使用和项目情况进行了梳理，也分析了福利彩票在公益认知和公益体验、游戏设计、绩效管理等方面面临的挑战。在专题研究篇，三个研究团队分别从彩票公益金政策研究、2017年我国福彩机构公益项目的类型和公益品牌、新媒体时代福利彩票的公益传播三个方面进行了探讨。调查评估篇包括两篇文章，一篇从公益发展的视角对我国福利彩票公益发展的评估体系进行了初步的理论探索；另一篇围绕民众对福利彩票的认知进行问卷调查分析。在福彩公益项目篇中，分别从扶老、助残、救孤、济困、助学五个方面，梳理归纳了福彩公益金项目的开展情况。在镜鉴篇中，对我国香港赛马会的公益发展、美国彩票业与彩票公益发展做了分析，并对我国福利彩票公益发展提出建议。附录部分对我国彩票公益金的相关政策，以及不同类型基金会参与彩票公益金项目的相关政策进行了系统的梳理。

目　录

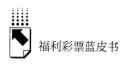
皮书数据库阅读**使用指南**

总 报 告

General Report

B.1

2017年中国福利彩票公益发展报告

中国社会科学院福利彩票课题组*

摘　要： 2017年，福利彩票发行销售和公益金筹集都稳步增长，销量达到2169.77亿元，筹集公益金621.40亿元。本文梳理了中央筹集的公益金的使用情况，包括中央专项公益金的项目，以及民政部本级项目和补助地方资金项目的情况。整体来看，在公益金的使用方面，进一步加大了对养老服务和地方公益事业的支持力度，强化公益金的使用管理。福彩部门也举办大量的公益活动，推动公益品牌的传播，这些都为我国的社会公益事业做出了重要贡献。本文也分

---

* 本文为课题组的集体成果。主要执笔人：何辉、王晶磊、马妍。何辉，中国社会科学院大学（中国社会科学院研究生院）经济学院副教授，博士，执行院长，中国社会科学院大学社会组织与公共治理研究中心秘书长；王晶磊，中国社会科学院大学（中国社会科学院研究生院）网络中心高级工程师；马妍，国家彩票杂志社副社长。

析了福利彩票在公益认知和公益体验、游戏设计、绩效管理等方面面临的挑战，在此基础上提出，应该提高公益金筹集比重、进一步完善公益金使用管理、加强购彩者公益体验和公益传播。

关键词： 彩票公益金　福利彩票　公益发展

一　2017年公益金筹集情况

（一）彩票销量突破4000亿元

2017 年我国①彩票销售收入首次超过 4000 亿元，达到 4266.69 亿元，同比增加 320.28 亿元，增长 8.1%（见图 1）。北京市 2017 年财政收入为 5431 亿元，四川省 2017 年财政收入为 3580 亿元，从收入规模看，2017 年彩票销售收入介于北京市和四川省财政收入之间。2017 年我国内地总人口为 13.90 亿人，② 相当于平均每个中国人购买了 307 元彩票。如果将我国的彩票销量放到世界范围内进行对比，从 1987 年我国开始发行福利彩票到 2017 年，历经 30 年发展，我国彩票销售收入已经稳居世界第二位，仅次于美国。③

我国彩票销量 2015 年曾出现下跌，2016 年开始企稳回升，进而连续两年增长。2016 年福利彩票销量为 2064.92 亿元，2017 年福利彩票销量为 2169.77 亿元，同比增加 104.85 亿元，增长 5.1%。2017 年福利彩票的销售收入接近当年江西省的财政收入。

---

① 这里统计的是我国内地的彩票销量，不包括香港、澳门特别行政区和台湾地区。
② 《2018 年国民经济和社会发展统计公报》，http://www.stats.gov.cn/tjsj/zxfb/201902/t20190228_1651265.html。
③ 《中国彩票 30 年：累计销售 3.2 万亿　跃居世界第二大市场》，http://finance.sina.com.cn/roll/2018 - 01 - 31/doc - ifyremfz2489548.shtml。

图1显示，福利彩票（以下或简称福彩）销量在全国彩票销量中，占比逐年下降，从2010年的58.23%降低至2017年的50.85%。

图1 2010～2017年彩票销量

资料来源：根据财政部发布的数据制作。

从图2可以看出，相较于福彩，体育彩票的销量增速变化较大。2011～2017年，除了2015年体育彩票销售增速低于福利彩票，其他年份体育彩票的销售增速都高于福利彩票。2017年，体育彩票销售增速为10.01%，高出福彩4.91个百分点。

2017年全国彩票发行销售总额中，分类型来看，乐透数字型占比61.6%，位列第一，其次为竞猜型彩票，占比21.76%，再次是视频型彩票，占比10.83%，即开型彩票占比5.77%，基诺型彩票占比0.04%。从福彩销量分类型来看，福彩没有竞猜型票种，乐透数字型彩票占比为72.8%，接近四分之三，是福彩的销量重心；视频型彩票曾经是福彩的特有品种，2017年占比为21.3%，超过1/5；即开型彩票占比略高于全国彩票即开型占比（见图3）。

（二）公益金筹集数量稳步增长

我国的彩票收入由彩票公益金、返奖奖金和发行费三部分构成。其中，

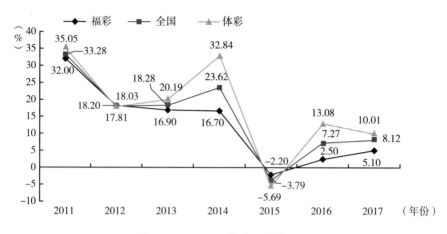

图 2　2011～2017 年彩票销量增速

资料来源：根据财政部发布的数据制作。

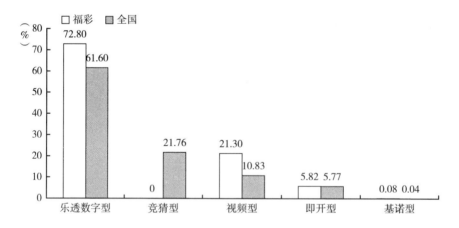

图 3　2017 年彩票分类型销量占比情况

资料来源：根据财政部发布的数据制作。

返奖奖金用于支付彩票中奖者。发行费则包括两部分，分别是福彩机构发行销售成本和支付给代销者的代销成本。彩票公益金是按照国家的相关规定比例从彩票收入中提取（不同类型彩票的公益金提取比例也有不同），专项用于社会福利、体育等社会公益事业的资金。返奖奖金中，逾期未兑奖的部分则统一纳入彩票公益金。

2017 年，全国共筹集彩票公益金 11633769 万元，同比增长 7.17%。除去受 2015 年彩票销量下滑影响外，彩票公益金筹集总量随销量连年稳步增长。值得关注的是，由于近年来福利彩票销量增速放缓，因此福彩筹集公益金数量占全国公益金总量的比例尽管仍然在 50% 以上，但已经从 2010 年的 60.81% 降低到 2017 年的 53.41%，见图4。

图 5 显示，福利彩票筹集的公益金数量除了 2015 年有所下降外，其他年份都稳步增长，2017 年达到 6214016 万元，同比增长 5.06%。

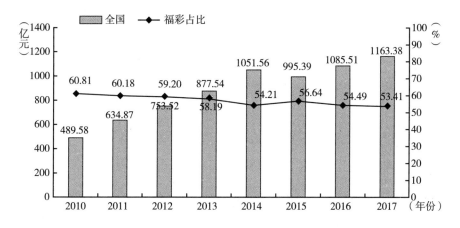

图4　2010～2017 年彩票公益金筹集总量及福彩占比情况

资料来源：根据财政部发布的数据制作。

（三）公益金筹集数量增速放缓

从公益金筹集量增速来看，如图6所示，全国公益金筹集总量增速不断下降，并于 2015 年触底至 -5.34%，2016 年逆势而上，2017 年达到 7.17%。相比而言，福彩公益金筹集量增速低于全国公益金筹集量增速，但 2017 年福彩公益金筹集量增速较 2016 年略有提高，而同期全国公益金筹集量增速放缓。

（四）福彩公益属性相对突出

尽管福彩公益金增速放缓，但是衡量彩票销量公益性的指标显示，经过

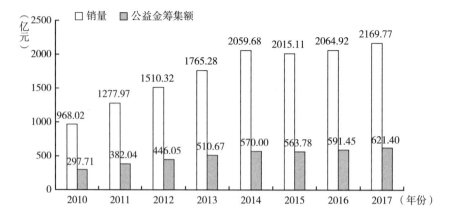

图5 2010～2017年福彩销量及公益金筹集数量

资料来源：根据中国福利彩票发行销售数据制作。

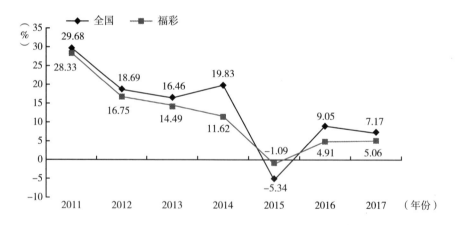

图6 2011～2017年彩票公益金筹集数量增速

资料来源：根据财政部发布的数据制作。

不断深入改革，福彩的公益属性在不断加强，公益金提取比例趋于稳定。从图7可以看出，2010年以来，福彩公益金每年的提取比例都高于全国公益金提取比例。尽管在2010～2014年间，福彩公益金提取比例下降幅度较大，但在2014年与全国公益金提取比例基本重合，福彩公益金提取比例又稳步上升并稳定在28%左右，2017年达到28.64%。福彩公益金的提取比例与全国彩票公益金提取比例的差距，在 2017 年达到最大，更加彰显了福彩的公益属性。

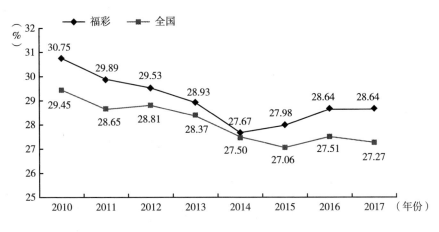

图7　2010～2017 年彩票公益金提取比例

资料来源：根据财政部发布的数据制作。

（五）乐透数字型彩票是筹集公益金的主要品种

2015 年，财政部发布了《关于进一步规范和加强彩票资金构成比例政策管理的通知》（财综〔2015〕94 号），重新拟定彩票奖金、彩票公益金和彩票发行费比例：公益金比例最低不得低于 20%；乐透数字型、竞猜型、视频型、基诺型等彩票的发行费比例不得高于 13%（传统即开型彩票的发行费比例不得超过 15%），已上市销售彩票品种自 2016 年 1 月 1 日起按新政策调整资金比例。①

根据现行彩票管理规定，彩票公益金来源于彩票发行销售收入和逾期未兑奖的奖金。彩票发行销售收入中，根据不同彩票品种，彩票公益金提取比例有所不同，主要有以下几种类型。一是全国性乐透数字型彩票，例如双色球，彩票公益金提取比例约为 36%，彩票奖金和彩票发行费提取比例约为

---

① 《关于进一步规范和加强彩票资金构成比例政策管理的通知》，http://zhs.mof.gov.cn/zhengwuxinxi/zhengcefabu/201511/t20151113_ 1560814. html。

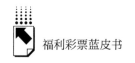

51%和13%；以快速开奖等为主的地方性乐透数字型彩票，大部分彩票游戏的彩票公益金提取比例为28%，彩票奖金和彩票发行费提取比例为59%和13%。二是以竞彩为主的竞猜型彩票，大部分彩票游戏的彩票公益金提取比例为18%，彩票奖金和彩票发行费提取比例为73%和9%。三是以中福在线为主的视频型彩票，彩票公益金提取比例为22%，彩票奖金和彩票发行费提取比例为65%和13%。四是即开型彩票，大部分彩票游戏的彩票公益金提取比例为20%，彩票奖金和彩票发行费提取比例为65%和15%。五是以快乐8、开乐彩等为主的基诺型彩票，彩票公益金提取比例为37%，彩票奖金和彩票发行费提取比例为50%和13%。

2017年乐透数字型彩票销售为2628.14亿元，筹集彩票公益金8214577万元；竞猜型彩票销售928.52亿元，筹集彩票公益金1717667万元；视频型彩票销售462.14亿元，筹集彩票公益金1016708万元；即开型彩票销售246.06亿元，筹集彩票公益金493733万元；基诺型彩票销售1.82亿元，筹集彩票公益金6750万元。逾期未兑奖奖金184334万元。[①]图8列出了各票种的销量占比和筹集公益金的占比。可以看出，乐透数字型彩票当之无愧是公益金最大贡献者，在销量占比61.6%的情况下，凭借着较高的公益金提取比例，贡献了70.61%的公益金，是当前彩票公益发展的中坚力量。而后起之秀，竞猜型和视频型彩票，因公益金提取比例较低，公益金占比大幅落后于其销量占比，尤其是竞猜型对比更为明显。

二 2017年公益金使用情况

根据国务院批准的彩票公益金分配政策，彩票公益金在中央和地方之间按50∶50的比例分配，专项用于社会福利、体育等社会公益事业，按政府性基金管理办法纳入预算，实行财政收支两条线管理，专款专用，结余结转

[①] 《财政部发布2017年彩票公益金筹集、分配和使用情况》，http：//www.gov.cn/xinwen/2018－08/30/content_5317633.htm。

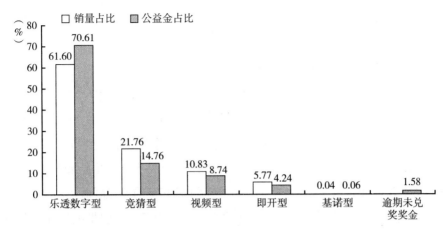

图8 彩票各票种的销量占比和筹集公益金的占比

资料来源：根据财政部发布的数据制作。

下年继续使用。地方留成彩票公益金，由省级财政部门商民政、体育等有关部门研究确定分配原则。中央集中彩票公益金在社保基金会、中央专项彩票公益金、民政部和国家体育总局之间分别按60%、30%、5%和5%的比例分配，见图9。

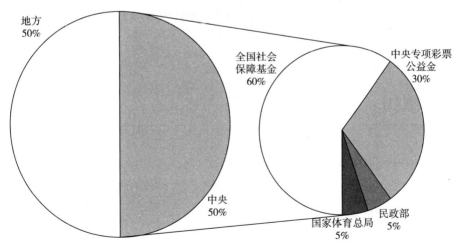

图9 公益金使用的分配政策

资料来源：根据财政部发布的数据制作。

（一）中央集中的彩票公益金使用情况

1. 中央集中的公益金分配情况

2017 年，全国共筹集彩票公益金 11633769 万元。2017 年中央财政彩票公益金收入 5667411 万元，加上 2016 年度结转收入 452212 万元，合计 6119623 万元。经全国人大审议批准，2017 年中央财政安排彩票公益金支出 5336543 万元。按上述分配政策，分配给社保基金会 3182400 万元，用于补充全国社会保障基金，金额略高于 2016 年，占比 59.63%，比 2016 年的 66.67% 有明显降低。

分配给中央专项彩票公益金 1623703 万元，用于国务院批准的社会公益事业项目，经由彩票公益金的使用部门或单位向财政部提出申请，财政部审核报国务院批准后组织实施，占比 30.43%；分配给民政部 265200 万元，按照"扶老、助残、救孤、济困、赈灾"的宗旨，安排用于资助为老年人、残疾人、孤儿、有特殊困难等人群服务的社会福利设施建设等项目；分配给国家体育总局 265240 万元，支持群众体育和竞技体育发展项目。中央集中的公益金分配情况，如表 1 所示。

表 1 中央集中的公益金分配情况

类别	分配金额（万元）	比例（%）
补充全国社保基金	3182400	59.63
中央专项彩票公益金	1623703	30.43
民政部	265200	4.97
国家体育总局	265240	4.97
总计	5336543	100

2. 中央专项彩票公益金分配情况

按照政策规定，中央专项的彩票公益金，主要用于社会公益。具体的实施部门包括政府部门、人民团体和基金会等。2017 年，中央专项彩票公益金 1623703 万元的具体支出安排见表 2[①]。

---

① 《2017 年彩票公益金筹集分配情况和中央集中彩票公益金安排使用情况公告》，财政部公告 2018 年第 114 号，参见 http://www.gov.cn/xinwen/2018－08/30/content_5317633.htm。

表2　2017年中央专项彩票公益金在不同项目间的分配

序号	项目名称	实施部门	资金总额(万元)	所占比例(%)
1	未成年人校外教育	教育部	92000	5.7
2	乡村学校少年宫建设	中央文明办	73012	4.5
3	教育助学和大学生创新创业	中国教育发展基金会	105000	6.5
4	医疗救助	医保局	180000	11.1
5	养老公共服务	民政部	100000	6.2
6	扶贫事业	扶贫办	180000	11.1
7	文化公益事业	文化部	46800	2.9
8	残疾人事业	残联	198800	12.2
9	红十字事业	红十字会总会	46591	2.9
10	法律援助	中国法律援助基金会	12000	0.7
11	农村贫困母亲"两癌"救助	中国妇女发展基金会	30000	1.8
12	留守儿童快乐家园	中国儿童少年基金会	1500	0.1
13	出生缺陷干预救助	中国出生缺陷干预救助基金会	15000	0.9
14	禁毒关爱工程	中国禁毒基金会	3000	0.2
15	足球公益事业	中国足球发展基金会	40000	2.5
16	支持地方社会公益事业	中西部地区	500000	30.8

资料来源：根据财政部发布的数据制作。

（1）未成年人校外教育项目，主要用于支持校外活动保障和能力提升、中小学生研学旅行营地建设等。项目由教育部组织实施，支出92000万元。

（2）乡村学校少年宫建设项目，主要用于支持新建乡村学校少年宫，以及"十二五"时期已建成的乡村学校少年宫开展活动及更新设备。项目由中央文明办组织实施，支出73012万元。

（3）教育助学和大学生创新创业项目，主要用于奖励普通高中品学兼优的家庭困难学生，资助家庭经济特别困难的教师，救助遭遇突发灾害的学校；以及资助创新创业教育成效显著的高等院校，推动创新创业教育改革发展。这两个项目由教育部委托中国教育发展基金会实施，支出105000万元。

（4）医疗救助项目，主要用于资助困难群众参保（合），并对其难以负

担的基本医疗自付费用给予补助。项目由医保局组织实施，支出 180000 万元。

（5）养老公共服务项目，主要用于支持地方开展居家和社区养老服务改革试点。项目由民政部组织实施，支出 100000 万元。

（6）扶贫事业项目，主要用于支持贫困革命老区贫困村村内小型生产性公益设施建设，改善贫困村的生产条件。项目由国务院扶贫办组织实施，支出 180000 万元。

（7）文化公益事业项目，主要用于支持国家艺术基金资助艺术创作生产、传播交流推广和人才培养等，以及补助城市社区文化中心（文化活动室）设备购置。项目由原文化部组织实施，支出 46800 万元。

（8）残疾人事业项目，主要用于残疾人体育，盲人读物出版、盲人公共文化服务，以及残疾儿童康复救助、贫困智力精神和重度残疾人残疾评定补贴、助学、贫困重度残疾人家庭无障碍改造、残疾人康复和托养机构设备补贴、残疾人文化等方面的支出。项目由中国残联组织实施，支出 198800 万元。

（9）红十字事业项目，主要用于贫困大病儿童救助、中国造血干细胞捐献者资料库、红十字会人道救助救援、红十字生命健康安全教育、失能老人养老服务、人体器官捐献等项目。项目由中国红十字会总会组织实施，支出 46591 万元。

（10）法律援助项目，主要用于农民工、残疾人、老年人、妇女家庭权益保障和未成年人法律援助项目。项目由司法部委托中国法律援助基金会组织实施，支出 12000 万元。

（11）农村贫困母亲"两癌"救助项目，主要用于救助患有乳腺癌和宫颈癌的农村贫困妇女。项目由全国妇联委托中国妇女发展基金会组织实施，支出 30000 万元。

（12）留守儿童快乐家园项目，主要用于提供农村留守儿童关爱服务，改善留守儿童生存状况。项目由全国妇联委托中国儿童少年基金会组织实施，支出 1500 万元。

（13）出生缺陷干预救助项目，主要用于出生缺陷救助、出生缺陷防治宣传和健康教育。项目由原国家卫生计生委委托中国出生缺陷干预救助基金会组织实施，支出 15000 万元。

（14）禁毒关爱工程项目，主要用于支持部分毒品危害严重地区的学校建设校园禁毒图书角等。项目由公安部委托中国禁毒基金会组织实施，支出 3000 万元。

（15）足球公益事业项目，主要用于资助足球公益项目，支持有关青少年足球人才培养和社会足球公益活动。项目由国家体育总局委托中国足球发展基金会组织实施，支出 40000 万元。

（16）支持地方社会公益事业项目，主要由中西部等地区结合实际情况统筹使用，重点用于当地养老、扶贫、基本公共文化等社会公益事业发展薄弱环节和领域，改善其落后现状，以促进全国各地区社会公益事业的协调发展。项目支出 500000 万元。①

如果对比 2016 年的数据，可以发现，2017 年中央专项彩票公益金增加了两个项目，分别是足球公益事业 40000 万元，支持地方社会公益事业 500000 万元，合计支出 540000 万元。2016 年中央专项彩票公益金 1051590 万元，2017 年中央专项彩票公益金 1623703 万元，2017 年比 2016 年增加 572113 万元，增加支出的绝大部分投入足球公益事业和支持地方社会公益事业中。

对中央专项彩票公益金项目按支出金额的多少进行排序，则支持地方社会公益事业、残疾人事业、医疗救助及扶贫事业、教育助学和大学生创新创业、养老公共服务排在前五位。

（二）民政部彩票公益金使用情况

经财政部核准，民政部 2017 年彩票公益金预算额度为 265200 万元，

---

① 《财政部发布 2017 年彩票公益金筹集、分配和使用情况》，http：//www.gov.cn/xinwen/2018 – 08/30/content_ 5317633. htm。

专项用于民政社会福利及相关公益事业。民政部遵循"扶老、助残、救孤、济困"的福彩公益金使用宗旨和彩票公益金使用有关规定，将265200万元用于五个方面，分别是：社会养老服务体系建设项目；社会福利设施建设；残疾人、孤儿、经济困难人群等特殊困难群体受益的项目；符合政策规定的其他社会公益项目；以及着重面向贫困地区倾斜的补助地方资金项目。其中，总额度的约97%，达256248万元的资金投入补助地方资金项目中。剩余的8952万元，占总额度3%的资金，民政部直接用于相关项目。

1. 补助地方项目情况

2017年度民政部彩票公益金补助地方项目资金共计256248万元，主要用于老年人福利、残疾人福利、儿童福利、社会公益四个方面，具体的项目和资金额度如表3所示。[①]

表3 民政部彩票公益金项目分配情况

单位：万元

项目类型	补助地方金额	民政部本级项目金额
老年人福利类项目	131613	1000
残疾人福利类项目	49264	4500
儿童福利类项目	49264	3039
社会公益类项目	26107	413
总　计	256248	8952

资料来源：根据民政部发布的数据制作。

（1）老年人福利类项目，131613万元。主要用于新建和改扩建六类机构，分别是以服务生活困难和失能失智老年人为主的城镇老年社会福利机构、城镇社区养老服务设施、农村五保供养服务设施、供养孤老优抚对象的

[①] 《民政部2017年度彩票公益金使用情况公告》，http://www.mca.gov.cn/article/gk/cpgyjgl/mcabj/201806/20180600009890.shtml。

光荣院、对伤病残退役军人供养终身的优抚医院，以及城乡社区为老服务信息网络平台等。

各地的具体实践主要从以下几个方面开展：一是提升城市社区养老服务水平；二是着力补齐农村养老服务短板；三是持续提高机构养老服务供给水平；四是深入推进医养结合；五是培养养老服务专业人才；六是创新发展智慧养老；七是关注老年人精神慰藉，弘扬敬老养老助老的社会风尚。这些项目的实施，有效地提升了以居家养老为基础、社区为依托、机构为补充、医养结合的社会养老服务体系建设。

（2）残疾人福利类项目，49264万元。主要用于资助地方开展精神卫生福利机构、民政康复辅具机构建设和设备配置，其他民政直属残疾人服务机构等的建设，以及通过购买服务的方式推动精神障碍社区康复服务发展等。各地的具体实践，主要从免费安装假肢、自闭症群体呵护、残疾人技能培训等方面开展。

（3）儿童福利类项目，49264万元。用于两个方面，即县级儿童福利机构建设和机构内儿童"养治教康"项目，残疾孤儿手术康复"明天计划"项目。具体包括：①县级儿童福利机构建设、残疾儿童和受艾滋病影响儿童"养治教康"项目36264万元，占比为73.61%。支持人口50万以上或孤儿较多的县新建、改建儿童福利机构或社会福利机构的儿童部；加强基层儿童福利服务体系建设，为儿童之家配备相应的设施设备；根据儿童福利机构内的特殊教育和脑瘫康复训练示范基地工作开展情况，对机构内涉及儿童养育、治疗、特教、康复的项目予以资助；对国务院防治艾滋病工作委员会办公室确认的全国艾滋病流行重点省份予以资助。②残疾孤儿手术康复"明天计划"项目13000万元，占比为26.39%。面向儿童福利机构收留抚养的具有手术适应证的残疾儿童和社会散居孤儿，用于资助他们的手术治疗和康复。

各地主要从以下几个方面实施：加强儿童福利基础设施建设；支持儿童关爱服务体系建设（包括提高孤残儿童基本生活保障标准、加大重病重残儿童医疗救助力度、完善孤儿继续教育和技能培训、基层儿童福利体系建

设）；购买社会服务，优化儿童福利服务提供方式。

（4）社会公益类项目，26107万元。这些项目涵盖如下四个方面。

——社会捐助体系建设和捐赠废旧纺织品综合利用项目5000万元。用于加强慈善超市和经常性社会捐助站点建设，积极推进捐赠废旧衣物综合利用工作，资助慈善超市和经常性社会捐助站点的软硬件建设，慈善超市物资配送，捐赠物资储存设施建设，捐赠废旧衣服分拣、运输、再生加工和再生产品配送等。

——未成年人救助保护中心建设项目10554万元。主要用于资助市县未成年人救助保护中心基础设施建设和设备更新改造。重点支持流动人口多、未成年人救助任务重的地区和农村留守儿童数量较多的地区。优先资助农村留守儿童关爱保护工作和困境儿童保障工作取得初步成效的地区。

——殡葬基础设施设备建设更新改造项目7387万元。重点支持中西部殡仪馆设施设备建设改造项目。

——社会工作和志愿服务项目3166万元。主要用于补助各地开展一批面向老年人、残疾人、儿童和困难群众的社会工作和志愿服务项目，帮助其修复和发展社会功能、建立社会关爱与支持系统、改善生活境况。①

根据《财政部　民政部关于下达2017年用于社会福利的彩票公益金的通知》（财社〔2017〕91号），2017年民政部补助地方项目资金，除残疾孤儿手术康复"明天计划"项目资金采用项目法分配外，其余项目资金均采用因素法分配，主要因素包括：财政困难系数、工作任务数量及工作绩效等，将彩票公益金分配到各地，由各地结合实际情况分配使用。补助地方资金使用范围及项目额度如表4所示。

---

① 《民政部2017年度彩票公益金使用情况公告》，http：//www.mca.gov.cn/article/gk/cpgyjgl/mcabj/201806/20180600009890.shtml。

表4　2017年民政部彩票公益金补助地方项目的资金使用情况

单位：万元

地区	合计	老年人福利类项目	残疾人福利类项目	儿童福利类项目	社会公益类项目
北京市	4418	2951	602	600	265
天津市	4390	3224	588	375	203
河北省	9031	4773	1954	1280	1024
山西省	7333	3636	1457	1342	898
内蒙古自治区	6263	3156	1352	784	971
辽宁省	7194	3903	1471	1141	679
吉林省	6851	3741	1467	930	713
黑龙江省	9107	5865	1519	900	823
上海市	2729	1331	606	574	218
江苏省	10065	6014	1485	1883	683
浙江省	5512	2742	1345	1115	310
安徽省	11883	7317	2153	1383	1030
福建省	5629	2847	1362	894	526
江西省	8267	4220	1623	1491	933
山东省	10156	5546	2191	1736	683
河南省	15228	6133	2467	5572	1056
湖北省	8799	4660	1889	1254	996
湖南省	10831	5381	2238	2070	1142
广东省	8472	4029	1697	2293	453
广西壮族自治区	9666	4533	1834	2023	1276
海南省	5122	2707	1016	710	689
重庆市	8402	5601	1265	851	685
四川省	12713	6583	2770	2112	1248
贵州省	8102	3640	1664	1546	1252
云南省	9011	3773	1756	1850	1632
西藏自治区	6386	2866	1100	1484	936
陕西省	10336	5552	1954	1899	931
甘肃省	7544	3678	1440	1427	999
青海省	6191	3109	1228	1058	796
宁夏回族自治区	6102	3030	1235	1028	809
新疆维吾尔自治区	10272	3072	1307	4790	1103
新疆生产建设兵团	4243	2000	1229	869	145
合　计	256248	131613	49264	49264	26107

资料来源：《民政部2017年度彩票公益金使用情况公告》，http：//www.mca.gov.cn/article/gk/cpgyjgl/mcabj/201806/20180600009890.shtml。

2. 民政部本级公益金项目情况

2017 年，民政部本级公益金项目金额为 8952 万元。由民政部直接实施或者采取向社会力量购买服务等形式开展老年人、残疾人、儿童福利项目以及相关公益项目。具体使用情况如下：残疾人福利类项目 4500 万元；儿童福利类项目 3039 万元；老年人项目 1000 万元，社会公益类项目 413 万元。四类项目的资金占比情况如图 10 所示。可以看出，民政部本级项目重点投入残疾人福利和儿童福利两个领域。

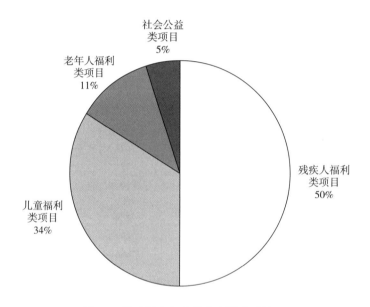

图 10 民政部本级公益金项目分配情况

资料来源：根据民政部发布的数据制作。

（1）残疾人福利类项目。残疾人福利类项目为"9 福康工程"，即残障群体示范性配置康复辅具及手术矫正治疗。该项目由国家康复辅具研究中心负责实施，主要包括三个方面的内容：一是为福利机构配发康复辅具。选取西部及部分中东部贫困地区具有示范性的福利机构，配发康复辅具产品3300 余件（套），提高福利机构无障碍设施使用水平，方便残障者生活；二是完成 19 个省（自治区、直辖市）633 具假肢以及 257 具矫形器装配任务，提高了残障者的生活自理能力和生活质量，改善了他们的生存状况；三是完成西部及中东部贫困地区的肢体畸形矫治手术 497 例，术后装配矫形器 352 例，术后康复训练患者 71 名，提高残障者的生活自理能力和生活质量。

（2）儿童福利类项目。儿童福利类项目总金额为 3039 万元，包括五项：分别是大龄孤儿学历教育项目 1325 万元、孤残儿童高等教育助学工程项目 1080 万元、涉外送养儿童寻根回访及中国文化教育项目 260 万元、儿童福利机构管理和专项技能培训项目 145 万元，推进儿童福利机构社工服务和特教本科教育项目 229 万元。具体内容如下：

大龄孤儿学历教育项目由北京社会管理职业学院实施。主要用于资助大龄孤儿接受高等学历教育。2017 年共资助在校孤儿学生 506 人，目前受资助的 2017 届学生 119 人都已顺利毕业。

孤残儿童高等教育助学工程项目由中国儿童福利和收养中心实施。主要通过单独招生、直接资助的方式，资助生活在福利机构中的大龄孤残儿童和部分散居孤儿，为他们提供接受高等教育的机会。2017 年"助学工程"共资助孤儿学生 533 人，148 名孤儿学生顺利毕业。

涉外送养儿童寻根回访及中国文化教育项目由中国儿童福利和收养中心实施。主要资助涉外送养儿童来华寻根回访，通过组织其回访福利院、参加系列文化讲座、开展社会实践活动，加深他们对祖国的认同和热爱，促进其幸福健康成长。2017 年共资助了 296 名送养儿童来华寻根回访。

儿童福利机构管理和专项技能培训项目由中国儿童福利和收养中心实施。主旨是加强儿童福利机构各类人才队伍建设、提升儿童福利机构管理水平、针对儿童福利机构工作人员开展管理知识和各类专项技能的培训。2017 年组织实施 390 人次的培训。

推进儿童福利机构社工服务和特教本科教育项目由中国儿童福利和收养中心实施。该项目推动以家庭安置为目标的儿童福利机构社会示范项目发展，提升一线社工专业服务能力；通过开展特殊教育专业学历教育，培养本科学历的特殊教育专业人才，提升福利机构特殊教育工作专业化水平。2017 年举办三期 199 人次社工实务培训，新增济南院、郑州院、乌兰察布院三家

儿童福利机构社工服务示范点；资助148名儿童福利机构工作人员参与特殊本科学历教育。

（3）老年人福利类项目。"夕阳红"救助服务项目由国家机关事务管理局财务管理司实施。主要用于为身患重病、高龄和失能老年人提供救助服务、康复护理服务、"一键通"紧急救助呼叫服务及家庭服务等，帮助这些老年人改善生活处境、提高生活质量。2017年为265名特困老年人发放救助资金360余万元，为失能半失能老年人提供康复护理服务46094人次，为602名75岁以上老年人购买"一键通"呼叫服务，实现了"一键紧急呼叫，一键生活服务"的功能。

（4）社会公益类项目。社会公益类项目金额413万元，包括两个项目，即社会福利和社会工作人才培训项目252万元，彩票公益金第三方绩效评价、评审和审计项目161万元。社会福利和社会工作人才培训项目由北京社会管理职业学院实施。该项目基于年度培训计划及培训需求调研，按照培训对象的行业及岗位不同分为全国留守儿童与未成年人保护示范培训、社会福利及相关公益事业标准化培训、中西部贫困地区社会工作示范培训3个培训子项目。2017年该项目实施现场培训10期，培训学员868人。彩票公益金第三方绩效评价、评审和审计项目由社会福利和慈善事业促进司实施。主要通过聘请第三方机构对2016年彩票公益金民政部项目开展审计检查和对彩票公益金补助地方项目进行实地督查。[①]

（三）公益金使用进一步规范

1. 加大对养老服务的政策支持力度

（1）2017年2月10日，财政部、民政部发布《中央财政支持居家和社区养老服务改革试点补助资金管理办法》的通知，规范和加强支持居家和社区养老服务改革试点的中央专项彩票公益金管理，充分发挥资金使用效益。

---

① 《民政部2017年度彩票公益金使用情况公告》，参见 http：//www. mca. gov. cn/article/gk/cpgyjgl/mcabj/201806/20180600009890. shtml。

（2）2017年11月22日，财政部、民政部印发《〈中央集中彩票公益金支持社会福利事业资金使用管理办法〉的通知》，规定彩票公益金用于老年人福利类项目预算总额不得低于彩票公益金总额的50%。重大政策调整涉及彩票公益金分配比例的，按照相关规定执行。

2.强化对民政部本级公益金使用的管理

（1）2017年6月12日，民政部办公厅印发《民政部彩票公益金项目督查办法（试行）》，要求民政部门应当定期或不定期对项目单位的项目实施过程进行督导和检查。督查形式包括：审计、约谈、函询、查阅档案资料、实地检查等。督查主要内容包括：项目单位管理制度的健全性；预算执行情况、资金使用合法合规性；项目完成情况；项目目标是否发生偏离；信息公开和宣传情况等。

（2）2017年6月12日，民政部发布《民政部彩票公益金使用管理信息公开办法（试行）》，规定公益金使用管理信息公开遵循真实、准确、完整、及时、便民的原则，谁使用、谁分配、谁管理、谁公开，做到应公开尽公开。各级民政部门、各申报公益金项目预算的民政部门内设机构和直属单位（以下简称项目单位）是公益金使用管理信息公开的责任主体。

三　福彩机构的公益活动和公益营销

（一）福彩机构的公益活动

除了民政部门、财政部门投入的公益金资助各种福利公益项目外，各地各级福彩中心也通过开展扶老、助残、救孤、济困等方面的公益活动，以实际行动践行社会责任，展现福利彩票的公益性。

多年来，一些省、市福彩机构结合自身工作实际，申请福彩公益金用于开展多样的公益活动，帮扶特困家庭、受灾群众、贫困残疾人士、孤儿等困难群体。除了申请福彩公益金开展公益项目之外，一些福彩机构也使用发行经费来开展一些公益活动。据不完全统计，2017年，32家省级福彩中心中

有 26 家开展了相应的公益活动，其中：6 家省级福彩中心开展了"扶老"类项目；5 家省级福彩中心开展了"助残"类项目；2 家省级福彩中心开展了"救孤"类项目；21 家省级福彩中心开展了"济困"类项目；13 家省级福彩中心开展了"公益文化以及其他"类项目等。这些公益活动大部分使用的是公益金，部分使用了彩票的发行费。

以助学活动为例，安徽、广西、河北、河南、宁夏、陕西、西藏、江苏、重庆、海南、湖南、山东、四川、辽宁 14 个省级机构举办了 16 个助学活动。例如，河北省 2017 年，投入公益金 2627.3 万元，资助 5523 名无力支付学费的贫困学生；投入 451.2 万元公益金开展"福彩暖冬"活动，为 4512 名贫困县（特别是国家级贫困县）农村特困人员送去温暖。安徽省开展第五届爱心图书进校园公益活动，使用预算资金 150 万元，资助全省 75 所学校，购置了总价值高达 312.5 万元的课外图书；省市联动开展"福彩助你上大学"活动，共资助 600 名贫困学子。广西完成第四季"福彩情　学子梦"公益助学活动，帮扶 250 名贫困高三学子，3 年间，累计使用专项助学公益金 437 万元，帮助 850 名困难家庭学子圆大学梦；连续 3 年支持希望小学，面向南宁市 317 个贫困村开展援助；使用 150 万元对桂平国家级、自治区级贫困乡村或贫困群体实施精准定向扶贫。陕西省使用 2000 万元公益金，资助 4300 名贫困学子上大学。湖南 2017 年"福泽潇湘之福彩有爱·精准助学"公益活动，面向全省 51 个贫困县市的小学、初中、高中生（含职业高中），进行精准救助，首次按照小学、初中每人 3000 元，高中每人 5000 元的标准予以资助，从省本级福彩公益金中专项安排 190 万元，共计资助 500 余名家境困难的学子。①

（二）福彩机构的品牌营销

前文我们聚焦于福彩机构销售彩票，筹集公益金，并用于各类公益项目，从而推动我国的公益事业发展。笔者认为，福利彩票自身的品牌建设和

---

① 参见《2017 年中国福利彩票社会责任报告》。

公益营销，对于公益发展来讲，也是非常重要的环节。

一方面，"品牌"是一种无形资产，"品牌"就是知名度，有了知名度就具有凝聚力与扩散力。就福利彩票而言，福利彩票的品牌建设，作为营销策略，能推动福利彩票的销售，筹集更多的公益金，也能够更好地支持我国的公益事业的发展。

另一方面，福彩品牌建设本身，对于公益传播、提高福彩的公信力也至为重要。从各地的情况来看，几乎每个省级福彩机构都打造了自己的品牌公益项目。如中国福利彩票发行管理中心组织开展的福彩有爱、福彩圆梦等系列公益活动，各地福彩中心开展资助贫困学子、慰问困难群众等公益活动，打造了福泽潇湘、温暖贵州、幸福辽宁等公益品牌，彰显了福利彩票的公益宗旨、诚信原则、福彩文化和社会责任。这是很好的公益传播方式。

例如，北京市通过移动频道、楼宇频道、地铁频道开展形式多样的宣传推广；辽宁省围绕"公益福彩、幸福辽宁"主题，开展福彩三十周年纪念彩票上市营销活动、开展福彩三十周年即开票手工艺品作品征集大赛活动；上海福彩文化展示馆开馆并举行"上海福彩"慈善摄影作品展，通过图片、视频影像和实物，展现上海福彩发展历史，以及福彩公益金对社会福利事业的支持。① 浙江省将省福彩中心的《社会责任报告》发放到全省7000余个销售站点，并在浙江福彩官方网站和微信公众平台提供在线下载和阅读，设置意见反馈表，收集公众意见和建议。安徽省开展第三届"激情盛夏福彩有礼"、第二届"福彩送福进万家"、"纪念福彩发行三十周年"等营销活动，新媒体营销荣获2017全球移动营销峰会"金梧奖"；诚邀社会各界及彩民"走进身边的公益项目"，见证福彩发展和成就。广东省福彩2017年投入近4846万元，在全省范围内投放户外大型福彩公益广告牌251块，覆盖全省21个市的19个县级市、44个区、39个县、21个镇，总面积达40153平方米，扩大福彩公益理念本地宣传受众面；提升

---

① 《上海福彩文化展示馆亮相"中华慈善日"》，http://www.sohu.com/a/190652992_662098。

官方微信推文质量 10 万 + 推文数达 22 篇，用户数增至 190 万。四川省为庆祝中国福利彩票发行三十周年，邀请专业人员拍摄制作《有福有彩四川福彩三十年发行篇》和《有福有彩四川福彩三十年公益篇》两部福彩形象宣传片；全省 13000 余个福彩资金资助公益项目在醒目处注明"福利彩票资助"。

四 福利彩票公益发展的挑战

2017 年是中国福利彩票成立 30 周年。截至 2017 年，福利彩票已累计销售彩票超过 17951 亿元，筹集彩票公益金约 5379 亿元，为我国的福利和公益事业做出了巨大的贡献。仅以 2017 年当年为例，国内学者测算当年全国的全核算社会公益总价值为 3249 亿元，其中，全国志愿服务贡献价值 548 亿元，彩票公益金 1143 亿元，社会捐赠总量 1558 亿元。[①] 彩票公益金占 35%。如果按民政部统计的社会捐赠额等数据来核算，福彩公益金占比会更高。可以看出，彩票公益金一直都是中国公益慈善事业发展的重要来源。在历年的全国的彩票公益金中，福利彩票占比都在 50% 以上。也可以说，福利彩票一直以来是我国公益慈善事业发展的重要资金来源。

回到 1987 年，中国福利彩票由党中央、国务院特许发行，初衷是"团结各界热心社会福利事业的人士，发扬社会主义人道主义精神，筹集社会福利资金，兴办残疾人、老年人、孤儿福利事业和帮助有困难的人"。这些年来，中国福利彩票不忘初心，围绕"扶老、助残、救孤、济困"的发行宗旨，有力地推动我国的公益慈善事业快速发展。"福利彩票在发行之初被认为是发展社会福利事业的新思路、新突破"，[②] 经过 30 年的发展，已成为我国社会福利和公益事业的重要支柱。

---

① 杨团主编《中国慈善发展报告（2018）》，社会科学文献出版社，2018，第 6 页。

② 郑功成等：《当代中国慈善事业》，人民出版社，2010，第 228 页。

对于我国福利彩票的全面回顾，我们将另撰专文进行梳理。本报告对福利彩票目前面临的挑战进行简单归纳。

（一）公众公益认知和彩民公益体验有待强化

福利彩票发展的初衷和最终落脚点是为了筹集公益金，为社会公益事业做贡献。因此彩民对福利彩票公益性的认知和体验非常重要。福利彩票的公益性，除了在销售环节外，更重要的是在福利彩票公益金的使用环节。由于实行收支两条线，筹集到的公益金的使用权不在中国福利彩票发行中心以及全国各级福彩中心手中。但是在进行福彩品牌宣传时，"公益"却是无法绕开的一个关键词，尤其在大环境正在弱化大奖宣传的背景下，"公益"甚至成为各级福彩中心宣传工作的核心宣传点。中国公众的公益观调查报告（2017）显示，信息的透明度、机构的合法性、品牌知名度是影响公众参与公益活动的三个决定性因素①。

对于中国福利彩票而言，机构的合法性毋庸置疑，但福彩的公益信息透明度和品牌知名度并不高。从福彩公益信息的透明度而言，任何公益金资助项目都应该明示公益金资助信息。而现实情况是：不少地区使用彩票公益金的福利机构、社会组织等不但没有对福利彩票公益金项目做品牌宣传，甚至连基本的"获得福彩公益金支持"的信息都没有明示。公益金使用终端环节上的这些问题，影响了公众对于福利彩票公益性的认知。本报告中第 6 篇基于调查问卷，就民众对福利彩票的认知进行了较为深入的分析，认为福利彩票在公益宣传方面和信息公开方面还存在很大的不足。

福利彩票公益金使用的宣传环节不到位、公众对福利彩票的性质认知不足，导致福彩机构需要自己加大公益宣传力度。近些年来，福彩机构使用发行费等开展公益活动的情况已普遍存在。这些项目客观上也起到了公益宣传

---

① 《人民智库——中国公众的公益观调查报告（2017）》，人民论坛 2017 年 2 月下，第 32 ~ 105 页。

效果，本报告中的第四篇文章专门梳理分析了福彩机构开展的公益活动。将福彩机构组织的公益项目与众多的福彩公益金支持的公益项目比较，后者不但量多，而且公益性和福利性更为突出，更适合于进行公益宣传，效果可能也更好。

现实情况下，各级彩票机构逐渐被公众打上了"公益"及"花公益金"这样的标签，导致各级彩票机构在做彩票品牌宣传时无形中受到了束缚和被固化，在公众印象已经成形的当下，再去申明各级彩票机构只负责筹集公益金而并没有使用权，很难达到目标。"公益"成为福彩机构宣传工作中无法避开的内容。各级彩票机构在宣传公益的道路上越走越远，公众标签越来越牢，进而倒逼各级彩票机构必须做更多公益项目来满足公众期待和宣传的需要。

与此同时，福彩机构在销售环节，存在销量为上的政绩观，强调销量，突出彩票的博弈性，尚缺乏突出公益性的优秀的客户体验设计，无形中弱化了彩民的公益体验。

综上，当前我国福利彩票公益宣传效率较低，公众对于福利彩票的公益认知不足，彩民购彩时的公益体验还有待强化。

（二）游戏设计的公益性有待提升

福利彩票是以国家背书发行销售的，具有鲜明的政治属性，重点体现在三个方面：一是国家性，发行销售福利彩票是党中央、国务院赋予民政部门的一项重要职责；二是人民性，福利彩票提供新颖有趣的游戏来满足人民群众日益丰富的精神文化需求；三是公益性，助力社会福利和社会公益事业发展。但是近年来，福利彩票游戏产品不断创新，返奖率不断提高，博弈性、娱乐性不断加强，公益金提取比例却有所下降，从 1987 年创立之初的 49.15%，下降到 2017 年的 28.64%。2016 年按照财政部的新要求，彩票行业降低发行费比例，提升公益金提取比例，提取比例才企稳回升。整体来看，全国整个彩票行业的公益金提取比例的下降，表明全行业的公益发展观念有所淡化。

（三）公益金项目绩效评价有待进一步深化

在彩票事业不断发展、销量增长的同时，公益金筹集量也随之增加，对公益金使用情况的绩效审计、公益金使用效率评估都变得越来越重要和紧迫。民政部2017年6月印发的《民政部彩票公益金项目督查办法（试行）》强调，民政部应当结合实际随机选取一定数量的部本级项目、补助地方项目中的省本级项目，委托第三方审计机构开展审计。该办法也对审计机构的审计资格提出了要求。尽管印发了相应的督查办法，但在实际的操作中侧重于资金的使用安全，对公益金使用的效果评估尚显不足。福利彩票的评估体系应该聚焦于公益发展，因此在公益绩效中，我们既要重视资金安全、使用效率，也要特别注意这些公益项目本身的意义和价值，重视公益金的使用效果。例如项目所针对社会问题在社会发展中的重要性；以及项目与区域发展规划、公众需要、特殊群体需要等的匹配程度，确保公益金使用提质增效，结果公开透明。本报告第五篇文章，就我国福利彩票公益发展评估体系进行了初步的探讨，提出了福利彩票公益发展的五维度模型，即公益资源、管理、绩效、责任和社会影响模型。

（四）品牌建设尚显不足

总体来看，我国福彩系统已经和正在建设多个福彩公益品牌，但到目前为止，还没有一个全国性的、且具有广泛知名度和影响力的公益品牌。应该说，无论从彩票行业安全运行、健康发展的要求还是从回应社会舆情需求来看，树立中国福利彩票的品牌公益形象，已成为迫切要求。如何提高福彩的公信力、塑造品牌影响力是福彩机构面临的重要问题。

五　推动中国福利彩票公益发展的政策建议

（一）提高公益金筹集比重

保持合理且平稳的发行销售增速，提高公益金筹集比例。一是保持合理

稳定的发行销售增速，各省份在计划彩票发展规模时，应当考虑当地的经济发展水平，适当控制贫困地区发行规模，增大发达地区发行规模，兼守效率与公平原则，发行规模与经济水平相适应，保证公益金筹集总额不断增加，不断满足社会公益事业的需求。二是要坚守公益金提取比例红线，将其稳定在一个合理的水平。2015 年财政部发布了《关于进一步规范和加强彩票资金构成比例政策管理的通知》，要求公益金比例最低不得低于 20%。从全球来看，全球各国彩票机构彩票销售收入中以各种税费形式（彩票税、费用或特殊税费）和公益金缴纳给政府和拨付给公益事业（包括慈善、福利、教育、环境等）的资金比例约为 25% ~ 35%。其中，美国彩票发行以州为单位，各州对于彩票资金的分配比例各不相同，上缴给州财政或州内各项专项公益金的比例一般不会低于 30%。英国规定经博彩委员会许可或注册发行的社团性彩票和地方当局彩票收益中至少 20% 必须用于公益和慈善事业。许多国家的彩票销售收入分配比例平均是：50% 支付返奖奖金，28% 贡献给公益金①。因此，我国设定的 20% 的公益金提取比例相对较低，建议适当提高。

（二）完善公益金使用管理

彩票公益金使用目前由各级民政部门管理，行政化色彩较重。建议成立专门的彩票基金委员会，根据监管部门制定的有关政策负责处理彩票资金的使用和资金分配事宜，定期公布公益金的筹集、资助项目的评定、资助金的投放以及资助项目的执行情况和效益，对公开内容如项目资金规模、时间长度、实施情况、实施效果、剩余资金情况等要做出详细规定，尽量减少资金分配使用过程中的中间环节，提高公益金使用效率。

（三）强化福彩的公益体验、加强品牌建设

进一步推动彩票公益金使用项目的信息公开，提升公众对福彩公益性的

---

① 《看看各国彩票资金是怎么分？法国返奖率 45% ~ 70%》，《国家彩票》2015 年 1 月 24 日。

认知。加强福彩机构游戏设计的公益性和娱乐性，给彩民更好的公益体验。一是强化彩票发行销售过程中宣传的针对性和有效性，例如加强渠道建设，建立更多的体验店、投放自助终端或加强投注站标准化建设，张贴、滚动播放公益宣传广告；优化游戏产品设计，在保证娱乐性的前提下，更加突出公益性；加强公益宣传营销，通过营销派奖、开奖直播等方式，强化公益形象。二是强化公益金使用与彩票发行销售间的纽带，让彩票销售与公益金使用建立强关联，让彩民对彩票资金分配情况的认识更加清晰，对自己所参与的公益事业情况更加了解，不断提升购彩的公益体验，积极引导彩民通过购彩参与社会公益事业。

在品牌建设方面，需要继续做好"走近双色球""走近刮刮乐""双色球主题营销活动""双色球亿元派奖"等主题品牌活动，强化传统品牌项目，增强用户黏性；围绕"扶老、助残、救孤、济困"发行宗旨，开展多种形式和主题的公益活动，打造公益品牌项目；整合手机应用、微信公众号等传播载体，打造统一入口、统一平台、系统贯通、业务集成的中国福利彩票官方 App，提升品牌整体影响力。①

---

① 参见《2017 年中国福利彩票社会责任报告》。

专题研究篇

Specific Topics

B.2
中国福利彩票公益金政策发展报告

马福云*

摘　要： 伴随我国彩票发行量的扩展，筹集彩票公益金的规模不断加大，彩票公益金如何分配使用、如何管理越来越为人们所关注。本文梳理了我国彩票公益金筹集、使用政策的演变过程，利用数据实际考察分析了彩票公益金的筹集现状，发现公益金筹集比例多年未达到政策所规定的比例。文章对我国彩票公益金使用状况进行了探讨，对彩票公益金筹集、分配使用中存在的问题进行了分析，并提出完善彩票相关法律法规、改革彩票销售运营及监管体制机制等政策建议。

关键词： 彩票公益金　管理政策　福利彩票

* 马福云，法学博士，中共中央党校（国家行政学院）社会和生态文明教研部社会建设教研室主任、教授，主要研究领域为社会建设、基层社会治理、彩票管理等。

一　彩票公益金的界定

20 世纪 80 年代，为弥补财政拨款不足、筹集社会福利事业发展资金，社会福利有奖募捐券在新中国首先出现并得到快速发展。筹集公益资金是彩票发行要达到的基本目标，筹资成为彩票得以产生发展的合理性之所在。彩票销售所得的彩票资金通过抽奖形式部分反馈给彩民以激励购买，扣除必要的行销及管理费用后所得到的就是彩票公益金。从此来看，彩票公益金是指从彩票资金中所获取的，用来支持社会福利、公益事业发展的资金。彩票公益金的特征如下。

（一）彩票公益金来源于彩票资金

彩票资金由包括返奖资金、发行成本与彩票公益金在内的三部分构成。其中返奖资金通过抽奖、兑奖的形式返还给彩票的购买者；发行成本是彩票的印制、运输、发行销售及其管理等所需支付的各种必要费用；彩票资金扣除返奖资金、发行成本后就是彩票公益金。返奖资金是决定彩票发行销售数量的关键因素，发行费是彩票发行销售活动的必要保障，公益金是彩票发行意欲达到的目标，也是彩票公益性的体现。彩票资金的三部分之间存在内在逻辑，三者分配比例合理，才能更好地实现彩票发行目标。彩票公益金是部分彩票资金，其在彩票资金中所占比例基于彩票游戏的品种而有不同，但一般不低于 20%。

（二）筹集彩票公益金是彩票发行的基本目标

彩票本身具有博弈、博彩的属性，彩票与其他博彩形式相似，具有以小博大的现实可能性，也可能引发非理性购买、购买上瘾等现象。面对社会公益事业的资金需求，通过发行彩票方式筹资公益金成为两害相权取其轻的选择。筹资是彩票发行的合理性之所在。同时，彩票游戏还需要精细化科学设计以将其负面影响降低到最低限度。

（三）彩票公益金用于支持社会福利、公益事业发展

彩票发行筹集的彩票公益金有着确定的用途，用来支持特定社会福利、公益事业的发展。我国为了解决中国社会福利、救济救助等发展的资金问题，开始发行福利有奖募捐券，其逐渐演变成今天的社会福利彩票。福利彩票所筹集的公益金主要用于"扶老、助残、救孤、济困、赈灾"等社会福利、社会救助性公益慈善事业。国家体育运动委员会在全国范围内发行体育彩票，主要用于体育场馆建设、大型赛会举办等体育事业发展的筹资。彩票公益金专款专用，不得用于一般政府财政资金负担事项。

（四）彩票及彩票公益金需要承担起社会责任

彩票在筹集公益金的同时，也会带来诸如非理性购彩、问题彩民等负面影响。社会责任意味着彩票行业在运营过程中要考虑其给社会所带来的各种问题及其负面影响，将整体的社会效益纳入行业发展考量中。彩票公益金源于彩票，其在筹集、分配及使用过程中也要考虑社会效益，对社会负责尽责，推动公益资金使用社会效益的最大化。

二 彩票公益金管理政策的演变

在彩票管理中，彩票公益金如何筹集、如何分配以及如何使用是彩票管理的重要组成部分，也是彩票公益性的重要体现。自彩票发行以来，伴随我国彩票发行规模的增加、彩票游戏类型的扩展，彩票公益金管理政策也不断演变。

（一）福利彩票发行及公益金政策的初现

20 世纪 80 年代，由于资金不足、渠道单一，我国社会福利事业发展面临一系列问题，难以适应社会发展需求，尤其是老年人、残疾人、孤儿和困难户等弱势群体面临的问题亟待解决。在此背景下，1987 年 2 月民政部报送的《关于开展社会福利有奖募捐活动的请示报告》得到国务院批准。1987 年 4 月，民政部发布《关于开展社会福利有奖募捐活动的通知》。该通知转述了国务院指示：通过社会福利有奖募捐形式筹集社会福利资金是一项有意义的活动。但是，开展这类活动有其消极的一面，要从严控制。目前只批准社会福利有奖募捐一项。

1987 年 6 月，为开展有奖募捐活动筹集社会福利基金，举办社会福利事业，组建成立了中国社会福利有奖募捐委员会（简称中募委）。《中国社会福利有奖募捐委员会章程》、《发行社会福利有奖募捐券试行办法》在中募委成立大会上通过，旨在确定中募委的活动宗旨，为社会福利有奖募捐活动制定基本的运行规范。《中国社会福利有奖募捐委员会章程》将中募委的任务界定为：制定社会福利有奖募捐活动的规划和办法；组织实施有奖募捐活动，管理分配所筹集的社会福利资金；资助兴办社会福利项目和其他社会福利事业。《发行社会福利有奖募捐券试行办法》规定了募捐券的发行及其管理，规范了发行奖券所得资金的分配标准。1987 年 7 月，中国社会福利有奖募捐券在河北省石家庄市等全国 10 个省市试点发行。

针对中国社会福利有奖募捐券发行所得的社会福利资金，民政部在《关于开展社会福利有奖募捐活动的请示报告》中写道：建议在国内开展有奖募捐活动，筹集社会福利基金，用于举办残疾人（包括视力、听力语言、肢体、智力残疾和精神病人）、老年人（主要是社会孤老）、孤儿的社会福利和康复事业，帮助有困难的人。经初步测算，奖券发行的收入在扣除奖金、印刷、代销、发行等费用后，每年可以筹集到的资金约五亿元。同时，为调动地方工作积极性，拟将发行收入半数以上留给奖券的销售地区，其余部分统一使用，用来举办全国重点性或者示范性的社会福利、康复项目，以及资助有关省市社会福利事业的发展。从中可见，民政部对社会福利资金的用途、筹资规模及其使用进行了细致规划。

1987 年 6 月，《中国社会福利有奖募捐委员会章程》将其任务设定为：制定社会福利有奖募捐活动的规划和办法。组织实施有奖募捐活动，管理分配筹集的社会福利资金。资助兴办社会福利项目和其他社会福利事业。委员

会有审定奖券的发行办法和年度发行计划、审议批准募集资金的分配、使用计划和执行情况等职权。将经费用途界定为资助兴办社会福利项目、资助社会福利事业。《发行社会福利有奖募捐券试行办法》规定，奖券面额为人民币一元，奖金返还率为发行总额的35%，中奖面为10%左右，奖金最高额为一万元。发行奖券资金总额的分配原则为：总额的35%为奖金奖给中奖者；总额的15%为发行成本费用；除去应付的奖金和发行费用外的净收入作为社会福利基金，由中国社会福利有奖募捐委员会与发售地区募委会按三七分成。由此可见，最初社会福利有奖募捐券的社会福利资金占比为50%，中募委与地方的分成比例为30:70，资金用于资助兴办社会福利项目与社会福利事业。1987年7月，民政部、国家计委等部委联合发出《关于做好社会福利有奖募捐工作的联合通知》，明确有奖募捐券的发行收入必须用于社会福利事业，不得挪作他用，也不要冲抵国家预算安排的社会福利事业费支出基数。

从世界各国彩票发展及其资金分配情况来看，彩票资金的返奖、发行费与公益金三者之间分配比例合理，才能更好地达到彩票发行目标，实现为社会福利、公益金发展筹集资金的目的。任何国家有关彩票资金分配比例的确定，应综合考虑其文化传统与消费习惯，并以适应经济发展和购买者需求为前提，不断调整和变化。[①]

我国彩票资金比例也在不断调整，以寻找三者之间的合理比例关系。1988年我国开始发行即开型福利彩票，中募委规定其中奖的奖金返还占40%、奖券的发行成本占15%、筹集的社会福利金占45%；1989年彩票资金又调整为奖金返还占45%、发行成本占15%、社会福利金占40%。1990年3月，中募委发出《关于调整即开型社会福利奖券资金分配比例，统一全国结算办法的通知》。该通知规定：面值一元的奖券，奖金返还率由45%调整为50%，发行成本调整为20%，福利资金调整为30%；面值二元的奖券，奖金返还率仍为55%，发行成本调整为15%，福利资金调整为30%。

---

① 易继元：《从国际经验看我国彩票资金的分配比例》，《时代财会》2002年第8期。

1991 年 1 月，中募委在《中国社会福利有奖募捐券发行财务管理试行规定》中提出，发行社会福利有奖募捐券资金总额的分配基本原则为：总额的 45% 为奖金返还率，返还给中奖者；总额的 15% 为发行成本费用；奖券销售总额减去上述奖金额和发行成本费用的净收入，作为社会福利金。奖券发行的基本目的是筹集社会福利资金。1991 年 9 月，中募委发布《有奖募捐社会福利资金管理使用办法》，明确了有奖募捐社会福利资金的用途与范围：一是兴办为残疾人、老年人、孤儿服务的社会福利事业，帮助有困难的人；二是资助社会福利企业；三是发展社区服务等。这一时期社会福利资金在彩票资金中的分配比例历经多次调整，说明彩票行业发展不成熟，也说明彩票资金配置比例也尚不完善，还在探索与尝试之中。这一时期，只有民政部门在全国发行彩票（有奖募捐券），募集的社会福利资金用于补充民政系统举办社会福利时财政拨款的不足，发挥着国家财政资金的补充作用。募捐券由民政部门主导发行，发行所筹集的公益金也由民政部门使用，社会福利资金的筹集、分配、使用及其管理基本局限于民政系统内部，由中央和地方分成用于资助兴办社会福利项目、资助社会福利事业、支持社区服务与社会福利企业发展。

（二）彩票管理强化与公益金管理政策的统一

1994 年 4 月，经过国务院批准，体育彩票开始发行，此后中国彩票的福利和体育两支彩票共存的局面形成。福利彩票与体育彩票共存以及营销的竞争推动着彩票市场的创新发展，推动着彩票市场管理的强化，也推动了彩票公益金政策的统一化。此时，彩票逐步推行大奖组的销售方式，采取大场面、高奖额、多奖级的形式销售即开票，打开了彩票发行销售的新局面，使得彩票的销量大增。

1994 年 5 月，中办、国办发出《关于严格彩票市场管理禁止擅自批准发行彩票的通知》，该通知确定中国人民银行为彩票的主管机关。随后，中国人民银行采取一系列政策，强化彩票市场管理，为彩票管理的规范化奠定了基础。

1994 年，"中国社会福利有奖募捐券发行中心"为适应新形势更名为"中国社会福利奖券发行中心"，后定名为"中国福利彩票发行管理中心"。同年 12 月，《中国福利彩票管理办法》由民政部发布，规定福利彩票销售总额为彩票资金，彩票资金分解为奖金、管理资金和社会福利资金。其中奖金不得低于彩票资金的 50%，管理资金不得高于彩票资金的 20%，社会福利资金为福利彩票销售总额减去奖金和管理资金的净收入，不得低于彩票资金的 30%。同期，民政部印发《有奖募捐社会福利资金管理使用办法》，规定社会福利资金主要用于资助为老年人、残疾人、孤儿服务的社会福利事业，帮助有特殊困难的人，支持社区服务和社会福利企业的发展；并明确社会福利资金的使用，对老、少、边、穷地区给予必要照顾。1998 年 9 月，《中国福利彩票发行与销售管理暂行办法》对福利彩票资金的分配继续保持了奖金比例不得低于 50%、发行费用比例不得高于 20%、社会福利资金的比例不得低于 30% 的规定。

1999 年后财政部代替中国人民银行而成为彩票的主管机构。2000 年 1 月，财政部下发《关于接受彩票监管职能有关事项的通知》，明确彩票资金分配比例不得擅自改变，并规定彩票奖金比例不低于 50%，彩票发行成本不得高于 20%，彩票的公益金比例不得低于 30%。2001 年 10 月，《关于进一步规范彩票管理的通知》由国务院发布，要求从 2002 年 1 月 1 日起，彩票资金的分配比例调整为：奖金的比例不得低于 50%，发行费用的比例不得高于 15%，公益金筹集的比例不得低于 35%。这一规定通过压缩彩票的发行费用，提升了彩票公益金的所占比例。

2000 年，即开型彩票销售中取消实物返奖。其后，以计算机、网络技术为代表的现代技术设备在彩票行业逐步推广应用，发行销售方式不断改进，电脑福利彩票应势而生，彩票品种与新型玩法更加丰富，从而推动着彩票的高速发展。2003 年 2 月，福利彩票的双色球游戏上市销售，首开全国联销电脑彩票游戏的先河。《中国福利彩票双色球游戏规则》规定，双色球按当期销售总额的 50%、15% 和 35% 来分别计提彩票的奖金、发行费和公益金。2004 年 3 月，陕西省西安市发生"宝马彩票案"，即开型彩票大规模集中销售方式叫停，电脑彩票发展更趋强势。2003年6月，中福在线即开型彩票（即视频彩票）经批准开始发行。《中福在线即开型彩票资金管理暂行规定》确定，中福在线即开票的资金由返奖奖金、发行经费和公益金三部分构成，分别按实际销售总额的50%、15%和35%计提。[1] 2004年10月，中国福利彩票3D游戏在全国发行。2007年1月，全国联销的电脑福利彩票七乐彩上市销售。3D与七乐彩都按当期销售总额的50%、35%和15%来分别计提返奖奖金、公益金和发行费。稍后，福利彩票的高频快开游戏上市销售，并迅速成为彩票市场的热点与彩票发展的新增长点。2009年4月，山东省电脑福利彩票23选5经批准调整为快速开奖游戏，每隔15分钟开奖一期，按销售总额的59%、13%和28%分别计提返奖奖金、发行费和彩票公益金。2009年8月，财政部批复同意广东省、重庆市福利彩票快乐十分，福建省、江西省、新疆维吾尔自治区福利彩票时时彩，山东省福利彩票23选5按销售总额的59%、13%和28%，分别计提彩票奖金、彩票发行费和彩票公益金；海南省福利彩票快2按销售总额的67%、13%和20%，分别计提彩票奖金、彩票发行费和彩票公益金；其他福利彩票快速开奖游戏按销售总额的50%、15%和35%，分别计提彩票的中奖奖金、发行费用和公益金。电脑彩票的发行及其新游戏品种的发展使得我国彩票发展再次进入规模快速扩展时期，筹集的彩票公益金随之大增，其使用管理也面临新的调整。

2006年3月，财政部发出《关于调整彩票公益金分配政策的通知》。该通知再次调整彩票公益金分配政策，包括彩票公益金在中央与地方两者之间分配比例为各占一半，其中中央分配的彩票公益金按照60%：30%：5%：5%的比例，分别分配给社会保障基金、中央专项基金、民政部和体育总局；地方分配的彩票公益金部分实行福利彩票和体育彩票分开核算的办法，由省级财政部门与民政部门、体育部门研究确定分配的原则，并由民政部门、体育

---

[1] 2009年7月，中福在线即开型彩票经整顿后重新恢复运营。其彩票返奖奖金所占比重为65%，发行费和公益金分别占15%、20%。

部门分别支配使用。2007 年 11 月，财政部发布《彩票公益金管理办法》，进一步明确彩票公益金的概念及其性质属性，确定了其具体分配与使用范畴。

（三）彩票管理法制化与公益金筹集比例的多元化

2009 年 7 月，《彩票管理条例》施行。该体例是自我国彩票发行以来国务院发布的、系统规范彩票管理的行政法规。它在对我国彩票发展管理经验进行总结的基础上将其制度化，成为我国彩票管理的最高层级的法律规范。该条例在第四章规范了彩票资金类别和用途：明确彩票资金包括彩票奖金、彩票发行费和彩票公益金，规定彩票公益金专项用于社会福利、体育等社会公益事业，不用于平衡财政一般预算。要求彩票公益金按照政府性基金管理办法纳入预算，实行收支两条线管理。并提出彩票公益金分配政策，由国务院财政部门会同国务院民政、体育行政等有关部门提出方案，报国务院批准后执行。这标志着中国彩票、彩票资金、彩票公益金等的管理进入有法可依、规范管理的新阶段。

为强化《彩票管理条例》对彩票运营及其管理的指导作用，2012 年 1 月，财政部、民政部、国家体育总局联合发布《彩票管理条例实施细则》，细化《彩票管理条例》的内容，对彩票发行销售、彩票开奖兑奖、彩票资金管理及其监督管理等做出规定。2012 年 3 月，财政部修订的《彩票公益金管理办法》发布。2012 年 11 月，财政部颁布《彩票机构财务管理办法》、修订《彩票机构会计制度》，规范彩票机构的财务行为，加强彩票机构财务管理监督，推动了彩票财务管理的规范化、法制化。

伴随彩票管理的规范化，彩票公益金的提取比例在同类彩票游戏中出现相同或相似趋势。以 2013 年为例，不同彩票品种的彩票公益金提取可分为以下类型：一是乐透数字型彩票，例如双色球、超级大乐透、3D、排列三等，这类彩票游戏绝大部分的彩票公益金的提取比例为 35%，中奖奖金和彩票发行费用的比例分别是 50%、15%。二是即开型彩票，例如最常见的刮刮乐等，这类彩票公益金提取比例为 20%，中奖奖金和彩票发行费用的比例分别为 65%、15%。三是视频型彩票，主要是中福在线，当年其彩票公益金提取比例为 20%，中奖奖金和彩票发行费的提取比例分别是 65%、15%。四是竞猜型彩票，足球彩票最具代表性，这类彩票大部分的彩票公益金提取比例是 18%，中奖奖金和彩票发行费提取比例分别为 69%、13%。2015 年后，全国性乐透数字型彩票，例如双色球、超级大乐透、基诺型彩票，例如快乐 8、开乐彩等，其彩票公益金的提取比例是 35%；即开型彩票与视频型彩票，其彩票公益金的提取比例是 20%。但是，快开等特点的地方性乐透数字型彩票，其大部分公益金提取比例为 28%，中奖奖金、发行费的提取比例分别为 59%、13%。而竞彩类的竞猜型彩票，其大部分彩票公益金的提取比例为 16%，中奖奖金、彩票发行费的提取比例分别为 73%、11%。

2015 年 11 月，财政部发布《关于进一步规范和加强彩票资金构成比例政策管理的通知》。该通知要求调整彩票的奖金、公益金和发行费的比例，以降低发行费方式来保障公益金提取比例，明确彩票的公益金比例最低不得低于 20%。传统型、即开型彩票发行费比例最高不得超过 15%，乐透型、数字型、竞猜型、视频型、基诺型等彩票发行费比例最高不得超过 13%。要求乐透型、数字型、视频型、基诺型彩票发行费的比例超过 13% 的，一律调整为 13%。竞猜型彩票游戏公益金比例低于 20% 的，一律将其发行费占比下调 2 个百分点；下调彩票游戏发行费比例，除福彩双色球游戏一个百分点转入调节基金外，其余的全部用于上调彩票公益金的比例。

彩票公益金的分配及其使用范畴逐步规范。彩票公益金在中央和地方之间按照各半的比例分配后，中央集中彩票公益金在社保基金会、中央专项彩票公益金、民政部和体育总局之间分别按照确定的比例分配使用。分配给民政部的，主要用于资助为老年、残疾、孤儿、特殊困难等群体性服务的社会福利设施建设项目；分配给体育总局的，主要用来支持大众体育、竞技体育两类发展项目。中央专项彩票公益金主要用于教育、医疗救助、法律援助、养老助残、留守儿童关爱、扶贫、禁毒、文化公益事业、红十字事业、出生缺陷干预救助、支持地方社会公益事业等。

随着彩票公益金使用范畴的大致确定，使用彩票公益金部门机构的使用

及其监管规范也逐步建构。例如，财政部、中国红十字会总会印发《中国红十字会总会彩票公益金管理办法》，财政部、国务院扶贫办印发《中央专项彩票公益金支持贫困革命老区整村推进项目资金管理办法》，财政部、中国残联印发《中央专项彩票公益金支持残疾人事业项目资金管理办法》，财政部、民政部印发《中央专项彩票公益金支持农村幸福院项目管理办法》。民政部先后制定了《民政部本级彩票公益金使用管理办法》、《民政部彩票公益金本级项目立项和评审办法》、《民政部彩票公益金项目督查办法（试行）》等规范。这些部门规章建构起彩票公益金的使用、管理及其监督的内部规范，有利于强化彩票公益金的使用管理，推动彩票公益金使用的监管。

三　彩票公益金筹集的现状

我国彩票资金分配政策中，对彩票公益金的筹集比例进行过多次调整。1987年中募委在《发行社会福利有奖募捐券试行办法》中将公益金的比例设定为50%，此后逐渐调整降低，到1990后公益金提取比例为30%。2001年国务院发文规定彩票公益金比例不得低于35%，并要求降低发行费用。2004年，我国福利彩票中公益金所占比例大体为35%，而体育彩票公益金筹集比例不低于30%。在彩票发行初期，彩票发行品种较单一，实行统一彩票资金构成比例具有一定可行性。21世纪以来，随着彩票发行种类的丰富、彩票游戏品种的增多，彩票的资金分配比例多元化。2015年财政部发文提出彩票公益金比例最低不得低于20%。彩票类型、游戏品种的多元化发展拉低了彩票公益金的筹集比例。但是，彩票公益金筹集政策的执行情况，需要到实际中进行分析，需要借助我国历年彩票销售资金、彩票公益金筹集的实际数据来进行分析。

（一）彩票公益金筹集概况

我国历年来彩票销售资金、彩票公益金的数据参见表1，我们可以从中分析，彩票公益金筹集比例是否达到政策要求。

表 1　1987~2018 年彩票公益金的筹资比例

年份	彩票销量(万元)	彩票公益金(万元)	实际筹资比例(%)
1987	1739.50	855.00	49.15
1988	37627.76	12425.97	33.02
1989	38315.65	12624.83	32.95
1990	64731.22	20027.84	30.94
1991	77388.04	24927.29	32.21
1992	137550.03	40599.30	29.52
1993	184288.52	54543.30	29.60
1994	179823.77	53441.60	29.72
1995	673023.46	191891.63	28.51
1996	767521.50	219815.46	28.64
1997	513751.40	143845.49	28.00
1998	881990.40	271847.90	30.82
1999	1447999.50	425609.50	29.39
2000	1810247.26	516864.30	28.55
2001	2888663.55	867168.30	30.02
2002	3857239.24	1350033.74	35.00
2003	4014022.86	1404908.00	35.00
2004	3805716.78	1332101.32	35.00
2005	7138635.60	2472971.22	34.64
2006	7833052.14	2776075.80	35.44
2007	10167273.48	3427689.64	33.71
2008	10601325.58	3360331.72	31.70
2009	13247887.02	4114973.99	31.06
2010	16624842.76	4895781.59	29.45
2011	22178184.49	6348661.43	28.63
2012	26152419.11	7398165.04	28.29
2013	30932504.92	8615053.41	27.85
2014	38237808.57	10347629.99	27.06
2015	36788424.71	9787673.87	26.61
2016	39464127.51	10665445.34	27.03
2017	42666909	11633769	27.27
2018	51147173	13387498	26.17

数据来源:《中国彩票年鉴 2017》及 2017、2018 年财政部彩票销售公告。

从表1可以发现，有半数以上年份彩票公益金在彩票资金中所占比例不能达到相关政策所规定的比例要求。例如，在彩票初步发行的1988、1989年，政策规定公益金所占比例为45%、40%，但是实际筹资比例仅有33%左右。从1990年到2001年的12年间，政策规定的公益金占比为30%，但是其中8年的筹资比例均在30%以下，1997年甚至仅有28%，远未达到政策要求的比例。需要注意的是，2001年国务院发文提出彩票公益金比例不得低于35%，这仅仅落实了3年，通知提出的降低发行费用、增加彩票公益金基本没有得到执行。从2006年起公益金筹集比例出现逐年下降，从2006年的35.44%，下降到2009年的31.06%，再下降到2015年的26.61%、2018年的26.17%。

和公益金筹集相关的还有弃奖问题。2001年，财政部发文规定：设置奖池的，彩票弃奖收入纳入调节基金；不设置奖池的，彩票弃奖纳入公益金。2009年的《彩票管理条例》等承继了这种做法。这意味着目前公益金中还包括了弃奖奖金。如果从公益金中减去弃奖的金额，其筹资比例可能要更低。不妨计算一下近几年的数据。根据财政部公告数据，2013年全国发行销售彩票30932504万元，筹集彩票公益金8615053.41万元，筹资比例为27.85%。如果减去2013年未兑奖奖金160332万元，彩票公益金的提取比例仅为27.33%。2014年全国发行销售彩票38237808.57万元，筹集彩票公益金10347629.99万元，筹资比例为27.06%。如果减去逾期未兑奖奖金167955万元，筹资比例为26.62%。2015年，减去逾期未兑奖奖金166277万元后，公益金筹资比例为26.15%。2016年，减去逾期未兑奖奖金189650万元后，公益金筹资比例为26.55%。2017年，减去逾期未兑奖奖金184334万元后，公益金筹资比例为26.83%。2018年，减去逾期未兑奖奖金251277万元后，公益金筹资比例仅为26.58%。

（二）福彩和体彩公益金筹集状况

我国彩票包括福利彩票和体育彩票两支彩票。在2004年前，两类彩票大多采取统一的公益金提取比例；2004年后则因为彩票游戏类别品种不同而产生较大差异，尤其是体彩中竞猜性彩票的公益金比例一直不高。比较两类彩票各个年份的销售总额与筹集公益金，可以看到两类彩票筹资效率也是不同的。如表2所示。

表2 福利彩票和体育彩票公益金筹资比例

年份	福彩销售额 （万元）	福彩公益金 （万元）	福彩筹资比例 （％）	体彩销售额 （万元）	体彩公益金 （万元）	体彩筹资比例 （％）
1987	1739.50	855.00	49.15	—	—	—
1988	37627.76	12425.97	33.02	—	—	—
1989	38315.65	12624.83	32.95	—	—	—
1990	64731.22	20027.84	30.94	—	—	—
1991	77388.04	24927.29	32.21	—	—	—
1992	137550.03	40599.30	29.52	—	—	—
1993	184288.52	54543.30	29.60	—	—	—
1994	179823.77	53441.60	29.72	—	—	—
1995	573023.46	169349.30	29.55	100000	22542.33	22.54
1996	647521.50	191068.40	29.51	120000	28747.06	23.96
1997	363751.40	101126.70	27.80	150000	42718.79	28.48
1998	631990.40	195896.20	31.00	250000	75951.7	30.38
1999	1044448.50	304496.90	29.15	403551	121112.6	30.01
2000	898847.26	242272.50	26.95	911400	274591.8	30.13
2001	1395735.16	419204.71	30.03	1492928.39	447963.59	30.01
2002	1679925.25	587973.84	35.00	2177313.99	762059.9	35.00
2003	2000569.58	700199.35	35.00	2013453.28	704708.65	35.00
2004	2263753.30	792313.67	35.00	1541963.48	539787.65	35.01
2005	4112077.66	1436803.80	34.94	3026557.94	1036167.42	34.24
2006	4596759.24	1715494.56	37.32	3236292.9	1060581.24	32.77
2007	6315902.51	2157081.86	34.15	3851370.97	1270607.78	32.99
2008	6039795.23	1990153.58	32.95	4561530.35	1370178.14	30.04
2009	7560580.05	2462888.24	32.58	5687306.97	1652085.75	29.05
2010	9680238.56	2976353.01	30.75	6944604.2	1919428.58	27.64
2011	12799719.93	3820400.40	29.85	9378464.56	2528261.03	26.96
2012	15103223.19	4460523.45	29.53	11049195.92	2937641.59	26.59
2013	17652846.37	5106701.31	28.93	13279658.55	3508352.10	26.42
2014	20596815.22	5857012.01	28.44	17640993.36	4490617.98	25.46
2015	20151098.97	5637434.44	27.98	16637325.74	4150239.43	24.95
2016	20649163.80	5914528.27	28.64	18814963.71	4750917.07	25.25

数据来源：《中国彩票年鉴2017》。

从表 2 的数据可见，福利彩票和体育彩票相比较，体育彩票开始发行的前 3 年，其公益金的筹集比例要比福利彩票低得多，远未达到政策规范所要求的 30%。从 2002 年到 2004 年，福彩和体彩的公益金筹资比例都达到了政策所要求的 35% 的比例。但是，从 2004 年以后，伴随彩票游戏的多元化，福利彩票、体育彩票的公益金筹集总体比例都在下降。福利彩票公益金筹集比例从 35% 下降到近年的约 29%，体育彩票公益金筹集比例则从 35% 下降到近年的约 25%。相对于福利彩票，体育彩票筹资的比例逐年降低幅度更大，并且每年筹资比例都低于福利彩票的筹资比例。通过发行彩票来筹资以发展社会福利事业、体育事业，完善社会保障体系是我国发行彩票的最初目标。彩票销量增加、彩票公益金的筹资比例反而下降，这已成为人们所关注的问题。

四　彩票公益金的使用现状

在彩票资金的使用中，最受人们关注的是彩票公益金的分配与使用，因为筹集公益金是彩票发行的主要目的。而反过来，彩票公益金分配使用状况也影响人们对彩票的评价，从而对彩票事业发展产生影响。

彩票公益金的使用管理，不同国家采用的模式并不相同。从各国的实践来看，主要有三种基本模式：一是集中筹资、统收统支的管理模式。这种模式是把全部公益金纳入国家或地方财政预算，由国家或地方财政部门统一支配使用。采用这一模式的有法国、韩国等。这种模式的运作十分简便，但不能体现彩票公益金的特殊属性。二是集中筹资、分项使用的管理模式。在这种模式中，公益金不纳入国家或地方的财政预算，而是直接转给有关部门，专门用于各类社会公益事业。采用这一模式的有日本、瑞士、澳大利亚、巴西等。这类模式的优点是重点突出、见效快，能较好地体现彩票的公益性，但运作复杂，管理难度较大，需要建立特定的资金使用与管理机构，对彩票公益金投向与具体比例确定、实际使用过程等都需予以监督。三是集中筹资、混合使用的管理模式。这种模式是前两种模式的综合或者混合，即将部分公益金上缴国家或地方财政部门，纳入国家或地方财政预算，而剩余部分专门用于其他具体用途。这种模式又可划分为两种类型：一是将大部分彩票公益金上缴国家或地区财政，小部分投向具体用途，例如中国香港；二是把大部分公益金用于具体事业，而将小部分交到国家或地区财政，比如丹麦、保加利亚等。① 我国现行的公益金使用管理模式类似于第三种模式，即彩票公益金由福彩、体彩筹集后分别上交中央和地方财政，中央集中彩票公益金在社保基金会、中央专项彩票公益金、民政部和体育总局之间分配使用。地方留成彩票公益金，由民政、体育部门使用。民政部门将资金用于资助社会福利设施建设，体育部门用来支持群众体育和竞技体育发展项目。

我国彩票公益金在中央与地方之间的分配比例是各占一半。分配给地方的公益金大部分由民政或体育系统按照规定用途进行使用。分配到中央的公益金除了分配给社会保障基金、中央专项基金以外，民政部和体育总局也分配有一定比例。分配给中央专项基金资金，主要用于城乡医疗救助、残疾人事业、教育助学、青少年学生校外活动场所建设、文化、红十字事业、扶贫、法律援助、地震灾后恢复重建等，以项目制方式进行申请以及后续组织实施管理。分配给民政部、国家体育总局的公益金，由两个部门按照彩票发行的目标在指定范围内分配使用，并承担使用监管责任。其中，民政部彩票公益金按照扶老、助残、救孤、济困的宗旨，在社会福利、公益范围内进行使用，在资金的分配使用上重点支持社会养老服务体系建设项目，对社会福利基础设施建设以及由残疾人、孤儿、经济困难群众等特殊困难群体受益的项目给予优先支持，同时也支持符合彩票公益金使用规定的其他社会公益项目，并将补助地方资金的重点向贫困地区进行倾斜。

五　彩票公益金管理的问题与政策建议

彩票是一种基于小概率事件而达到筹资目标的赌博游戏，其存在的合

---

① 刘寒波、苏知立：《彩票公益金管理的国际比较》，《湖南财经高等专科学校学报》2003 年第 4 期。

理性源于可实现筹资目标，即通过销售彩票得到彩票资金，部分返还给中奖彩民，扣除必要运营管理费用后，将剩余资金用作社会福利公益事业。近年来，一些学者对彩票公益金筹集、分配使用过程中的问题做了初步探讨，在此，我们结合前文，对公益金筹集、分配使用中的问题进行概括分析。

（一）彩票公益金筹集问题分析及改进建议

前文的数据分析提到，彩票公益金很多年没有达到政策所规范的比例。一些学者也发现，彩票销售的规模在增长，但是彩票公益金的筹集比例却出现下降问题。彩票公益金筹资的政策规范和实际筹集比例之间的差异不能不引人深思。

首先，从彩票资金分配的相关数据分析，彩票公益金缩减的直接原因是返还彩民中奖奖金比例的提高。2004年后，彩票游戏品种多元化，为提高彩票对彩民吸引力，一些彩票游戏品种开始提高游戏的返奖比例，从而挤占了彩票公益金所占比例。例如，2008年，视频彩票的返奖比例从50%提高到65%，而公益金比例从35%降低到20%。更典型的是足球竞猜型彩票，其在2001年上市时的返奖比例为50%，2005年返奖比例提高到65%，2014年将单场竞猜的返奖比例提高到73%，而公益金则从35%降低到22%，再降低到16%。其他彩票游戏品种返奖资金比例都有提高，相应地降低了彩票公益金的占比。

其次，我国彩票发行体系设计使得彩票行销管理机构更为关注彩票的销售总量，而不是彩票公益金的筹集比例及规模。我国彩票的发行销售由民政部和国家体育总局分别设立的福利彩票发行管理中心（以下简称福彩中心）、体育彩票管理中心（以下简称体彩中心）负责。在地方则按照行政区域设置不同层级的彩票中心，组织彩票的具体销售。这种彩票行销方式带来了区域条块分割，福彩、体彩各自为政，不可避免地会导致彩票行销的低效率，耗费大量运营成本，使得占据彩票资金15%左右的管理费难以降低。而且，福彩中心、体彩中心彩票发行销售中的同质性竞争必然导致竞相提高返奖比例、采取加派奖金等方式来吸引彩民购买，这就会导致彩票公益金筹集比例的下降。特别是彩票行销机构从彩票运营中提取的管理费用与彩票销售的总量规模相联系，而非与彩票公益金相关联。因此，相对于公益金筹集，扩大彩票销量、提高其可自行支配的管理费用更被彩票行销机构所关注。如此一来，提高彩票返奖率，扩大彩票销售规模，以增加彩票管理费，对彩票发行销售机构而言就符合其管理逻辑。这种行为使得彩票销售规模不断扩大，而彩票公益金提取比例却难以维持。

再次，我国彩票管理监督体制使得彩票公益金比例降低不能被及时监管。我国彩票运营监管由国务院，以及作为其职能部门的财政部、民政部和国家体育总局三家机构等承担。其中，国务院拥有彩票发行审批权，财政部在国务院授权下统一负责彩票管理，福利彩票、体育彩票分别由民政部和国家体育总局主管。这种多部门联合监管模式使得组织资源在彼此协调传递过程中发生较多损耗，决策时达成一致的成本较高，统一性受到干扰，监管效率随之受到不利影响。其后果必然是在实际运行中更多地由民政、体育部门内部进行自我管理和自我监督，从而造成外部监管缺位、错位，财政部门的实际监管范围、程度和能力受到制约。系统内部监管使得有关彩票资金筹集政策难以落实到位，也就难以对彩票公益金筹集比例降低给予应有关注，特别是在竞相提高彩票销量以增加部门利益的背景下。

彩票公益金筹集比例的下降趋势影响了彩票的公益属性，也使得彩票公益金筹集难以与彩票销量保持同步均衡增长。而且，提高返奖比例、吸引彩民投入过多资金博取大奖的行为无疑是涸泽而渔。不少国家彩票发行的经验证明，在彩票管理成本不变的条件下，彩票返奖比例的提高不一定带来彩票规模增加及公益金的增长，因提高彩票返奖比例所带来销量的刺激性增长不足以弥补因返奖比例提高而支出的资金，从而就会带来彩票公益金的下降。另外，我国彩票发行费用过高也一直被人所诟病。针对彩票筹资比例不断降低的问题，需要采取有针对性的措施予以应对。

首先，科学设定彩票资金分配比例，防止彩票公益金被挤占。在彩票游戏品种及规则设计中，要对彩票资金的分配比例进行科学评估，要以彩票筹

集公益金规模的最大化，而并非彩票销售规模的最大化来对彩票游戏品种进行设计。要对不同彩票游戏的公益金筹集比例进行"底线管理"，根据不同的彩票游戏品种设定最低限度的彩票公益金比例。当前，彩票管理部门要通过彩票游戏品种公益金筹集绩效评估来对已经上市以及即将上市的彩票游戏进行评价，有针对性地适当提高彩票公益金的筹集比例，防范以降低公益金来换取销量的错误做法，杜绝公益金被挤占的现象。

其次，推动彩票销售管理部门变革，重构彩票销售运营及监管体制机制。彩票行销运营及监管的部门化弊端在多年的实际运营中已经显露出来，尤其是福彩、体彩两大彩票销售过程中的同质性竞争使得彩票游戏设计竞相提高返奖率以扩大彩票销量，增加本系统的收益，使得彩票游戏品种的市场选优成为公益金筹集中的趋劣。要推动彩票销售及监管部门的变革，至少推动福彩、体彩两类彩票的差异化竞争，推进彩票资金分配向优化彩票公益金筹集的方向变革；改革彩票管理费用与彩票销量挂钩的做法，以防止彩票机构追求彩票销量进而促进本身收益。从长远看，可借鉴国际彩票业发展中通行的彩票运营监管模式，推动彩票发行销售的企业化、彩票运营监管的部门专业化、公益金筹集及使用分配的公平化，强化彩票运营监督，以保障国家彩票的公益属性和使命。

再次，推动彩票运营及监管立法，促进彩票行销运营及监管的法治化进程。目前，彩票已经成长为一个庞大的产业性公益事业，带动更多行业的发展。但是，我国彩票管理依然以行政法规为依据，并辅之以大量的部门规章、政策文件。这种管理方式的刚性不足，对彩票行销运营的违规行为难以制定相应处罚措施。要对现行的彩票运营、资金分配、公益金管理等政策规范进行评估，以立法方式来促进彩票销售、彩票运营监管、彩票资金分配、彩票公益金管理等相关制度规范的确立，使得彩票运营监管有法可依，推动公益金筹集管理有切实的法律保障。

（二）彩票公益金管理问题及其改进建议

发行彩票是政府为满足特定社会福利、公益事业发展需求所采取的辅助性筹资手段。伴随我国社会发展，彩票筹资规模逐步扩大，彩票资金的分配使用及其管理也越来越受关注，一些学者提出彩票公益金的使用结构、使用绩效、使用监管等问题，[1] 在此结合前文的资料进行研究分析。

首先，用于社会保障基金的比例过大，公益金整体使用效率不高。目前中央和地方彩票采取各半的方式分配彩票公益金，地方所占比重与其所承担责任不相匹配。彩票发行销售及其运营管理等具体事务大多由地方来承担，却没有在资金分配上得到倾斜；财权与事权不相匹配，社会福利、公益事业大多属于地方政府的事权范围，地方获得较多资金分配是合理的，但是现有彩票公益金分配并没有体现出这一点。这长期持续下去必然会影响地方工作的积极性，也不利于我国彩票事业和社会福利、公益事业等的发展。根据现行的彩票公益金分配政策，彩票公益金总额的60%被分配到全国社保基金。对体彩、福彩发行的初衷而言，这并不合理，因其挤占了社会福利和体育事业应该分配的份额，造成了彩票公益金使用的方向偏离和扭曲失衡，影响了公益金的使用效果。[2] 有学者认为，向社保基金分配的做法不符合《彩票管理条例》中关于彩票公益金"不用于平衡财政一般预算"的禁止性规定。而且，对贡献了社会公益金的广大彩民而言，有多少比例属于全国社会保障基金未来的受益群体，对此缺乏科学的匡算。[3] 在我国现行彩票管理分配体制机制下，彩票公益金在个别地方存在当年资金投放率不高、出现大量资金结余、资源浪费的现象。而项目经费自上而下进行分配，这使得经费层层削减，大部分资金被用于项目的运行管理方面，而真正使用到基层受助群体上的资金不多，进而导致管理成本过高和公益金使用效率不高。

其次，福彩、体彩两个中心的事业单位性质也制约了其运营管理的积极性，政企分离也应该成为彩票管理体制改革的重要方面，使得政府回归监管

---

① 杨团主编《慈善蓝皮书：中国慈善发展报告（2016）》，社会科学文献出版社，2016。
② 焦佳凌：《福利彩票公益金管理之策》，《社会福利》2010 年第 12 期。
③ 杨团主编《慈善蓝皮书：中国慈善发展报告（2016）》，社会科学文献出版社，2016。

本位，而彩票运营回归准市场化模式。通过彩票发行筹集公益金的规模不断增大，要求及时调整彩票资金的使用，根据发行管理的实际恰当确定发行管理的费用比例，同时可考虑将彩票公益金扩展到更为宽泛的社会公益领域使用，尤其是更多地向救助、扶贫、环保等财政资金短缺的领域倾斜，以满足弱势群体以及整个社会的发展需求。

建议合理划分中央和地方两者间的彩票公益金分配比例。可考虑适当增加地方留用彩票公益金的比例，实现财权与事权相匹配，充分调动地方积极性，同时明确地方用于社会福利事业和体育事业的最低比例，维护彩票的发行使用宗旨的严肃性。适当缩减用于社会保障基金的公益金比例，因社保基金主要受益者为城镇职工，用彩票公益金补充社会保障基金，对没有使用社保基金的居民而言并不公平。为此，彩票公益金应该缩减用于社会保障基金的比例，适当向中低收入者、农民工等弱势群体的福利倾斜。需要考虑提高彩票公益金的使用绩效，通过科学论证，把有限的彩票公益金投放到最适合的领域中去。在彩票资金投向正确的前提下，确保资金使用过程中不出现浪费，同时确保对资助项目的后续支持；考虑提高资金的利用效率，减少资金沉淀率，尽量减少资金拨付的中间环节，减少行政管理费用支出。①

建议在中央、省、区级部门单位建立专门福利彩票公益金评审委员会和体育彩票公益金评审委员会，由评审委员会进行项目评审把关，将通过评审的材料报财政部门审批。同时可考虑引入"听证制度"，使评审委员会的工作公开透明。对审批程序应规定明确的时间界限，例如提交申报资料后的 60 天内，必须以书面形式回复申报部门或单位。项目建设单位应建立严格的内部支出控制制度，按照项目预算开支，防止项目资金的挪用和浪费。提高彩票公益金的透明度，各级彩票公益基金管理机构要严格按照规定时间，定期公布公益金的筹集、资助项目的评定、资助金的投放以及资助项目的执行情况和效益，对公开内容如项目资金规模、时间长度、

---

① 郭一娟：《中国福利彩票的社会福利效果研究》，《学习与实践》2009 年第 10 期。

实施情况、实施效果、剩余资金情况等要做出详细规定，同时明确信息公开媒体，采取多种渠道进行信息公开，以便查阅;[1] 建立项目绩效评价制度，在项目完成后对其经济效益和社会效益进行科学的评估，推动项目及其承担者优胜劣汰。

---

[1] 蒲俊利:《我国彩票公益金使用法律制度研究》,《西南财经大学学报》（社会科学版）2013年第 11 期。

B.3
新媒体时代福利彩票的公益传播

南昌大学公益传播课题组 *

摘　要：　伴随着新媒体技术不断更迭发展，福彩的公益传播由传统媒体时代步入新媒体时代。本文通过分析福彩的纸质票券、站点、书籍报刊、广播电视节目、网站、客户端，以及在社交平台、直播平台的公益传播历程与现状，对各传播渠道的传播者、受众、媒介特性、内容定位、传播效果进行比较分析，发现新媒体时代福彩的公益传播总体效果并不理想。笔者基于分析结果，提出加强新旧媒体融合传播、引导彩民树立正确福彩观、改进彩票内容设计与营销方式等优化对策。

关键词：　新媒体　公益传播　传播渠道

　　慈善传播是与慈善相关的一切传播活动，与慈善活动相伴相生。① 福利

＊　课题组成员：王卫明，文学博士，南昌大学新闻与传播学院新闻学系主任、教授、博士生导师，主要研究领域为慈善传播、政治传播、家庭传播等。郑艳琦，文学硕士，南昌综合保税区建设投资发展有限公司文秘，主要研究领域为新媒体传播。罗楚颖，文学硕士，江西广播电视大学党委宣传（统战）部科员，主要研究领域为新媒体传播。刘文浩，文学硕士，浙江广播电视台钱江频道编导，主要研究领域为广播电视传播。王楠，文学硕士，南昌大学新闻与传播学院硕士，主要研究领域为新媒体传播。杜佳琦，艺术学学士，南昌大学新闻与传播学院硕士生，主要研究领域为新媒体传播。杨月，文学学士，辽宁大学新闻与传播学院硕士生，主要研究领域为报刊传播、媒介与社会。欧阳苗，文学硕士，江西中医药大学党委宣传部科员，主要研究领域为传播史。彭超，艺术硕士，广东白云学院教师，主要研究领域为广播电视传播。

① 王卫明：《慈善传播：历史、理论与实务》，社会科学文献出版社，2014，第8页。

彩票既是慈善活动的载体，又是慈善传播的特殊媒介。传单、互联网、报纸是慈善传播最为常见、常用的传播媒介，以电影为传播媒介的慈善传播极其罕见。① 在新媒体时代，福利彩票的公益传播媒介，不但包括彩票及报纸、电视、广播、杂志、图书等传统媒介，而且包括网站、微博、微信、客户端、抖音、快手等新兴媒介。

一 福利彩票公益传播的传统路径

1987 年 6 月 3 日，经党中央、国务院批准，中国社会福利有奖募捐委员会以"扶老、助残、救孤、济困"为宗旨在北京成立。回顾福利彩票 32 年的发展历程，其公益传播形式随着新兴传播技术的发展而产生相应变化。在传统媒体时代，以纸质彩票、报纸期刊、广播、电视为主要阵地。随着新技术的发展，福彩的公益传播新形式相继出现，产生了以网络为主的微博、微信、网站等传播阵地。

（一）福彩票券

作为中国福彩公益传播的重要纸质载体，第一套福利彩票诞生于 1987 年 7 月，其样式与当时发行的人民币相似，票面正面是雕版花纹图案，上方有"中国社会福利有奖募捐委员会"字样，正中间是"奖券"两字，两个阿拉伯数字"1"分别在券上方左、右角，代表奖券面值 1 元，票面还有"试发行"、"1987"及编号数码等内容，幅面为 130mm×70mm。

彩票背面左侧印有"奖券说明"字样和四条具体内容，右侧是"有奖募捐，利国利民"八个字，并钤印"中国社会福利有奖募捐委员会发行专用章"。这套彩票在各个城市发行时，会在正面"奖券"上方加盖城市名字。第一张中国福利彩票在石家庄售出，中国的彩票历史从此掀开了崭新的一页。

---

① 王卫明：《慈善传播：历史、理论与实务》，社会科学文献出版社，2014，第 12 页。

1. 福彩票券的种类

中国福利彩票经过 32 年的发展，种类繁多、玩法多样。福利彩票按开奖时间的不同可分为两种：即开型彩票和电脑型彩票。

电脑型彩票采用计算机网络系统发行销售，定期开奖，彩民可自选号码或是直接机选投注。第一张电脑福利彩票于 1994 年 4 月在广东省深圳市试发行。1999 年 10 月，第一张借助计算机网络管理发行的乐透型福利彩票在上海面世。

目前，福彩的电脑型彩票品种主要包括双色球、3D、七乐彩等。电脑型福利彩票的纸质票券内容相对简单直接，以双色球彩票为例，票面以粉色为底色，红色黑色字体搭配，上有中国福利彩票字样、销售点的信息以及奖号，票面所呈现的信息符号简单，彩民只需在开奖时根据规则核对号码即可。

即开型彩票全称为"即开即兑型彩票"，指购票者在一个销售点上一次性完成购票和兑奖全过程的一种彩票。中国福利彩票的第一张即开型彩票诞生于 1988 年 1 月 17 日，是面值为 1 元的撕开式"试发行"奖券，由中国社会福利有奖募捐发行中心在北京市东城区销售。自此之后，即开型福利彩票迅速发展起来。在发行即开型"刮开式福利彩票"、即开型"揭开式福利彩票"、即开型"袋装式福利彩票"后，中国福彩于 2005 年 9 月将即开型福彩统一命名为"刮刮乐"。

即开型彩票玩法简便、易于操作，受到众多彩民的欢迎。且相较于电脑型彩票，即开型彩票的票面设计新颖、主题丰富、玩法多样、趣味性强，也是我们研究福彩票券的重点对象。

2. 福彩票券的主题内容

彩票票面设计工作非常重要。成功的彩票封面，在实现彩票做公益这一宗旨的同时，又能做到赏心悦目、讨人喜爱。中国福利彩票的票面内容集公益、文学、艺术等于一体，主题丰富、内容博大精深。

中国传统文化是福彩票面设计中使用最多的主题之一。从已发行的福利彩票题材看，传统文化元素是彩票票面上不可或缺的主角，中华上下五千年，从古代名人到历史故事；从花草树木到自然景观；从十二生肖到吉祥神兽；从诗词歌赋到经典名著；从传统技艺到人文景观，无所不有，包罗万象。如中国福彩于 2016 年推出的"丝路寻梦"即开型彩票，以"丝绸之路"为主题，用浩瀚的沙漠、茫茫的戈壁滩、巍峨的古建筑、古老的城垣等中国特色鲜明的区域风景，结合骆驼、瓷器、古书等中国元素，串联成一条绵长而古老的丝绸之路，让彩民们在参与公益、游戏的同时，完成一段惊险而难忘的精神寻梦之旅。

发行城市主题的彩票成为各地宣传的重要渠道。此类福利彩票以行政区、城市或城市特色命名，票券生动翔实地介绍了当地自然风光、人文景观、特色产品、经济建设与社会发展情况等，成为各城市对外宣传的窗口。2010 年 3 月发行的"苏州园林甲天下"系列主题彩票，选取了拙政园、狮子林和留园等 16 个苏州著名景点作为主画面，极具苏州地方特色。

特定事件是彩票主题重点内容之一。我国发生的重大事件、举办的大型盛会、具有纪念意义的庆典等都是福利彩票设计的内容来源。1998 年 10 月，中国福利彩票发行"抗洪赈灾"专项彩票，票面记录了一幅幅抗洪画面；2010 年中国福利彩票发行的上海世博园主题彩票"筑美世博"，精选 60 座大型国家场馆作为票面内容，以套票形式发行。这些主题彩票用票券的形式记录了中国一个个前进的脚印。

彩票主题设计聚焦热点。在一些热门节日、全球热点赛事、时尚娱乐热点时期，中国福利彩票会发行符合时下热点的主题彩票，引发一波又一波的追捧。2017 年 2 月 14 日，中国福利彩票首次推出情人节"闪耀钻石"系列彩票；2014 年世界杯期间，中国福利彩票推出"点球大战"刮刮乐，此款刮刮乐一经面世就成为当年最畅销的即开型彩票；2011 年 11 月，继 2010 年推出《唐山大地震》电影主题即开型福利彩票后，又推出《龙门飞甲》电影主题即开型福利彩票，实现社会公益与时尚娱乐的结合。

3. 福彩票券的功能

中国福利彩票发行的票券不仅集趣味性、知识性和思想性于一体，还具有极强的艺术审美价值，蕴含着丰富的传统文化，再加上福彩行业自身的公

益性质，以致福彩票券也具有了功能多样性。

彩票作为证明中奖权利的有价凭证，其基本目的就是筹集公益金。经济功能也成了福彩票券最基本的功能。福利彩票的票面内容涉及上下五千年，范围辐射全球，融公益、文学、艺术等于一体，充分体现了福彩发展的"公益、慈善、健康、快乐、创新"文化内涵，成了文化传承的良好载体。中国福利彩票的即开型彩票主题多样、图案丰富、印制精美、知识性强，设计时大多考虑成套和系列性，一些在社会政治、经济、文化产生重大影响，以及一些在本地发售、发行量少的涉及各地民俗文化等主题的福彩票券，更是具有一定的增值功能。

（二）福彩站点的公益传播

福彩站点作为福利彩票的销售终端，是为广大彩民提供服务的窗口，担负着宣传福彩、传递真情、树立品牌形象的责任。福彩每个站点都必须规范化建设，均要求设立门面招牌标识、投注指南、提示语、开奖号码表、开奖公告牌、形象墙、宣传栏、销售台、销售许可证等。

福彩站点围绕公信、公益两大主题，通过丰富多彩的互动活动和多介质进行人际、组织、群体传播，让更多民众了解福利彩票，了解福彩公益。

1. 人际传播

人际传播交往的主要动机和任务是获取信息，再就是与他人建立社会协作。通常来说，人际沟通是社会成员在互动关系中交流和传播信息的关键渠道，也是实现社会协作的关键环节。对个人而言，人际交往是提高和发展自身的重要途径。福彩站点的经营是以公益传播的彩票营销为前提的产品销售，福彩站点必须向客户传播彩票信息，必须解决客户对福利产品的认知问题。福彩站点作为社会化媒体的实体平台，在一定程度上呈现人际传播的特征，成为大众进行信息交换的一个基本渠道。

在新时代，获得信息的方式越来越多，内容也大大增加，人际传播越来越方便，但传统的面对面交流的能力却逐渐减弱。福彩站点在面对面交流上具有天然优势。通过福彩站点这一传播空间，人际传播的双向性更强、反馈更及时、互动频率更高，传播的内容更为丰富和复杂。例如，山东德州经济技术开发区盛世华园小区的福彩站点，附近工地工人聚集于此不仅是为了购彩票，也是为了到站点"歇歇脚"，因为站长总会对他们热情招待。福彩站长为了让彩民和工人有更舒适的站点环境，还将沙发搬入站点，在工作闲暇之余，还会到附近的特教学校和敬老院探望。该站站长用实际行动践行"扶老、助残、救孤、济困"的福利彩票发行宗旨，这种善意的举动，让不少彩友为之点赞。福彩站点的出现打破了相对封闭的传播环境，通过与不同的朋友进行交流，使信息的来源更加多样，内容也大大增加，这也在一定程度上传播了社会公益。

2. 组织传播

福彩站点是福利彩票销售的基础和平台，不仅担负着福利彩票的销售责任，而且成为连接彩票用户的桥梁和纽带。公益组织的传播应当具备沟通与分享、网络工具应用、组织管理、知识管理与协作、资源动员等能力，公益组织也应当让传播成为重要的业务支撑部门，将其业务嵌入各个流程之中，实现效果最大化。福彩站点组织传播的主要内容为向彩民传播彩票的内涵和公益性质，公益通过组织传播与福彩站点相结合，落地性强、信效度高。在公益传播中，福彩站点的组织传播具有提高沟通效率、增强公益传播效果、改善传播环境等特点。通过福彩站点科学的游戏设计、正确的宣传引导、诚信规范的经营管理，人们能够更全面、更客观地了解福利彩票，更理性地参与彩票发行，从而加大对彩票事业的投入，塑造、传播健康的彩票文化。

福彩站点为了提高组织内部的传播效率，组建彩民参加志愿者团队进行经验交流、开展公益相关活动，如邀请彩票专家开展讲座等等，让彩民感受到了福彩的公益文化和内涵。2019年4月以来，江苏省泰州市姜堰区福彩中心组织相关福彩站点开展了"民政惠民生·福彩助残行"系列公益活动。活动对部分残疾人进行残疾政策宣讲，发放残疾人优惠政策和福彩助残宣传画册100余份；邀请人民医院专家在锦联社区组织了一场以"自强不息，积极创业"为主题的按摩技能培训，并向每名参与者发放了一册励志图书；还为部分残疾人组织了"福彩"专场免费电影，并邀请残疾朋友参

观福彩站点和福彩视频票销售大厅，向他们详细介绍福彩运营及公益金使用情况。

3. 群体传播

从群体的角度来看，人们因兴趣、爱好、专业等相同或相近而聚集在一起。正如在福彩站点进行传播交流时，彩民是随机聚集的、非组织化的，这种传播活动就属于群体传播。由此看来，福彩站点的传播活动具有群体传播的特性，每个群体都有自己的沟通结构，可以从信息的流动中理解内外环境。

一般而言，大量的信息传播意味着信息的广泛覆盖、群体成员之间的高度互动和沟通，以及在群体意识中达成共识的良好基础。在福彩站点这一传播空间，参与传播的主体成员具有多元化身份，福彩站点群体传播汇集了全社会各阶层的共同努力，最大限度地传播公益，使得公民受众的社会责任感和使命感得到增强，推进了社会主义核心价值观建设。当今社会，越来越多的人更加关注社会公益，更加希望传播社会公益、参与社会公益，但更多的人却不知道通过何种方式来实现自己的公益梦想，而福利彩票恰恰为他们提供了一个帮助别人、快乐自己的公益平台。福利彩票公益金为扶贫助学、济困赈灾、社会保障、教育医疗等各项社会公益事业以及全民健身运动和竞技福利发展做出了突出贡献。事实上，这正是每一位参与福利彩票的彩民爱心奉献的结果。

在微信平台，一些彩民发起群聊，建立微信群，讨论选号、联合购彩等事宜。在这些微信群，部分活跃彩民在彩票站点负责人的组织下一起团购彩票（通常是复式投注），若有中奖则依照股份比例分红。彩票站点负责人、中奖彩民都会在微信群发红包，众人抢红包。

（三）福彩类图书报刊的传播

1. 福彩类图书的传播

1996 年至今，正规出版的福彩类图书众多。笔者通过对 2011～2018 年的社会文献资源进行调研与收集，对其进行初步归类与分析。

（1）福彩类图书的分类。

表1是2011～2018年的福利彩票类图书发行情况。

表1　2011～2018年的福利彩票类图书发行情况

图书名称	出版、发行者	发行年份	图书分类
中国福利彩票公益发展蓝皮书	中国社会出版社	2018	研究报告类
中彩新思路－福彩卷	经济管理出版社	2018	技术理论类
福利彩票导论	吉林大学出版社	2017	研究报告类
中国福利彩票图录	中国商业出版社	2017	典藏文化类
2014年度中国福利彩票公益金使用情况报告	中国社会出版社	2017	研究报告类
双色球中奖分析与擒号秘技全图解	中国铁道出版社	2017	技术理论类
猎狐七乐彩	中国社会出版社	2017	技术理论类
教你如何看走势	武汉出版社	2017	技术理论类
福彩中奖一本通	河南人民出版社	2017	技术理论类
双色球精准杀号定胆选号方法详解	电子工业出版社	2017	技术理论类
巧赢3D	中国社会出版社	2017	技术理论类
福彩三国	中国原子能出版社	2016	典藏文化类
彩票大揭秘	知识产权出版社	2016	技术理论类
福彩3D实战宝典	经济管理出版社	2016	技术理论类
2013年度中国福利彩票公益金使用情况报告	中国社会出版社	2015	研究报告类
中国福利彩票理论与实务	中国社会出版社	2015	技术理论类
中国彩票定位册	中国社会出版社	2015	典藏文化类
双色球中奖分析与擒号秘技全图解	中国铁道出版社	2015	技术理论类
双色球杀号定胆选号方法与技巧超级大全	经济管理出版社	2015	技术理论类
双色球擒号绝技	经济管理出版社	2015	技术理论类
台湾人的发财美梦	五南图书出版股份有限公司	2015	典藏文化类
中国福利彩票概论	北京大学出版社	2014	技术理论类
中国福利彩票实务	北京大学出版社	2014	技术理论类
福利公平下的彩票供需及公益金管理研究	经济科学出版社	2014	研究报告类
梦之路——真情手递手	中国社会出版社	2014	典藏文化类
梦之路——爱心公益行	中国社会出版社	2014	典藏文化类
解码双色球	广东经济出版社	2014	技术理论类
决战双色球	山西科学技术出版社	2014	技术理论类
双色球Fortran全攻略	中国经济出版社	2014	技术理论类
数说福彩	中国社会出版社	2014	技术理论类

图书名称	出版、发行者	发行年份	图书分类
绝杀双色球 500 万	经济管理出版社	2014	技术理论类
双色球终极战法	经济管理出版社	2014	技术理论类
双色球解密方法与技巧	中国经济出版社	2014	技术理论类
2011 年度中国福利彩票公益金使用情况报告	中国社会出版社	2013	研究报告类
2011 年度民政部福利彩票公益金中央级项目研究成果汇编	中国社会出版社	2013	研究报告类
2012 年度中国福利彩票公益金使用情况报告	中国社会出版社	2013	研究报告类
我国福利彩票公益金使用管理研究	中国社会出版社	2013	研究报告类
中国社会福利事业发展与挑战	中国社会科学出版社	2013	研究报告类
彩市奇观	中国社会出版社	2013	典藏文化类
福彩礼赞	海燕出版社	2013	典藏文化类
福利与商业	松慧有限公司	2013	典藏文化类
一选搞定 500 万,超值双色球擒号宝典	民主与建设出版社	2013	技术理论类
福彩 3D 体彩排列三精准实战	中国经济出版社	2013	技术理论类
胆拖拖出双色球 500 万	广东经济出版社	2013	技术理论类
双色球核心秘密与排除大法	广东旅游出版社	2013	技术理论类
方寸福彩说文化	中国社会出版社	2013	典藏文化类
中国福利彩票公益金使用情况报告 1987～2009	中国社会出版社	2012	研究报告类
智取 500 万	经济科学出版社	2012	技术理论类
极值选号技巧	中国经济出版社	2012	技术理论类
福彩走势图全书	中国时代经济出版社	2012	技术理论类
破译双色球	广东经济出版社	2011	技术理论类
双色球蓝球中奖绝技	经济管理出版社	2011	技术理论类
双色球投注技巧	黄山书社	2011	技术理论类
双色球核心秘密与排除大法	中国时代经济出版社	2011	技术理论类

数据来源：中国国家图书馆·中国国家数字图书馆。

　　福利彩票类图书可分为三个种类：技术理论类、研究报告类、典藏文化类。技术理论类图书注重于对福利彩票技巧的传授与分析，是学习彩票知识、了解彩票历史的专业工具书。研究报告类图书旨在归纳总结一段时期内福利彩票事业的发展状况，或研究预判福利彩票的发展趋势。典藏文化类图书借助彩票具有的公益特性，以多种形式传承中国文化传统，具有一定的人文价值。2011～2018 年的福利彩票类图书分类（见图 1）。

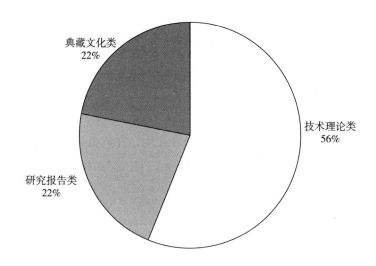

图1　2011～2018年的福利彩票类图书分类

数据来源：中国国家图书馆·中国国家数字图书馆。

在2011～2018年的福利彩票类图书中，技术理论类图书的发行数量最多，如2018年由经济管理出版社出版的《中彩新思路－福彩卷》，详细讲解了彩票选号的方法，均以实例验证彩票的预测方法与预测技巧，并详尽地讲解实战应用的特征。2017年由中国铁道出版社出版的《双色球中奖分析与擒号秘技全图解》从双色球基础知识、双色球综合分析、双色球杀号组号秘技、双色球软件使用以及Excel在双色球中的应用这5个方面进行全方位的讲解，结合Excel数据工具和历史数据为预测双色球提供数据基础。2017年由中国社会出版社出版的《猎狐七乐彩》详细介绍了七乐彩的游戏特点、专业术语以及各种玩法。2016年由知识产权出版社出版的《彩票大揭秘》，利用混沌与分形理论对以双色球为代表的乐透型彩票进行研究，揭示了彩票之谜，探索了彩票混沌的属性，介绍了红球、蓝球新的预测方法和彩票注的优化等结构性模型。2018年由中国社会出版社出版的《中国福利彩票公益发展蓝皮书》是研究报告类的代表。该书分为福利彩票公益发展现状、福利彩票公益发展回顾、福利彩票公益的多元认知、福利彩票公益实践四大部分，提供了福利彩票公益发展的客观记录，总结了福利彩票历史发

展的脉络和改革经验，提出了福利彩票健康发展的相关意见建议，同时展示了来自全国各地的 60 个扶老、助残、救孤、济困及公益文化发展 5 大类型福彩公益优秀案例。2017 年由中国商业出版社出版的《中国福利彩票图录》则是典藏文化类图书的代表。本书收集了 1987 至 2016 年年底的传统型和即开型彩票，共计 5390 余张。读者在阅读中可以直观地欣赏到题材丰富、设计精美、种类繁多的福利彩票，诸如生肖文化、古典名著、文化名人、风景名胜、珍稀动植物、戏曲、影视、公益项目、重大历史事件等众多精品彩票的设计。

（2）福彩类图书的发展现状及特点。

彩票类图书由于受众面有限，传播渠道相对较窄。在传统书店、公共图书馆等传统发售部门之外，福彩类图书在网上销售的路径十分有限，而网络是目前图书销售的主要传播工具与载体。

通过梳理 2011 ~ 2018 年的福利彩票类图书发行情况，我们可以清楚地看到，典藏文化类和研究报告类各占 22% 的市场份额，而在同等情况下，技术理论类占有 56% 的份额。技术理论类图书重在分析指导，鲜少突出福利彩票的公益性，而其余两类占比过少，福利彩票类图书内含的公益性与慈善性尚较为薄弱。

在 2011 ~ 2018 年的福利彩票类图书发行情况中，涉及“双色球”技术分析的图书共 18 本，占比 54.5%，而其中内容大多陷入“路径依赖”，存在普遍的同质化现象——通过对双色球多期历史开奖数据进行分析统计，从而得出擒号、定胆、投注等综合技巧。其中，“秘技”、“解密”、“绝技”等不科学用语也高频地出现在图书标题与文章内容中。彩票“以小博大”的博弈特性容易激发人们非理性的投机心理，而部分过于强调目的与实效的福彩类图书容易使人陷入恶性赌博的漩涡之中，从而引发犯罪动机、诱发犯罪行为。

2. 福彩报刊的传播

（1）期刊的传播。

《国家彩票》杂志由中华人民共和国财政部主管，财政部综合司、中国福利彩票发行管理中心、国家体育总局体育彩票管理中心作业务指导,中国财政经济出版社主办,于2014年开始在全国范围内公开发行。《国家彩票》是中国第一份彩票业国家级期刊,以"公益、娱乐、权威"为办刊宗旨,定位为市场化的专业服务刊,承担彩票行业权威宣传平台的责任。

(2)报纸的传播。

《公益时报 - 中华彩票专刊》是中国福利彩票发行管理中心唯一指定信息披露媒体,每日出刊,一共16个版面,每个福利彩票投注站一般都订购5~20份。《公益时报 - 中华彩票专刊》的版面如表2所示。《公益时报 - 中华彩票电子报》一周三期,每周一、三、五与纸报同步出刊。

表2 《公益时报·中华彩票专刊》的版面内容

版面	内容
01 版	重点头条、开奖公告、本期导读
02 版	数据、调查、要闻回顾
03 版	彩市新闻、专题
04 版	公益金新闻
05 版	地方彩风
06 版	国际彩票新闻、玩家新闻
07 版	擂台赛、专家成绩、手机点播、高手斗彩、商城电子报
08 ~ 09 版	双色球分布图、四区点评、综合点评
10 版	六位奖号除 3 余数、蓝码奇偶、大小、行列、方阵游戏
11 版	红球中奖号码特征参、红球六位走势、和值参考
12 版	红球尾数、七乐参考数据
13 版	3D 投注参考分布
14 版	012 录分布、组六连、散号、组三分布
15 版	邻位差值、和值、奇偶大小质合、试机号
16 版	看点、围红定胆、杀红、杀蓝、定位、彩谜、套餐、贴士

北京智博宝通传媒股份有限公司创始于2004年,是国内最大的彩票专业传媒集团,旗下有《中国体彩报》、《体彩赢刊》、《福彩专刊》、《彩民周刊》四家传统纸媒,其中涉及福彩的内容主要有《福彩专刊》和《彩民周刊》。《彩民周刊》是北京最大的彩票类专业报刊,由于数据图表丰富翔实,

专家点评具有投注参考价值，深受彩市青睐，发行量多年来雄踞同类报刊之首，堪称业界领头羊。表3是《彩民周刊》的版面分布。其他报刊，比如全国报业三十强的《江南都市报》，不定期刊登福彩开奖信息。

表3 《彩民周刊》的版面分布

版面	内容
A1	假日休闲
A2	排列3余数012路分布图，对、连、散号分布图
A3	3D专家专栏，擂台
A4－A5	福彩3D中奖号码分布走势图
A6	福彩3D大小单双图解，对、散、连分布图，奇偶对子图
A7	体彩排五中奖号码综合走势图
A8	休闲生活
B2	双色专家
B3	双色球红球尾数分布图，双色球红球和差数码与间隔数分布图
B4－B5	双色球中奖号码分布走势图
B6	双色球专家，双色球红球六位数奖号走势图，红球除3余数表
B7	双色网球中奖号码间隔分布图
B8	双色球红球尾数3D分解图
C1	七彩乐、大乐透以及双色球中奖号码联合分布图，超级大乐透奖号除3余数表
C2	智博网报网互动
C3	七彩乐中奖号码分布图，七乐彩七位数奖号除3余数表，七乐彩尾数分布图
C4－C5	排列三中奖号码分布走势图
C6	七星彩中奖号码走势图分布图，北京体彩33选7中奖号码分布图、尾数分布图
C7	超级大乐透35选5尾数分布图，中奖号码间隔分布图
C8	超级大乐透中奖号码分布图

（四）福彩节目的广电传播

1. 电视节目

2004年4月1日，中国福彩中心与中国教育电视台联合制作《福彩开奖》节目，对福彩双色球开奖全过程进行现场直播，开了国内彩票开奖电视直播的先河。紧随其后，七乐彩也开启了电视直播。2017年1月1日，

《福彩开奖》完成改版升级，中国福利彩票3D游戏开奖加入其中，实现了福利彩票双色球、七乐彩、3D三大游戏在同一电视平台进行直播开奖的新局面。目前，《福彩开奖》节目在央视财经频道晚间时段播出，除此之外，还有一些其他与福彩有关的电视节目，如表4所示。

表4　福利彩票有关的电视节目

节目名称	播出时间	播出频道
《今日福彩》	每周二、周四、周日21：15	中国教育电视台一套
《福彩快报》	每天21：53	广东电视台新闻频道
	每日21：15	中国教育电视台一频道 中国福彩网进行直播(不含周六)
《福彩一周》	每周一、周三、周五21：15	中国教育电视台一套直播开奖
《福彩演播室》	每周日17：46	江苏卫视
《福彩草原情》	每周日21：05	中国教育电视台一套
	每周六18：05	内蒙古卫视
《福彩》	每天22：30	漳州公共频道
《好运福彩》	每周六、周日播出18：00	沈阳广播电视台公共频道

开奖节目中，具体的奖种节目播出时间如表5所示。

表5　福利彩票奖种节目播出时间

奖种	播出时间	播出频道
双色球	每周二、周四、周日21：15	中国教育电视台一套
福彩3D	每日21：15	中国教育电视台一频道和中国福彩网进行直播(不含周六)
七乐彩	每周一、周三、周五21：15	中国教育电视台一套直播开奖

除了专门的电视节目外，福彩还会联合媒体机构在某个新闻节目中穿插福彩公益板块，以及播放福彩公益节目。这些电视节目、板块、广告在传播福彩资讯的同时，也在进一步践行福彩扶老、助残、救孤、济困的发行宗旨、提升福彩品牌形象、传播福彩公益属性、推广福彩各类游戏。

2.电视节目的案例

2004年，浙江广播电视集团电视钱江都市频道与浙江福彩首度合作开

展大型新闻公益行动。近 15 年以来，从《浙江省慈善奖颁奖晚会》，到全面挖掘全省福彩系统内先进事迹、展现福彩文化的合作专栏《福彩好声音》，到福彩开奖节目《福彩天天乐》，乃至浙江福彩公益事业的品牌活动"福彩暖万家"，浙江广播电视集团与浙江省福利彩票发行中心有长期的合作。

《福彩帮帮帮》是浙江省福利彩票发行中心和钱江都市频道共同合作的大型新闻公益行动。2018 年年底，杭州文三路竞舟路路口发生一起因醉酒驾驶引发的严重的交通事故，一名送奶女工被撞身亡。事后记者了解到，事故中的送奶工，多年前其丈夫得了癌症，她不惜割肝救夫，并欠下债务，如今丈夫过世，她每天打三份工，养活两名患有脑瘫的儿子。记者在挖掘出这事故背后感人故事的同时，也将《福彩帮帮帮》的公益金送到了送奶工儿子手中。节目在微博和视频网站上一经播出，就引发了网友的积极募捐，并有大型企业看到后，主动联系栏目，要为送奶工的两个孩子解决接下来的工作和生活问题。与早些年前帮扶的过程不同的是，这次捐助大部分成型在社交网络中，记者之后的追踪报道使得事件热度不断上升，就两兄弟的后续帮扶问题，记者制作了短视频版本的《福彩帮帮帮》，显现出社交媒体的传播速度和影响力，引发网友的持续关注。

钱江频道与浙江省福彩发行中心合作推出的《福彩好声音》专栏，挖掘全省福彩系统内的先进事迹：开奖背后的故事、福彩基金的管理和运营故事、彩票投注站的辛酸苦辣，展现了福彩文化的方方面面。《福彩好声音》节目除了在电视端播出以外，还有两个主要的传播阵地。一是在全省的彩票投注站循环播出，直达最关注彩票的群体。二是在全网推送视频，依托钱江频道的钱江视频融媒矩阵，《福彩好声音》的流量不仅来源于各大视频网站的推送，还有诸多抓取内容的公众号、头条号、抖音号等推流，福彩背后的故事，在移动互联网得到有效传播。

3. 广播节目

各地也有众多的涉及福利彩票的广播节目。例如《天天福彩》由山东广播经济频道播出，播出时间为每天 13：00～13：30，主持人在节目中会播放中奖信息、讲述彩民的故事，为福利彩票的彩民传递最新的福彩信息，节目还会邀请彩评嘉宾为彩民推荐和点评号码，为彩民们增加购彩乐趣、感受彩票魅力提供重要渠道。节目在轻快的节奏中，为彩民们架起一座奉献爱心与收获大奖的桥梁。

二 福利彩票的新媒体传播

互联网的诞生，使人类传播的格局发生了沧海桑田式的巨变。后来居上的互联网，已经成为名副其实的"21世纪第一媒体"。[①]

（一）福彩的网站传播

众所周知，门户网站的建设运营，能够为企业、机构开拓一个展示平台，有利于提升企业、机构的形象。中国福利彩票发行管理中心官方网站是中国福彩网，创建于2009年初，定位为服务社会公众、传播福彩公益，为彩民提供福彩产品等相关内容和其他福彩数据，提供彩票开奖结果、福彩资讯以及通知公告。基于权威性的考虑，笔者重点分析中国福彩网。

1. 中国福彩网的特点

（1）内容全面。中国福彩网在多个栏目下又推出了多个子栏目，形成栏目集群，内容相对全面，如表6所示。

表6 中国福彩网的栏目

板块	栏目	子栏目
机构	组织机构	机构设置、机构职能、领导介绍
	党建工作	党建动态、理论学习
	信息公开	通知公告、年度销售情况、财务预决算、规章制度
	社会责任	中国福利彩票机构的责任彩票原则、中国福利彩票社会责任报告、解读中国福利彩票社会责任、"责任彩票"认证

---

① 王卫明：《中外新闻事业史》，北京师范大学出版社，2010，第187页。

板块	栏目	子栏目
开奖	阳光开奖	开奖直播、开奖视频、开讲流程、往期开奖、摇奖机、摇奖球、开奖信息发布渠道
	双色球	往期开奖、开奖公告、一等奖中奖明细、开奖视频、游戏规则、走进双色球、市场动态
	七乐彩	往期开奖、开奖公告、开奖视频、游戏规则、市场动态
	福彩视频票	游戏介绍、经典游戏、活动动态
	福彩3D	往期开奖、开奖公告、开奖视频、游戏规则、市场动态
	刮刮乐	近期新票、畅销票种、印制流程、防伪识别、走进刮刮乐、市场动态、在线试刮
资讯	新闻资讯	新闻动态、派奖促销、大奖速递、站主风采、各省资讯、媒体声音、环球风采
	热点视频	福彩演播室、短视频、微电影
	专题报道	精品推荐、公益、活动、其他
	福彩对话	热门话题、一线对话
	政策解读	政策法规、政策解读、图说政策、专家解读
公益	福彩公益	公益活动、公益金管理、公益金使用、公益金筹集、公益金项目
服务	福彩欢迎您	
	公众服务	智能问答、网上留言、意见征集、文件下载
	福彩档案	发展历程、彩票知识、票样展、手工艺品、福彩"第一"
	福彩在身边	人物、故事、我与福彩的故事

（2）贴近受众。中国福彩网受众众多，包括彩民、福彩工作人员、政府监管部门和社会各界监督者。网站内容全面，贴近受众需求，为彩民们提供了最新的彩票资讯，为福彩工作人员提供了展示的平台，向社会各界监督者主动公开信息。同时，题材接近受众生活，网站内容文字平易朴实，彩民们的福彩故事与经历，福彩工作人员的日常工作生活都用通俗易懂的语言被完整描绘，拉近了与受众的距离。

（3）形式多样。除了文字稿件外，中国福彩网还有专门的视频内容板块，《福彩演播室》是一档每周一期的视频节目，节目由北京中福乐彩科技有限责任公司制作。截至2019年8月，《福彩演播室》共有172期节目，内容不尽相同，但都围绕"福彩"主题，或记录福彩从业者的正能量，或传递福彩公益正能量，或介绍福彩设备等。

短视频板块截至 2019 年 8 月共有 31 期，视频长度 2~3 分钟，题材内容主要是围绕福彩的感人爱心故事、励志人物以及有关福彩的点点滴滴。同时，还有 5 部微电影，主打"情感"。另外，中国福彩网推出"刮刮乐在线试刮"，用户在线便能体验即开型彩票，体会福彩的趣味性。

（4）打造省市品牌。中国福彩网充分调动专业的内容运营团队与技术开发团队，发挥互联网传播优势，启用广泛的推广资源，将各地福彩风采推广至中国福彩网的媒体联盟，推出省市之窗，集中呈现各地福彩发展特色，结合城市特点集中展示各省福彩机构的动态、营销先锋、公益精神等，为各地福彩中心打造全新的品牌宣传阵地。

2. 中国福彩网的改进方式

（1）增强与受众的互动。中国福彩网应重视用户力量，在网站中融入多样化的元素，如融入微博、抖音、论坛等社区网站的一些功能，提升中国福彩网的交互性。更新网站内容时，尽量选择利于用户评论转发的题材，吸收用户参与评论，中国福彩也可以轻松解答用户在评论区或是留言板中提出的问题，形成良好的互动。积极为用户转发站内文章创造条件，鼓励用户分享评论至社交平台，间接推广网站，形成二次传播。通过扩展中国福彩网的交互功能，实现信息交流渠道畅通，调动用户主动接触、支持和参与的积极性。

（2）嵌入在线营销板块。中国福彩网可挖掘受众更多潜在需求，如用户在登录浏览中国福彩网、了解福彩资讯的同时，产生购买的欲望。这时，中国福彩网嵌入自身的在线电脑福利彩票的营销管理平台，提供更灵活的营销手段，对接受众潜在需求，提升服务能力，能够进一步扩大彩民群体，提高彩票销量，助力社会福利事业更上一层楼。

（3）个性化定制。在信息大量重复和过载的时代，用户体验正是受众选择和认同的关键，提供个性化服务已经成为网站的一个重要组成部分。即针对不同用户的不同需求、浏览兴趣，将有关的网页合成到专属网页，用户每次直接进入，能够快捷全面地了解自己需要和感兴趣的信息以及进入有关的模块。使用个性化定制，用户可以按自身意愿设立相应页面，并可以随时

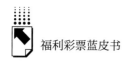
根据需求更改个性化页面。与此同时，提供个性化服务也是中国福彩网了解受众需求和期望的良好渠道。

（二）福彩的客户端传播

中国福利彩票的客户端较多，如中国福利彩票发行管理中心官方运营的客户端、指定的网络信息媒体中彩网客户端、部分省区福彩发行管理中心运营的本省区福彩客户端、一些企业机构运行的有关彩票产品及走势分析的客户端等。下文简要介绍中国福利彩票发行管理中心官方运营的三个客户端：中国福利彩票官方客户端、福彩乐透客户端、刮刮乐客户端。

中国福利彩票官方客户端是中国福利彩票发行管理中心为热心公益、支持福彩事业的广大用户设计开发的，用户在此客户端上可以了解最新的福彩资讯、最权威的开奖信息，并享受最便捷的彩票服务。客户端页面主要有资讯、开奖、活动、交流版块，其中资讯版块共开设最新、公告、公益、派奖、中奖、专题六个子板块，其中公益板块与专题板块的主要内容是福彩公益活动资讯与公益项目展示。福彩乐透客户端是针对电脑型福利彩票打造的集开奖数据、彩市资讯、促销活动于一身的手机营销平台。刮刮乐客户端是集热点资讯、刮刮乐促销、彩民互动于一身的手机营销、互动平台，是中国福利彩票发行管理中心指定的刮刮乐全国促销活动参与平台。

（三）福彩的社交平台传播

1. 微博平台

中国福利彩票发行管理中心的官方微博账号名为"福彩有爱孤老不独"，粉丝数有45897，但是微博的最后更新时间是2016年4月8日，也就是说，此微博账号已经3年没有更新。

作为中国福利彩票发行管理中心指定网络信息发布媒体的中彩网，其官方微博一直处于运营更新状态中，粉丝数达176万，发布内容主要是转发中彩网站上的中奖开奖资讯、福彩新闻内容链接和简单介绍，以及彩民开展的奖号竞猜互动。相比中彩网其他信息发布微博的零星评论数与转发数，奖号竞猜互动微博的评论数与转发数明显更高，平均评论数能达80条。

2. 微信平台

中国福利彩票在微信平台的微信公众号共有6个，分别为：中国福彩、中国福利彩票、福彩双色球、福彩刮刮乐、福彩3D订阅号、福彩七乐彩。其中作为中国福利彩票官网服务号的中国福彩网的最后更新时间为2015年8月30日，其他四个公众号处于正常更新状态。

（1）官方微信——"中国福彩"。公众号"中国福彩"提供时效性开奖公告、福彩快讯、热点新闻，省市促销信息，福彩公益活动信息。其主页主要有三大板块：看热点、做公益、送好礼。"中国福彩"公众号每日更新，具体内容与中国福彩网的内容有共通之处。西瓜数据网站对"中国福彩" 2019年7月29日~2019年8月4日的数据进行监测，结果显示：预估活跃粉丝达84396，七天发布了22篇文章，头条平均阅读数为5522，留言数为0，平均点赞数11，次条平均阅读数为4848。

（2）微信服务号——"中国福利彩票"。"中国福利彩票"定期向用户推送福利彩票最新资讯、开奖公告、公益活动、彩票趣闻等诸多内容，同时还会提供多种互动游戏以增强与用户之间的互动。该公众号每月更新四次，每次发布6篇文章。西瓜数据网站对"中国福利彩票" 2019年7月26日~2019年8月1日的数据进行监测，结果显示：预估活跃粉丝数达142068，七天发布了6篇文章，头条平均阅读数为5985，平均留言数为4，平均点赞数13，次条平均阅读数为6605。

（3）游戏产品号——"福彩刮刮乐"、"福彩双色球"、"福彩3D订阅号"、"福彩七乐彩"。"福彩刮刮乐"是中国福利彩票即开型彩票统一品牌的官方公众号，预估粉丝数接近130万，西瓜数据网站对"福彩刮刮乐" 2019年6月14日~2019年6月20日的数据进行监测，结果显示：近七天发布了3篇文章，头条平均阅读数为82758，平均留言有63条，平均点赞数302，次条平均阅读数为10557。"福彩双色球"预估活跃粉丝数达113万，西瓜数据网站对"福彩刮刮乐" 2019年7月29日~2019年8月4日的数据进行监测，结果显示：近七天发布了25篇文章，头条平均阅读数为

68349，平均留言 0 条，平均点赞数 165，次条平均阅读数为 23962。"福彩 3D 订阅号"于 2018 年 4 月 16 日开始，每日发布 5 条开奖、活动、视频、公益、技巧、心声、风采、数据、心态、趣闻等信息，持续到 2019 年 1 月 18 日，此后截至 2019 年 7 月 31 日近半年时间推送了 4 篇文章。"福彩七乐彩"是中国福利彩票七乐彩游戏官方微信公众平台。

为了满足广大彩民用户的需求，多地福彩相继推出本地福彩公众号。例如辽宁福彩微信公众平台每周三次以文字、图片形式发布辽宁福彩最新动态，第一时间为彩民提供福彩资讯，包括新玩法介绍、营销促销、开奖公告、公益活动等。得益于微信广大的覆盖面，福彩文化的辐射变得更广更深入，彩民只需动手点击，便可随时随地了解第一手的福彩资讯，十分方便快捷。纵观中国福彩运营的多个微信公众号，各个福彩产品号的粉丝数量明显多于"中国福彩"与"中国福利彩票"微信公众号，可见目前关注中国福彩相关微信公众号的用户主要集中在彩民及彩票研究者这一群体当中，关注中国福彩的公益性宣传的用户相对较少。

（四）福彩在短视频、直播平台的传播

中国互联网络信息中心第 43 次《中国互联网络发展状况统计报告》显示，截至 2018 年 12 月，中国短视频用户规模达到 6.48 亿，占整体网民的 78.2%；网络直播用户规模达 3.97 亿，占整体网民的 47.9%。从用户的规模和网民使用率两项指标看，短视频是 2018 年互联网发展中当之无愧的"黑马"，网络直播的热度也不减。福彩已经进军短视频、直播战场。

目前，抖音与快手是两大头部短视频平台，也是福彩进军短视频的主战场。全国多个地区的体育、福彩中心在抖音平台都拥有官方账号，粉丝数最高达 8.8 万。其中，中国福彩抖音号粉丝数 2139，共发布作品 15 个，主要是"第二届即开型福利彩票营销创意大赛"微视频作品。其他省份福彩发行管理中心的官方抖音号的作品内容主要集中在开奖、领奖、福彩公益活动、福彩中心营销创意作品等。以江西福彩抖音号为例，在其发布的 112 个作品中，关于江西福彩中心动态及组织的活动的视频有 18 个，产品介绍、

创意营销视频等有 35 个，中奖领奖视频有 44 个，有关公益的宣传及活动视频有 9 个，节日致敬与祝福视频有 6 个，中奖及营销相关的视频内容为主要发布内容。

除了彩票机构外，一些福彩站点站主也进入抖音、快手等短视频、直播平台，发布中奖资讯、奖号走势等进行自主宣传，但是这部分群体在短视频、直播平台上的名称较为混乱，发布的内容较杂乱。福彩作为社会公益事业的重要组成部分，需要国家公信力背书，应注重福彩品牌形象建设，线上同样是加强建设的内容之一，福彩中心可开展面向站主的线上营销、短视频拍摄等培训课程，提升福彩在短视频、直播平台的形象及传播效果。

三　不同传播媒介的差异

（一）媒介特性的差异

各种媒体间的功能差别很大，在福彩公益传播中的表现也各不相同。福彩站点覆盖面广，站点内均设福彩文化展示区，在日常运营过程、大小福彩公益活动中，与彩民们有着最直接的接触，其传播的双向性强、反馈及时、互动频率高，且对受众的文化程度要求不高，是福彩公益传播的重要渠道。

1. 印刷媒介是一种平面静态的表现方式

在进行福彩公益传播的过程中，以纸质彩票、报纸、图书、期刊等方式为代表的印刷媒介，具有鲜明的特点：（1）图文结合，呈现形式多样；（2）容纳的信息多、内容广；（3）内容相对权威，其中图书、期刊内容更为专业、有深度；（4）可长期保存，受众能够自由决定接触时间、地点、阅读速度等。除了纸质彩票内容主要是游戏、主题画面等，受众接触难度低外，报纸、图书、期刊都无法对一些文化程度低、识字少的人和文盲进行深度传播。

2. 广电媒介是一种声画结合的表现方式

福彩与广电机构合作开设的广播节目、电视节目或板块以及播放的电视公益广告，都是福彩公益传播的主要传播渠道。广电媒介在福彩公益传播中呈现以下特性：（1）传播信息迅速及时、时效性高；（2）传播范围广，受众群覆盖面广；（2）广播语言一听就懂，易于沟通；（4）电视画面传播，一看就懂；（5）电视声情并茂、视听兼容，感染力强；（6）适应不同文化程度的受众。其缺点是传播稍纵即逝，不便保存。

3. 网络媒介是一种集电脑、声像、通信技术于一体的表现方式

在当今新媒体时代，网络媒介在各种内容传播中都是不可或缺的角色，福彩的公益传播不限于线下及传统媒体，更是在线上开拓了一条新路。作为福彩公益传播的新渠道，网络媒介的特性主要有：（1）既有印刷媒介的可保存性和查阅性，又具备广电媒介的及时性，还有自身的图文阅读性和音像视听性。（2）通过数字信息技术发展，不需昂贵复杂的设备，一部手机、一台电脑联网即可，方便快捷，省钱省力；（3）打通受众即时反馈的渠道，具有充分的交互性。同时，也正因为网络媒介具有的这些特性，中国福彩因内部贪污腐败问题造成的极其严重的影响广为传播，如今在社交、网站社区等平台上，关于中国福彩的负面信息仍然存在。

（二）受众的差异

中国福彩投注站是中国福彩公益传播的重要窗口，站点内的传播对象主要是进站购买彩票的彩民，而通过站点门面外的横幅、展板进行公益传播的对象是过往的社会公众，而在社区、社会福利机构等地开展的社会公益活动，其传播对象为被扶持救助的对象以及参与活动的其他社会公众。

通过印刷媒介开展的福彩公益传播，其传播对象有阅读报刊彩票资讯的彩民、有报刊新闻内容涉及的主体如站点工作人员，还有阅读彩票类图书的彩民、社会各界彩票研究者。

福彩公益通过广电媒介传播的表现形式有单独的福彩资讯广播、电视节目，也有穿插在某个广播、电视节目中的一个福彩板块，还有中国福彩

制作的电视公益广告，这些传播形式面对的传播对象有其稳定的受众群体，也有部分偶然性的受众。如定时观看《福彩开奖》以了解福彩中奖资讯的彩民和彩票研究者，而其他收听、收看某个广播、电视节目的普通民众，因为观看了穿插在节目中的福彩公益板块，也成了福彩公益的传播对象。

因网络媒介所有的自身特性，受众接触自主选择程度高，福彩在网络媒介中的公益传播受众，多是自发了解福彩的人群，即彩民、包括站点工作人员在内的中国福利彩票发行管理中心机构成员，以及社会各界的彩票研究者。

（三）内容定位的差异

投注站是福利彩票服务彩民、彩民购彩奉献爱心的阵地，福彩在通过各个福彩站点进行公益传播活动时，主要是通过各种语言及非语言符号直接通俗地传达彩票产品信息、中奖资讯、彩票文化。语言符号主要指站点内外的宣传栏内容以及工作人员的语言。而站点内的装饰、物品等都是代表福彩文化的非语言符号。同时，工作人员的身体语言也是福彩文化的符号之一。如山东德州经济技术开发区盛世华园小区的福彩站点站长到附近的特教学校和敬老院探望，用实际行动践行"扶老、助残、救孤、济困"的福利彩票发行宗旨。

其他传播渠道的内容定位如表7所示。

表7 不同传播渠道的内容定位

传播渠道	传播形式	内容定位
印刷媒介	纸质彩票	以有趣好玩、富有纪念性意义的彩票主题及精美亮眼的票面设计来传播福彩文化
	报纸	开奖资讯、福彩公益资讯
	图书	介绍彩票知识、彩票历史，传授与分析福利彩票技巧；分析福彩事业的发展状况，预判福彩的发展趋势；结合彩票传承中国文化
	期刊	

续表

传播渠道	传播形式	内容定位
广电媒介	广播节目	开奖资讯、福彩公益资讯
	电视节目、板块	
	电视公益广告	福彩文化
新媒体媒介	网站	通过展示开奖公告、中奖故事、福彩公益活动及项目、福彩故事、责任报告、专题报道等,传播福彩文化以及进行社会监督
	微博	
	微信公众号	
	客户端	
	短视频、直播平台	站点工作日常、福彩文化、开奖公告、玩法知识、实时开票、直播领奖、线上互动

（四）传播效果不同

在笔者进行的"民众对福利彩票的认知"调查报告①中，在彩民获取福利彩票信息的渠道中，福彩站点、网站成了主要渠道，如图 2 所示。

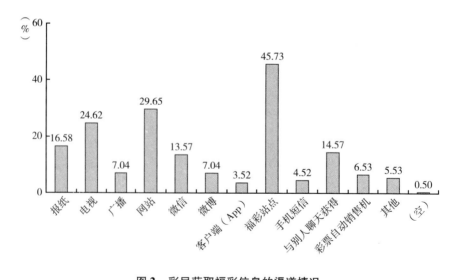

图 2　彩民获取福彩信息的渠道情况

---

① 参见本书 B.6 的调查问卷分析报告。

而关于中国福利彩票"扶老、助残、救孤、济贫"的发行宗旨,"非常了解"的被调查者仅占"6.48%","了解一点"的被调查者占45.91%。

中国福利彩票始终践行"取之于民、用之于民、取信于民"的社会承诺,将所筹社会福利资金用于兴办残疾人、老年人、孤儿福利事业和帮助有困难的人,但调查结果显示,了解福彩公益金使用情况的被调查者并不多。51.08%的被调查者表示"根本不了解"福彩公益金的使用情况,40.08%的被调查者表示"了解一点点","比较了解"的被调查者仅占8.84%。

关于中国福彩建设的公益设施、举办的公益项目等,只有25.74%的被调查者表示身边有福利彩票公益金赞助的公益设施或公益项目,51.87%的被调查者表示"不清楚",22.4%的被调查者表示"无"。

根据这些调查结果能够得知,福彩公益通过站点传播的效果是最好的,但是福彩公益传播的总体效果并不理想。而在"关于福利彩票的发展,您有哪些意见、建议?"的49个有效回答中,有16个关于福彩公益宣传,其中有12个是建议加大福彩公益宣传力度,2个提出加强网络、自媒体宣传,2个提出要注重尽量避免负面报道,以及做好负面报道后续跟踪报道。

四 新媒体时代中国福彩公益传播的优化对策

中国彩票业的传播工作在彩票业的快速发展中助力颇多,针对强化活动规则、游戏特点、开奖新闻、促销热点等方面进行了全方位、多角度的传播报道,达到了活跃市场、吸引彩民、增加销量的目的。

目前,在融媒体的环境下,中国的彩票传播业也凸显了"融"的特点,不仅固守了期刊报纸、电视节目和户外广告的传统阵地,还开辟了网络专题、微视频、微电影、微信等新兴阵地,传播内容处处可见,真正做到了报纸有文字、电视有图像、网络有信息的融媒体传播格局。

（一）以"联动"促成"共动"：新媒体与传统媒体融合传播

中国福利彩票的公益传播，不应局限于一种媒介的单枪匹马，而应是多种媒介的"强强联合"。应本着以"联动"促成"共动"的原则，实现新媒体与传统媒体的联合发力。所谓联动，指的是各种媒体类型联合起来共同发力，发挥各自的长处，从而达到传播效益的最大化。中国福利彩票的公益传播，应对受众进行分层。曾伴随着纸媒和广播成长起来的老年群体，对传统媒体拥有着一定的信赖和情怀，对于这部分群体，福彩公益传播可以更侧重于传统媒体。如在广播节目中，插入一段公益广告：讲述福利彩票公益事业，侧重于情感主题，以感性诉求为主。对于中年群体和青年群体，应更多地发挥新媒体的优势，搭建平台，促成互动。

而共动，是"联动"的高级形式，指的是整合各种媒体资源、渠道，以实现交融、协同的传播效果。新媒体具有时效性强、制作内容生动的优势。具体而言，新媒体可以运用公众号发起福彩活动，征集线上的留言，改进活动。也可以通过周年活动，在微信公众号上发起投票，请彩民们选出自己最喜欢的彩票页面。再通过微博发起话题，请彩民分享自己与彩票的故事，从而增进与彩民的互动。同时，也不要忽略纸媒的传播作用，可以在报纸上设置二维码，彩民扫描二维码即可进入微信公众号。对于近几年新兴起的H5，可以利用其制作宣传动画，帮助更多彩民了解福利彩票的公益传播。"社交媒体中的公益众筹平台推行的是人人公益的理念，每个网民都可以是公益活动的发起者和参与者"。

在福利彩票的公益传播活动中，应针对具体的传播情景，采取具体的措施。切不可"一刀切"，盲目追求传播手段的新颖，而忽略了具体的传播情景和受众的特征。

（二）融合中的"各显其能"：充分发挥不同媒体的优势、特长

在传统媒体与新媒体的联合发力、强强联合中，也应注意让每种媒体的优势最大化。对于微信公众平台，可以发挥其强关系特征，增进福彩在熟人

中的传播。对于微博，应重视其弱关系属性，集结大量的粉丝，从而汇聚社会资本，促进福彩事业的推广。发挥 H5 的视听传播效果，增加动画和音视频手段。

在这个过程中，需要传播者改进思想观念，打破固有思维和成见，积极学习集中媒介的优势，综合比较从而选择恰当的组合方式。

B.4
类型与品牌：2017年福彩
机构公益项目报告

马　妍[*]

摘　要： 本文梳理了2017年一些地方福利彩票机构在公益活动策划、实施方面的工作，把这些公益活动分为五种类型，分别进行分析讨论。文章基于福彩机构开展公益项目的现状，提出要厘清福彩机构的职能、规范资金使用、加强公益品牌建设的建议。

关键词： 彩票公益金　公益活动　社会责任

一　导言

自新中国成立以来的第一张福利彩票（时称"中国社会福利有奖募捐券"）于1987年7月，正式销售发行起，我国当代彩票事业开启了新的篇章。公益，是中国福利彩票面世伊始就确定的核心目标。发行福利彩票以筹集中国福利彩票公益金，是国家为发展社会福利事业制定的一项特殊政策，也是国务院赋予民政部门的一项重要职责。随着彩票事业的发展，中国福利彩票的销量也逐年递增，截至2017年年底，我国福利彩票总计发行17950亿元，筹集公益金超过5370亿元。其中，2017年全国福利彩票总销量连续第四年跨越2000亿元大关，达到2169.77亿元，为国家筹集公益金超过620

---

* 马妍，国家彩票杂志社副社长，研究领域为：国内外彩票政策，彩票管理体制，彩票市场研究。

亿元。30 多年来，福彩公益金资助各类公益项目 30 多万个，使用范围涵盖社会福利、社会公益、社会保障、教育卫生、体育、文化、救灾、救济、扶贫、法律援助等众多领域，直接和间接受益者超过 5.71 亿人次。

秉承着"扶老、助残、救孤、济困"的发行宗旨，各级福利彩票机构主办了大量的公益项目，有力地展现了福利彩票的公益性。

二 福彩机构公益项目类型

2017 年度，在 32 家省（区、市）级福彩中心中有 26 家主导开展了相应的公益活动，其中共有 6 家省级福彩中心开展了"扶老"类项目；5 家省级福彩中心开展了"助残"类项目；2 家省级福彩中心开展了"救孤"类项目；21 家省级福彩中心开展了"济困"类项目；13 家省级福彩中心开展了"公益文化以及其他"类项目，如表 1 所示。

表1 省级福彩机构举办公益项目情况

公益项目类型	举办项目的机构数	项目数
"扶老"类项目	6	6
"助残"类项目	5	8
"救孤"类项目	2	2
"济困"类项目	21	52
"公益文化以及其他"项目	13	17

数据来源：根据各省级福彩中心资料汇总。

在本次统计的 85 个活动项目中，除黑龙江省之外的 84 个项目，共花费公益资金 16428.48784 万元。使用资金包含了三个来源——59 个活动使用公益金 14484.13184 万元、24 个活动使用发行费 1915.79 万元、1 个活动使用市场调控资金 28.566 万元。

（一）"扶老"项目类型

2017 年全国有重庆、陕西、西藏、江苏、福建、天津 6 家省（区、市）

级福利彩票发行管理中心开展了"扶老"类型的项目。① 其中除了天津举办的公益活动使用发行费以外，相关活动资金来源全部为公益金。

经统计，"扶老"类项目共使用发行费 2 万元、公益金 1391.4196 万元，共计 1393.4196 万元，约占所有花销的 8%。在所有"扶老"类项目中，重庆市主办的"福彩有爱·送福到家"公益项目、陕西省主办的"关爱老年人 欢庆十九大"主题活动、西藏自治区主办的"公益福彩·情暖高原"公益扶老活动，同时对养老机构和个人进行帮扶救助。此外，江苏省的"进社区爱心敬老"项目、福建省的农村"幸福院 幸福家"建设项目、天津市组织的公众代表走进第五老年公寓活动，主要面向养老机构进行资助，用于添置生活用品、改善基础设施、提高老人的生活质量。其中，江苏省的"进社区爱心敬老"项目是江苏福彩重点打造的品牌公益项目。受惠人群为五保老人、80 岁以上空巢老人、敬老院老人、日间照料中心老人等特殊养老群体。活动中，省本级下拨专项公益金 500 万元。其中，下拨苏州市 50 万元，南京市 45 万元、无锡市 45 万元、泰州 40 万元，其他各设区市各 30 万元，昆山 20 万元，泰兴 15 万元、沭阳 15 万元。各级福彩中心精心挑选资助物品，按需捐赠，向各类涉老机构赠送了洗衣机、空调等家庭电器；棉被、羽绒服等御寒物；大米、油等食品；多功能按摩椅、残疾人轮椅、便捷浴盆等设施。该项目自 2008 年实施以来，已连续开展十年，为江苏全省 1172 所养老服务机构添置生活设施，改善了敬老院的基础设施、提升了老人们的生活质量，超过 27.7 万老年人从中获益。

（二）"助残"项目类型

2017 年，重庆、西藏、湖南、辽宁、青海 5 家省（区、市）级福利彩票销售中心开展了"助残"类型的项目，共计 8 个。② 其中辽宁省和青海省

---

① 具体内容见附 1。
② 具体内容见附 2。

的公益活动使用发行费，其他活动资金来源为公益金。经统计，"助残"类项目共使用发行费 27 万元，公益金 233.078 万元，共计 260.078 万元，约占所有花销的 2%。重庆和湖南的活动主要为针对某种残疾人群体的具体性帮扶。重庆是举办"助残类"公益活动最多的省级福彩机构。共开展了"福彩有爱·光明行动"资助特困家庭眼疾患者康复项目、"爱让你听见"资助特困家庭听障儿童植入人工耳蜗康复训练项目、"福彩有爱·送福到家"资助困境儿童项目、"福利有爱雨露助残"四个项目，涵盖了眼疾、肢残、听障、康复手术等受众，共使用公益金 120 万元。其中"福彩有爱·送福到家"资助困境儿童项目是延续开展的"贫困家庭儿童手足伤残救助"、"爱心家庭 1+1"品牌公益项目，内容也最为丰富：联合重庆儿童救助基金会，开展"慈幼共创·修复羽翼——贫困家庭儿童手足伤残手术救助项目"，资助贫困家庭手足伤残儿童手术治疗，使用公益金 30 万元；联合重庆文艺广播开展"为爱发声·与爱同行——福彩之夜·明星主播公益朗诵会"，捐建盲人图书馆，资助公益金 5 万元；开展福彩有爱·走进爱心庄园——关爱孤残儿童公益活动，资助公益金 5 万元。

湖南省举办的"福泽潇湘·情系罗霄山爱心健康行"扶贫助残公益活动，主要为罗霄山湖南片区（茶陵、炎陵、宜章、汝城、桂东、安仁等 6 县）建档立卡的特困缺肢人员免费安装假肢。通过受助人员填表申报、省市县三级民政部门审核的方式，确定受助对象。共花费公益金 100 万元。辽宁省、青海省和西藏自治区开展的公益活动主要为"慰问类"活动。西藏自治区举办的"公益福彩·情暖高原"助残日公益活动的资助对象为经日喀则市民政局选出的本市 50 名身患残疾、家庭贫困的人士。除每户慰问 0.2 万元之外，还购买的了价值 3.078 万元的慰问品，总共花费公益金 13.078 万元。辽宁省福彩中心在中国人民解放军建军 90 周年之际，花费发行费 10 万元，慰问辽宁省荣军医院的 42 名伤残革命军人。青海省举办的福彩温暖 2017 真情惠聋季活动，使用发行费 17 万元。通过组织安排听障人士参观原子城博物馆、走进老年公寓和老人一起过除夕、举办金融安全知识及疾病预防和社交礼仪讲座、残疾人创业会等一系列关爱听障人士的活动，为

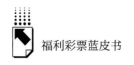

听障人士提供生活和学习方面的帮助，同时为听障人士提供走出家门感受社会、了解社会、融入社会的机会。

（三）"救孤"项目类型

2017 年度全国共有重庆、湖北 2 家省级福利彩票发行管理中心开展了"救孤"类型的项目，共计 2 个，① 活动资金来源全部为公益金，共计507.3337 万元，约占所有花销的 3%。此项目的共同点均是"助学类"救孤，受众为孤儿大学生。其中，湖北开展的"资助孤儿大学生"是湖北省民政厅发起的省本级福彩公益金项目，由湖北省福利彩票发行中心协助执行。项目始于 2008 年，旨在帮助湖北省籍新入学及在校孤儿大学生顺利完成学业。该项目包括两项资助，可同时申请。一是福彩助学金，每人 5000元；二是福彩励志奖学金，每人 1000～3000 元，用于表彰湖北籍孤儿大学生中品学兼优者。2017 年，该项目共投入福彩公益金 498.7 万元，资助孤儿大学生 961 人（其中 133 人同时获得福彩励志奖学金）。

重庆开展的"福彩助学·爱心接力"资助福利机构孤儿大学生圆梦项目，主要针对的是全市福利机构的孤儿大学生，重庆福利机构联合市慈善总会，资助 8 名孤儿在大学期间的全部学费及部分生活费，该项目共使用公益金 8.3337 万元。

（四）"济困"项目类型

2017 年度全国共有广东、安徽、广西、浙江、江西、河北、河南、宁夏、贵州、陕西、西藏、江苏、青海、福建、甘肃、海南、重庆、湖南、山东、四川、辽宁 21 家省（区、市）级福利彩票发行管理中心开展了"济困"类型的项目，共 52 个。② 其中广东、安徽（省级拨款部分）、青海、海南、四川、辽宁、山东等举办的 13 个活动资金来源于发行费，其余活动资

---

① 具体内容见附 3。
② 具体内容见附 4。

金均来自公益金。经统计，"济困"类项目共使用发行费1131.59万元，公益金约11673.12万元。共计约12804.71万元，约占所有花销的78%。在众多"济困"项目类型中，按内容主要分为三类——助学类、关注留守儿童类以及贫困群体助困类。

1."助学"项目类型

在助学类项目中，共有安徽、广西、河北、河南、宁夏、陕西、西藏、江苏、重庆、海南、湖南、山东、四川、辽宁等14个省（区、市）级机构举办的16个助学活动，约占所有"济困"类项目的31%。其中包含安徽的"安徽福彩圆梦大学"公益活动，广西的"'福彩情 学子梦'高三学生助学公益行"活动，河北的"福彩献真情，爱心助学子"活动，宁夏的"宁夏福彩公益行，圆筑贫困学子梦"助学活动，陕西的"公益福彩·亲情助学2000万元福彩公益金资助贫困家庭大学新生"活动，西藏的"公益福彩暖高原"公益助学活动，江苏的"爱心助学"活动，重庆的"福彩有爱·授人以渔"资助优秀高（中）职学生公益助匠项目、"福彩助学·爱心直通车"资助在校大学生2小时公益项目以及"福彩助学·爱心圆梦"福彩公益金助学圆梦项目，湖南的"福泽潇湘"之"福彩有爱·精准助学"公益活动，四川的"放飞梦想，托起四川希望的明天——四川慈善·福彩帮困助学活动"，辽宁的"福彩长在"助学基金项目在内的13个项目，均为延续多年的品牌类助学活动。

按照助学类项目的资助对象来分，有10个项目是全部资助来自贫困家庭的大学生。另外，还有广西的"福彩情 学子梦"高三学生助学公益行活动、重庆的"福彩有爱·授人以渔"资助优秀高（中）职学生公益助匠项目、海南的"福彩公益助学"活动、湖南的"福泽潇湘"之"福彩有爱·精准助学"公益活动、四川的"放飞梦想，托起四川希望的明天——四川慈善·福彩帮困助学活动"和辽宁的"福彩长在"助学基金项目的受众群体则更有针对性地涵盖了其他年龄层的贫困学生。如湖南的"福泽潇湘"之"福彩有爱·精准助学"公益活动，面向全省贫困县市的小学、初中、高中生（含职业高中），给予一定的资助。2017年的福彩助学活动，首

次聚焦全省 51 个贫困县市的学子进行精准救助，首次按照小学、初中每人3000 元，高中每人 5000 元的标准予以资助，从省本级福彩公益金中专项安排 190 万元，共计资助 500 余名家境困难的学子。辽宁省的助学基金包括助困基金、奖优基金、英才基金三部分。助困基金资助清风岭镇小学、中学在校学生中建档立卡户、低保户家庭中品学兼优的学生，及出于其他原因家庭贫困、学习优异的学生。奖优基金重点资助清风岭镇小学、中学在校生中学习成绩优异的学生。英才基金重点资助清风岭镇户籍、当年全国普通高等学校招考中被本科院校录取的应届考生。

2. "关注留守儿童"项目类型

在此类项目中，共有广东、江西、陕西、贵州、西藏、海南、重庆、湖南、山东、辽宁 10 个省（区、市）级机构举办的 13 个公益活动，[①] 占所有"济困"类项目的 25%。其中广东的"福彩育苗计划"和"福彩夏令营"项目、湖南的"福泽潇湘·关爱留守儿童"大型公益活动、贵州的"温暖贵州·大手牵小手——关注留守儿童"、山东的"福彩关爱留守儿童公益绘画活动"、辽宁的"朝阳县清风岭镇学校维修改善" 6 个项目为延续的品牌活动。纵观活动内容，广东的"福彩育苗计划"和"福彩夏令营"项目、山东的"福彩关爱留守儿童公益绘画活动"更注重留守儿童"精神层面"的关爱。如从 2012 年开始，广东省福利彩票发行中心就联合广东团省委、省文明办、省教育厅，每年持续推出广东"福彩育苗计划"。每年暑假、春季和秋季三个阶段免费提供青少年宫的才艺技能培训，异地务工人员子女、留守儿童、生活困难少年儿童、福利院孤残儿均可参加。

而陕西的"公益福彩·农村留守儿童关爱保护行动"，贵州的"温暖贵州·大手牵小手——关注留守儿童"，江西的"福彩公益行·走近乡村小学"，西藏的"公益福彩·情暖高原"六一公益活动，海南的"关爱留守儿童暖冬行动"，重庆的"公益福彩·幸福校园"工程项目、"福彩有爱·送福到家"资助儿童救助公益项目以及"福彩有爱·送福到家"关爱

---

① 具体内容见附 5。

凝冻山区留守儿童"红樱桃．冬日针爱"系列公益活动，湖南的"福泽潇湘·关爱留守儿童"大型公益活动，辽宁的"朝阳县清风岭镇学校维修改善"项目，则从保障贫困留守儿童获得更好的学习生活条件开展相应的资助活动。

如重庆的"公益福彩·幸福校园"工程项目，便投入公益金135万元，针对贫困区县的山区、库区（中）小学校和国家鼓励发展的高（中）职院校，联动区县民政局和教委，开展福彩助教助学活动，援建福彩爱心图书馆、福彩爱心操场、福彩爱心食堂、福彩关爱留守儿童成长中心等。

3．"群体助困"项目类型

在群体助困类项目中，共有浙江、江西、河北、贵州、陕西、西藏、青海、福建、甘肃、海南、重庆、湖南、山东13个省（区、市）级机构举办的23个公益活动，约占所有"济困"类项目的44％。

其中浙江的"福彩帮帮帮"公益资助项目、江西的"福彩公益行·走近身边好人"活动、河北的"福彩暖冬助困"活动、重庆的"爱心温暖回家路，资助一线特困环卫园林工人回家过年"公益活动以及"阳光福彩·爱心急难救助金"项目5个活动为延续品牌的公益项目。

在呈现方式上，此类活动也有了新的选择。浙江的"福彩帮帮帮"公益资助项目、青海的福彩"爱心心愿"项目、湖南的"善行2017·福彩帮帮帮"项目都选择与电视媒体合作，成了电视节目的固定板块，并以此为窗口开展相应的公益救助活动。

如浙江的"福彩帮帮帮"公益资助项目由浙江省福彩中心与钱江都市频道合作，在现有的"范大姐帮忙"节目中，开设"福彩帮帮帮"固定板块。"福彩帮帮帮"每周播出2～3期，以介入式方式报道受助对象背景情况、福彩公益金发放过程、观众反馈和社会反响。

湖南的"善行2017·福彩帮帮帮"则联合湖南公共频道《帮助直通车》栏目组共同打造"善行2017·福彩帮帮帮"爱心节目。该节目主要选取急需救助的热点人物、事件或特定困难群体进行报道，组织开展公益救助活动，由福彩公益金给予帮扶救助，树立福彩"积德行善、造福

社会"的公益形象。省福彩中心负责公益金使用发放，公共频道负责宣传报道。

（五）"公益文化以及其他"项目类型

2017 年度共全国有安徽、广西、黑龙江、浙江、江西、贵州、青海、重庆、湖南、山东、河南、山西、深圳 13 家省（区、市）级福利彩票发行管理中心开展了"公益文化以及其他"类型的项目，共 17 个。其中安徽、浙江、青海、山东以及广西"福彩三十年 欢乐广西行"活动的公益活动使用的为发行费；广西"2017 广西福彩情·公益健步走"活动使用的是市场调控资金；其余的活动资金来源全部为公益金。经统计，"公益文化以及其他"类项目共使用发行费 755.2 万元，市场调控资金 28.566 万元，公益金 683.175198 万元（黑龙江省花费未在统计之列），共计 1466.941198 万元，约占所有花销的 9%。

本项目涉及的内容可以分为"福彩品牌类"、"专属慰问类"以及"资助救助类"三个方面。其中，涉及福彩品牌类的项目主要以宣传福彩文化为目标，共有安徽的"爱心图书进校园"公益活动，广西的"福彩三十年 欢乐广西行"活动和"2017 广西福彩情·公益健步走"活动，青海的"公益福彩情暖高原"中国福利彩票发行三十周年青海专题晚会，山东的"大爱民政 阳光福彩"福利彩票公益金资助项目媒体采风活动、第一届"福彩杯"优秀齐鲁志愿者评选活动以及"福彩杯"山东省第二届全民广场舞大赛，山西的"福彩扶老、社会敬老"主题宣传活动，共 8 项。占所有"公益文化以及其他"类项目的 47%。

专属慰问类活动主要受众为特殊人群，共有黑龙江的"龙江福彩·情系公安英烈"活动、江西的"福彩公益行·走近好军嫂"项目、贵州的"关爱功臣"项目，共 3 项。占所有"公益文化以及其他"类项目的 18%。如，贵州的"关爱功臣"项目是对省内部分伤病退役军人开展巡回医疗活动，开展健康体检、建档立卡、发放药品活动等，进一步提升优抚对象的荣誉感。

资助救助类活动则对相应的人群进行资助或救助。共有浙江的"投注站爱心接力"公益活动，青海的"福彩筑梦高原线下圆梦"，重庆的"福彩有爱·送福到家"公益慈善进学校、进社区、进企业、进机关文化活动，湖南的"福泽潇湘·共同见证"自驾游公益活动，河南的"福彩30年，公益社区行"活动，深圳的"鹏城有爱·温暖回家"资助来深建设者春节返乡活动，共6项，占所有"公益文化以及其他"类项目的35%。如河南的"福彩30年，公益社区行"活动就使用公益金200万元，为省内100个大型社区捐赠健身器材，除捐赠器材外，还为受捐赠社区授牌"福彩公益健身园"。

三 公益活动的观察与思考

从2017年各地福彩机构开展的公益项目或活动来看，其项目涉及教育、扶贫、助残、扶老、弱势群体帮扶等领域。在2017年开展的公益项目中，许多项目具有延续性，并产生了持续的社会效益，有的则在项目开展当地形成了福彩公益品牌，提升了福彩的公益影响力。不过，作为彩票的销售机构，各地福彩机构在开展公益项目的过程中，在机构职责、资金使用以及公益品牌建设等方面可进一步思考和探索。

（一）"公益"应该由谁来做

福彩发行和销售机构开展的公益项目和公益活动，彰显的是福彩的宗旨以及彩票的公益属性。但是，从机构职责来看，机构并不承担开展公益项目或者公益活动的职责，这让福彩机构开展公益活动成了一种志愿行为和主动承担社会责任的行为。

从《彩票管理条例》和《彩票管理条例实施细则》的规定来看福彩机构的职责。《彩票管理条例》第六条规定，"福利彩票销售机构、体育彩票销售机构（以下简称彩票销售机构），分别负责本行政区域的福利彩票、体育彩票销售工作"。可以看出，福彩机构的职责是销售彩票。

《彩票管理条例实施细则》第八条规定，彩票发行机构的主要职责是："（一）制定全国福利彩票、体育彩票发行销售的发展规划、管理制度、工作规范和技术标准等；（二）建立全国福利彩票、体育彩票的发行销售系统、市场调控机制、激励约束机制和监督管理机制；（三）组织彩票品种的研发，申请开设、停止彩票品种或者变更彩票品种审批事项，经批准后组织实施；（四）负责组织管理全国福利彩票、体育彩票的销售系统数据、资金归集结算、设备和技术服务、销售渠道和场所规划、印制和物流、开奖兑奖、彩票销毁；（五）负责组织管理全国福利彩票、体育彩票的形象建设、彩票代销、营销宣传、业务培训、人才队伍建设等工作。"

彩票销售机构的主要职责则是："（一）制定本行政区域福利彩票、体育彩票销售管理办法和工作规范；（二）向彩票发行机构提出停止彩票品种或者变更彩票品种审批事项的建议；（三）制定本行政区域彩票销售实施方案，并组织实施；（四）负责本行政区域福利彩票、体育彩票销售系统的建设、运营和维护；（五）负责实施本行政区域福利彩票、体育彩票的销售系统数据管理、资金归集结算、销售渠道和场所规划、物流管理、开奖兑奖；（六）负责组织实施本行政区域福利彩票、体育彩票的形象建设、彩票代销、营销宣传、业务培训、人才队伍建设等工作。"

从以上规定可以看出，福彩机构本身并不具有实施或者开展公益活动的职责。福彩机构自身开展公益活动和公益项目，是一种善举，但这并不是福彩机构的主业，也不是体现福彩机构的社会责任。一些福彩销售机构为了体现其社会责任而开展各类公益项目，这是混淆了福彩机构的职责和彩票社会责任之间的关系。从字面意思来看，职责是指任职者为履行一定的组织职能或完成工作使命，所承担的一系列工作任务，以及为完成这些工作任务所需承担的相应责任。而责任是一种职责和任务，对责任的理解通常可以分为两个方面：一是指在社会道德上，个体分内应做的事，如职责、尽责任、岗位责任等；二是指没有做好自己的工作，而应承担的不利后果或强制性义务。

福彩机构要履行社会责任首先是做好本职工作。如在游戏设计和选择等方面尽量减少彩票游戏可能对购彩者带来的负面作用；福彩销售机构在进行彩票宣传营销的时候，不刻意渲染中大奖等内容等。福彩机构做好本职工作，彩票的社会责任也就在其间自然体现出来了。理解了这一点，就会发现，福彩机构更多地去做一些公益活动或者在社会责任报告中花一定篇幅去体现彩票公益金的使用情况是不名正言顺的。

（二）"公益"的花销从哪来

福彩机构开展公益项目或者活动离不开资金的支持。从各地的情况来看，资金来源一般有两种，一种来自发行费，一种来自福彩公益金。

福彩机构的主要工作是筹集公益金。《彩票公益金管理办法》（以下简称《办法》）第四条规定：彩票公益金由各省、自治区、直辖市彩票销售机构根据国务院批准的彩票公益金分配政策和财政部批准的提取比例，按照每月彩票销售额据实结算后分别上缴中央财政和省级财政。因此，彩票机构在公益金领域的主要职能是销售彩票，并在根据国家规定的比例提取公益金后，上缴给中央财政与省级财政。

从2005年起，中央与地方按照各50%的比例对半分配公益金。中央层面的彩票公益金有60%的直接用于社保基金，30%用于专项公益金项目，各5%分别拨给民政部和体育总局用于社会福利与体育事业。其中，福利彩票所筹集的公益金有50%留在地方，主要用于"扶老、助残、救孤、济困、赈灾"等社会福利和社会救助性的公益慈善事业。财政部出台的《彩票公益金管理办法》对公益金的分配和使用方向都做出了明确规定。地方层面的彩票公益金，按照规定，要求各省级财政与民政、体育部门共同研究确定分配原则。可见，无论是在中央还是在地方，资金分配与彩票机构皆无关系。不过，由地方上缴省级财政的公益金，由各省、自治区、直辖市人民政府财政部门负责执收，收缴程序按照省级财政部门的有关规定执行，省级以上民政、体育行政等有关部门、单位如各地老龄委、儿童福利和收养中心等，申请使用彩票公益金时应当向同级财政部门提交项目申报材料。因此，就福彩机构来说，其对公益金无分配权，但因其分属民政、体育部门下级单

位，经审批后可以使用。

各地福彩机构属于民政部门下属行政单位，需将申请递交财政部门并获得批准。如深圳福彩中心开展的"'爱心福彩——资助来深建设者春节返乡'大型公益活动"项目、湖南福彩围绕"福泽潇湘"公益品牌开展的公益项目等，均是申请了当地民政部门福彩公益金的支持，凸显了福利彩票的社会责任和公益本质。多年来，一些省、市福彩机构结合自身工作实际，有针对性地申请福彩公益金开展公益活动，及时帮扶特困家庭、受灾群众、贫困残疾人士、孤儿等困难群体。除了申请福彩公益金开展公益项目之外，一些福彩机构每年也都使用了一定量的发行经费来开展一些公益活动。

按照国家规定，发行费是彩票资金的组成部分之一，按照彩票销售额的一定比例提取，其中约一半为销售网点的代销费用，其余纳入各级财政部门专户管理，用于福利彩票发行机构的日常销售业务所需的事业支出、经营支出以及对下级机构的补助支出。主要包括：彩票的印制、运输、仓储、检验，电脑彩票投注单和热敏纸、广告、宣传、技术开发支持、系统运行维护、专线通信费，公证费、代销点经费、尾票核销等费用。

实际上，用发行费用开展一些公益活动，主要目的是宣传福彩、体现福彩的宗旨和彩票的公益性质。福彩机构按照自身的需求，从发行费中的宣传费用里拿出一部分费用用于公益活动的开展，而开展公益活动则是为了宣传福彩的品牌和宗旨。利用公益活动宣传福彩可能要比直接宣传福彩游戏更能获得公众的青睐，因此此种方式被福彩机构经常使用，亦无可厚非。

（三）打造"公益品牌"的必要性

"品牌"是一种无形资产，"品牌"就是知名度，有了知名度就具有凝聚力与扩散力，就会形成发展的动力。从各地的情况来看，几乎每个省级福彩机构都打造了自己的品牌公益项目。如中国福利彩票发行管理中心组织开展的福彩有爱、福彩圆梦等系列公益活动，各地福彩中心开展资助贫困学子、慰问困难群众等公益活动，打造了福泽潇湘、温暖贵州、幸福辽宁等公益品牌，彰显了福利彩票公益宗旨。

然而在公众的印象中，全国福彩还没有一个属于全国性的统一的品牌公益项目。这些年来，无论从彩票行业安全运行、健康发展的要求还是从回应社会舆情需求方面，树立中国福利彩票的品牌公益形象，已成为迫切要求。如何提高福彩的公信力、塑造品牌影响力是福彩机构面临的一个问题。广义的"品牌"是具有经济价值的无形资产，用抽象化的、特有的、能识别的心智概念来表现其差异性，从而在人们的意识当中占据一定位置。品牌公益项目是福彩公益理念和战略的呈现方式和公益体系的重要构成。打造设计精良、卓有成效的公益项目既是提升公益效率和效果的现实需要，也是提升福彩品牌认知度、美誉度的重要手段与途径。

福彩机构可借鉴一些成功的公益项目的宣传策略，建立一个属于福彩自己的"品牌公益项目"宣传战略，从而彰显福彩的公益性，带动民众对公益事业的支持。不过，前提是首先要实现各部门的协调一致，形成对品牌公益项目的共识和宣传。

品牌建设是一个长期的过程。因此福彩机构要对公益品牌进行规划、设计、宣传和管理。一些著名品牌之所以成功，不仅因为其产品质量，更因为其所奉行的一些宣传办法，比如其产品宣传中会长期保持一个鲜明的要素，不断重复。这类宣传办法已经很广泛地被用于商业领域之外，而且成为传播学里的经典案例。因此，福彩机构可以借鉴商业领域的"品牌化"宣传办法，对主打品牌公益项目或者公益活动进行宣传。实际上，目前的一些国际慈善组织如乐施会每年开展的"毅行者"公益项目等都是在走一条品牌化的道路，福彩机构都是可以借鉴的，福彩机构应该尽快优化宣传办法，转变宣传策略。

打造品牌化的福彩公益项目，并"品牌化"地对其进行宣传，应该力求能够清晰、明确地被大众理解，所以在整个福彩公益项目生产链条上，以及在相关的宣传里面，都要尽可能规范化、统一化，最终使得品牌和福彩能够合二为一，提升品牌知名度。

附 1：

全国省级福彩中心 2017 年开展的"扶老类"公益活动统计

单位	活动名称	活动内容	资助对象	资金来源	金额（万元）	活动持续时间	延续活动或者新增项目
重庆福彩	"福彩有爱·送福到家"公益项目	重庆福彩突出开展扶老、助老、敬老、爱老主题公益活动，参与重庆市文明办"好家风润万家""金婚祝福礼"等系列活动 1. 重庆福彩联合北碚区民政局，开展 2017 重庆"福彩有爱·送福到家"走进敬老院暨资助特困环卫工人公益活动，资助公益金 10 万元 2. 援建巫山县巫溪敬老院 20 万元 3. 联合重庆广播电视报社，重庆"德公益慈善文化基金会，开展"福彩有爱—2017 重庆好家风润万家暨金婚祝福礼（第四季）公益活动"，资助公益金 20 万元 4. 联合重庆日报社，开展"2017 重庆最美步道发现之旅——救助孤寡老人公益活动"，资助公益金 10 万元 5. 捐建重庆市老年大学"康乐学教室"项目，资助公益金 10 万元	城市社区空巢老人，农村留守老人	公益金	70		
江苏福彩	"进社区 爱心敬老"项目	江苏省下拨省本级公益金 500 万元，分配至苏州、南京、无锡、昆山、泰兴、沐阳等市，为全省 1172 所养老机构添置生活设施	五保老人、80 岁以上空巢老人等	公益金	500	5 个月	延续品牌
福建福彩	"幸福院 幸福家"建设项目	该项目使用福彩公益金在全省范围内建成了 35 家农村"幸福院"，为解决农村养老问题提供活动场所	35 家农村小院	公益金	595	1 年	延续品牌

续表

单位	活动名称	活动内容	资助对象	资金来源	金额（万元）	活动持续时间	延续活动或者新增项目
西藏福彩	"公益福彩·情暖高原"公益扶老行动	该公益项目主要包括：1. 资助尼木县敬老院6万元；2. 资助那曲地区敬老院6.25万元；3. 采购慰问品打菜机及其他慰问品8.1696万元。4. 资助驻村贫困户1万元。5. 资助阿里地区敬老院5万元。	那曲、阿里地区、尼木县社会福利院老人	公益金	26.42		
陕西福彩	"关爱老年人 欢庆十九大"主题活动	陕西省老龄委、省民政厅与省福利彩票发行中心，在全省联合开展以"关爱老年人 欢庆十九大"主题活动。慰问人数2320人，每人500元，另外还对28家养老机构进行了资助，每家机构30000元	高龄、失能、空巢老年人和老党员、老红军、老专家、老劳模	公益金	200		
天津	重阳节慰问天津市第五老年公寓	在重阳节来临之际，天津福彩组织媒体、投注站、彩民等公众代表，开展了"有福彩·够精彩"纪念福彩三十年系列公益活动之"有福彩·爱在重阳 天津福彩公益行"活动，为老人们送上了精彩的文艺节目，同时还参观了福彩公益金使用项目	养老院老人	发行费	2	1天	

附2：

全国省级福彩中心2017年开展的"助残类"公益活动统计

单位	活动名称	活动内容	资助对象	资金来源	金额（万元）	活动持续时间	延续品牌还是新增活动
重庆福彩	福彩有爱·光明行动"资助特困家庭眼疾患者康复项目	结合中福彩中心"福彩有爱·光明行动"项目，重庆福彩联合重庆市残疾人福利基金会，开展"福彩有爱·光明行动"，资助困难家庭眼疾患者康复项目，救助了1000名特殊困难家庭的白内障、糖尿病病底病、青光眼等患者	特困家庭白内障、糖尿病病底眼病、青光眼患者	公益金	40		

续表

单位	活动名称	活动内容	资助对象	资金来源	金额（万元）	活动持续时间	延续品牌活动是延续还是新增
重庆福彩	"爱让你听见"资助特困家庭听障儿童人工耳蜗康复项目	该项目的资助对象为：在中央级彩票公益金资助下已植入人工耳蜗并进行了10个月的康复训练和言语听觉康复训练的特困家庭听障儿童，且需须继续进行康复训练。项目共资助40名特困家庭听障儿童继续进行康复训练	特困家庭2~7岁听力障碍残疾儿童	公益金	20		
重庆福彩	"福彩有爱·送福到家"资助困境儿童项目	联合重庆儿童救助基金会，开展"慈幼共创·修复羽翼"贫困家庭手足伤残儿童手术救助项目，资助贫困家庭手足伤残儿童手术治疗，使用公益金30万元。联合重庆文艺广播开展"为爱发声·与爱同行——福彩之夜·明星主播公益朗诵会"，捐建盲人图书馆，资助公益金5万元。开展福彩有爱·走进爱心庄园——关爱孤残儿童公益活动，资助公益金5万元	贫困家庭手足残儿童	公益金	40		延续
重庆福彩	"福彩有爱·雨露助残"	重庆福彩联合重庆市残疾人福利基金会——涪陵区办事处，开展"福彩善行·残健共融"涪陵区第27次全国助残日宣传暨"福彩有爱·雨露助残"活动，资助公益金20万元	贫困家庭残疾人	公益金	20		延续
青海福彩	福彩温暖2017真情惠普季活动	该公益活动通过组织安排听障人士参观原子城博物馆，走进老年公寓和社交礼仪讲座，残疾人创业金融安全知识及疾病预防等一起过除夕，为听障人士提供生活和学习方面的帮助，同时为听障人士提供走出家门感受社会，了解社会，融入社会的机会	残疾人	发行费	17	1年	新增
西藏福彩	"公益福彩·情暖高原"助残日公益活动	该公益活动慰问对象为：经日喀则市民政局选出的本市50名身患残疾、家庭贫困的需要帮助的人士	身患残疾、家庭贫困的残疾人士	公益金	13.078		

续表

单位	活动名称	活动内容	资助对象	资金来源	金额（万元）	活动持续时间	延续品牌还是新增活动
湖南福彩	福泽潇湘"情系罗霄山·爱心健康行"扶贫助残公益活动	湖南福彩与省假肢矫形康复中心和湖南卫视、湖南经视、湖南日报社、新湖南、红网等主流新闻媒体合作,共同组织开展"情系罗霄山·爱心健康行"扶贫助残公益活动,为罗霄山湖南片区(茶陵、炎陵、宜章、汝城、桂东、安仁等6县)建档立卡的特困缺肢人员免费安装假肢。该活动通过受助人员填报,省市县三级民政部门审核的方式,确定受助对象	茶陵、炎陵、宜章、汝城、桂东、安仁6县的特困缺肢人员	公益金	100		
辽宁福彩	辽宁福彩慰问辽宁省荣军医院伤残革命军人	2017年是中国人民解放军建军90周年,为进一步接受爱国主义教育,坚定共产主义理想信念,辽宁省彩票发行中心党支部于7月27日组织党员到辽宁省荣军医院,慰问42名革命伤残军人	辽宁省荣军医院的42名革命伤残军人	发行费	10	一天	新增

附3:

全国省级福彩中心2017年开展的"救孤类"公益活动统计

单位	活动名称	活动内容	资助对象	资金来源	金额（万元）	活动持续时间	延续品牌还是新增项目
重庆福彩	"福彩助学·爱心接力"资助福利机构孤儿大学生圆梦项目	重庆福彩联合市慈善总会,针对生活在福利机构的孤儿,开展"福彩助学——爱心接力·福彩孤儿大学生活动",资助福利机构孤儿大学生成长基金,资助福利机构8名孤儿在大学期间的全部学费及部分生活费	生活及户籍在福利机构的孤儿大学生	公益金	8.3		

续表

单位	活动名称	活动内容	资助对象	资金来源	金额（万元）	活动持续时间	延续品牌还是新增项目
湖北福彩	资助孤儿大学生	湖北福彩的该公益项目旨在帮助湖北省籍新入学及在校孤儿大学生顺利完成学业。2017年,该项目共投入福彩公益金498.7万元,资助孤儿大学生961人（其中133人同时获得福彩励志奖学金）,在社会上引起巨大反响,已成为湖北省影响力最大的慈善品牌之一,并入围"民政部百优公益项目",成为湖北民政践行核心理念,展示良好政风行风的一面旗帜	湖北籍孤儿大学生中品学兼优者	公益金	498.7	1个月	延续品牌

附4:

全国省级福彩中心2017年开展的"济困类"公益活动统计

单位	活动名称	活动内容	资助对象	资金来源	金额（万元）	活动持续时间	延续品牌还是新增项目
重庆福彩	"公益福彩·幸福校园"工程项目	重庆福彩联动区县民政局和教委,针对贫困区县的山区,库区（中）小学和国家数励发展的高（中）职院校,开展福彩助教助学活动,援建福彩爱心图书馆、福彩爱心操场、福彩爱心食堂、福彩关爱留守儿童成长中心等。该公益项目共援建7个子项目:1. 重庆机械电子高级技工学校图书室改造项目20万元;2. 重庆市工业高级技工学校运动场改造项目20万元;3. 重庆市机械高级技工学校篮球场改造项目20万元;4. 重庆市轻工业乡中小学电子键盘音乐器室教室项目20万元;5. 城口县河鱼乡中心小学电子阅览室改造项目20万元;6. 南川区木凉镇中小学运动场改造项目20万元;7. 丰都县南天湖镇留守儿童之家项目15万元	5～10所社会关注度高,需求急迫,有发展前景的中（小）学校和高（中）职院校	公益金	135	1年	

续表

单位	活动名称	活动内容	资助对象	资金来源	金额（万元）	活动持续时间	延续品牌还是新增项目
重庆福彩	"福彩有爱·授人以渔"资助高（中）职学生公益助匠项目	重庆福彩联合市职业教育学会、重庆商报社，组织走进10所高（中）职院校，针对高（中）职院校的优秀在校贫困家庭学生，开展10场"福彩进校园"公益活动及资助金现场发放系列公益活动	在重庆高（中）职院校的1000名贫困家庭在校学生，每人一次性资助2000元	公益金	200	1年	
重庆福彩	"福彩助学·爱心直通车"资助在校大学生"2小时公益"项目	重庆福彩联合在重庆部分高校，市青少年发展基金会，针对在重庆的全日制高校的特困家庭在校大学生走向社会，利用无课日、节假日时间，到公益岗位上进行"2小时公益"社会实践勤工俭学志愿服务	在校特困家庭大学生，每月资助200名，按照每人每小时30元，每月不超过1000元的标准进行资助	公益金	111.17		
重庆福彩	"福彩助学·爱心圆梦"福彩公益金助学圆梦项目	重庆福彩按照市委、市政府精准扶贫的要求，针对贫困区县的城乡低保家庭，2017年参加高考的优秀大学新生，资助大学新生走进大学校园，解燃眉之急	贫困区县城乡低保家庭，2017年参加高考的优秀大学新生300人，标准为4000元/人	公益金	120		
重庆福彩	"爱心温暖回家路"资助一线特困环卫工园林工人回家过年公益活动	该公益项目主要是资助外地来重庆的一线特困园林工人2017年春节回家路费，资助500人，每人400元	外地来重庆的一线特困环卫、园林工人	公益金	20		

续表

单位	活动名称	活动内容	资助对象	资金来源	金额（万元）	活动持续时间	延续品牌还是新增项目
重庆福彩	"福彩有爱·送福到爱"资助儿童救助公益项目	该公益项目针对留守儿童，困境儿童，孤残儿童，进城新市民子女等特殊群体，扶持社会组织联合开展专业儿童救助服务	留守儿童，困境儿童，孤残儿童，进城新市民子女等特殊群体	公益金	60		
重庆福彩	"福彩有爱·送福到爱"对口精准扶贫项目	重庆福彩参与市建委扶贫集团资助秀山对口扶贫项目	秀山县	公益金	5		
重庆福彩	"福彩有爱·送福到爱凝冻山区留守儿童红樱桃·冬日针爱"	按照中央文明委提出的"要多做些关爱农村留守儿童的事情"的要求，根据市文明办的支持，重庆福彩组织实施"福彩有爱·送福到爱"关爱凝冻山区留守儿童"红樱桃·冬日针爱"系列公益活动	凝冻山区留守儿童	公益金	20		
重庆福彩	"阳光福彩·爱心急难救助金"	重庆福彩针对社会突发事件，社会急难群体以及媒体报道的社会反响大，政府想解决的民生急难问题，给予申请者适当资助，让其渡过难关。"爱心帮帮"互助抗癌公益活动，为10万市民提供抗癌互助金，倡导建立"我为人人，人人为我"的互助模式	福彩急难救助金的申请者和晚报抗癌爱心互助会的10万成员	公益金	39		
江苏福彩	"爱心助学"	江苏福彩采取省，市，县三级联动方式资助贫困大学生	大学生	公益金	500	6个月	
青海福彩	"爱心心愿"	"爱心心愿"系列爱心活动是青海福彩冠名的《福彩天天公益》栏目的一个版块，活动聚焦残疾人，老年人以及贫困青少年群体，全年为省内156个困难群体和个人送上温暖和关爱	省内156个困难群体和个人	发行费	8	全年	

续表

单位	活动名称	活动内容	资助对象	资金来源	金额（万元）	活动持续时间	延续品牌还是新增项目
甘肃福彩	冬日阳光公益行动	甘肃福彩将"文化引领，践行公益"作为公益宣传的总基调，开展系列公益资助活动。在春节前资助兰州市安宁区辖区内50户孤寡老人、留守儿童以及生活困难的道德模范范本和"兰州好人"等困难群体，给他们送去节日的问候	孤寡老人、留守儿童，困难群众	公益金	10	1个月	
甘肃福彩	福泽陇原·福彩公益行	甘肃福彩该公益项目的受助对象为生活困难女民警、辅警，每人可获得1000元资助金	25名生活困难女民警、辅警	公益金	2.5		
西藏福彩	"公益福彩 情暖高原"公益助学活动	西藏福彩从西藏大学、西藏高等专科学校，拉萨师范高等专科学院、西藏职业技术学院，拉萨师范高等专科学院选择71名2017年考入该四所大学的西藏籍贫困大学生，加上2017年之前未毕业、社会自主报名的学生156名，资助金额78万元	在校贫困大学生	公益金	78		
西藏福彩	"公益福彩 情暖高原"爱心慰问百名党员活动	西藏福彩向日喀则市拉孜县、拉萨市城关区等五个村（居）的100名困难老党员每人捐助1000元慰问金，购买大米、砖茶，印制福彩标识的酥油搅拌器等价值3.879万元的慰问品	困难老党员	公益金	13.88		
西藏福彩	"公益福彩 情暖高原（元旦、春节、藏历新年）"慰问活动	西藏福彩慰问向拉萨市家庭成员有重大疾病且无经济能力的家庭，家庭产生巨大变故导致经济困难的家庭。1. 资助每户贫困家庭公益金0.5万元，40户，共计20万元。2. 藏历年助孤送温暖1.3146万元	困难家庭	公益金	21.31		

续表

单位	活动名称	活动内容	资助对象	资金来源	金额（万元）	活动持续时间	延续品牌还是新增项目
西藏福彩	"公益福彩·情暖高原"关爱环卫女工、贫困女性、爱心妈妈"系列三人公益活动	西藏福彩向拉萨市困难家庭或单亲家庭的母亲、城关区困难环卫女工家庭、西藏自治区儿童福利院爱心妈妈送上节日的问候和福彩的关爱。由拉萨市民政局各选定30名困难家庭或单亲家庭的母亲，城关区民政局各选定30名困难环卫女工家庭，为每户提供1000元福彩公益金慰问金及共计价值1.5万元的慰问品；向西藏自治区儿童福利院16名爱心妈妈每人提供2000元福彩公益慰问金；加查县编织厂贫困妇女获得2万元	环卫女工、爱心妈妈、困难、单亲母亲	公益金	11.97		
西藏福彩	大病救助公益活动	西藏福彩资助曲水县南木乡的次旺桑珠一家大病救助福彩公益金1万元，资助西藏石油公司贫困大病患者杜明亮2万元，资助曲水县先天性心脏病患者者阿乃1万元，帮助他们渡过难关	救助因生病急需钱的病人	公益金	4		
海南福彩	福彩公益助学	海南福彩针对海口市贫困低保户、孤儿、烈士家庭、家庭直系成员中患有重大疾病的困难家庭的海口市辖区全日制2017即高一新生开展公益助学活动，通过审核公示后每位申请人可得到3000元助学金，活动开展后得到社会各界好评	困难学生	发行费	30	2个月	
海南福彩	关爱留守儿童"暖冬行动"	海南福彩准确了解当地留守儿童的生活情况及需求，通过组织购买被子、保温杯、书包、课外书籍等物资送到留守校发放到孩子手中。活动使留守儿童真切感受到来自社会的爱心，传递了社会主义正能量	留守儿童	发行费	13	1个月	
海南福彩	公益进校园活动	为响应民政"救急难"工作号召，海南福彩向海南中学教育发展基金会捐赠15万元，用于资助贫困生及因突发事件引起家庭经济困顿的在校师生	贫困师生	发行费	15	1年	

续表

单位	活动名称	活动内容	资助对象	资金来源	金额（万元）	活动持续时间	延续品牌还是新增项目
河北福彩	"福彩献真情，爱心助学子"	河北福彩的"福彩献真情，爱心助学子"活动发起于2002年，目的为资助河北省部分因家境贫困而无力支付学费的优秀考生圆大学梦	贫困学生	公益金	2627.3		延续
河北福彩	"福彩暖冬助困"	"福彩暖冬助困"活动是继福彩助学活动之后河北福彩的又一项大型公益活动，目的是为贫困群体解决燃眉之急，让冬天不再寒冷，让弱势群体感受温暖。截至2017年，这项活动已开展6届	贫困群体	公益金	451.2		延续
浙江福彩	"福彩帮帮帮"公益资助	浙江福彩与钱江都市频道合作，在现有的"范大姐帮忙"节目中，开设"福彩帮帮帮"固定版块。"福彩帮帮帮"每周播出2～3期，以个人方式报道受助对象背景情况。福彩公益金发放过程，观众反馈和社会反响。同时，尽力争取其他媒体的联动。浙江福彩网、浙江福彩微信平台专题报道。通过这种方式，使这部分资金的使用更为透明，社会影响更大	89个苦难对象	公益金	60	全年	
浙江福彩	"福彩暖万家"系列公益活动	浙江福彩开展主题专项公益资助活动60多场次，资助残困儿童、困难大学新生、困难老人、困难环卫工人等困难群体超过10000人	困难群体	公益金	2644	1年	
河南福彩	福彩30年，助学子圆梦活动	河南福彩面向全省寻找300名贫困大学生，为每人一次性资助5000元	贫困学生、孤儿大学生	公益金	150	3个月	

续表

单位	活动名称	活动内容	资助对象	资金来源	金额(万元)	活动持续时间	延续品牌还是新增项目
广西福彩	"福彩情·学子梦"高三学生助学公益行活动	广西福彩携手网易乐得科技有限公司(简称网易)、广西新闻网《南国早报》《南国新闻网》《生活报》、FM100.3、广西新闻网《南国早报》《生活报》《南宁晚报》南宁电视台等8家媒体,以媒体深度介入的方式,开展本次公益助学活动。根据"择优、较困"的原则,广西福彩评选出相对最适合的250名高三贫困学生。家庭贫困,品学兼优的高三学生,高三阶段可获得2000元面制本科大学,考上国家承认学历可获得全日制本科大学,将再获得5000元的资助	贫困高三学生	公益金	175	1年	
福建福彩	"爱心传递 福满万家——福建福彩暖冬行动"	福建福彩为永泰县清凉镇小田村、嵩口镇王湖村、梧桐镇白杜村和葛岭镇西溪村共四个贫困村90户困难家庭送去大米、油,面等慰问品及慰问金	低保户、五保户、特困家庭	公益金	7.5		
贵州福彩	见证小康路	贵州福彩针对中心对口帮扶点晴隆县的两个贫困村进行帮扶。通过对贫困村的扶贫对象开展养殖、种植培训的形式,帮助两个地方的贫困村民脱贫,受益人3700人	晴隆县紫马乡紫马村、平塘县大塘镇合坝村	公益金	240		
贵州福彩	走进市州	贵州福彩对遵义、安顺、铜仁、毕节、黔西南的贫困生及贫困村进行帮扶与资助,受益人数超过1万	遵义、安顺、铜仁、毕节、黔西南	公益金	100		
贵州福彩	"温暖贵州·大手牵小手——关注留守儿童"福利彩票公益金系列公益活动	贵州福彩的该项活动先后组织了"疯狂动物城""海底总动员""科技之光""走出大山看世界"和"你好阳光少年"等活动,实现了"留守儿童信箱"的全省全覆盖。丰富多彩的活动温暖了全省留守儿童,为他们送去了关爱与温情,帮助他们了解决了学习、生活中的困难,正面引导孩子们并挖掘孩子们的快乐天性,让他们懂得感恩父母并快乐生活	留守儿童	公益金	20		延续

续表

单位	活动名称	活动内容	资助对象	资金来源	金额（万元）	活动持续时间	延续品牌还是新增项目
江西福彩	"福彩公益·走近××地"	为更好地履行"扶老·助残救孤·济困"的发行宗旨	对全省各地生活困难的1400多名对象进行慰问	公益金	210		
江西福彩	福彩公益行·走近身边好人	2017年，江西省福利彩票发行中心继续安排20万元福彩公益金，与省广播电台合作开展了"福彩公益行·走近身边好人"大型公益活动。活动还邀请其中部分典型人物组成"好人故事会"，深入全省各地与当地群众分享励志经验和体会，传递社会正能量	有困难的身边好人	公益金	20		
江西福彩	"福彩公益行·五套爱心路"	江西福彩和江西电视台五套联合开展"福彩公益·五套爱心路"大型公益活动，列支公益金2.5万元，对11名有困难的特殊群众进行帮扶；资助黎川县30名困难家庭学生以及20名贫困学生5万元；资助宜春市奉新县罗市镇梧岗村福彩公益金3万元	困难人群	公益金	10.5		
江西福彩	"福彩公益·走近乡村小学"	江西省福利彩票发行中心先后开展了"福彩公益·走近乡村小学"活动，资助贫困学校的基础设施建设和购买学习用品等	黎川县洲湖小学和宜春市上高县蒙山镇小下村小学	公益金	6		
宁夏福彩	"宁夏福彩公益行，圆筑贫困学子梦"助学活动	自治区民政厅、宁夏福彩中心出资275万元，资助宁夏550名被全日制一、二本院校录取的目家庭贫困的大学生，为每人一次性发放5000元助学金	被全日制一、二本院校录取的目家庭贫困的大学生	公益金	275		

续表

单位	活动名称	活动内容	资助对象	资金来源	金额（万元）	活动持续时间	延续品牌还是新增项目
安徽福彩	"安徽福彩圆梦大学"公益活动	安徽省福利彩票发行中心再次启动了"安徽福彩圆梦大学"公益活动，使用福彩资金180万元，资助600名大学贫困新生，每人一次性资助3000元。根据活动规定，安徽省级助学名额依据2016年度各市户籍人口比例分配至全省16市。省级助学活动在全省16市福彩中心的支持配合下，按程序进行了申报、审核、公证筛选、公示。随后各市、县纷纷配套公益活动，先后11个市同步开展了福彩圆梦活动，根据资困程度的不同，提供3000～5000元的助学资金	2692名家庭困难的大学新生	省级发行费和市级公益金	920.25		
广东福彩	"广东福彩育苗计划"	从2012年开始，广东省福利彩票发行中心联合广东团省委、省教育厅、省文明办，每年持续推出"广东福彩育苗计划"。每年暑假、春季和秋季三个阶段免费提供青少年营的才艺技能培训	外来务工人员子女、留守儿童、生活困难青少年儿童、福利院孤残儿童	发行费	250.9	每年暑假、春季和秋季三个阶段	延续品牌
广东福彩	福彩夏令营	该公益活动围绕"我的中国梦·青春七彩梦"主题，以"我的交友梦""我的海洋梦""我的科学梦""我的城市梦"等"梦想"为活动主线，设计参观、学习、交流等形式多样的体验活动，让留守少年儿童开拓视野，增长知识，引导他们从小树立远大理想，立志成长成才	留守儿童	发行费	241.69	暑假	延续品牌

续表

类型与品牌：2017年福彩机构公益项目报告

单位	活动名称	活动内容	资助对象	资金来源	金额（万元）	活动持续时间	延续品牌还是新增项目
西藏福彩	"公益福彩·情暖高原"六一公益活动	西藏福彩慰问西藏自治区儿童福利院,拉萨市儿童福利院孤儿,向拉萨市特殊教育学校学生送去福彩的温暖。1. 西藏福彩向拉萨市儿童福利院捐赠6万元公益慰问金和价值2万元的慰问品 2. 西藏福彩向拉萨市特殊教育学校捐赠4万元公益慰问金和价值1万元慰问品 3. 西藏福彩资助西藏福利院活动费用2.25万元	贫困孤残儿童	公益金	14.54		
陕西福彩	"公益福彩·关爱贫困留守妇女"活动	陕西福彩使用省本级福彩公益金在全省开展"公益福彩·关爱贫困留守妇女"活动	省农村贫困家庭留守妇女	公益金	150		
陕西福彩	"公益福彩·农村留守儿童关爱保护行动"	陕西省民政厅、省财政厅、团省委联合开展"公益福彩·农村留守儿童关爱保护行动"	农村贫困家庭留守儿童	公益金	150		
陕西福彩	"公益福彩·亲情助学'2000万元福彩公益金资助困难家庭大学新生'"活动	为帮助困难家庭学子圆大学梦,为许多家庭攻坚解决实实在在的困难,让福彩公益金在扶贫攻坚工作上发挥更加积极的作用,陕西省民政厅、省财政厅及省福彩中心联合开展的"公益福彩·亲情助学'2000万元福彩公益金资助贫困家庭大学新生'"活动	城市和农村低保户家庭大学新生;经济困难的军烈属、优抚家庭大学新生;各级福利院(儿童福利院)院校录取的普通本、专科(高职)孤儿被全部大学新生;其他家庭生活特别困难的大学新生	公益金	2000		

107

续表

单位	活动名称	活动内容	资助对象	资金来源	金额（万元）	活动持续时间	延续品牌还是新增项目
湖南福彩	"善行2017·福彩帮帮帮"	湖南福彩联合湖南公共频道《帮助直通车》栏目共同打造2017·福彩帮帮帮"爱心节目。该节目主要选取需急救助的热点人物、事件或特定困难群体进行报道，组织开展公益救助活动，由福彩公益金给予帮扶救助，树立福彩"积德行善，造福社会"的公益形象。省福彩中心负责公益金使用和发放，公共频道负责宣传报道	特困群众	公益金	20	全年	
湖南福彩	"福泽潇湘"之"福彩有爱·精准助学"公益活动	湖南福彩面向全省贫困县市的小学、初中、高中（含职业高中）、高中生，给予一定的资助，帮助其解决学习生活上的困难。活动于8月底或9月初启动，公益预算190万元	贫困学生	公益金	190	8月~11月	
湖南福彩	"福泽潇湘·关爱留守儿童"大型公益活动	湖南福彩与省民政厅事务处及省级主流新闻媒体合作，共同组织开展2017年度"福泽潇湘·关爱留守儿童"大型公益活动，在省内选择宁乡、涟源、溆浦三地开展农村留守儿童关爱保护工作，由当地筛选出部分生活困难的留守儿童来进行帮扶救助	宁乡、涟源、溆浦三地的贫困农村留守儿童	公益金	60	半年	
山东福彩	"为福添彩"公益救助活动	经各市福彩中心或媒体推荐的困难家庭进行公益救助。山东福彩对符合公益救助条件目具有社会正能量的典型人物进行救助，构建福利彩票积极健康的社会形象	各市福彩中心及媒体推荐的，具有社会正能量的经济困难家庭	发行费	20	全年	

续表

单位	活动名称	活动内容	资助对象	资金来源	金额（万元）	活动持续时间	延续品牌还是新增项目
山东福彩	福彩关爱留守儿童公益绘画活动	为了给留守儿童送去精神关爱，5月20日，山东省福利彩票发行中心携手山东经济广播财富Radio、山东省青少年发展基金会、山东省美术家协会当代艺术委员会在济南泉城广场举办了"关爱留守儿童"大型绘画公益活动。活动邀请50名留守儿童来到泉城济南，与城里的孩子一起在泉城广场挥动画笔，画出自己心中最美的世界。此外，绘画现场指导，山东省美术名家将为留守儿童们开辟特别通道，量身定制一堂美术课；爱心美术创作院专业画家的现场指导，童身定制一堂美术课；爱心企业会为贫困的农村孩子提供一顿免费城市大餐	济南、德州的50名贫困留守儿童	发行费	8		
山东福彩	"为福添彩·福利彩票圆梦女大学生行动"	在2017年新生入学之际，山东省福利彩票发行中心与山东省妇女联合会、山东省广播电视台联合主办"为福添彩·福利彩票圆梦女大学生行动"，在济南、淄博、枣庄、临沂、菏泽五市选拔50位家境贫困品学兼优的优秀高考女学生，进行每人3000元的救助，救助金额总计15万元。2017年起，每年资助50~60名贫困家庭女大学生	济南、淄博、枣庄、临沂、菏泽五市选拔的50位家境贫困品学兼优的优秀高考女学生	发行费	25		新增
四川福彩	"放飞梦想，托起明天的希望"——四川慈善·福彩帮困助学活动	自2005年起，秉承"集全社会之力，倡爱心助学之风，助贫困优秀学子"的宗旨，四川省教育厅、共青团四川省委共同与各省市总会，四川省（县（市、区）相关部门协调联动，连续开展全省性"放飞梦想·托起四川希望的明天"四川慈善·福彩帮困助学活动，在四川省范围内资助城乡低收入贫困家庭和孤儿中品学兼优的学子发放助学金，帮助其顺利入学。帮助四川中品学兼优家境贫困，品学兼优的学子克服暂时困难，顺利迈进校园	贫困大学新生和高中新生	公益金和发行费	300	1个月	延续

续表

单位	活动名称	活动内容	资助对象	资金来源	金额（万元）	活动持续时间	延续品牌还是新增项目
辽宁福彩	"福彩助学子 就学希望行动"	从2015年起,辽宁省福彩发行中心每年出资用于朝阳市朝阳县清风岭镇中心小学和初级中学校操场、校舍维修和购置计算机等软、硬件维护及建设。清风岭镇中心小学和初级中学是辽宁省"福彩助学子 就学希望行动"定点帮扶学校,先后建设了清风岭镇中心小学和初级中学学生宿舍、学生食堂,铺设了校园彩砖和篮球场等	清风岭镇中心小学和初级中学	发行费	30	不固定时间	延续
辽宁福彩	"福彩长长在"助学基金	清风岭镇位于朝阳市朝阳县南部,是辽宁省贫困地区之一。多年来,辽宁省福彩发行中心始终践行"扶老、助残、救孤、济困"的发行宗旨和"取之于民,用之于民"的发行理念,在该地区持续开展助学活动。助学基金包括助困基金、奖优基金、英才基金三部分	建档立卡户、低保户家庭中品学兼优的学生,因其他原因家庭贫困、学习优异的学生,小学、中学在校生中学习成绩优异的学生,当年全国普通高等学校招考中被本科院校录取的应届考生	发行费	10	不固定时间	延续

附5：

全国省级福彩中心2017年开展的"公益文化等其他类"公益活动统计

单位	活动名称	活动内容	资助对象	资金来源	金额（万元）	活动持续时间	延续品牌还是新增活动
重庆福彩	"福彩有爱·送福到家"公益慈善进社区、进学校、进机关关爱文化活动	1. 重庆福彩联合大足区民政局，开展"重庆福彩·与爱同行——2017重庆环卫工慰问活动"，资助贫困环卫工工作业服暨特困环卫工慰问活动，资助公益金14万元 2. 重庆福彩联合潼南区民政局，开展"重庆福彩·爱心送环卫"捐赠活动，资助公益金15万元 3. 重庆福彩联合大足区民政局、大足区市政园林管理局、双桥经开区建设局，开展"中福在线·爱心在线"——2017重庆福彩捐赠大足区环卫工人清凉饮料活动，资助公益金10万元 4. 重庆福彩联合渝北区民政局，开展"重庆福彩·情系消防"公益活动，资助公益金15万元 5. 弘扬社会主义核心价值观，重庆福彩善通过《重庆慈善》和《公益慈善》开展公益文化进社区、进校园、进机关，资助公益金30.5万元 6. 重庆福彩资助12个单位制作公益金使用标牌，使用公益18.6751.98万元	环卫工人	公益金	103.175198		
青海福彩	"福彩筑梦高原线下圆梦"活动	青海省福彩中心携手青海经视用绳推出"福彩筑梦高原线下圆梦"活动，活动期间记者走定与福彩"扶老、助残、救孤、济困"宗旨相对应的救助对象进行调研和救助，共使用近20万元发行费对该省需要帮助的积极向上、充满正能量的个人、机构等对象进行圆梦支持	积极向上、充满正能量的个人、机构等	发行费	20	4个月	新增

续表

单位	活动名称	活动内容	资助对象	资金来源	金额(万元)	活动持续时间	延续品牌还是新增活动
青海福彩	"公益福彩情暖高原"中国福利彩票发行三十周年青海专题晚会	青海福彩举办"公益福彩情暖高原"中国福利彩票发行三十周年青海专题晚会,晚会以VCR小片、情景快板、情景剧、现场访谈、舞蹈、歌伴舞、朗诵等多种形式,展现30年来,青海福彩人以春风化雨、润物无声的情怀践行了"扶老、助残、救孤、济困"的宗旨,从"霞光计划"到"蓝天计划",从婴孩幼童到耄耋老人,从残疾人到困难群众,青海福彩人走出了一条温暖人心的爱心之路,谱写了一曲曲爱心涌动的华美乐章	全社会	发行费	60	1个月	新增
浙江福彩	"投注站爱心接力"公益活动	创新求变中不断尝试创新公益资助的活动形式,浙江福彩将全省投注站站点打造成为销售主阵地、公益大平台	500个特困家庭	发行费	250	全年	
广西福彩	"福彩三十年欢乐广西行"活动	本次活动覆盖广西全区14个地市,20个城市,共40场巡演活动,历时近半年,结合刮刮乐现场销售、链接双色球游戏摇奖现场竞猜蓝色号码,以及现场慰问贫困群体等环节,开展活动。搭载面向全国的强势电视媒体"广西卫视",并开设视频专栏	全社会	发行费	150	5个月	
广西福彩	"2017广西福彩情·公益健步走"活动	5月20日,与南宁电视台共同主办的"2017广西福彩情·公益健步走"活动在南宁市青秀山风景区成功举行,来自社会各界的700余人参加了此次活动	全社会	市场调控资金	28.566	1个月	新增
江西福彩	福彩公益嫂·走近好军嫂	2017年,江西省福利彩票发行中心联合江西省妇女联合会和江西日报社开展了"福彩公益行·走近好军嫂"活动	20名事迹感人的"好军嫂"	公益金	10		新增
安徽福彩	"爱心图书进校园"公益活动	安徽福彩申请专项公益资金150万元向该省75所中、小学校捐赠课外图书,每所学校受赠图书2万元(实际采购金额、图书码洋价格以政府采购为准)	75所中小学校	发行费	150		延续4年

续表

单位	活动名称	活动内容	资助对象	资金来源	金额（万元）	活动持续时间	延续品牌还是新增活动
贵州福彩	关爱功臣	贵州福彩对全省部分伤病退役军人开展巡回医疗活动。开展健康体检，建档立卡，发放药品等，进一步提升抚对象的荣誉感。受益人2200人	因伤病退役军人	公益金	60	1天	
黑龙江福彩	"龙江福彩·情系公安英烈"	为弘扬英烈精神，抚恤英烈家属，传递社会正能量，黑龙江省民政厅，省福利彩票发行中心联合省公安厅于2007年启动了"龙江福彩·情系公安英烈"活动，设立单项10万元福彩资助金，专项用于因公牺牲的公安民警家属的生活补助	因公牺牲的公安民警家属	公益金	每位10万元，具体数目不定	1天	延续品牌
湖南福彩	"福泽潇湘·共同见证"自驾游公益活动	该公益活动于6月份启动，7～8月份分三批开展，每批约10台车40人左右，分别前往衡阳、娄底、张家界三市。活动内容包括参观了解福彩公益金资助项目、爱心捐赠、福彩机构与彩民交流互动、游览景点等环节		公益金	30	6月～8月	延续品牌
山东福彩	"大爱民政阳光福彩"福利彩票公益金资助项目媒体采风活动	为落实省民政厅提出的建设"现代大爱民政"的总体目标和"走前列，争一流，创品牌"的工作要求，在"十三五"期间树立良好的公益品牌形象，山东省福彩中心与省互联网传媒集团共同策划组织了福利彩票公益金资助项目媒体采风活动，从而向广大社会公众无分展现广大彩民朋友的爱心善举和福利彩票为社会福利公益事业做出的巨大贡献，以及山东福彩人三十年来艰苦奋斗的卓越成果和取之于民、用之于民的大爱情怀，让大家对福彩的公益形象有更加全面的了解，进一步提升山东福彩品牌风范。2017年，媒体采风活动先后走访了济南、淄博、潍坊、烟台、济宁、德州、东营7个地市，20余家媒体对福彩公益项目进行报道高潮，向社会公众传递出"福彩好声音"		发行费	15.2		新增

113

续表

单位	活动名称	活动内容	资助对象	资金来源	金额（万元）	活动持续时间	延续品牌还是新增活动
山东福彩	第一届"福彩杯"优秀齐鲁志愿者评选活动	为弘扬志愿服务精神,促进精神文明建设,培育践行社会主义核心价值观,2017年初,山东团山东省委、共青团山东省委、山东省福利彩票发行中心、山东省青年志愿者协会共同发起第一届"福彩杯"优秀齐鲁志愿者评选活动,面向全省寻找长期坚守在公益一线的优秀志愿者团队和个人	全省长期坚守在公益一线的优秀志愿者团队和个人	发行费	40		新增
山东福彩	"福彩杯"山东省第二届全民广场舞大赛	2017年初,为落实省委宣传部、省文化厅关于"文惠民,服务群众"的部署要求,培育积极践行社会主义核心价值观的文化惠民重要平台,山东省福利彩票发行中心与山东广电网络有限公司再度举办山东省全民广场舞活动,旨在丰富城乡居民的业余文化生活,促进社会主义核心价值观融入社会生活 本次广场舞大赛累计比赛场次1200场,参加队伍14000支,参与人数超200000人	全省广场舞团队	发行费	70		延续
河南福彩	福彩30年,公益社区行活动	河南福彩为省内100个大型社区捐赠健身器材	社区	公益金	200	6个月	
山西福彩	"福彩扶老·社会敬老"	山西福彩开展敬老标兵、文明村评选表彰,敬老书画摄影优秀作品表彰三项活动	全省范围	公益金	30		新增
深圳福彩	"鹏城有爱·温暖回家"资助外来深建设者春节返乡活动	深圳福彩的该项公益活动资助助乘车票共4214张,其中:火车票1600张,汽车票(高铁)2614张,开设4条火车线路:深圳至南昌方向,车票500张;深圳至达州、南充方向,车票100张;深圳至重庆方向,成都方向、车票500张;深圳至信阳方向,车票500张。发车时间为2018年2月6日至10日	外地来深建设者	公益金	250	3天	延续12年牌

调查评估篇

Survey and Assessment

B.5
中国福利彩票公益发展评估体系

何　辉　王晶磊*

摘　要：　为了进一步推动我国福利彩票事业的健康发展，有必要从公益
发展的角度对其进行评估。在分析国内多个相关研究的基础
上，文章提出了公益资源、公益管理、公益绩效、公益责任和
公益影响的五维模型。五维模型聚焦于公益发展，分别从福利
彩票系统在公益资源汲取、公益理念和公益金等的管理、福彩
公益项目等的绩效分析、信息公开和利益相关方责任、对社会
公益发展的影响五个方面，评估福利彩票相关部门。

关键词：　公益发展　五维模型　社会责任

---

* 何辉，中国社会科学院大学（中国社会科学院研究生院）经济学院副教授，博士，执行院
长；中国社会科学院大学社会组织与公共治理研究中心秘书长。主要研究领域为政府规制、
慈善经济学、社会组织。王晶磊，中国社会科学院大学（中国社会科学院研究生院）网络中
心高级工程师，主要研究领域为数据分析、项目管理、公共治理。

经过 30 多年的发展，福利彩票已经成为我国社会福利和公益发展的重要资金来源。福彩公益金支持的各种公益项目，则是我国公益慈善事业的重要组成部分。近些年来，随着福利彩票事业高速发展，也出现了一些需要关注的问题，例如福利彩票的管理发行部门如何提高福彩的社会影响力，福利彩票系统如何进一步提高公信力，进而在推广公益慈善理念的同时，增加福利彩票的发行和销售额。对于福彩公益金的使用，尽管这些年来管理越来越规范，但是福彩公益金支持的公益项目开展得如何？特别是绩效如何？这方面还存在相当大的提升空间。

对现实定位，引导行业健康发展。规制经济学中有标杆规则，即以行业中的优秀企业的价格、服务质量等，作为规制该行业的基础甚至标准。我国福利彩票发展 30 余年，取得了巨大的进步。但是，我们如何去衡量这种进步？在进步的过程中，还存在怎样的问题？尽管这方面有不少的定性分析，但是不够系统也不够全面。

我们认为，为了福利彩票更加稳定健康地发展，进一步发挥其推动我国慈善公益事业进步的作用，有必要运用评估的办法对其进行客观、公正的评价，以评促建，以评促进。

一 评估的目的和意义

（一）评估的必要性

福利彩票来源于社会，其目的是社会公益和社会福利。某种程度上，正是因为其公益目的，福利彩票成为国内仅有的 2 个合法的彩票之一。因此，福利彩票相关部门有必要向社会公开相关的信息，例如福彩公益金的流向、公益金的使用效率和效果，有义务接受各方面的咨询。

我国的福利彩票尽管取得了很大的成绩，但组织能力还不够强，社会公信度还有待提高，发行和销售效率也有待提升，公益金绩效管理水平有待提高。因此，有必要借用管理工具来推动福彩机构的能力建设和发展。

（二）评估的目的和意义

评估目的有两个：一是通过评估，可以全面了解某一个地区的福彩的公益发展情况，并为当地公益的未来发展提出建议；二是对不同地区的福彩公益情况进行比较，以此来促进我国各地福利彩票事业的发展。评估的意义包括如下四点。

第一，通过评估，可以更好地引导各福彩机构的发展方向。我们可以通过对福彩系统的宗旨与使命、治理结构、管理能力等的评估，引导其发展方向，增强机构和系统的使命感，推进能力建设。

第二，可以更好地引导公众参与福彩的购买和支持。前几年，福彩系统出了一些问题，一定程度上降低了人们则买福彩的积极性。如果通过第三方机构对福彩系统进行相对客观公正的评估，将有可能提升人们购买和支持福利彩票的热情。如此，不仅可以从公益金的聚集上提升效率，而且可以提升民众对福利彩票的认知度、支持度和参与度。

第三，可以促进福彩系统的自我学习和能力提升。这种提升，与普通的自上而下的引导学习不同，而是将外界的评估，作为组织自我学习的工具，而不仅仅是评估和监督。这种评估，将帮助福彩系统诊断目前发展中的问题，设计发展方案和推动福彩系统和福彩机构健康发展。[1]

第四，整体上提升福彩的公益发展水平。通过更多公众的参与和福彩的购买、福彩系统组织能力技术的提升，推动公益发展。

二 评估的视角：公益和公益发展

本研究尝试从公益发展的视角，对福利彩票进行评估体系的设计。为什么要从这个视角出发？

---

[1] 邓国胜等：《民间组织评估体系：理论、方法与指标体系》，北京大学出版社，2007，第38～40页。

（一）公益性是福利彩票的本质特征

公益性，既是福利彩票发展的初衷，也是福利彩票使用的归宿，同样，也是福利彩票发行、销售的合法性和宣传推广的核心。

我们认为，公益是福利彩票存在和发展的根本，也是福彩的根本功能。现有福利彩票管理制度中，对于理念的表述强调：我国开办福利彩票事业的初衷，就是团结各界热心社会福利事业的人士，发扬社会主义人道主义精神，筹集社会福利资金，兴办老年人、残疾人、孤儿等福利事业和帮助有困难的人，即"扶老、助残、救孤、济困"。这明确表明了我国福利彩票必须坚持的公益和慈善方向。

福利彩票的公益理念，还可以从公益金的使用范围来分析。1986 年福利彩票创设之初，将筹集到的社会福利资金的用途确定为，"用于举办残疾人（包括视力、听力、语言、肢体、智力残疾和精神病人）、老年人（主要是社会孤老）、孤儿的社会福利和康复事业，帮助有困难的人"。1987 年，筹集到的资金的用途是"兴办社会福利项目，资助社会福利事业"。1998 年，《社会福利基金使用管理暂行办法》不仅再次明确了社会福利基金的使用范围是资助社会福利事业，而且支持"有利于弘扬社会主义精神文明、能体现扶弱济困宗旨"的社会公益事业的发展。2007 年，《彩票公益金管理办法》对公益金使用范围进行了部分调整，提出从公益金中抽取部分资金用于补充全国社会保障基金。现在，每年中央筹集的公益金的大约 60% 被投入社保基金，为社会保障和社会保险事业做出巨大的贡献。尽管有些学者对于将公益金用于补充社保基金有不同意见，但从整体上看，福利彩票除了中奖奖金和发行费用外，剩余的资金（包括投入社保的基金）全部用于社会公益事业。因此，要评估福利彩票，核心就应该是评估其在推动我国公益事业发展中的角色和作用。

（二）福利彩票中的"义"和"利"

彩票，属于对个人有利，对社会有益、有"义"的事物。义利是相辅相成的。彩民购买彩票，从个体角度看，首先是出于利的考量。彩票偶然性可能获得的利，是众多彩民购彩的最原始出发点。而对利的追逐，超过一定程度后容易出现负面影响。从经济学角度看，就是福利彩票的负外部性。正是基于发行彩票可能带来负外部性，从而一直有质疑福利彩票事业发展的声音。义代表着超出个人得失的公众利益。在现代社会中，广义上的"义"指的就是整个社会的利益，或者就是公益。如前文所言，福利彩票的公益金全部用于我国的公益事业，这充分体现了"义"。

福利彩票是国家特许发行的，既是公益慈善事业的一部分，又包含市场行为，且还有一定的负外部性。基于此，福利彩票要健康发展，推动公益慈善事业发展，就需要把握好其市场行为的度，并尽可能地减弱福利彩票本身的负外部性，处理好义和利的关系。因此，推动公益发展，自然成为发展福利彩票的题中应有之义。

（三）公益发展对福彩系统的价值

强调和推动公益发展，具有以下几个层面的意义。

一是强调其公益性，可以强化福彩的合法性，更是提升福彩社会形象的根本要求。

二是强调公益性，可以相对规范和约束福彩系统从规制部门、管理部门到发行营销部门等的行为。

三是强调公益理念，将推动机构从制度上、管理上、实际的公益金的筹集和使用上，更有效，更有"义"，真正兑现机构的承诺。

四是强调和传播福利彩票的公益理念，也有利于加深公众对于彩票的理解，更全面客观地认知，也会反过来推动福彩的销售，扩大福利彩票的公益贡献。扩大购彩的人数规模，一定程度上，也能够改变部分彩民一味希望通过偶然性获得大奖的思想和行动。

（四）公益发展视角与社会责任视角的异同

2013 年以来，在民政部福彩中心的推动下，责任彩票建设在各地逐步

推开。许多省份发布年度的福利彩票社会责任报告，介绍本部门的福彩信息、公益项目信息、社会责任履行情况等。① 那么，企业社会责任报告，或者说企业社会责任评价，与公益发展评价的异同是什么呢？既然已经有了福彩机构的企业社会责任报告，为何还要再进行福利彩票的公益发展的评估呢？

我们认为，企业社会责任的评价，和福利彩票的公益发展的评价，侧重点不同。

企业社会责任（CSR），主要是从利益相关方的视角来考虑的。在强调企业社会责任的理念之前，企业经营的核心理念是为股东创造价值。股东之外的企业员工、消费者、企业所在社区，乃至环境，即使被考虑，也是"放在嘴上"。特别是当股东利益与其他利益相关方产生矛盾时，企业的立场会明显地偏向股东。但跨国公司在经营中逐渐面临各地不同主体对其的利益要求，为了能够顺利地进行经营，企业开始更多地关注利益相关方的利益，进而提出企业社会责任的理念。这是企业因应社会的要求而进行的。

企业社会责任的评估，侧重企业经营和涉及的与各个利益相关方的关系，强调的是企业对这些利益相关方的各种责任的履行情况。企业的营利目标则在强调社会责任的过程中相对弱化了一些。福利彩票系统具有两个特点，第一是福利彩票显然不同于一般的企业，无论是福彩的最初创建，还是具体到每一个福彩的发行或者销售机构，都与普通的企业有较大区别。

第二是福利彩票部门，当然也有众多的利益相关方，也要履行对这些利益相关方的社会责任。福利彩票自身的公益性，决定了履行社会责任是其责任。与一般的商业企业不同，福利彩票机构作为一个系统，其本身的目标就是社会福利、社会公益的发展。也就是说，对于福利彩票机构来讲，不能只关注对利益相关方的回应，还应该更为主动，强调福利彩票在推动社会公益发展中的角色，突出福利彩票的战略定位和价值。这方面，发达国家的企业社会责任的演进也体现了类似的观点。企业从强调企业社会责任的履行，到

---

① 《2017辽宁省福利彩票社会责任报告》，辽宁省福利彩票发行中心内部报告，第6页。

后来关注企业的战略慈善，到后来更强调企业在当代社会中的公民角色。企业公民的角色，就是在更加主动地强调责任的同时也强调权利的视角。

本评价指标体系中，公益发展，是指福利彩票相关部门和组织通过自身的活动，满足社会公益要求并推动公益发展所做出的努力和贡献。具体到本评价指标体系中，公益发展，是指福利彩票机构（系统，包括发行和管理系统、销售系统、公益金管理系统）通过发行、销售彩票，筹措公益金并支持公益项目的实践活动，为满足社会公益的当下需求和发展需求所做出的努力和贡献。

三　评估体系的原则

一般来讲，对一个项目或者组织的评估指标体系，需要遵循目的性原则、系统性原则、可操作性原则和科学性原则等。对福利彩票的评估，当然也不例外。

目的性原则是指，整个评估指标体系需要围绕着一个核心的目标而设计。在整个指标体系中，除了一些基础性的指标外，绝大多数指标需要与评估目的相关，而且相关性要尽可能强，如此才能更好地进行衡量和评估。

系统性原则是指福利彩票本身就是一个复杂的系统，从政府监管部门、管理部门到发行部门、销售部门，从公益金管理到公益金使用、公益项目等，涉及的部门、人员非常多，故福利彩票的评估是一个涉及面广、牵涉人员多的系统性工程。这些都要求我们的评价体系能从整体、全局尽可能真实地反映福利彩票的现状。

可操作原则，也称为经济性原则，即评价体系既要充分考虑评估对象的现实客观条件，以及指标信息收集的可操作性，也要考虑整个评估的投入成本，尽可能在人力、物力、财力花费可控的情况下完成评估。

科学性原则，是指所构建的评估体系要符合相关社会调查和科学研究的基本规律，要符合福利彩票系统本身的性质和管理工作的实际。运用科学的

理论方法，合理设立评估指标，准确反映福利彩票系统各方面的实际情况。

针对某些特殊的组织或者项目的评估，在一般原则之外还有特别要求，即评估的特殊原则。我们在建构福利彩票的公益发展指标体系时，需要考虑公共性原则、稳定性原则和实事求是的原则。

公共性原则，福彩是国家特许发行的，福彩发行和销售机构虽然具有一定的企业特征，但仍具有公共事业的性质。因此，广大社会公众拥有对福利彩票的"享有权"和"评价权"。要强调福利彩票的公共事业特性，在指标体系设计上引入满意度指标，体现公平和民主价值，打造责任回应型的福利彩票。

稳定性原则，设计一套科学合理的指标体系，一方面，指标体系应在一段时期内保持相对稳定，力求做到指标鉴别度高、相关性弱，价值导向明显；另一方面，要统一和规范指标衡量角度，对具体指标是选择增量或存量、绝对值或相对值需慎重，要系统全面考虑，力求评估标准和方法设计科学、合理。[1]

实事求是原则。我们的指标体系是希望从科学的评估理论出发的，但需要注意的是，我们在评估中要理论联系实际，特别是要结合我国福利彩票发展的现实，不能好高骛远，脱离了我国福利彩票发展的实际。正如卢玮静等在对我国基金会的评估中提到，要以一种开放的和理解的角度去看待我国福利彩票事业的发展，特别是要尊重福利彩票这些年来的探索与实践。[2]

四　评估框架的选择

（一）相关研究

目前有一些关于社会组织评估的研究成果和评估实践。例如邓国胜在社

---

① 沈乐平、段静、梁文光、王成：《国有企业社会责任评价指标体系构建》，《财会通讯》2015年第19期。
② 卢玮静等：《基金会评估：理论体系与实践》，社会科学文献出版社，2014，第4页。

会组织评估中提出 APC 理论，即聚焦于组织问责（Accountability）、组织绩效（Performance）和组织能力（Capacity）的评估理论。民政部曾根据社会组织的特点，制定了一套评估框架与指标体系，其框架包括四个维度：社会组织的基本条件、管理和能力建设、业务活动、社会影响。朱小平等借鉴平衡记分卡的方法，建构了社会组织的评估体系，分为满意度（效果性）、运作有效度（效率性）、使命达成度与社会接受度（效果性）、资源投放度（经济性）。一些欧美国家对政府项目的评估从产业价值链的角度出发，分别从投入、产出、结果、影响四个方面进行衡量。卢玮静等在邓国胜的 APC 模型的基础上，基于基金会的特征，提出了规范（组织合法存在的基础）、机制（组织系统的条件）、绩效（社会资源、公益性、专业性、社会意义）的三维评估模型。一些企业社会责任的评价体系聚焦于经济的、社会的、环境的三重底线来进行评估。也有学者在对企业公益进行评价时提出了"哑铃模型"，该模型聚焦于企业公益的两个核心要素：企业的公益管理和公益品牌项目。[1]

国内多家公益机构联合成立的社会价值投资联盟（简称社投盟），从 2017 年开始对国内的 A 股上市公司进行社会价值评估。社会价值，是指一个组织为建设更高质量、更有效率、更加公平和更可持续的美好未来（目标），通过创新的生产技术、运营模式和管理机制等（方式），所实现的经济、社会和环境综合效益（效益）。社投盟建立了三 A 三力模型，三 A 是 AIM（目标）、APPROACH（方式）、ACTION（效益），三力是驱动力、创新力和转化力。

到目前为止，还相对缺乏对福利彩票评估体系的研究和实践。马福云等基于利益相关方的理论，从彩票业以及各个利益相关方的社会责任角度，构建福利彩票的社会责任评价体系。[2] 张增帆将福利彩票可能存在的正负效

---

[1] 钟宏武等：《中国企业公益研究报告（2015）》，社会科学文献出版社，2015，第 4 页。
[2] 马福云、荆宇虹：《中国责任彩票评估指标体系》，益彩基金：《中国彩票发展报告（2015）》，社会科学文献出版社，2015。

应，分为 14 个维度，并以此对我国的福利彩票行业进行简单的评估。[1] 也有团队就我国福利彩票公益金绩效评估指标体系进行研究。[2] 在福利彩票的公益发展评估体系的设计中，我们对以上的研究进行了借鉴。

（二）福利彩票评估的对象选择

一般来说，评估体系是针对一个组织的。例如社会组织评估、企业评估。那么，对于福利彩票而言，我们要去评估其公益发展方面的内容，该如何去做呢？

评估福利彩票的公益发展，不是单一地衡量福利彩票发行管理机构、销售机构，而是衡量一个地区的福利彩票从发行、销售到公益金的使用等整个"价值链"整体。因此，福利彩票公益发展评价将更为复杂，涉及的内容更多。我们如何对其公益发展进行评价呢？我们是对整个彩票业进行评估，还是对某一个区域的福彩整体进行评估？或者是对某个区域的福彩部门进行评估？

马福云基于利益相关方的理论构建福利彩票的社会责任评价体系，分别涉及彩票业整体的、彩票规制方的、彩票管理方的、彩票行销方的、彩票购买方的、彩票收益方的、彩票协作方的社会责任。[3]

福利彩票从发行、销售、公益金管理到公益金项目的实施，构成了一个价值链条。可以分头对不同的环节进行评估。例如对发行销售部门、对公益金管理和分配部门。在发行销售环节，发行销售得越多，收集的公益金越多。在销量增长的同时，如何改善购彩人群的组成、减少问题彩民的数量，也是评估的重点。在公益管理环节、在公益项目支持环节也存在类似的情况。

另一种是从公益发展的角度，对其整体进行评估。有学者提出，对中国

① 张增帆：《福利彩票经济社会效应分析》，《社会福利》2016 年第 4 期。
② 民政部政策研究中心：《我国福利彩票公益金使用管理研究》，中国社会出版社，2013。
③ 马福云、荆宇虹：《中国责任彩票评估指标体系》，益彩基金：《中国彩票发展报告（2015）》，社会科学文献出版社，2015。

福利彩票进行评估，其宏观依据主要是福利彩票的自身建设及它的社会效应。具体则可以从福利彩票的规范性、动员社会资源的能力、福利彩票公益金的分配合理性三个方面去进行评估。[①] 考虑到福利彩票的公益发展的系统性和价值链，本文将侧重从整体上对福利彩票系统进行评估系统设计。

（三）资源、管理、绩效、责任、影响五维模型

我们综合了企业社会责任评估、社会组织评估、政府部门评估体系的研究成果，提出了福利彩票公益发展的五维度模型，即公益资源、公益管理、公益绩效、公益责任和公益影响模型，见图1。

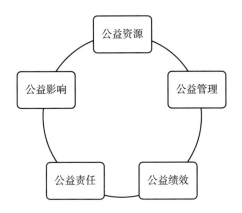

图1 资源、管理、绩效、责任、影响的五维模型

一般对于组织的绩效评估主要从经济、效率和效果三个方面进行，具体来看，是分别考察投入、产出、结果和影响。其中，投入主要是指资源的投入，产出是直接量化的产出。当然，这个产出仅仅是从经济角度看的。例如利用福利彩票公益金的资金建设了两家养老院。那么，这两家养老院就是产出。但投资养老院建设，根本目标是提供更多的养老服务。因此，从结果来看，这两家养老院建成后，入住200位老人，则这是该福利彩票公益金支持项目的结果，或者称为绩效。福彩公益金支持的这两个项目在推进中，由于

---

① 郑功成：《当代中国慈善事业》，人民出版社，2010，第258页。

工作细致、宣传到位，一些企业加入进来，对养老院建设进行了捐助。这可以视为是该福利彩票项目的社会公益影响。

我们的模型基于投入、产出、结果和影响的分析框架，构建了公益资源、管理、绩效、责任和公益影响模型。其中，前三个维度，基本上是围绕着传统的评估重点：投入、管理、产出来进行的。公益资源方面考察福利彩票动员社会资源的能力，即通过福利彩票的设计、发行和销售，能够从社会中集聚多少的公益资金。公益资源方面还考察有多少公益金可用于社会公益。公益管理，则侧重从福利彩票相关机构的管理理念、管理的规范性、公益金管理三个方面，来评估其对公益发展的影响。公益绩效，则主要分析福利彩票发行销售阶段公益活动的绩效，和福彩公益金使用阶段的项目绩效。

公益责任，从福利彩票对于利益相关方的责任履行和信息公开角度进行分析。公益影响，则通过问卷调查等方法分析利益相关方对其的评价，以及福利彩票的实践对于社会的公益影响。这五个维度，可以比较好地综合评估一个地区的福利彩票系统，并聚焦于对当地公益发展的实际贡献。其中，公益责任突出了福利彩票对社会上众多利益相关方的利益关切和回应，以及其整体信息开放和透明。而公益影响则可以比较全面地反映福利彩票系统在社会上的认知度、影响力。

五　评估体系的五维模型

（一）评估框架

本评价体系基于前面的五维模型进行构建，从公益资源、公益管理、公益绩效、公益责任、公益影响来进行测量，评估公益发展方面的努力和贡献。以下分别对这五个维度进行更充分的分析。

1.公益资源

主要是衡量两个方面，分别是福利彩票的经济收益和销售收入中用于公益投入的部分。福利彩票的销售收入等多方面的经济收入，这是福利彩票发挥公益作用的经济基础，是公益资源的集聚。这个体现了福利彩票的公益资源动员能力。福利彩票的销售，可被认为是国家回笼资金、有效进行第三次分配、促进就业、促进社会公益的重要渠道。福利彩票销售还有中奖者个人所得税等其他方面的收益。福利彩票销售获得的资金，部分将通过财政和民政系统，直接用于公益投入。福利彩票系统用自身的经费开展的公益项目，也属于公益投入的部分。

除了以上三个方面内容外，我们还通过分析福利彩票的销售额与其他数据之间的关系，探讨福利彩票在动员公益资源方面的能力，包括销售额与国民生产总值的关系、销售额与人均可支配收入的关系、公益金与财政用于民政事业的经费的关系等。

2. 公益管理

福利彩票的良性发展和有效运作，一方面将影响到其社会形象，另一方面将关系到公益金的筹集效率和使用效率，这些反过来也将影响到整个社会公益的发展。因此，福利彩票的管理是评估体系中非常重要的部分。公益管理在评价体系中主要包括三个方面内容，即公益理念、管理的规范性和公益金管理。

（1）公益理念。对于任何一个企业，发展理念都是非常重要的。关系国计民生的大型企业，更加强调价值观和企业发展理念。企业尚且如此，具有国家背景、为公共利益服务的福利彩票行业，更应该强调其公益理念。前几年，我国的福利彩票发行部门推动的责任彩票实践、发布的社会责任报告，也有意于此。

例如 2017 年辽宁省福彩责任报告中，提出 30 年来辽宁福彩始终坚持将责任作为工作的第一要务，销售彩票是为了筹集社会福利和社会公益资金的国家责任，保障"安全运行、健康发展"是福彩发行的管理责任，恪守"公平、公正、公开和公信"原则是对彩民的诚信责任，践行"公益、慈善、健康、快乐、创新"是辽宁福彩的文化责任，夯基础、稳市场、促创新，锐意进取、迎难而上，始终坚持社会责任优先的原则，积极倡导"多

人少买、寓募于乐、量力而行、理性投注"购彩理念，在游戏设计上、技术保障上、运行管理上，采取一系列措施，保证彩票市场安全、健康、稳定发展。这里面，已经从不同角度阐述了福利彩票的公益理念，如："扶老、助残、救孤、济困"是福利彩票的发行宗旨和公益使命，"公益、慈善、健康、快乐、创新"的福彩文化，"公平、公正、公开、公信、负责任"的诚信原则等。

在前文中，我们提到了义利观。对于福利彩票而言，我们要倡导的理念就是义利并举。对于彩民而言，福利彩票的发行销售要体现或者传播购买彩票是义利并举之事，而不仅仅是个人获利的事情。对于福彩机构而言，则更是义利并举，所谓利，是增加福彩的销售额，进而能够提取更多的公益金用于公益事业。所谓义，既是求利的初心，也是求利的最终归宿。图2可以更详细地说明强调公益理念的重要性。

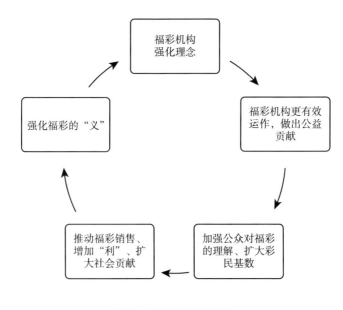

图2 公益理念的价值

（2）规范管理。彩票管理条例实施细则中提到，彩票发行机构，建立全国福彩的发行销售系统、市场调控系统、激励约束机制、监督管理机制，要以公正、透明高效的理念，指导福彩公益项目的审批、管理和资金使用。[1] 这里包括两个方面，一个是规范管理，一个是公益金的管理。

纵观世界彩票业的发展经验和现状，一个国家的彩票业能否健康稳步发展，关键在于彩票业的发展是否有相关法律来规范，以及在运行过程中各个彩票业主管部门是否按照法律法规运行彩票业，即是否有制度规范和运行规范。[2] 制度规范一般包括发行彩票的审批权、主管部门的权责界定、彩票收入的管理使用制度、彩票的监管制度等。而运行规范则指运行是否透明，是否有违规事件发生。在具体评价时，主要关注中国福利彩票法规建设状况、中国福利彩票的具体运行状况。

（3）公益金管理。福彩公益金或可理解为来自彩民的捐赠，是一种特殊的社会捐款和公共资金，社会公众对彩票资金寄予着公益性的要求，期待产生良好的社会效应。这就要求相关部门把福彩公益金的使用效益放在重要位置。[3] 公益金项目管理的制度建设方面，1991 年《有奖募集社会福利资金使用管理办法》不仅对社会福利资金筹集、分配和使用程序进行严格规定，而且首次将项目管理方法引入社会福利资金的管理过程中。在公益金的管理中，公益金的分配是很重要的，要了解公益项目分配上的特点、对象的特点、不同地区以及城乡分配的情况等。

3. 公益绩效

基于产业链的视角，绩效包括福利彩票发行销售阶段公益活动的绩效，和福彩公益金使用阶段的项目绩效。对于前者，我们可以通过福彩发行销售部门所举办的各类公益活动来梳理，对于后者，福彩公益金资助的项目主要分为基础设施类和非基础设施类。基础设施类，主要包括城乡各类社会福利设施、社会救助设施、社区服务设施等。非基础设施类项目主要包括孤残儿童手术康复、残疾儿童特殊教育、伤残军人更换假肢、捐资助学、养老服务社会化示范活动、社会救助、扶贫救灾等无使用性设施的受助项目。

---

① 民政部政策研究中心：《我国福利彩票公益金使用管理研究》，中国社会出版社，2013。
② 张占斌：《博彩业与政府选择》，中国商业出版社，2001，第 138 页。
③ 民政部政策研究中心：《我国福利彩票公益金使用管理研究》，中国社会出版社，2013。

在项目绩效评估中，需要注意的是，因为公益项目与市场上的商品消费形式不同，因此要更加注意从项目质量和受益者的评价角度进行评估。公益金项目的实施，需要特别考虑以下的评价内容。

一是可信度，即产品或者服务在某一特定时间内，符合项目设计的程度。

二是持久性，即产品或者服务，对民众所带来的利益的持续时间的长短。例如，实业培训是否能持续地服务，并最终帮助失业者找到工作。

三是一致性，即政府所提供的产品或者服务，其成效是否符合之前所设定的标准。

四是及时性，即产品或者服务必须能够及时地满足民众的需要

五是可变性或者说回应性，即随着社会环境的变化，民众的期望或者需求是不断变化和增加的。因此政府部门需要随时掌握和了解民众的需求或者愿望。只有这样，才能提供民众期望的服务或者产品。

由于我们的评估体系是聚焦于公益发展的，因此在公益绩效中，我们要特别注意这些公益项目本身的意义和价值。即这些项目所针对的社会问题在社会发展中的重要性，以及项目与区域发展规划、公众需要、特殊群体需要等的匹配程度。

4. 公益责任

公益责任是围绕着福彩系统的组织、管理和对外部的回应等视角，主要是围绕着福利彩票的社会责任的视角来进行衡量的。福利彩票发展及其对社会公益的推动，也必然要面对福彩的众多利益相关者。履行社会责任、减少负面影响，不仅是福彩部门的利益相关者的期待，也是福彩部门或者说福彩行业提升竞争力的重要途径。

如此，履行社会责任当然是公益管理的重要部分。本评估系统为了突出强调福利彩票的社会责任，特意将公益责任的部分单独拿出来进行评估。公益责任包括三部分，分别是利益相关方责任、信息公开以及公益宣传。前者强调对直接利益相关方的责任，后者强调对可能的利益相关方或者说整个社会的公益责任。

利益相关方责任强调福利彩票对于几个重要利益相关方的责任，分别是

广告营销的规范性，对于彩民利益的保护，问题彩民救治，以及彩民对公益金使用的知情与参与等。这些均是福利彩票在面对特定的群体时，所应负有的责任。其中前三条，是本着如何缩小或者减弱福彩在销售环节的负面影响而展开的。最后一条则是从直接利益相关者的信息关切出发的。

信息公开则是从福利彩票本身的公益性质出发的。即不仅仅是直接的利益相关者，广大公众也有权利获得福利彩票的相关信息。信息公开，指福彩机构出于义务或自身意愿对外发布和提供与组织自身相关的关键信息。例如，1986 年福利彩票创设之初，相关部门就意识到福利彩票（当时称为有奖募捐活动）"有其消极的一面"，因此要"定期向社会公布收入和使用情况，并接受审计部门的监督"，以取得社会的理解和支持。福彩机构举办的公益项目，以及对福利彩票的宣传、对福利彩票公益金使用的信息公示，会广而告之福利彩票支持公益发展，巩固其公开、公平、公正、公信的社会形象，也提升了公益金使用的透明度。

目前存在的一个问题是，福彩机构在公益性宣传方面似乎做得不够。大多数人都不了解：福利彩票的收入是如何分配的，有没有、有多少比例的资金用于社会福利方面。这些信息在公开的出版物、在福彩的销售站点等处尽管有所宣传和体现，但整体看，信息的可获得性还远远不足。福彩机构在发行销售过程中对于公益理念的理解和宣传还远远不够。因此，强化福彩机构的公益理念，加强思想的内化以及外部的传播和宣传，是非常必要的。

5. 公益影响

福利彩票一方面从公众那里通过发行销售彩票筹集公益金，一方面将这些公益金投入公益领域，为社会提供公益产品和服务。这些公益项目、公益基础设施和公益服务就是福彩的产出。这些可以用公益绩效来衡量，但还不够。因为这些绩效仅仅显示为当下的。福利彩票还应该着眼于长远，即需要考虑公益的中长期发展。

而公益影响，则一方面来自公众等对福彩系统的评价。积极的评价将可能引导这些公众今后对福利彩票有所关注和支持，甚至参与到彩票购买乃至持续购买中，进而支持福彩公益事业。

另一方面，来自福彩系统在发行、销售和项目投入产出中所获得的关注、肯定和其对其他群体和组织的影响。

综上，福利彩票的公益发展评估，主要从公益资源的筹集、公益管理、公益绩效、公益责任和公益影响五个方面进行，如图3所示。

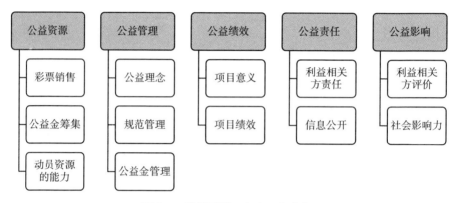

图3　五维模型的一级和二级指标

（二）五维模型评价体系的特征

在这五个维度中，前三个相对来讲更容易理解一些。其中第一个和第三个，已经有一些评估的尝试，表1对五维模型的特征做了梳理。

表1　五维模型的特征

评估维度	公益资源	公益管理	公益绩效	公益责任	公益影响
环节	发行销售	管理	公益金项目运作	所有环节	所有环节
评估重点	经济性	公共性	公益性	社会责任	社会影响
评估内容	绩效（经济、效率）福利彩票的销售，以及更高效地集聚公益金	理念、规范和管理	绩效。在良好的项目管理下，实现项目的高绩效	社会责任履行、信息公开、公益宣传	外部评价，福彩系统对社会公益的推进和影响
主体	发行和销售机构	发行、销售机构，公益金管理机构等	公益金管理机构和公益金使用部门	福彩整个产业链的所有部门	福彩整个价值链的所有部门
部门	两个部门	多部门	多部门	多部门	多部门

公益资源维度聚焦于发行销售环节。这个环节的运作类似于企业。因此，要从类似企业的视角，对其公益资金的筹集量和筹集效率进行评估，目前很多福彩机构发布的社会责任报告中有不少内容就涉及这部分内容。

在公益金分配、公益金资助的项目方面，则属于针对公益金的绩效评估。这方面，民政部已设计了相应的绩效评估的指标体系并在实际中进行了运用。

中间的环节，即公益金的管理，分配以及项目的监管方面，则存在更为复杂的部门之间的关系。而这些环节中，相应部门的目标也不尽相同，进行绩效衡量有一定困难。或许也正因此，在民政部对公益金绩效评估的体系建构中，也仅仅是对公益金项目进行讨论和评价，且仅限于内部使用。从广义上的效率定义来看，则第一个和第二个维度，是紧密相关的。效率可分为生产效率和配置效率。前者是生产或服务的平均成本是高是低，后者是公益金的支出在不同类型的公益项目或者地区的分布是否能够满足社会公益发展的需要，或者利益相关者的偏好。

从上面的分析可以看出，前三个维度，相当于部分整合了目前已有的一些评估，例如各地福彩中心的社会责任报告，以及内部开始进行的公益金项目的绩效评估等。

而在评价体系的五个维度中，第四个维度（社会责任维度）和第五个维度（社会影响维度），则是本评价体系特意强调的。

社会责任维度主要是从福彩系统与不同的利益相关者之间的关系角度出发的。这里涉及的利益相关方，要比彩票发行销售环节涉及的利益相关方要多，而且更加明确，包括购彩的彩民利益保护、营销的规范性、问题彩民的预防和救治，以及彩民对公益金去向的知情权。另外一个维度，则是从福彩系统面对外部环境时，整体上的信息公开的情况的评估。而社会影响维度，实际上是公益发展评估的落脚点。

综上，基于对相关文献的梳理，和对福利彩票的特征以及从公益发展角度的分析，确定了上述五个维度。接下来，将根据相对重要性原则，运用层次分析法确定这五个维度的各自权重。

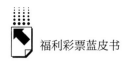
六 评估的指标

（一）指标的分类

可以将指标细化为：投入类，过程类（管理）类，产出类，影响类。

一是投入类指标，即包括福彩机构在福彩公益中的总投入，包括机构公益宣传、公益金的数量、具体投入的方向等内容。

二是管理类指标，或者称为过程类指标，是针对福利彩票的管理工作的，侧重于从过程性的角度，即福彩机构是怎样投入的，通过什么渠道、使用怎样的激励措施，如何管理，如何对利益相关方回应等。在我们的评估框架中，管理类指标包括两个方面，一个是公益管理的内容，一个是公益责任的内容。这类指标可以与福利彩票的公益金支出和产出成果相互补充，从而系统全面地反映福彩的情况。当难以清晰界定福彩公益的管理产出和结果时，管理类的指标则可以较好地弥补产出类指标的缺陷。

三是产出类指标。一般来说，产出类是可以较好地量化的，也更可以进行客观对比，因此是评估的指标体系中非常重要的部分。但这类产出类指标并不能准确表明福彩公益金项目目标的实现程度，或者说是实际的社会贡献。

四是影响类指标，通过受益群体，包括公众、彩民，乃至福彩机构在此中的收益以及获得的荣誉等进行衡量。我们可以将其视为福利彩票的社会价值的净收益，或者从实际评价来看，是主观的评价。

（二）具体的指标设计

我们在对多个企业社会责任评价（考核）体系、社会组织评价体系的相关研究进行全面梳理的基础上，结合当前我国福利彩票发展现状及未来方向，基于前文的五个一级指标、十一个二级指标的框架，初步确定了32个三级指标。其中31个三级指标是正向指标，由客观性指标、半客观性指标和主观性指标构成。客观指标一般是易于获取或计算的信息数据，半客观性指标是依据收集到的资料、根据所设定的问题填写"是"或"否"，主观性指标是基于主观感受（消费者、员工、社会公众）进行的满意度评价。一个三级指标是负向指标。具体的指标体系如表2所示。

表2　五维评价体系的指标

一级指标	二级指标	三级指标
公益资源	产出发行销售	销售额
		个人偶然所得税收入
		就业贡献
	公益金投入	公益金提取比例、总额
		公益金项目投入率
	动员资源的能力	销售额与国民生产总值的关系，销售额与人均可支配收入的关系，公益金与财政用于民政事业的经费的关系
公益管理	公益理念	价值理念
		宗旨使命
		理念的传播
	管理的规范性	合法合规
		违规事件
	公益金管理	公益金分配
		公益金项目管理
		项目评价、合格率、完成率
公益绩效	项目公益性和可持续性	所针对社会问题在社会发展中的重要性
		项目的持续性评价：与区域发展规划、公众需要、特殊群体需要等的契合程度
	公益金项目的绩效	基础设施建设
		受益人群数量
		受益金额
		项目目标群体的满意度
公益责任	利益相关者责任	彩民利益保护
		广告营销的规范性
		问题彩民救治
		彩民对公益金使用的知情与参与
	信息公开	基础信息公开
		公开透明的系统性做法
		对社会的开放程度

续表

一级指标	二级指标	三级指标
公益影响	利益相关方的评价	管理部门评价:监管方、管理方
		公众评价:彩民、公众、项目举办方
		评奖和荣誉
	社会影响力	同行学习
		媒体报道
		对政策和社会环境的影响

接下来，课题组将通过对福利彩票监管部门、福利彩票管理部门、发行销售部门的官员和部分科研机构和高校的相关专家学者进行调研和咨询，调整指标的设定，并根据实质性和重要性原则，为每一个维度的每一个类别下的具体指标进行权重的赋值。从而提高评价指标的质量，增强评价指标的客观性与科学性。在具体的评价指标体系设计中，要采用相对科学的指标权重赋值方法，并在实践中反复检验和修正指标体系。①

---

① 民政部政策研究中心:《我国福利彩票公益金使用管理研究》，中国社会出版社，2013。

B.6
"民众对福利彩票的认知"
调查问卷分析报告

王卫明　杜佳琦　郑艳琦*

摘　要： 福利彩票作为一种筹措社会福利资金的方式，经济性与公益性是其基本属性。就民众对福利彩票的认知进行问卷调查，旨在深入了解目前中国民众接触福彩的现状，包括购彩习惯、选择福彩站点的考虑因素、影响购彩投入的因素，以及民众对福彩的公益认知。根据征集到的受访者意见建议，提出了福彩应加强公益宣传、注重信息公开和优化购彩体验的启示与建议。

关键词： 福利彩票　认知　公益传播

福利彩票是一种特殊的公共产品，个人需要出资购买才能获得。福利彩票的销售收入，一部分用于发放奖金，一部分用于慈善公益。整体上，福利彩票利大于弊，但若认识不当，则可能堕入赌博的误区。① 有些人对福利彩票的公益性质缺乏了解，对福利彩票收入的公益用途缺乏认知。建立信任是

---

 * 王卫明，南昌大学新闻与传播学院新闻学系主任、教授、博士生导师，主要研究方向为慈善传播、政治传播、家庭传播等；杜佳琦，南昌大学新闻与传播学院硕士生，主要研究方向为新媒体传播；郑艳琦，南昌综合保税区建设投资发展有限公司文秘，主要研究方向为新媒体传播。

① 李洪利：《女出纳挪用公款 55 万元　为赌博买彩票终被抓》，http://sports.sohu.com/20120531/n344548534.shtml。

福利彩票公益传播的首要目标,"信息透明"是建立民众对福利彩票信任的关键一环。① 为了解民众对福利彩票的认知情况,南昌大学福利彩票公益传播研究团队在问卷星网站发布了"民众对福利彩票的认知"调查问卷。

一 问卷调查的基本情况

本次调查时间为 2019 年 6 月 28 日 17 时至 2019 年 8 月 10 日 20 时,主要通过微信平台、纸质版问卷等推介调查,共回收有效答卷 509 份。

本次调查采用匿名调查的方式,本次调查的结果可作为一种探索性认识,不用于推论总体情况。本次问卷调查区域覆盖高校、社区、酒店、福彩站点及其附近等场所。男女比例分别为 43.42% 和 56.58%,以中青年人为主(见图 1)。

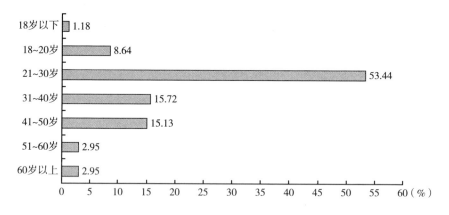

图 1　被调查者的年龄分布情况

被调查者中以学生居多,占 27.5%,紧跟其后的是事业单位职工、自由职业者等,如图 2 所示。

这些被调查者中,受教育程度主要集中在本科,达 203 人,教育程度在小学及以下的有 20 人,详细分布情况如图 3 所示。

---

① 王卫明:《慈善传播:历史、理论与实务》,社会科学文献出版社,2014,第 121 页。

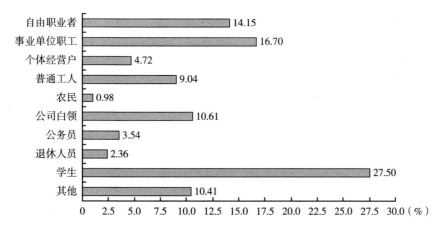

图2　被调查者的职业分布情况

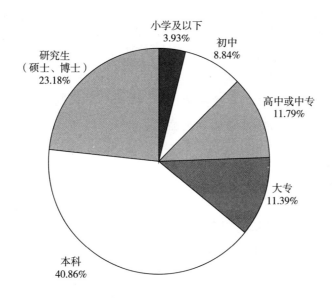

图3　被调查者的受教育程度情况

在这509位被调查者中，月收入在3000元以下者居多，占42.24%，这也与前面的被调查者主要为学生群体相吻合。月收入在3001～5000元的被调查者占25.74%，月收入在5001～7000元的占16.31%，7001～10000元及10000元以上分别占8.45%、7.27%。

二 问卷调查的数据分析

（一）被调查者的购彩习惯

509 位被调查者中，对福利彩票的了解程度，大多数被调查者"了解一点"（占 58.55%），"非常了解"和"一点都不了解"的分别占被调查者的 6.09%、35.36%。

61.69% 的被调查者"没有买过"福利彩票，33.2% 的被调查者"偶尔买"，5.11% 的被调查者表示"经常买"。在 509 位被调查者中，有 195 位购买过彩票，其中，经常买彩票的 26 位被调查者中，80.77% 是男性，主要是自由职业者，占 30.77%。

在这 195 位彩民中，79.4% 的人认为自己对福彩属于了解一点，13.57% 的认为自己非常了解福彩，认为自己对福彩一点都不了解的较少，仅有 7.04%。这些彩民的彩龄普遍不高，43.36% 的被调查者购买福利彩票不到一年，29.65% 的被调查者购买福利彩票有"1~5 年"，13.27% 的被调查者购买福利彩票有"6~10 年"，购买福彩时间为"11~15 年"、"16~20 年"和"20 年以上"的分别占 5.31%、4.87% 和 3.54%。

在"购买福利彩票的主要心态"的问题中，53.57% 的人抱着"娱乐一下"的心态，22.96% 的被调查者想"给自己一点希望"，12.76% 的被调查者"想赢钱"，仅有 9.69% 的被调查者是为了"支持公益事业"。

在经常购买彩票的 26 位彩民中，其购买心态的分布情况与总体趋于一致，主要是为了娱乐一下、给自己一点希望。目前来看，彩民们购买彩票的行为驱因，与中国福彩最初的宗旨——"扶老、助残、救孤、济困"契合度不够。

对于"单期购买福利彩票的额度"，选择"4~8 元"、"2 元"、"10~48 元"的被调查者居多，分别占比 40.51%、25.6%、23.08%。选择"50~98 元"和"100~198 元"的较少，分别占比 5.13%、4.1%。其他额度几乎

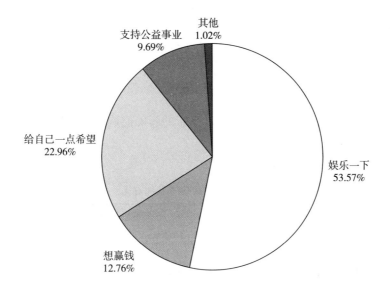

图4 购买福利彩票的主要心态分布

没有。

通过与购买福利彩票进行交叉分析后得知，纯粹想要娱乐一下的彩民，单期购买的额度一般不会超过8元，占76.23%。而抱着中奖赢钱心态的彩民中，单期购买的额度主要分布在10~48元，达43.33%，额度处于中间

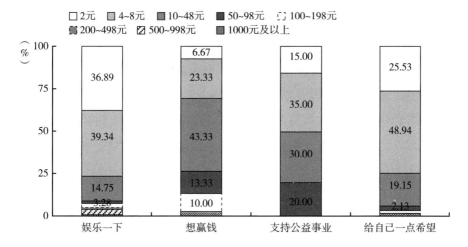

图5 不同心态购彩的彩民购买金额分布情况

段，其目的之一正是为了提高中奖率，购买的额度处于次位的 4～8 元，为 23.33%。支持公益事业的彩民单期购买的金额主要是 4～8 元与 10～48 元区间，分别占 35%、30%。为了给自己一点希望购彩的彩民大多数购买的金额为 4～8 元。

中国福彩旗下产品众多，购买过福彩的彩民们购买的品种主要有以下几种，如表 1 所示。

表 1　彩民购买福彩品种占比

经常购买的福彩品种	占比（%）	经常购买的福彩品种	占比（%）
即开型彩票刮刮乐	27.18	15 选 5	2.05
中彩在线视频票	2.56	东方 6 + 1	0.51
双色球	47.69	七乐彩	1.54
福彩 3D	9.74	快乐彩	3.59
		其他	5.14

对于"购买电脑彩票，选取号码时您喜欢哪种方式"这一问题，超过一半的被调查者喜欢"机选"，达 58.97%，17.95% 的被调查者喜欢根据"特殊数字"选号，喜欢"参考专家推荐的号码"的被调查者占 3.08%，还有 2.05% 的被调查者倾向"坚守固定号码"，而参考媒体推荐号码的只有 1.54%。

在彩民获取福利彩票信息的渠道方面，有 45.73% 的被调查者经常通过彩票站点获取福利彩票信息。随着互联网的发展，除报纸、电视、广播等媒体外，网站也成为福彩购买者获取信息的主要渠道，达 29.65%。在两微一端新媒体矩阵中，彩民主要使用微信获取信息，占 13.57%，而客户端（App）仅占 3.52%。值得注意的是，人际传播在彩民获取彩票信息上也发挥了重要作用，14.57% 的被调查者表示一般通过"与别人聊天获得"信息。此外，还有少数人通过"手机短信"和"彩票自动销售机"获取信息（见图 6）。

（二）选择福彩站点的考虑因素

福彩站点是福彩购买者购买彩票的主要地点。对于"福彩站点的选

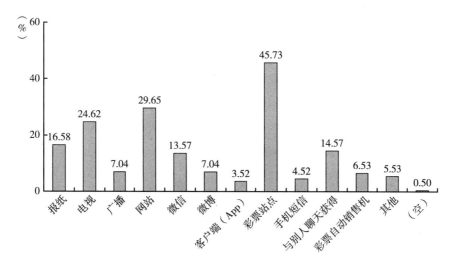

图6 彩民获取福彩信息的渠道情况

择"，距离是福彩购买者考虑的主要因素，占63.32%。24.62%的被调查者主要考虑服务，选择"中奖率高"、"设施环境好"、"店主和善"等为主要因素的被调查者分别占比12.56%、10.55%、16.08%。

作为彩民们获取福彩信息的重要方式，多数彩民们认为彩票销售点应提供有利于提高中奖率的设施服务，如选择"中奖号码图表"、"规则玩法介绍"、"投注技巧介绍"等选项的被调查者居多，分别占比39.7%、34.67%、33.67%。选择"可上网的电脑"、"直播开奖的电视"、"可在网上委托下单购买"等设施服务的被调查者均未超过15%。

在现有的福彩站点的硬件设施有要求外，彩民们对福彩站点的软件设施同样有要求，主要体现在对彩票投注站工作人员的期望，分别有44.22%、43.72%的被调查者期望彩票投注站的工作人员"服务热情周到"、"具有丰富的彩票知识"，部分被调查者期望彩票投注站的工作人员能"劝阻彩民非理智购买"，占22.61%。除此之外，还有期望工作人员给予优惠以及带头购买彩票。

（三）影响购彩投入的因素

不同情况下，彩民购买福利彩票的投入也有所不同。有时，彩民会视情

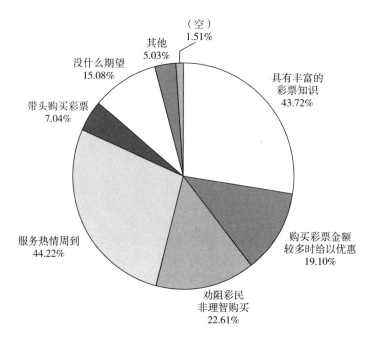

图7 彩民对福彩站点工作人员的期望

况增加购买福利彩票的投入，如"投注站点中出大奖"、"购买彩票更加便捷"、"有促销活动"、"收入水平提高"、"返奖率高的彩票上市"等情况均会对彩民增加购买福利彩票投入产生一定影响，但"急需中奖解困"和"彩票站工作人员劝说多买"等情况对彩民增投影响较小。

相反，某些情况也会使彩民减少购彩投入。其中，"长期不中奖"是影响彩民减少购彩投入的主要原因，占27.33%，这部分彩民中主要是自由职业者、事业单位职工与学生，月收入主要集中在5000元以下。紧跟其后影响彩民减少购彩投入的因素是"收入减少"、"购买不方便"、"彩票丑闻"，分别占18.85%、18.85%。17.21%。

至于那些没买过福利彩票的被调查者，除48.13%的被调查者表示"不感兴趣"外，还有36.93%的被调查者认为"中奖率太低"，30.65%的被调查者认为"不懂"，"28.88%"的被调查者表示"觉得彩票有赌博性质"。因"家人反对"、"买体育彩票了"和"购买不方便"等原因不买福利彩票

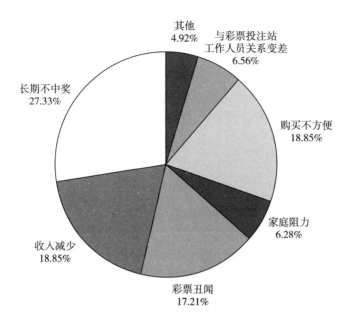

图8 减少购彩投入的因素

的被调查者较少。

　　总体来看，福利彩票还是受到大多数人的认可。62.87%的被调查者表示今后"可能会买"福利彩票，9.63%的被调查者表示"肯定买"，仅有27.5%的被调查者"不买"。

（四）民众对福彩公益的认知

　　多年来，中国福利彩票始终践行"取之于民、用之于民、取信于民"的社会承诺，将所筹社会福利资金用于兴办残疾人、老年人、孤儿福利事业和帮助有困难的人。但经调查显示，了解福彩公益金使用情况的被调查者并不多。51.08%的被调查者表示"根本不了解"福彩公益金的使用情况，40.08%的被调查者表示"了解一点点"，"比较了解"的被调查者仅占8.84%。关于中国福利彩票"扶老、助残、救孤、济贫"的发行宗旨，"非常了解"的人占比极低，仅有6.48%。

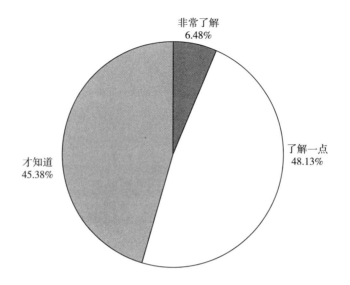

非常了解
6.48%

了解一点
48.13%

才知道
45.38%

图9 对中国福彩发行宗旨的了解程度情况

对于"哪些活动符合中国福利彩票的发行宗旨",认为"资助敬老院建设"、"改善残疾人生活"、"关爱妇女儿童"、"为灾区人民募集善款"、"捐资助学"、"救助贫困病人"等活动"符合中国福利彩票的发行宗旨"的被调查者均超过了50%。"设立慈善超市"、"建设社区健身设施"、"制作播放公益广告"等活动也受到一定关注。

中国福彩机构提供了很多公益设施、举办了很多公益项目。但是,只有25.74%的被调查者表示身边有福利彩票公益金赞助的公益设施或公益项目,51.87%的被调查者表示"不清楚",22.4%的被调查者表示"无"。

三 受访者的意见建议

为弥补前述难以概括全部可能性的不足,本次调查特意设置了"关于福利彩票的发展,您有哪些意见、建议?"的问题对该问题的回答,字数不限,但较为费心、费时,所以只有57人填答,其中9人为无效回答(答案为"无"、"暂无"、"没有"、"不懂"或"加强")。

对有效回答的内容做归纳,可得出如下建议。

其一,公益宣传方面。

不少被调查者认为福彩的公益性宣传不够,表示"很少接触,不理解'福利'二字的含义",甚至对福彩的认识有偏差,对其认识停留在"走运,奖金多少"上。这也与"一般报道过于强调中奖"有关。对此,福彩机构应"避免对中大奖者进行大肆宣传,应将宣传重点放在公益上,强调重视其宗旨,多宣传公益活动",并"策划具有网络影响力的公益活动,提升福彩宣传效果"。

其二,信息公开和正面宣传。

"公开、公平、公正、公信"是中国福利彩票的发行原则。但有被调查者指出,福彩新闻"正面报道看不到,反而贪污腐败现象时而发生"。有被调查者表示"不希望再看到关于彩票的丑闻",并提醒福彩工作者"不忘初心,牢记使命,让资金真正用于福利投入。"希望中国福彩事业"能公平公开公正,中奖透明化",提高收益透明度。同时加强监督机制,"报道福利彩票贪腐官员的后续问题","国家发行福利彩票应按规定有专门机构组织监督实施,不许贪腐分子终饱私囊。"

其三,福彩购买渠道。

除福彩自身形象宣传外,还有被调查者从自身购买福彩角度出发,认为目前福彩线下站点的销售方式对于大众来说,还是不够,均建议将福彩售卖"加在支付宝小程序中,操作方便。"

附:"民众对福利彩票的认知"调查问卷

您好!我们是南昌大学"中国福利彩票公益传播"课题组,正对福彩传播的现状等问题进行调研。我们希望能通过您了解目前中国福利彩票的发展情况。我们盼望您花费一点时间,尽可能详尽地把您自己的情况、要求和建议告诉我们。衷心感谢您的支持!

1. 您的性别是_____

［1］男　　　　　　　　［2］女

2. 您的职业是（　　）

［1］自由职业者　　　　［2］事业单位职工　　　　［3］个体经营户

［4］普通工人　　　　　［5］公司白领　　　　　　［6］公务员

［7］退休人员　　　　　［8］其他

3. 您的教育程度是（　　）

［1］小学及以下　　　　［2］初中　　　　　　　　［3］高中

［4］大专或本科　　　　［5］研究生（硕士＼博士）

4. 您的年龄是（　　）

［1］18～20 岁　　　　［2］21～30 岁　　　　　［3］31～40 岁

［4］41～50 岁　　　　［5］51～60 岁　　　　　［6］60 岁以上

［7］18 岁以下

5. 您的月收入是（　　）

［1］3000 元以下　　　［2］3001～5000 元　　　［3］5001～8000 元

［4］10000 以上

6. 您了解福利彩票吗（　　）

［1］非常了解　　　　　［2］了解一点　　　　　　［3］一点都不了解

7. 您买福利彩票吗（　　）

［1］没有买过　　　　　［2］偶尔买　　　　　　　［3］经常买

（说明：本题若选［1］项，则跳到第19题）

8. 您买福利彩票有多少年了（　　）

［1］0～5 年　　　　　［2］6～10 年　　　　　　［3］11～15 年

［4］16～20 年　　　　　　［5］20 年以上

9. 您购买彩票的主要心态（　　）

［1］娱乐一下　　　　　［2］想赢钱　　　　　　　［3］支持公益事业

［4］给自己一点希望　　［5］其他

10. 您单期购买福利彩票的额度通常是（　　）

［1］10 元以下　　　　　［2］10～48 元　　　　　［3］50～98 元

［4］100～198　　　　　［5］200～498　　　　　［6］500～998 元

［7］1000 元及以上

11. 您经常通过什么媒体来了解彩票信息（　　）（多选）

［1］电视　　　　　　　［2］报纸　　　　　　　　［3］网络

［4］广播　　　　　　　［5］彩票站点　　　　　　［6］手机短信

［7］与别人聊天获得　　［8］其他

12. 您经常购买的福彩品种是（　　）（单选）

［1］即开型彩票刮刮乐

［2］中彩在线视频票

［3］双色球　　　　　　［4］福彩 3D　　　　　　　［5］15 选 5

［6］东方 6＋1　　　　　［7］七乐彩　　　　　　　［8］快乐彩

［9］其他

13. 购买电脑彩票时，选取号码时您喜欢哪种方式（　　）

［1］随机选号　　　　　［2］专家推荐　　　　　　［3］特殊数字

［4］其他

14. 您希望彩票销售点应提供哪些设施和服务（　　）（多选）

［1］开奖号码走势图　　［2］完备及时的投注参考资料

［3］投注技巧分析　　　［4］可上网的电脑

［5］组织联合购买　　　［6］舒适的环境　　　　　［7］其他

15. 您买福利彩票选择站点的因素（　　）（多选）

［1］距离方便　　　　　［2］服务较好　　　　　　［3］中奖率高

［4］朋友面子　　　　　［5］碰运气

16. 您对彩票投注站工作人员的期望是（　　）（多选）

[1] 具有丰富的彩票知识

[2] 购买彩票金额较多时给以优惠

[3] 劝阻彩民非理智购买

[4] 服务热情周到

[5] 带头购买彩票

17. 下列什么情况下，您会增加购彩的投入（　　）（多选）

[1] 投注站点中出大奖

[2] 购买彩票更加便捷

[3] 促销活动

[4] 工资待遇水平提高

[5] 返奖率高的彩票上市

18. 下列什么情况下，你会减少购买彩票的投入（　　）（多选）

[1] 长期不中奖　　　[2] 收入减少　　　　[3] 彩票丑闻

[4] 家庭阻力　　　　[5] 购买不不便

19. 您对福彩公益金的使用情况了解吗（　　）

[1] 知道　　　　　　[2] 不太详细　　　　[3] 不知道

20. 您不买福利彩票的理由（　　）（多选）

[1] 不感兴趣　　　　[2] 彩票有赌博性质　[3] 家人反对

[4] 买体育彩票了　　[5] 中奖率太低

21. 您以后会买福利彩票吗（　　）

[1] 以后不会买　　　[2] 以后可能会买　　[3] 以后会买

22. 中国福利彩票的发行宗旨是扶老助残救孤济贫，您了解吗（　　）

[1] 非常了解　　　　[2] 了解一点　　　　[3] 一点都不了解

23. 您认为下列哪些活动符合中国福利彩票的发行宗旨（　　）（多选）

[1] 自助敬老院建设　[2] 改善残疾人生活

[3] 关爱孤残儿童　　[4] 建立慈善超市

[5] 为灾区人民募集善款

［6］建设社区健身设施

24. 您身边有福利彩票公益金赞助的公益设施或公益项目吗（　　）（多选）

［1］有　　　　　　　　［2］无　　　　　　　　［3］不清楚

25. 关于福利彩票的宣传与报道，您有哪些意见、建议？（可不填）

福彩公益项目篇

Case Studies

B.7
扶老项目：福利彩票助力
构建养老新业态

杨博闻*

摘　要：　随着人口老龄化的加剧，需要大力推进多层次养老服务体系
　　　　　建设。本文梳理了近些年中国福利彩票公益金投入到各类型
　　　　　养老项目，深度参与养老服务体系建设的情况，归纳了福彩
　　　　　公益金在推动居家养老和机构养老融合发展、助力提升医养
　　　　　结合服务能力、支持养老服务专业人才培养、打造智慧养老、
　　　　　引领社会敬老风尚等方面的作用。

关键词：　人口老龄化　养老服务体系　医养结合　智慧养老　多元化养老

---

* 杨博闻，中彩网主编，研究方向为互联网彩票传播，彩票舆情管理。

一 人口老龄化和福彩扶老项目的意义

近年来，我国面临人口老龄化加速、养老体系不健全等问题。[①] 预计到2020年，60岁以上老年人口将增加到约2.55亿人，约占总人口的17.8%；高龄老年人将增加到约2900万人；独居和空巢老年人将增加到约1.18亿人；老年抚养比提高到28%左右，老年人社会保障支出继续增长，农村居民实际老龄化程度可能进一步加深。

城乡、区域老龄事业发展和养老体系建设不均衡问题突出；养老服务有效供给不足，质量效益不高，老年人专业护工人才队伍短缺；老年人精神慰藉不充分，老年人的物质保障、照护服务供给和精神慰藉发展不均衡；老龄工作体制机制不健全，社会参与不充分，制约了养老机构的多样化、多层次供给。

党的十九大报告中明确指出，"积极应对人口老龄化，构建养老、孝老、敬老政策体系和社会环境，推进医养结合，加快老龄事业和产业发展"。[②] 因而，为应对人口老龄化对社会发展的冲击，需要依据现有国情建立相应的社会养老服务体系，提升养老服务的社会化、标准化、专业化水平，促进养老产业发展。

长期以来，民政部本级彩票公益金和地方各级政府用于社会福利事业的彩票公益金，50%以上用于支持发展养老服务业，并随老年人口的增加逐步提高投入比例。在福彩公益金使用方面，民政部2017年彩票公益金预算额度为265200万元，专项用于民政社会福利及相关公益事业，[③] 重点支持社会养老服务体系建设项目。[④] 本文从各省市福利彩票发行中心实际开展的

---

① 国务院：《"十三五"国家老龄事业发展和养老体系建设规划》（国发〔2017〕13号）。
② 《聊政事儿·十九大特别策划》，人民网，http://leaders.people.com.cn/n1/2017/1018/c178291-29595140.html。
③ 《民政部2017年度彩票公益金使用情况公告》，http://www.mca.gov.cn/article/gk/cpgyjgl/mcabj/201806/20180600009890.shtml。
④ 民政部：《2017年度彩票公益金使用情况公告》（民政部公告第436号）。

"扶老"公益项目入手，阐述中国福利彩票践行"扶老 助残 救孤 济困"的发行宗旨，充分利用福彩公益金、组织调配相关资源，支持敬老、养老、助老事业发展。

二 福彩扶老项目的特点

面对严峻的老龄化形势和养老服务短板，在国家政策的指导下和福彩公益金充足的情况下，各省市福利彩票发行中心根据地方特点推出不同形式的养老解决方案和扶老项目，助推国家多层次养老服务体系建设。本章中介绍的扶老项目紧贴新型养老体系建设，呈现以下特点。

一是转变老年人养老观念，在城市中推广社区养老、在农村中推广互助养老院养老，以机构养老为补充，保障不同境况下老年人的养老需求。

二是促进医疗机构和养老机构融合发展，推进医养结合，为老年人提供高质量、及时性、全方位护理，使其享受"有病治病，无病疗养"的品质服务。

三是培养养老服务专业人才，解决养老行业人才缺口问题，提升养老服务人员的护理技能，为养老产业的发展助力。

四是注重新技术在养老产业上的应用，利用大数据、AI、物联网等技术形成基于互联网平台的养老服务系统，挖掘智慧养老市场。

五是在思想方面倡导敬老爱老风尚，促进社会良好风气的形成，关爱老年人精神世界，提升老年人的幸福感。

三 福彩扶老项目的设计、运行和实效

中国福彩扶老项目设计在《民政部 2017 年度彩票公益金使用情况公告》中有明确阐述：2017 年度民政部彩票公益金补助地方项目资金用于老年人福利类项目 131613 万元，主要用于新建和改扩建以服务生活困难和失能失智老年人为主的城镇老年社会福利机构、城镇社区养老服务设施、农村五保供养服务设施、供养孤老优抚对象的光荣院、对伤病残退役军人供养终

身的优抚医院、城乡社区为老服务信息网络平台等。通过项目实施，不断提升养老服务体系建设水平，持续增加护理型养老机构和护理床位数，提高居家和社区养老服务覆盖率，构建以居家为基础、社区为依托、机构为补充、医养相结合的社会养老服务体系。① 各省福利彩票公益金支持的"扶老"公益项目主要从以下几个方面实施。

一是提升城市社区养老服务水平。推动社区养老服务中心和社区养老服务站建设，实行规模化、连锁化、集约化营运模式，助力社区养老服务可持续发展。重庆社区养老服务"千百工程"项目是在福彩公益金支持下开展的养老项目，2017 年底前，重庆市先行先试打造 5 个市级示范社区养老服务中心，着力提升城市社区养老服务水平，推动重庆养老服务体系建设。②

二是着力补齐农村养老服务短板。农村年轻人大量外出务工，农村老年人没有经济来源和医疗保障，养老形势更为严峻。在陕西省级福彩公益金支持下，农村互助幸福院模式发展起来，截至 2017 年底，陕西省已建成农村互助幸福养老院 8124 个、建设床位 8.3 万张，覆盖陕西省 48.65% 的行政村，有效满足农村老年人的养老需求。③

三是持续提高机构养老服务供给水平。"福彩养老，幸福家园"是青岛福彩养老院打造的品牌。8000 万元福彩公益金用于养老院内基础设施建设，此外，还有一部分公益金用于老年公寓的运营补助。2012 年，此品牌被民政部评为全国民政系统优质服务品牌。④

四是深入推进医养结合。医养结合要把养老机构与医疗机构深度融合，秉持"有病治病，无病疗养"的原则，提高医养结合养老的服务能力和水平。烟台在 2016 年成功获批全国首批医养结合试点城市，近年来，每年烟台市级福彩公益金留成的 60% 以上约 6000 余万元用于养老服务业发展，全

---

① 《民政部 2017 年度彩票公益金使用情况公告》，http://www.mca.gov.cn/article/gk/cpgyjgl/mcabj/201806/20180600009890.shtml。

② 《重庆市社区养老服务"千百工程"实施方案》（渝府办发〔2018〕99 号）。

③ 《陕西省已建成农村互助养老院 8124 个，覆盖近半数行政村》，陕西传媒网，2008 年 11 月 8 日。

④ 根据山东省福利彩票发行中心提供资料进行整理。

市约 20 万老人直接或间接受益。①

五是培养养老服务专业人才。老龄化形势加剧，对高素质、高技能养老人员的需求日益增加。在烟台市推进医养结合服务的进程中，更加注重养老服务专业人才的培养，2017 年免费培训管护人员 700 多名，全市养老护理员持证率达 70%。全市全科医师 600 多名，达到国家标准。②

六是创新发展智慧养老。实时"互联网＋养老"，运用智能技术为老年人提供信息化、智能化养老服务和产品，在市区基本形成了"15 分钟养老服务圈"。③

七是关注老年人精神慰藉，弘扬敬老养老助老的社会风尚。随着空巢老人增多，老年人精神慰藉需要受到重视。山西省福利彩票发行中心在全省开展了"福彩扶老、社会敬老"主题宣传活动，活动中注重突出扶老主题和敬老特色。通过开展主题宣传活动，使福彩惠及民生、福泽社会的公益属性成为广大群众能够感知的惠民惠老实事，使尊老敬老蔚然成风。④

四 福利彩票助力构建养老新业态的案例

1. 城市社区养老服务中心模式

当前"社区养老"并没有完全脱离传统的家庭养老模式独立出来，而是家庭养老的一种辅助形式。需要政府、社会和市场三方联动，逐步形成在家庭养老无法满足需求的时候，能依托社区养老，为老年人提供专业化服务及全方位照料。

案例 1：重庆——支持社区养老服务"千百工程"

二十年来，重庆市的老龄化人口逐年增多，并呈现出老年人口基数大、速度增速快、高龄人口多、空巢化严重的特点。预计到 2020 年，60 岁以上

---

① 根据山东省福利彩票发行中心提供资料进行整理。
② 根据山东省福利彩票发行中心提供资料进行整理。
③ 根据安徽省福利彩票发行中心提供资料进行整理。
④ 根据山西省福利彩票发行中心提供资料进行整理。

老年人将超过全市户籍总人口的23%，总量将达到800万人。在这种形势下，重庆市部署启动"千百工程"，为经济困难、失能不便的老年人提供基本公共养老服务，满足他们的社区居家养老需求。①

社区养老服务项目"千百工程"是重庆福彩在福彩公益金的支持下开展的养老项目。重庆2017年市级彩票公益金（彩票公益金包括体彩公益金和福彩公益金）安排使用情况显示，愈2.5亿元公益金用于社会福利事业发展。"扶老"工作上，资助1.25亿元用于建立10个老年福利项目，其中资助城镇社区养老服务中心（站）建设5050万元。②

重庆"千百工程"将对社区养老服务实施规模化、连锁化、集约化的运营模式，采用"公建民营""民办公助"的方式，为老年人提供涉及生活多方面的急助服务，推动社区居家养老服务体系可持续发展，满足城市社区中老年群体的养老需求。图表1是重庆市社区养老服务"千百工程"的目标方案。

表1 重庆市社区养老服务"千百工程"方案

总体目标	分年度目标			市级扶持资金（万元）
	年度	全市目标	主城区目标	
2018~2020年，全市计划新增1000个社区养老服务站，重点打造100个市级示范社区养老服务中心，明晰家庭、社会、政府的养老责任，构建政府基本公共养老服务保障体系，探索建立多样化的养老平台，优先满足高龄、失能、失独、特殊困难等老年人基本公共养老服务需求，不断丰富老年人生活照料、康复护理、精神慰藉、文化娱乐等服务供给，让老年人的生活更加美好				40000
	2018年	社区养老服务站（200个）	社区养老服务站（100个）	4000
		市级示范社区养老服务中心(20个)	市级示范社区养老服务中心(20个)	4000
	2019年	社区养老服务站（400个）	社区养老服务站（100个）	8000
		市级示范社区养老服务中心(40个)	市级示范社区养老服务中心(20个)	8000
	2020年	社区养老服务站（400个）	社区养老服务站（100个）	8000
		市级示范社区养老服务中心(40个)	市级示范社区养老服务中心(20个)	8000

---

① 《重庆市社区养老服务"千百工程"实施方案》（渝府办发〔2018〕99号）。
② 2017年重庆市彩票公益金筹集分配和市本级彩票公益金使用情况公告。

2. 农村互助养老模式

经济发展不平衡，农村大批青年劳动者进城务工，而农村的老年人口却在逐日递增，留守老人、空巢老人现象十分普遍，这些家庭中无人看护的老人也成为农村养老问题的主要难题。陕西省着力助力农村地区摆脱养老困境，实施"农村互助幸福院"建设，推动养老服务的可持续发展。

案例 2：陕西——农村互助幸福院①

到 2017 年底，陕西省 60 岁以上的老年人为 645 万人，占陕西总人口的 16.81%。② 根据老年人年增长率约 3% 的速度，预计到 2020 年，陕西省 60 岁以上的老年人将达到 690 万，老年人发展呈人数众多、老化率加速等特点。自 2013 年农村互助幸福院建设开始以来，陕西省共拨出 5.03 亿元福利彩票公益金，每年安排的农村互助幸福院项目不少于 1500 个，补助标准由最初的 3 万元提高到 2017 年的 8 万元。③

村民委员会对农村互助幸福院进行管理，坚持"村级主办、政府支持、社会参与、协会组织、自主互助"的原则，为村内需要帮助的老年人提供饮食、休息、交流和娱乐的公益性日间照料平台。截至 2017 年底，陕西省共建成农村互助幸福院 8124 个，新建床位 8.3 万张，陕西省 48.65% 的行政村被覆盖。农村互助幸福院的实施，使农村老人的养老问题得到保障，对于推动城乡一体化和弘扬敬老爱老精神都起到重要作用。

3. 新型机构养老模式

目前，全国养老市场已经形成竞争态势。如何提高养老院的市场竞争力，塑造养老院品牌，在养老服务行业中显得越来越重要。探索新型机构养老模式，支持养老机构尝试多样化的养老服务，能够全面提升老年人的幸福感和获得感。

---

① 根据陕西省福利彩票发行中心提供资料进行整理。

② 中商产业研究院：《2017 年陕西省人口发展报告：常住人口增长加快　65 岁及以上人口超 400 万》，中商情报网，2018 年 7 月 18 日。

③ 《互助幸福院托起陕西农村最美"夕阳红"》，《中国财经报》2017 年 8 月 24 日。

案例3：青岛——"福彩养老，幸福家园"品牌养老院①

青岛福彩养老院为青岛市民政局直属单位，首批八个"全国爱心护理工程示范基地"单位之一，包括隆德路老年公寓、南九水路老年公寓、镇江路老年公寓和青大一路老年公寓四个分院，统一管理、统一运营，为福彩公益金投入1.8亿元兴建而成。青岛福彩养老院一直倡导"福彩养老，幸福家园"，"幸福家园"不仅是指为老年人提供一个享受晚年生活的好场所，也是指将青岛福彩养老院建设成员工快乐工作的幸福之家。再者，希望将尊敬老人、孝顺老人、关爱老人的正能量传递到整个社会。

"福彩养老，幸福家园"是青岛福彩养老院打造的品牌。2012年，该品牌被民政部评为全国民政系统优质服务品牌。在建设中，青岛龙德路老年公寓投入福彩公益金8000万元，用于医院基础设施建设。此外，老年人公寓的经营也有部分福彩公益金做补助，向可以自理的老人每月每床由福彩公益金支付220元的津贴，向失能老年人每月每床由福彩公益金支付350元的津贴。青岛福彩养老院设有24小时监控、紧急呼叫和火灾报警系统。根据老年人不同的身体状况，将老年人主要分为"自理"和"失能"两个群体，分别入住不同区域。每个公寓都有一个综合诊所，提供24小时服务。养老院内配备齐全的医疗设备、基本药品，配备专业医务人员，满足老年人的需要。康复室占地200平方米，拥有20多种康复设备，满足老年人预防、治疗和康复的需要。餐厅可以容纳200人就餐，为老年人提供合理的饮食。200平方米休闲阳光房为老年人提供小型超市、品茶接待、棋牌麻将、字画、读报、多媒体等服务。200平方米的文体活动室为老年人提供钢琴、乒乓球、台球等场地和设施。

青岛福彩养老院高度重视老年人的精神文化生活，设立阅读角，同时尊重老年人的信仰自由，开设佛教、基督教、伊斯兰等宗教的信仰室。为帮助记忆力障碍的老年人实现规律生活，每天养老院在不同时段播放各种不同的音乐。

目前，青岛福彩养老院从业人员总数达到350人，其中，153名护理工，

---

① 根据山东省福利彩票发行中心提供资料进行整理。

19 名全科医生，26 名护士，从业人员持证率达到 100%。养老院服务人员的综合素质日益加强，平时开展各类培训课程，老员工也会对新员工进行传帮带。青岛福彩养老院现有床位 1236 张，需要看护的老年人床位占比达 60%，自理老人平均年龄 84.3 岁，失能老人平均年龄 87.4 岁，年龄最长者 106 岁。

4. 医养结合模式

大力推进现有医疗卫生机构与老年服务机构的合作，充分发挥优势互补促进农村、社区的医养结合，实现社会资源利用的最大化。

案例 4：烟台——医养结合产业①

烟台市是我国人口老龄化程度较高的地级城市之一，1987 年进入老龄化社会。烟台市是中国首批国家卫生城市，医疗服务资源基础较好，已建成医院 156 家，其中三级医院 12 家，创建 1 处省级区域医疗中心，形成七大康养产业园区，覆盖全体、相对完善的医疗卫生服务体系日益健全，主要健康指标位居山东省前列。

烟台先后出台一系列政策措施，在资金、用地、税费等方面予以支持。其中，医养结合型机构每张床位最高可享受补贴 12900 元，以奖代补最高补助 200 万元，运营补助按照入住老人身体状况享受每月 100～320 元/人的运营补助。社区日间照料中心最高可享受 45 万元的一次性建设补助及每年 8 万元的运营补助。对养老服务管理和护理人员每人给予 2000 元的培训补助。2016 年烟台成功获批全国首批医养结合试点城市，相关工作一直在持续推进。近年来，每年市级福彩公益金留成的 60% 以上约 6000 余万元用于养老服务业发展，全市约 20 万老人直接或间接受益。

烟台市鼓励医疗资源丰富的县、市将部分二级医院改造为慢性病医疗机构，提供养老康复服务和医疗服务。加强基层医疗机构医疗康复功能建设，为社区居家养老服务设施提供基本医疗卫生服务。支持社会资本承办老年医院、老年康复医院、老年健康管理中心等医养结合机构。

---

① 根据山东省福利彩票发行中心提供资料进行整理。

目前，全市养老机构发展到 216 处，医养结合率达 100%，每千名老人拥有 38 张床位，医养结合服务机构达到 186 处，医养结合床位 1 万多张，建成社区养老服务设施近 1300 处，以市场需求为导向、高中低档服务并存的医养服务格局日益健全。医养结合服务深度融合发展。经过几年发展，烟台医养结合逐步形成四种服务模式（见表 2）。

表 2　烟台市医养结合的模式

服务模式	形式	案例
"大养老 + 小医疗"型	养老为主、医疗为辅，在原有养老机构的基础上，新增医疗服务	烟台全市 70 余处养老机构设立卫生室、医务室等医疗服务机构，养老机构设立医疗机构占比 40%
"大医疗 + 小养老"型	医疗为主、养老为辅，在原有的医疗机构发展养护型和医护型养老机构，构建医疗、养老、照护、康复等相互衔接的服务模式	蓬莱市中医院老年养护中心项目，将医疗服务融入养老机构，积极开展中医养生讲座、拔罐、针灸、理疗等中医特色服务。目前，烟台全市已建成 14 处设立医院医养结合型养老机构
"医疗、养老并重"型	即医疗服务与药老服务并重，平衡发展	烟台乐天养老中心以健康养老、生态养老为特色，与山东省立医院达成合作，按照三级甲等综合医院标准建设省立医院烟台分院。目前，烟台全市养老机构均与医疗机构签订合作协议
"分散养老 + 医疗网络"型	利用基层医疗卫生服务资源，为居家老人提供便捷、高效、优质的养老医疗卫生服务，按每街道办或每 5 万~10 万人口设置 1 处社区卫生服务中心，在社区卫生服务中心服务半径 1.5 公里外按照每 0.5 万~1 万人设置 1 处社区卫生服务站	烟台全市基层医疗卫生机构普遍与日间照料中心、农村幸福院等社区养老服务机构签约，签约率服务率达 95%

近几年烟台市委市政府将康养产业作为新兴产业加快推进。截至目前，已成功举办了三届中国（烟台）国际养老服务业和老龄产业博览会暨高峰论坛，国际生命科学创新示范区正在加快建设，与国内外健康及养老服务合作领域进一步拓宽，医养服务交流合作得到深入开展。

5. 为养老服务培养专业人才的项目案例

人才是第一生产力。目前制约我国养老服务行业发展的重要问题之一，

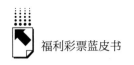

就是缺乏高素质专业人才，养老服务人才得不到重视。

案例5：烟台——养老服务和管理人员千人培训工程

烟台市在推进医养结合进程中，重视人才队伍建设，实施"养老服务和管理人员千人培训工程"，把服务和管理人员能力培训纳入全市养老服务发展常规工作，全力打造专业化、职业化人才队伍。

烟台市每年持续千人培训工程，免费培训医养结合管护人员，并给予职业资格补助和大中专毕业生从业补助等。支持烟台护校、滨州医学院老年医学院、山东省城市服务技师学院、烟台工贸技师学院、烟台天虹技工学校等5所学校增设养老管理与护理专业，累计新招学生100多人。先后与日本、英国、德国等国家的专业机构联合举办多期高级护理员培训班，组织开展四届养老护理员职业技能竞赛，先后评选出"金牌养老护理员""十佳养老护理员"49名，其中4名获得市级技术能手。每年开展老年人及失能老年人家庭护理公益培训，年培训居家和社区护理人员6000~8000名。2017年免费培训管护人员700多名，全市养老护理员持证率达70%。全市全科医师600多名，达到国家标准。①

6.助推"互联网＋养老"服务平台建设项目案例

"互联网＋养老"式的智慧养老是养老新模式。依靠新的技术手段，以传感网系统与信息平台为基础，为居家老人、社区及养老机构提供实时、快捷、物联、互联的智慧养老服务。

案例6：芜湖——智能化居家养老服务平台②

（1）项目概况

近年来，随着生活水平的提高和持续的低生育率，人口老龄化趋势更加明显。截至2017年底，芜湖全市户籍人口387.5万人，60岁以上老年户籍

---

① 烟台市人民政府网：《第132235号：关于进一步应对我市农村人口老龄化的建议的提案的答复》（烟卫函〔2018〕36号）。

② 根据安徽省福利彩票发行中心提供资料进行整理。

人口 73 万人，占比达 18.9%。

由于计划生育政策形成的"421"家庭格局，芜湖市老龄化将进一步加剧，高龄、空巢、低保低收入老人比例较大，养老问题日益突出，社会对养老服务也需求迫切，而现阶段社会养老机构提供的服务不够规范且花费较大，更多的老人们选择社区居家养老与子女享受天伦之乐，居家养老成为老人们的主流选择。

芜湖市委、市政府高度重视养老服务业的发展，借鉴国外先进经验，在智慧城市建设中依靠信息化科技力量，推进智能化养老建设，搭建社区综合性信息网络和服务平台，同步推广建立老年人基本信息电子档案，提高服务效率和管理水平。经过多年努力，形成了以居家为基础、社区为依托、机构为补充的多元化养老服务体系，多层次满足老年群体的养老服务需求。

（2）项目运营模式

2013 年 10 月，芜湖市民政局批准成立芜湖援通智能化养老服务中心，探索以智慧养老、社区养老、居家养老、养老评估、养老机构信息管理为主体的养老服务体系建设，努力形成"全方位服务、全过程监控、全天候护理、全体系建设"的养老服务新模式。芜湖援通智能化养老服务中心自2015 年起成为芜湖市福彩公益金资助项目之一。截至 2018 年市民政局共投入 300 多万元福彩公益金用于该养老服务平台的建设和维护。

援通智能化养老服务系统由智能化管理平台、服务中心、终端设备三部分组成。居家老人在家遇困难时，不用找人、找物、找号码，报名、报姓、报地址，只需按一下安装在老人家中援通"电子保姆"呼叫器上的"红"、"绿"按键，或直接拨打 96365 为老服务热线，就能得到各类家政服务、生活照料、康复护理、医疗保健、精神慰藉等居家养老服务，形成以智能化养老信息平台、"智慧管家"家庭监护平台、"家庭医生"健康管理平台、志愿者服务管理平台等"七位一体"的多功能一体化平台。

（3）社会效果和资助项目总金额

目前，智能化养老服务平台系统注册老人已达 3.5 万人，发展加盟服务商上千余家，每年为老人和居民提供各类呼叫服务 10 万余次，满意率达

90% 以上，发展速度和服务质量都走在全省同行业前列，在市区基本形成了"15 分钟养老服务圈"。

7. 推动社会敬老风尚的项目案例

中国福彩遵守"扶老"宗旨，把敬老养老助老纳入福彩工作，开展创意新、影响大、形式多的"福彩扶老、社会敬老"等主题宣传教育活动，推动敬老养老助老教育在家庭、学校、社区的普及，弘扬"扶老"新风尚。

案例 7：山西——"福彩扶老、社会敬老"主题宣传活动①

（1）活动概况

"福彩扶老、社会敬老"主题宣传活动于 2017 年启动，由山西省福利彩票发行中心主办，山西省老年学和老年健康学会承办。活动的主要内容是开展敬老标兵、敬老文明村（社区）评选表彰；敬老家训家风评选表彰；敬老书画摄影优秀作品评选表彰等三项活动。由于评选活动在全省范围内自下而上层层评选推荐，所以，活动辐射面广、参与人数多、社会影响大。

主题宣传活动通过竞标方式，每年（每届）经费约 30 万元。

（2）活动效果

有效宣传了福彩文化。山西省福利彩票发行中心组织媒体记者先后 4 次深入 4 市 7 县（市、区）实地采访 9 个敬老标兵个人和单位，在报纸上发表报道 40 余篇、网站报道 60 余次、简报刊登近 20 期，编印了《敬老模范风采录》和《敬老书画作品集》两本画册，编写了《优良家训家风选录》一书。

活动十分注重突出扶老主题和敬老特色，把"扶老"理念寓于主题宣传活动之中，使广大群众参与其中，感受到福彩惠民的红利。通过开展主题宣传活动，使福彩的发行宗旨、福彩文化、福彩惠及民生、福泽社会的公益属性成为广大群众能够看得见可感知的惠民惠老实事，使更多的人进一步认

---

① 根据山西省福利彩票发行中心提供资料进行整理。

识福彩、关注福彩、热心福彩。同时，有效弘扬了尊老敬老的传统美德，推动了社会主义精神文明建设。

五　小结

中国福利彩票是我国养老福利事业的重要力量。福彩公益金在"扶老"领域的投入一直是重中之重，在养老服务的许多环节，都有福彩公益金的支持与帮助。

在国家政策的指引下，中国福利彩票通过福彩公益金构建养老新业态，支持多层次养老体系建设并取得了一些成绩。如助力居家、社区、机构相衔接，医疗卫生和养老服务资源相融合；坚持多元主体定位，助力政府、市场、社会组织、家庭和个人的合力，实现优势互补、资源共享、多元供给；助力打造专业化、职业化养老人才队伍，做好老年人服务保障工作；助力新技术在养老产业上的应用，助推"互联网＋养老"智慧平台建设；助力保障老年人精神慰藉，逐步增进老年人福祉，大力弘扬敬老、养老、优秀传统文化。

但与此同时，我国养老形势还很严峻，多层次养老体系建设还任重道远。未来，福彩公益金在"扶老"领域还将继续加大倾斜力度。而如何更科学地进行福彩公益金分配管理，如何更好地提升福彩公益金使用效能，如何更好地加强福彩公益金监督管理，如何更好地强化福彩公益金使用宣传，则是我们需要深入思考及进一步提升的方向。

B.8
助残项目：让残疾人自立于
社会的福彩公益金帮扶实践

杨博闻*

摘　要： 近些年，福利彩票公益金在帮助残疾人回归社会及就业方面
做了大量工作，通过复健、助学及就业帮扶等项目，福彩让
越来越多的残疾人回归社会、自强自立。本文通过多个案例，
梳理了中国福利彩票相关助残项目的设计、开展情况，和项
目的效果，并就助残项目的发展，提出帮助残疾人自立，精
准帮扶的建议。

关键词： 残疾人就业　助残　自立

　　助残，是一项长期且持续的工作，不能只关注一时之冷暖，最重要的，
是要让残疾人拥有立足于社会的能力，以及能面对世间诸多变幻的信心。中
国福利彩票发行管理中心（以下简称"中福彩中心"）及各省市级福彩中心
使用福彩公益金，在助残方面做出了很多有益的尝试，并取得了一定的成
果，为今后社会福利事业帮扶残疾人项目提供了经验。

　　根据我国第六次人口普查公报和第二次全国残疾人人口数据公报显示，
我国目前的残疾人口规模已经高达 8296 万人，占我国全部人口的 6.34%，
预计将涉及全国 2 亿多的家庭人口。从数据统计可以看出，残疾人群体规模

---

* 杨博闻，中彩网主编，研究方向为互联网彩票传播，彩票舆情管理。

庞大，只有照顾到这个群体的利益，才能保障社会的稳定发展。[1] 因此，如何保障残疾人群体的利益，具有极其重要的战略意义，其首要问题，就是帮助残疾人获得自立于社会的能力，保障这一群体的基本生活要求及心理需求。

探讨中国福利彩票及福彩公益金在帮助残疾人回归社会及就业方面起到的作用，研究中国福彩相关助残项目的成果与社会实绩，可以对我国社会福利事业今后在助残方面的工作起到重要的借鉴及启示作用，为探索更多更广阔的福利助残道路提供助力与支持。

一　我国残疾人的生存、就业现状与问题

2011 年，世界卫生组织发布的《世界残疾报告》显示，当前全球人口残疾率估数已经由 20 世纪 70 年代以来的 10% 上升到 2010 年的 15%[2]，如果按 2010 年全球的人口数量估算，那么，全球存有某种形式残疾的人数将超过十亿。该报告还显示，世界上大多数国家的残疾人在参与社会生活的过程中存在不同形式的障碍，包括羞耻和歧视、缺乏卫生保健和康复服务、缺乏无障碍设施、建筑和交通等。因此，残疾人的健康状况更差、教育水平更低、参与经济活动的机会更少，而只有少数国家建立起了适当的机制来回应和满足残疾人的需求。

残疾人就业问题历来是我国政府比较关注的重要内容，在全国就业趋势整体严峻的前提下，残疾人就业相较于正常人来说更是难上加难。截至2013 年底，我国城镇登记失业率为 4.1%，而城镇残疾人登记失业率为10.8%，比 2012 年度的 9.2% 上升了 1.6 个百分点。同时，相关数据显示，在 16 至 50 岁年龄段的残疾人中，完全不具备劳动能力的人数仅占 10%，超过 90% 的残疾人具有完全或部分劳动能力。但在具备就业能力的残疾人

---

① 李忆特：《我国残疾人状况及就业问题研究》，山东大学博士学位论文，2015。
② 世界卫生组织：《世界残疾报告》，2011。

中，只有小部分人实现了就业。

我国自改革开放以来，开始采取一系列相关举措，着力改善残疾人的就业状况：首先是建立了相应的残疾人管理机构。全国逐渐成立负责残疾人工作的各级组织和机构，专门落实安排残疾人工作。其次，制定和实施相关的残疾人法律。《中华人民共和国残疾人保障法》和《残疾人教育条例》相继制定，保护残疾人劳动权益的一系列地方性法规出台，同时，《中华人民共和国宪法》中也增加了残疾人同样享有公民权利的相关条款。随着这些法律法规的出台和实施，残疾人就业得到了法律保障，并逐渐纳入了法制化轨道，残疾人就业率逐渐上升，生活质量也得到明显改善。实现残疾人回归社会与充分就业，不仅能够帮助残疾人体现自身价值、改善生活质量，还可使残疾人实现"平等、参与、共享"社会生活的愿景，并能从根本上解决残疾人的生活问题。但是，由于残疾人受制于自身在身体或精神方面的残障，其受教育程度总体较低，就业竞争能力较弱，与其他健全人相比面临更多的就业障碍，在社会生活及工作中处于劣势地位，当前我国残疾人的就业问题仍然非常严峻。①

研究发现，我国残疾人就业的总体现状是：就业层次和职位层次均低于一般劳动者，就业形势异常严峻。其中，女性残疾人的就业比率更低、职业构成更差；青年残疾人的就业率低应引起社会的关注；不同层次的受教育程度对残疾人就业的影响较大；城乡残疾人的就业差别大，农村残疾人的就业形式单一、就业质量差；残疾人群体中不同残疾类别之间的就业率存在较大的差异性。②

无法解决残疾人就业问题，就无法让残疾人真正实现自立于社会，而隐藏在残疾人就业难现状背后的问题，主要有四个方面。

（1）残疾人由于身体缺陷，特别是部分肢体残缺，产生自卑心理，难以直面社会。

---

① 李忆特：《我国残疾人状况及就业问题研究》，山东大学博士学位论文，2015。
② 李忆特：《我国残疾人状况及就业问题研究》，山东大学博士学位论文，2015。

（2）一部分残疾人自幼年开始残疾，且错过最佳矫正治疗的机会，没有掌握正常人生活的技能。

（3）一些心理及精神问题困扰着部分残疾人，心理关爱同样重要。

（4）缺乏工作技能，无法像正常人一样就业。

这四大问题存在一日，残疾人的生存和就业问题就一日无法解决。为此，中国福彩中心及各省区市福彩利票发行中心做出了多种公益尝试。

二 福彩公益金项目解决残疾人回归社会难 困境的思路与方法

第一，补全身体缺陷，让残疾人不再为肢体残缺而自卑。

身体的残缺，往往给残疾人带来自卑感，难以融入社会，也无法踏出学习或工作的脚步。除此之外，大部分残疾人生活在农村或经济相对落后地区，身体的残缺，导致他们大部分劳动能力的丧失，温饱问题都因此受到影响，更遑论承担费用昂贵的假肢装配。针对此问题，中福彩中心及各省市级福彩中心在全国各地开展了配备、安装假肢等公益活动，补全了残疾人的身体缺陷，也给他们的内心带来自信与力量。

其中，山西临汾实施的"福彩慈善助行工程"，① 每年扶助一批贫困残疾人免费安装假肢，使他们拥有自食其力、摆脱贫困的能力。自 2009 年启动以来，项目每年投入 60 万元为全市缺肢贫困残疾人安装假肢 100 例，并每年投入 30 万元为 100 名残疾儿童提供康复救助。项目实施至今，共投入 900 万元救助残疾人 2000 余例，其中缺肢贫困残疾人 1000 例，儿童康复救助 1000 例。"福彩慈善助行工程"不仅帮助残疾人恢复和补偿身体功能，使他们有了更多的获得感和幸福感，假肢对他们生活的改善也起到了重要的支撑作用，帮助他们增强了生活信心和勇气，有些受助者不仅能实现生活自理，更开始了自主创业，成为能够在社会上自食其力、独当一面的坚强榜

---

① 根据山西福彩中心提供资料进行整理。

样。项目彰显了中福彩中心"扶老、助残、救孤、济困"的宗旨，扩大了福利彩票公益事业对社会各界的影响，也进一步弘扬了社会主义人道主义精神，为精准扶贫脱贫、特别是救助残疾人脱贫攻坚做出了应有的贡献，体现了党和政府对残疾人的关爱，取得了良好的社会效益。①

第二，关爱残疾儿童，让摔倒在"起跑线"的他们再次迈出脚步。

孤残儿童，是一群特殊的孩子，他们生来就有着某些方面的残缺，甚至因此遭到无情地抛弃。如果每个人的人生真的有一条"起跑线"的话，与正常儿童相比，孤残儿童距离那条线，很可能要比其他孩子遥远很多，甚至远到无法开始他们人生的起跑。多年来，中福彩中心投入大量福彩公益金，在全国各地开展多项孤残儿童康复项目，对孤残儿童开展康复治疗，开发孤残儿童的潜能，帮助他们掌握适应社会生活的能力，让他们再次站到了人生的"起跑线"上，勇敢自信地开始自己的人生"起跑"。

以福彩公益金支持的"明天计划"为例，该计划于 2004 年在全国启动，全称为"孤残儿童手术康复明天计划"，是一项大规模的跨部门、跨年度医疗救助活动，主要针对群体为社会福利机构收养的身体有残疾和各种疾病的孤儿，通过手术矫正康复治疗，使得他们能健康回归社会。项目本着"以民为本、为民解困"的理念，通过集中使用福利彩票公益金来解决福利院残疾孤儿的手术及医疗费用，使他们能够拥有美好的明天，在全国各地均开展实施。其中，新疆"明天计划"② 项目领导小组经过严格筛选，先后确定了四家定点医院，将一流的专家、一流的技术、一流的医疗服务提供给残疾孤儿。此外，小组还委托新疆民政康复中心组织专家成立医疗队，自 2004 年 7 月至 2015 年 12 月，先后 19 次深入新疆各地、州、市、县福利机构，历时 349 天，行程 17 万余公里，普查了 49 个儿童福利院收养的各类残疾孤儿，筛查出具有手术康复条件的 0～18 岁残疾孤儿一万余名，由各定点医院陆续实施康复手术治疗 7160 名，其中包括先天性

---

① 根据山西福彩中心提供资料进行整理。
② 根据新疆福彩中心提供资料进行整理。

心脏病、脑瘫、四肢畸形、五官畸形等病例，经抽样分析，康复总有效率达95.8%。[①]

新疆"明天项目"援助的哈萨克族小女孩买尔，来自阿勒泰地区福海县儿童福利院，她有着白皙的皮肤和一双清澈的大眼睛，然而在这双眼睛中，没有同龄孩子那种天真活泼，反倒有一分呆滞——买尔是一名先天性脑瘫患儿，她的颅腔较小且不发育，头部大小一直处于婴儿状态，使得大脑也无法发育，直接影响到中枢神经系统，导致智力、语言能力、行动能力多方面身体机能发育不健全。在做手术之前，买尔的头部仅有成年男性的拳头那么大，严重影响大脑发育。根据"明天计划"项目的流程，新疆医科大学第二附属医院先后于2014年10月、2016年3月，对买尔进行了两次手术，对她的颅腔进行了扩充，为大脑发育创造出空间，每次手术费用约为2万元。术后，买尔的情况已经大为好转，具备了一些认知能力。

在新疆，像买尔这样，因福彩公益金资助而享受到康复治疗的孤残儿童，还有很多。"明天计划"项目以及一系列助残活动的开展，使福利彩票逐渐被社会大众认知、理解、支持，成为连接福彩彩民、热心人士与社会弱势群体的爱心纽带。

第三，心理与精神的关爱，让强大健康的内心支撑残疾人自立。

在扶助残疾人方面，与身体救助同样重要的，是精神救助，以自闭症为代表的精神残疾日益受到关注。2006年起，我国将自闭症谱系障碍归类为精神残疾。其中，自闭症对少年儿童的危害尤为严重。自闭症是一类发育障碍疾病，反应特征为严重孤独、缺乏情感反应、语言发育障碍、刻板重复动作等。根据我国残疾人普查情况统计，目前在精神残疾类疾病中，儿童自闭症占首位。自闭症儿童存在严重社交障碍，不能与父母建立正常的依恋关系，一般生活不能自理，需要父母全职照顾；在康复过程中，费用高，会带来极大的经济负担。同时，在照顾孩子的过程中，自闭症儿童家长也很容易产生焦虑、抑郁甚至绝望情绪。

---

① 根据新疆福彩中心提供资料进行整理。

　　针对精神残疾、特别是儿童自闭症问题，全国各省市级福彩中心投入了大量福彩公益金，用爱心呵护自闭症儿童走出阴霾。以青岛福彩中心为例，① 多年来，青岛市福彩中心一直致力于关爱帮助自闭症儿童及家庭，并呼吁全社会关注和了解自闭症，共同关爱自闭症儿童这个特殊群体的成长，用希望和爱温暖自闭症儿童及家长。在"世界自闭症关注日"到来前夕，青岛市福彩中心的志愿者们来到青岛圣之爱康复中心，看望这里的自闭症儿童家庭，给他们送上爱心小礼品，并带领自闭症儿童家庭走出康复中心，走进春天生机勃勃的美好风光里，采摘草莓，放松身心，愉悦心情。通过这种模式，增进了家长与孩子的亲子关系，也缓解了家长的焦虑，实现了中国福彩对精神残疾患儿的爱心守护，更让孩子们在紧张的学习生活之余得到放松，感受社会的温暖，帮助他们将来能够更好地融入社会。②

　　第四，授人以鱼不如授人以渔，技能培训助力残疾人就业。

　　想让残疾人自立于社会，经济援助只是权宜之计，根本还在于要让残疾人掌握一技之长，拥有正常就业的能力。中福彩中心及各省市级福彩中心在帮助残疾人就业方面，进行了多方面尝试，不仅支持他们就业，还鼓励他们创业，让残疾人拥有更多选择，最终帮助他们实现自力更生、独立自强的心愿。

　　以海南福彩中心为例，③ 海南福彩中心联合省残联，研究制定了《关于扶持残疾人创办福利彩票销售点促进残疾人就业工作的实施方案》，创造性地提出了帮助残疾人稳定就业的新办法，专门为残疾人新设立了数十个福利彩票销售点，助他们顺利上岗。据介绍，每个福彩销售点安排扶持资金4万元，共184万元。这部分资金，主要用于销售点运营初期的场地租金、销售押金、网络费及设备的购置和维护补贴。残疾人只要双手完好，就可以经过培训上岗。项目还帮助残疾人选择人员居住相对集中、人流量比较大的优秀

---

① 根据青岛市福利彩票发行中心提供资料进行整理。
② 根据青岛市福利彩票发行中心提供资料进行整理。
③ 根据海南省福利彩票发行中心提供资料进行整理。

位置开设彩票销售点，以确保销量及帮扶效果。[①]

宜昌福彩中心开展的"福彩之光"残疾人创业大赛及职业竞赛暨技能展示，则旨在鼓励残疾人参与"大众创业、万众创新"，[②] 并通过活动发现和孵化一批残疾人创业明星，带动更多残疾人就业创收。创业大赛参与角逐的项目多达 32 个，职业技能参赛选手达 107 人，旨在发现残疾人中的技术能手、能工巧匠，激励更多残疾人奋发图强，出现更多行业能手，提高收入水平。创业大赛最终产生一、二、三类及优秀创业项目共计 7 个；职业竞赛最终产生技术能手 24 个、巧手匠 6 个，对鼓励残疾人自主创业，支持残疾人独立自强起到了极佳的助力效果。

三　福彩帮扶残疾人案例

中国福利彩票通过一系列公益帮扶行动，在身体上帮助残疾人补足缺陷，在精神方面给予关爱、鼓励残疾人走入社会，同时传授劳动技能，促进残疾人回归社会、顺利就业。

探讨中国福利彩票及福彩公益金在帮助残疾人回归社会及就业方面起到的作用，研究中国福利彩票相关项目的成果与社会实绩，可以对我国社会福利事业今后在助残方面的工作起到重要的借鉴及启示作用，为探索更多更广阔的福利助残道路提供助力与支持。

（一）补全身体缺陷　昂首面对社会

案例 1：山西临汾"福彩慈善助行"工程资助残疾人[③]

（1）项目简介

据统计，临汾市共有残疾人 35.5 万人，其中肢体残疾人 5.32 万人、缺

---

① 根据海南省福利彩票发行中心提供资料进行整理。
② 根据宜昌市福利彩票发行中心提供资料进行整理。
③ 根据山西省福利彩票发行中心提供资料进行整理。

肢残疾人约1万人、家庭贫困且急需装配假肢的5000人。在残疾人中，贫困残疾人占到总数的一半以上；缺肢残疾人中70%以上生活在农村，[1] 由于肢体功能缺失，大部分丧失劳动能力，无法解决温饱问题，更无力承担昂贵的假肢装配费用。针对这一现象，临汾市将残疾人脱贫作为扶贫工作的重点和难点。临汾市民政局、财政局、残疾人联合会、慈善总会联合推出"福彩慈善助行工程"，积极支持残疾人事业。

（2）项目特点

临汾市专门成立了"福彩慈善助行工程"领导组，对项目进行组织管理，在病源筛查、安装对象确定、假肢品种、康复训练、回访维修、档案管理、宣传报道、项目评估方面都制定了相应的措施。

在宣传报道方面，领导组有组织地对项目进行宣传报道，让残疾人状况和福彩慈善项目实施情况得到更多的社会关注，并逐步在全社会形成关心、支持残疾人及慈善事业的社会氛围。

（3）项目效果

项目启动于2009年，每年投入资金60万元，为全市贫困缺肢残疾人安装假肢100例，其中大腿假肢50例，小腿假肢50例。并每年投入30万元福彩公益金，为100名残疾儿童提供康复救助。自2009年项目实施至今，共投入900万元救助残疾人2000余例，其中缺肢贫困残疾人1000例，儿童康复救助1000例。[2] 通过该项目的实施，一方面帮助了残疾人恢复和补偿了功能，安装假肢后，假肢对他们生活的改善起到了重要的支撑作用，[3] 增强了生活信心和勇气，实现了生活自理，有的还自主创业。另一方面彰显了中国福利彩票"扶老、助残、救孤、济困"的宗旨，扩大了福利彩票公益事业的社会影响，进一步弘扬了社会主义人道主义精神，为精准扶贫、脱贫攻坚做出了应有的贡献，体现了党和政府对残疾人的关爱，取得了良好的社会效益。

---

① 根据山西省福利彩票发行中心提供资料进行整理。
② 根据山西省福利彩票发行中心提供资料进行整理。
③ 根据山西省福利彩票发行中心提供资料进行整理。

案例2：陕西省福利彩票发行中心（以下简称"陕西省福彩中心"）"民康计划"①

残疾人是社会的弱势群体，经常是一人致残，全家致贫，直接导致了许多的残疾人没有经济实力安装假肢、矫形器等康复辅具。"民康计划"正是在这样的背景下应运而生。2000年，陕西省民政厅从福利彩票专项资金中拨款50万元，首次启动了"民康计划"扶贫助残公益项目，免费为全省的贫困残疾人装配假肢。18年来，共为全省的9123名肢体残疾人安装各类假肢矫形器9577件。近四年来又在假肢矫形器等康复辅具的基础上增加了轮椅、助听器等配置项目，为贫困家庭的老年人、听力残疾儿童免费配置轮椅、助听器等康复辅具合计2790台（辆）。据不完全统计，全省共有约7000余户残疾人家庭直接受益于"民康计划"。

陕西省2017年度"民康计划"免费为咸阳、铜川、延安、榆林、商洛5市残疾人，城市、农村低保人员、五保供养人员和社会福利、养老、康复等机构托养人员装配假肢450具、助听器100台、轮椅200辆，合计金额499万元。②

（二）关爱残疾儿童　扶助健康成长

案例3：青岛市儿童福利院蓝天之家③

（1）项目简介

青岛市儿童福利院于1998年10月建院，担负着全市弃婴的收养、寄养管理，提供医疗、护理、康复、特殊教育等服务，积极践行国家大力提倡的民间寄养孤残儿童与机构照料有机结合的方式，于2001年12月开始在胶州市原张应镇试点孤残儿童家庭寄养工作，2002年2月第一批儿童进入寄养家庭，2008年12月，作为福彩公益金重点资助的项目之一，在胶州市原张

---

① 根据陕西省福利彩票发行中心提供资料进行整理。
② 根据陕西省福利彩票发行中心提供资料进行整理。
③ 根据青岛市福利彩票发行中心提供资料进行整理。

应镇东张应村落成了青岛市蓝天之家寄养儿童康复中心。

自 2005 年"蓝天计划"正式实施以来，青岛市政府统筹安排福彩公益金 3162 万元，用于青岛胶州张应儿童工疗康复中心基础建设，2009 年又投入福彩公益金 200 万元资助机构的日常运行。青岛市蓝天之家寄养儿童工疗康复中心，占地 26.3 亩，建筑面积 18000 多平方米，能够同时满足 500 名孤残儿童进行养护、专业康复、医疗护理、特殊教育、技能培训、劳动就业和居住等活动，积极构建残障儿童"生活在家庭、教育在社区、康复在机构、就业在社会"四体一位的成长体系。

多年来，青岛市还安排 200 多万元福彩公益金资助"明天计划"，为近百名残疾儿童实施心脏、唇裂等一系列手术，手术成功率达到了 100%。[1]此外，福彩公益金还为孤残儿童家庭寄养投入资金 360 万元。[2]

（2）项目效果

目前共有 170 多名孤残儿童生活在康复中心，其中残疾弃婴占 98%，其中 80% 为中度以上不能自理、难以独立生存的残障儿童，最小的只有 4 个月，最大的 17 岁。中心分为早教区、学前区、特教区三个康复教育区域。如果孩子们到了 18 岁有自理能力，政府会帮其购买一套经济适用房，进行社会安置；没有自理能力的，将被送到社会福利院。"寄养家庭"的孩子白天在中心接受教育和康复训练，晚上由家长接回家吃饭休息，这样一来，孩子心中就有了家的感觉，更有助于孩子的成长，中心与寄养家庭间也会及时沟通。[3]

案例 4：佛山市顺德区儿童福利院残障儿童驻院康复及托养康复服务项目[4]

（1）项目简介

为进一步做好残疾人康复服务工作，确保残疾人"人人享有康复服

---

① 根据青岛市福利彩票发行中心提供资料进行整理。
② 根据青岛市福利彩票发行中心提供资料进行整理。
③ 根据青岛市福利彩票发行中心提供资料进行整理。
④ 根据佛山市福利彩票发行中心提供资料进行整理。

务"，佛山市顺德区儿童福利院残障儿童驻院康复服务项目于 2014 年启动，福彩公益金给了项目极大的资金支持。[①]

项目采取购买服务方式，与佛山市威权康复服务中心合作，为区儿童福利院残障儿童开展全托机构康复治疗，并对有需要的残障儿童提供转介、康复训练指导、技术信息支持等相应配套服务，将康复服务和托养融于一体，让孩子可以长期有效地接受专业化的康复训练。福利院首先根据儿童实际身体状况，决定是否将其送往威权康复服务中心进行托养康复。若康复情况良好，儿童满足到特殊学校或普通学校入学的标准，或年满 14 岁时，则会回归福利院。[②]

（2）项目特色

佛山市顺德区儿童福利院的儿童95%以上具有不同程度功能障碍，其疾病类别分别为脑瘫、智障、自闭症、先天性畸形及遗传代谢等疾病。主要表现为运动、认知、语言发育落后，肌肉失用性萎缩无力、关节挛缩畸形，社会适应能力低下等。项目通过康复治疗有效缓解孤残儿童的肌肉萎缩、防止关节挛缩变形，促进运动语言认知发育，减轻护理难度，缓解致残率，提高改善残疾儿童生活质量，改善生活自理能力和社会适应能力等。

（3）项目效果

【驻院康复儿童案例一】小俏，1 岁 8 个月。刚到顺德区儿童福利院的时候，肩关节不能上抬，腕关节不能背屈，指间关节僵直，踝关节严重内翻，严重影响运动功能。

治疗前：经过治疗师们的评估，决定对小俏进行关节牵伸训练、关节活动度训练、关节松动术、站立训练并进行手术治疗。刚开始帮小俏进行康复训练的时候，小俏非常抗拒，拒绝与治疗师有眼神交流，通过治疗师为其开展认知训练、言语治疗及引导式教育之后，小俏有了很大转变，现在见到熟

---

① 根据佛山市福利彩票发行中心提供资料进行整理。
② 根据佛山市福利彩票发行中心提供资料进行整理。

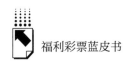
悉的治疗师会主动打招呼，能通过简单的短句表达自己的需求。在辅助器具的帮助下，小俏已经可以靠墙站立，双手扶持下可步行一段距离，见到想吃的食物时能够自己用手送进嘴里吃。

【驻院康复儿童案例二】小桦，现一岁半。足月小样儿，属于生长发育偏小但健康的新生儿，运动发育及智力都落后于正常的同龄儿童。

小桦一来福利院，治疗师们就马上对其进行康复评估，制定康复计划。在这一年多的时间里，每天早上迎接小桦的是各种各样的康复训练，包括运动发育迟缓训练、感统训练、物理治疗，她还接受引导式教育，编入婴儿组，进行音乐活动、多感官活动、大肌能活动。

通过治疗师们不懈的努力，小桦现在可以独立步行，在治疗师的辅助下可跨越障碍物、握勺进食软饭。尽管这些事情放在正常一岁半的小朋友身上不足为奇，但对小桦来说却是意义非凡的。

【托养康复儿童案例一】2019 年 10 岁的顺摘怡，4 年前来到威权康复服务中心进行训练，在未治疗前，小摘全身肢体及躯干肌肉力量弱，连最基本的坐与爬行都不能完成。经过坚持不懈的努力训练及现代康复与传统医学相结合，通过运动发育迟缓训练、器械锻炼、感觉统合训练、多感官治疗、针灸治疗、物理治疗等综合功能康复治疗后，小摘现已能独自爬行、站立、步行 8 ~ 10 米，可独自扶床沿起身站立后独自步行到课室。同时福利院还制定了综合引导式教育，包括体育、音乐、美工、感官、认知、数学活动等，进一步增强其社会适应能力及日常生活自理能力。

【托养康复儿童案例二】2019 年 9 岁的顺贤效，8 年前来到威权康复服务中心进行训练。未治疗前，小效全身肢体及躯干肌肉力量弱，右侧肢体偏瘫，肌张力增高，关节活动度受限，肌腱挛缩，不能独自进食，连最基本的坐与爬行都不能完成，更不用说站立、步行。

福利院将现代康复训练与传统医学相结合，通过脑瘫肢体综合训练、器械锻炼、感觉统合训练、多感官治疗、手功能训练、针灸治疗、物理治疗等综合功能康复治疗后，加以不懈努力，小效现在已能独自进食，独自爬行，穿戴矫形鞋后能独自站立，在陪同下能步行 5 米左右，可独自扶床沿起身站立后步行 1~2 米。同时福利院还制定了综合引导式教育，包括体育、音乐、美工、感官、认知、数学活动等，进一步增强其社会适应能力及日常生活自理能力。

（4）项目评价

项目完善了残疾人康复组织管理、康复技术指导和康复服务网络，逐步构建起与政府公共服务责任相适应的康复保障机制，确保残疾人"人人享有康复服务"。①

（5）项目启示

构建起与政府公共服务责任相适应的康复保障机制，对有需要的残障儿童提供转介、康复训练指导、技术信息支持等相应配套服务，将康复服务和托养融于一体，让孩子可以长期有效的接受专业化的康复训练，为他们将来面对、甚至走向社会打下坚实的基础。②

（三）呵护精神健康　关爱直达心灵

案例 5：辽宁省盘锦市福利彩票发行中心（简称"盘锦市福彩中心"）
"牵着蜗牛去散步"公益活动③

"盘锦中福在线爱心团队"由盘锦市福彩中心于 2015 年 3 月成立，初衷是践行福彩"扶老、助残、救孤、济困"的发行宗旨，通过身边的公益行动，让人们能切身了解福彩的公益性质，进一步增强福彩的公信力和正面的社会认知。2016 年 8 月初，盘锦中福在线爱心团队等多家组织共同开展"牵着蜗牛去散步"公益活动。活动主要以体现"团队协作"的各种小游戏来开展，旨在锻炼智力障碍孩子们的沟通和协调能力，帮助他们信任除了家长以外的其他人，使他们尽快走出家庭，融入社会。

本次活动有志愿者、智力障碍儿童及家长共 108 人参加，活动帮助残障

---

① 根据佛山市福利彩票发行中心提供资料进行整理。
② 根据佛山市福利彩票发行中心提供资料进行整理。
③ 根据辽宁省福利彩票发行中心提供资料进行整理。

患儿家庭 50 个。活动主要以体现"团队协作"的各种小游戏来开展，旨在锻炼智障孩子们的沟通和协调能力，帮助他们信任除了家长以外的其他人，使他们尽快走出家庭，融入社会。

本次活动经盘锦新闻网、盘锦日报、辽河晚报等多家当地新闻媒体报道，及志愿者朋友圈转载，成功且广泛引起了社会对残障儿童的关注，同时进一步增强了公众对福彩公益性的认知。

四 福彩助残模式展望及启示

近几年来，随着我国经济的持续发展，贫富差距加大，大量的残疾人生活处于贫困状态，甚至一些已经脱贫的残疾人返贫数量也比较大。这一弱势群体现象的存在是不容忽视的，其影响会渗透到社会整体的方方面面。残疾人贫困问题，其生活质量低、面对社会风险的承受能力也很差，继而引发了一系列的社会问题，包括残疾人犯罪、残疾人贫困等。这些都是社会发展不易消除的隐患，它会影响我国社会主义精神文明建设和经济的可持续发展。[1]

对于扶助贫困残疾人，直接提供物质帮助固然十分重要，但要改变这部分成员的社会不利地位，应该从多个方面来解决其贫困性。中国福利彩票从补全身体缺陷、健全精神发育、助力基础康复、培训就业技能等角度，进行了多模式、多层次的扶助尝试，并取得了一定的成果，为我国公益助残事业提供了重要经验与启示，有利于今后辅助残疾人工作的进一步深入开展。

（一）重在自立，效于长远

助残，是一项长期且持续的工作，不能只关注一时之冷暖，想要从根本上解决残疾人的生存及就业问题，就必须帮助他们拥有立足于社会的能力，

---

① 章程：《农村贫困残疾人生存困境探析》，吉林大学硕士学位论文，2011。

以及能够面对世间诸多变幻的信心，只有这样，才能让残疾人自强、自立、自信，成为不输于健康人群的社会一分子。中国福利彩票从身体、精神、技能等多方位进行帮扶，重在自立，效于长远，建立起了"授人以渔"的长效机制。

（二）精准帮扶，行之有效

由于残疾人的残疾类型种类较多、残疾程度层级不同，因此，在对残疾人进行经济救助的同时，更应该关注他们的生存状况及面临问题，这样才能因人制宜，进行精准帮扶，对相应的残疾群体施以最行之有效的帮助。中国福利彩票针对肢体残疾人开展假肢补全，帮助增强信心；针对精神残疾加强社会关爱，帮助回归社会；针对残疾人就业需求进行技能培训与创业鼓励，帮助自立自强，满足了各种类、各层次残疾人生存及精神寻求，实现了行之有效的精准帮扶。

（三）重视内在，圆梦强魂

强大的内心是支撑残疾人群自立于社会的根基。残疾人由于身体上的缺陷，大多自卑感较强，心理抑郁，身心长期处在压抑状态。中国福利彩票在一系列帮扶活动中，重视残疾人群的内在心理建设，始终坚持亲情关怀、心理抚慰、精神激励，让他们通过肢体补全、技能学习、创业培训等多种形式，重塑自信。也通过多种公益活动，呼吁社会了解残疾人、关爱残疾人，用全社会的爱心来温暖残疾人的内心，帮助他们圆梦强魂，昂首挺胸地走向社会与工作岗位，真正实现残疾人的自信、自强、自立。

B.9

救孤项目：福利彩票助推我国
适度普惠型儿童福利制度建设

杨博闻*

摘　要： 近年来，中国福利彩票不断投入儿童福利事业，开展了形式
多样、内容丰富的福彩救孤项目，这些项目为我国儿童福利
事业的发展提供了强有力的资金支持，让全国范围内大部分
的孤儿和困境儿童得到帮助。本文对具有代表性的几个案例
进行分析，梳理了中国福利彩票在筑牢困境儿童保护网，完
善儿童福利保护机制，保护儿童群体合法权益等方面的具体
做法，并建议加大公益金的资助额，加大购买服务的力度。

关键词： 儿童福利　困境儿童　适度普惠型福利制度

"老吾老以及人之老，幼吾幼以及人之幼"，在中国的文化基因里，一
直有着悯恤儿童、扶助儿童的传统。少年儿童，是国家最为珍贵的财富之
一，也是社会得以延续发展的命脉所在。中国有着世界上最大的少年儿童群
体，他们的健康成长，不仅关系到社会的和谐稳定，也关系着民族的命运与
国家的未来。

《联合国儿童权利公约》规定，儿童享有生存权、受保护权、发展权、
参与权四项基本权利。而具有不同性别、年龄、心理因素等特质的儿童群

---

* 杨博闻，中彩网主编，研究方向为互联网彩票传播，彩票舆情管理。

体，其需求又存在较为突出的个性化差异。在我国过去的儿童福利服务的实践中，往往只能够满足狭义上的儿童福利概念，服务对象也较为单一，主要覆盖孤儿、残疾儿童等特殊儿童群体。

近年来，我国社会经济状况产生了日新月异的变化，儿童福利事业所处的背景也发生着深刻变革：随着社会经济的发展，公共财力得到了增强，遗弃儿童现象大幅减少，家庭送养意愿降低，收养登记总体呈下降趋势，孤儿和弃婴的总量持续减少，传统儿童福利制度覆盖对象呈收缩态势。[1] 同时，社会转型和社会变迁导致儿童福利问题增多，贫困儿童、困境儿童、问题儿童、留守儿童等群体不断出现，且有逐年增加的趋势。根据第六次人口普查数据，我国 0 ~ 14 岁儿童总数为 2.22 亿人，其中半数以上儿童分布在农村地区。除了 57 万孤儿，全国有 61 万在事实上无人抚养的儿童，加上其他类型的困境儿童，民政部估计目前全国共有农村留守儿童 697 万余人。更为广义的儿童群体生存与发展问题正面临着巨大的挑战，儿童福利话题频繁进入社会议程，[2] 被社会大众所共同关切，保护儿童权益的呼声越来越强烈。

作为对这一问题的回应，2011 年，《中国儿童发展纲要（2011 ~ 2020年）》正式提出"扩大儿童福利范围，建立和完善适度普惠的儿童福利体系"；2013 年，中共十八届三中全会的决定提出"健全困境儿童分类保障制度"。同年，民政部《关于开展适度普惠型儿童福利制度建设试点工作的通知》，强调儿童福利制度要"适度普惠、分层次、分类型、分标准、分区域"，并在不同经济发展水平的 4 个县市试点实践。2016 年 6 月，国务院出台《关于加强困境儿童保障工作的意见》，以建立健全与我国经济社会发展水平相适应的困境儿童分类保障制度。[3]

随着相关政策意见的出台，政策兜底的范围不断扩大，福利供给群体从特殊儿童向全体儿童扩展，中国的儿童福利制度由补缺型向适度普惠型转

---

[1] 民政部：《遗弃儿童现象大幅减少收养登记呈下降趋势》，https://news.china.com/domesticgd/10000159/20190125/35087149.html。

[2] 民政部：《遗弃儿童现象大幅减少收养登记呈下降趋势》。

[3] 《中国儿童发展纲要（2011 ~ 2020 年）》，2011。

变。民政部遵循"扶老、助残、救孤、济困"的福彩公益金使用宗旨和彩票公益金（彩票公益金包括福彩公益金和体彩公益金）使用有关规定，使越来越多的福彩公益金参与到社会福利事业中来，成为我国儿童福利事业发展的有力后盾，在完善儿童福利保护机制，创新儿童救助、服务、保障工作方式方法，发展专业化、高水平、常态化的困境儿童福利服务方面发挥了重要作用。

一 福彩公益金和我国儿童福利的关系

彩票的根本属性是公益性，中国福利彩票的主要功能之一是筹集公益金、发展社会公益事业。以"扶老、助残、救孤、济困"为发行宗旨的福利彩票公益金，是社会公益事业资金来源的重要组成部分，是国家财政对福利事业投入的补充。通过福利彩票资金的注入，为儿童福利制度的福利性提供了可靠的资金保障。

2010 年民政部发布的《关于 2010 年福利彩票公益金使用的指导意见》中明确指出，福利彩票公益金要配合政府财政投入，加强对儿童福利事业的建设保障。儿童福利制度在福利彩票公益金的资助下，为残疾孤儿手术康复、残疾儿童特殊教育、贫困学生助学、贫困家庭助医等弱势儿童群体乃至社会儿童群体，搭建了教育、医疗、残疾康复等的平台及儿童成长的有利环境。①

在福利彩票公益金的支持下，中国的儿童福利制度正在逐步拓展保障范围，由补缺型向适度普惠型转变。随着适度普惠型儿童福利制度的不断建立健全，福彩公益金的使用，在资金数量以及使用范围方面，都有着新的提高和扩展；保障儿童生存、发展、受保护和参与的权利，在构建社会主义和谐社会过程中发挥了不可或缺的资金支撑作用，为推动儿童福利事业长足发展，构建和谐社会做出了积极的贡献。

---

① 民政部：《关于 2010 年福利彩票公益金使用的指导意见》，2010。

二　儿童福利类项目的多维度推进

2017 年度，彩票公益金用于儿童福利类项目支出计 49264 万元，助推儿童福利事业发展主要体现在如下方面。

（一）加强儿童福利基础设施建设

多年来，各地方政府在大中城市新建、改建和扩建集养护、救治、教育、康复、特教于一体的功能完善、设施齐全、环境优美的儿童福利机构过程中，得到了福彩公益金的大力资助。通过完善儿童福利机构设施设备建设，极大地改善了儿童群体的生活居住环境，提高了生活质量。[1]

"蓝天计划"的开展。"十二五"期间，民政部决定，将儿童福利机构设备配置作为"'十二五'儿童福利机构建设蓝天计划"（以下简称"蓝天计划"）的重要任务，全面改善儿童福利机构硬件设备条件，着力加强儿童福利机构在养育、治疗、康复、特殊教育和技能培训等各方面功能，辐射和带动社区儿童福利服务的开展。[2] 在福彩公益金的支持下，"蓝天计划"全面开展，在全国大中城市建设和完善了集养护、教育、康复于一体的儿童福利机构，初步形成了我国儿童福利机构服务网络，搭建了为孤、残儿童提供专业养育、康复和特教等服务的平台。"蓝天计划"的实施，切实保障了孤残儿童的生存权、发展权、受保护权和参与权，有力推动了儿童福利事业由补缺型向适度普惠型转变。[3]

孤儿养育需求得到基本满足。公开资料显示，截至 2017 年底，全国共有儿童收养救助服务机构 663 个，床位 10.3 万张，年末收留抚养各类人员 5.9 万人。[4] 其中儿童福利机构 469 个，床位 9.5 万张；未成年人救

---

[1]　民政部：《儿童福利机构建设蓝天计划》。

[2]　《"十二五"儿童福利机构建设蓝天计划暨儿童福利机构设备配置实施方案》（民发〔2012〕53 号）。

[3]　民政部：《儿童福利机构建设蓝天计划》。

[4]　民政部：《2017 年社会服务发展统计公报》，2018。

助保护中心 194 个，床位 0.8 万张，全年共救助流浪乞讨未成年人 3.5 万人次。①

（二）支持儿童关爱服务体系建设

应对当前儿童福利发展的新形势、新挑战，中国福利彩票以儿童利益最大化为原则，加大儿童关爱服务体系建设力度。福彩公益金注入儿童福利金公益项目，使得儿童福利服务的内容得以增多，儿童福利服务覆盖的群体得以扩大，产生了良好的社会效益，为构建和谐社会做出了积极贡献。

第一，提高孤残儿童基本生活保障标准。

近年来，随着福彩公益金的不断投入，我国逐步健全了孤儿基本生活保障制度，不断提高孤儿保障的标准，不断拓展孤儿保障的内容。2010 年，国务院办公厅出台《关于加强孤儿保障工作的意见》，要求制度性安排孤儿的基本生活、教育、医疗、成年后就业及住房。2015 年，孤儿基本生活最低养育标准在全国范围内得到普遍建立，孤儿基本生活保障制度得到进一步完善，全国普遍建立机构集中供养孤儿每人每月 1000 元、社会散居孤儿每人每月 600 元的孤儿基本生活最低养育标准。②

加强困境儿童保障工作。2016 年 6 月，国务院印发《关于加强困境儿童保障工作的意见》，全国所有省（区、市）全部印发困境儿童保障实施意见，为面临监护、生活、教育、医疗、康复、安全保护等问题的儿童做出针对性安排。③

第二，加大重病重残儿童医疗救助力度。

民政部于 2004 年 5 月，启动为期三年的"残疾孤儿手术康复明天计划"，专门帮助各类社会福利机构中 0 至 18 岁残疾孤儿解除疾患，助力残疾孤儿融入社会，回归家庭。④ 2007 年 11 月，为更大程度上满足福利机构残

① 《2017 年社会服务发展统计公报》，http：//www.mca.gov.cn/article/sj/tjgb/2017/201708021607.pdf。

② 民政部：《全国普遍建立孤儿基本生活最低养育标准》，http：//www.chinanews.com/gn/2015/04 – 29/7242896.shtml。

③ 民政部：《全国普遍建立孤儿基本生活最低养育标准 2015》。

④ 民政部：《残疾孤儿手术康复明天计划》，2004。

疾孤儿的生活及复健等需求，民政部建立了"明天计划"长效机制，更多残疾孤儿成为福彩公益金的受益者。

运行十多年来，"明天计划"已累计投入福彩公益金 14.6 亿元，16.3 万多名孤儿享受到"明天计划"提供的医疗康复服务，其中 2.7 万多名治疗康复的孤儿被国内外家庭收养。[1]

第三，进一步完善孤儿继续教育和技能培训。

"教育很重要，不要让孩子输在起跑线上。"这是习近平总书记的殷切期望。

民政部的孤儿助学项目启动实施于 2009 年，该项目从福彩公益金中列支中央项目，由三所民政院校北京社会职业管理学院、重庆民政学院、长沙民政学院负责执行，对考入三所院校普通大专班和成人大专班的孤儿给予学费和住宿费减免、生活费补贴，通过解决经费的方式，为他们提供接受高等教育的机会。[2]

针对适龄孤儿的职业技能培训，在提高接受培训孤儿生存技术技能的同时，也可以提高其就业能力，帮助他们更好地去适应社会需要。经过培训，受助孤儿掌握了相关技能，有助于增强他们的社会归属感和社会认同感，便于他们更好地融入社会。[3]

第四，开展基层儿童福利体系建设。

2016 年以来，民政部每年安排部本级彩票公益金 1 亿元支持中西部地区未成年人救助保护设施建设，并在分配测算中将贫困系数从 20% 权重提高至 50% 权重。2016 年以来，先后投入财政预算资金、部本级彩票公益金近 100 万元，在贵州省、重庆市、四川省等贫困地区举办培训班，全面指导深度贫困地区特别是"三区三州"扎实深入做好农村留守儿童关爱保护和困境儿童保障工作。指导各省份理顺民政系统儿童工作机制，通过政府支持、民政采购、社会服务机构提供专业服务的方式，创新农村留守儿童服务

---

① 《明天真好——民政部"明天计划"累计使用福彩公益金 14.6 亿元，为 16.3 万多名孤儿提供医疗康复服务》，中国福彩网。

② 民政部：《孤儿助学工程》，2009。

③ 民政部：《孤儿助学工程》，2009。

供给模式，推动各地在乡镇（街道）设立儿童督导员、村（居）设立儿童主任，并实行实名制登记管理，目前，22 个有扶贫任务的省份共有专兼职的乡镇儿童督导员 27499 人，村（居）儿童主任 346891 人。①

在福彩公益金的助力下，中西部省份基层儿童福利服务体系建设得到有力支撑。儿童福利服务的递送体系延伸到社会最基层的农村村寨和城市化社区，将服务对象由孤儿等困境儿童拓展到所有儿童，将服务内容由补缺型服务拓展为包括预防和救助的普惠型服务。

（三）购买社会服务、优化儿童福利服务提供方式

2013 年，国务院办公厅出台《关于政府向社会力量购买服务的指导意见》（国办发〔2013〕96 号），要求在民政领域积极推动政府向社会组织购买服务，鼓励和培育服务社区的社会组织。截至 2016 年底，31 个省份均出台了政府购买服务的办法和措施，各地充分利用福利彩票公益金等经费，通过公开招标等方式，发挥社会组织在社工服务、社会救助、志愿服务等方面的积极作用。

使用福彩公益金，购买社会组织的服务，以支持福利事业、社会公益事业和慈善事业发展，既是在福彩公益金使用方面的一种创新，也是政府推动社会公益事业的积极举措。公益组织可以根据不同类型儿童需求的特点和迫切程度，提供差异化服务，以进行分类保障，这在一定程度上提高了福彩公益金使用效率。②

以珠海"模拟家庭"为例。珠海市社会福利中心与北京师范大学－香港浸会大学联合国际学院合作开展的"模拟家庭服务项目"，是一种类家庭孤儿抚育项目，服务对象是由珠海市社会福利中心收养、6 周岁以上、进入小学或特殊学校就读的孩子。③ 经历了 28 年集体养护服务模式后，珠海市社会福利中心在 2013 年底探索试行组建首批 4 个"模拟家庭"。"模拟家

① 《小康路上一个都不能掉队——贯彻落实习近平总书记扶贫工作重要论述的若干实践与体会》，《中国社会报》2019 年 2 月 18 日。
② 《珠海市社会福利中心打造"模拟家庭"助孩童融入社会》。
③ 《珠海市社会福利中心打造"模拟家庭"助孩童融入社会》。

长"中的妻子一方是面向社会公开招聘的，经过多重考核后选定聘用，合约每年一签。平日，妻子一方要 24 小时全职照看孩子的生活，准备早餐、督促起床、送上学、打扫卫生、做饭、督促孩子做作业、鼓励帮助脑瘫儿在家庭中进行康复训练。丈夫角色可出门工作，并在下班后回家充当"父亲"角色，帮助妻子照顾孩子们。①

"模拟家庭"只是福利中心为孩子们做人生规划的一部分，目的是培养家庭沟通能力。为了让孩子们为融入社会做好准备，在"模拟家庭"项目后，"模拟家舍""社区青年"项目应运而生。②

"模拟家庭""模拟家舍""社区青年"项目均由福彩公益金资助。据统计，2013 年度至 2016 年度，珠海市福彩公益金资助 468.56 万元。③ 随着项目深入实施，将有越来越多的孤弃儿童从中受益。④

实践证明，使用福彩公益金购买社会组织的服务，是对一般公共预算资金购买服务的有益补充，可以优化福利服务提供方式，提高福彩公益金的使用效益和透明度，也是加快社会福利事业改革发展的必然选择和内在要求。

三　福彩儿童福利类项目案例

案例 1：多维度救助和保护孤残儿童：青岛市儿童福利院⑤

1. 项目概述

青岛市儿童福利院于 1998 年 10 月建院，担负着全市弃婴的收养、寄养

---

① 《珠海市社会福利中心打造"模拟家庭"助孩童融入社会》，http：//gdzh. wenming. cn/011/201708/t20170814_ 4684641. html。

② 《珠海市社会福利中心打造"模拟家庭"助孩童融入社会》，http：//gdzh. wenming. cn/011/201708/t20170814_ 4684641. html。

③ 《福彩公益金资助"模拟家庭"项目：让孤儿有了"爸妈"》，http：//www. sohu. com/a/233207922_ 662098。

④ 《珠海市社会福利中心打造"模拟家庭"助孩童融入社会》，http：//gdzh. wenming. cn/011/201708/t20170814_ 4684641. html。

⑤ 根据山东省福利彩票发行中心提供资料进行整理。

管理，提供医疗、护理、康复、特殊教育等服务。青岛市儿童福利院积极践行国家大力提倡的民间寄养孤残儿童与机构照料的有机结合的方式，于2001年12月开始在胶州市原张应镇试点孤残儿童家庭寄养工作，2002年2月第一批儿童进入寄养家庭，2008年12月，作为福彩公益金重点资助的项目之一，在胶州市原张应镇东张应村落成了青岛市蓝天之家寄养儿童康复中心。

2. 项目特点

青岛市蓝天之家寄养儿童工疗康复中心坐落于胶州张应镇，占地26.3亩，建筑面积18000多平方米，能够同时满足500名孤残儿童进行养护、专业康复、医疗护理、特殊教育、技能培训、劳动就业和居住等活动，积极构建残障儿童"生活在家庭、教育在社区、康复在机构、就业在社会"四体一位的成长体系。目前共有170多名孤残儿童生活在康复中心，其中残疾弃婴占98%，80%为中度以上不能自理、难以独立生存的残障儿童，最小的只有4个月，最大的17岁。中心分为早教区、学前区、特教区三个康复教育区域。如果孩子们到了18岁有自理能力，政府会帮其购买一套经济适用房、进行社会安置；没有自理能力的，将被送到社会福利院。"寄养家庭"的孩子白天在中心接受教育和康复训练，晚上由家长接回家吃饭休息，这样一来，孩子心中就有了家的感觉，更有助于孩子的成长，中心与寄养家庭间也会及时沟通。[1]

3. 项目效果

自2005年"蓝天计划"正式实施以来，青岛市政府统筹安排福彩公益金3162万元，用于青岛胶州张应儿童工疗康复中心基础建设，2009年又投入福彩公益金200万元资助机构的日常运行。多年来，青岛市还安排200多万元福彩公益金资助"明天计划"，为近百名残疾儿童实施心脏、唇裂等一系列手术，手术成功率达到了100%；此外，在孤残儿童家庭寄养方面，福彩公益金投入360多万元。[2]

---

[1]　根据山东省福利彩票发行中心提供资料进行整理。
[2]　根据山东省福利彩票发行中心提供资料进行整理。

案例2：推进儿童福利保护专业化：
安徽试点县推进基层儿童福利服务体系建设①

1. 项目背景

"福满江淮·童享蓝天"项目是由民政部立项、安徽省民政厅招标，由福彩公益金支持提供社会工作专业服务，主要面向困境儿童、陷入监护困境的未成年人和救助机构。通过整合政府和社会资源，以政府购买服务，为当地困境儿童和其他陷入监护困境的未成年人提供帮扶，打通保护工作"最后一公里"。②

2. 项目特点

（1）村（居）设置儿保专干和儿童之家，打通"最后一公里"。目前这一做法除试点县之外已在全省铺开，全省现有专（兼）职儿童保护专干1.7万余人，以儿童之家为平台，为当地儿童提供救助和服务，从而使儿童福利输送渠道从县、乡延伸至村（居）儿童身边。

（2）创制工作规范，促进服务标准化。安徽省出台了《安徽省儿童保护专干工作规范》《儿童福利机构困境儿童服务规范》，即将拟公布的《安徽省儿童主任工作服务规范》（暂定名）正在征求意见阶段。这些规范为基层儿童工作提供了工作抓手和服务标准。

（3）购买社工服务，推动服务专业化。安徽省于2015、2016年通过省级福彩公益金120万元购买专业社工服务，为试点县培训儿保专干队伍，开展专业儿童社会工作服务。各地方也全力跟上，长丰县分别于2016年投入30万元、2017年财政预算100万元购买各类关爱服务和培训项目；石台县培育了第一家本土社工机构；利辛县儿童福利中心实现专业转型。目前，各试点县从无到有的培育起一支来自儿保专干、政府工作人员、教师等的土生社工和赤脚社工队伍，与扎根社区的专业社工、上万名本地注册志愿者紧密合作，提供专业服务。

---

① 根据安徽省福利彩票发行中心提供资料进行整理。
② 根据安徽省福利彩票发行中心提供资料进行整理。

（4）扩大保障对象，兜底与发展并重。各地逐年提高每人每月保障标准，加强医疗、教育、就业等保障。试点县还积极探索各种预防和发展性服务。各地都建立了定期随访制度、建立并及时更新儿童信息数据库、依托儿童之家开展上千场教育和兴趣类活动，开展有针对性的保护服务。如长丰县为智障儿童发放印有监护人和地方政府联系方式的激光手环，减少了走失风险。

3. 项目效果

自2015年安徽省省长丰、利辛、石台三试点县开展基层儿童福利服务体系建设以来，已构建起县级儿童福利中心、乡镇（街道）级儿童督导员和村（居）儿童保护专干＋专业社工＋志愿者的三级基层服务网络，形成兜底保障、监护保护和关爱服务为核心、专业化和标准化为方向的福利机制，普惠孤儿、留守儿童、困境儿童以及全体儿童。建立完善三级培训体系，有效提升了对困境儿童及家庭、社区的帮扶力度及准度，让越来越多的困境儿童能够真正"童享蓝天"。①

案例3：破解困境儿童关爱保护困局：贵州省"温暖贵州·大手牵小手——关注留守儿童"福彩公益系列活动②

1. 项目背景

在贵州每年有超过800万人外出务工，他们的孩子大多成为留守儿童。父母监护教育角色的缺失，对儿童成长造成极大不良影响。除了物质需求，他们更需要心灵和情感上的慰藉。③

2015年9月，由贵州省民政厅、贵州广播电视台共同主办，贵州省福利彩票发行中心、贵州广播电视台综合广播联合承办——"温暖贵州·大手牵小手——关注留守儿童"福彩公益系列活动。④

---

① 根据安徽省福利彩票发行中心提供资料进行整理。
② 根据贵州省福利彩票发行中心提供资料进行整理。
③ 根据贵州省福利彩票发行中心提供资料进行整理。
④ 根据贵州省福利彩票发行中心提供资料进行整理。

2. 项目特点

该活动使用省级福彩公益金104万元，以贵州省毕节市为起点，逐步在全省9个市（州）留守儿童较多的乡村小学设立"留守儿童信箱"，征集留守儿童来信，通过每周定期收集信件，每月开展一次"微心愿"活动，帮助他们实现一些小心愿；每个季度开展一次"大手牵小手"活动，针对留守儿童的问题、困难进行分类，邀请来专家学者、文艺工作者，或进行心理辅导，或教授专业课程，用积极乐观的生活态度去影响他们，让他们能更好地融入集体，健康成长。同时，针对留守儿童与父母分离的实际情况，结合他们的心愿，每年开展一次"乘高铁看爸妈"活动，带着留守儿童坐高铁看望他们在外地打工的父母，让广大留守儿童感受到关爱，享受到发展福彩事业所带来的实惠。①

活动先后在毕节市七星关区野角小学、黔南州都匀市奉合中心学校、遵义市务川县蕉坝乡乐居完小、凯里市十四小、天柱县凤城镇润松小学、渡马乡共和小学、晴隆县紫马乡紫马小学挂牌了7个"留守儿童信箱"，同时开展了"让梦想温暖启航"、"关注归兰留守儿童"、"乘着高铁看爸妈"、"筑梦未来·新学期图书捐赠"、"五月雨季·为你撑伞"、"六一·欢乐颂""心灵课堂"、"为荣誉而战"等公益活动。

3. 项目效果

截至2017年，"温暖贵州"活动组已累计收到2600多封留守儿童来信。活动组针对信件中反映的问题，从心理关爱、物资赠予等多个层面，为748名留守儿童送去文体用品，并帮助37名学生完成他们的特殊心愿（比如，针对毕节七星关区野角小学图书缺乏的现状，为该校购置了近1200册图书；务川乐居完小150名留守儿童雨天没有雨具，活动组给所有留守孩子购置雨伞、雨鞋等雨具以及书包等；为天柱县润松小学送去了3套供孩子们与父母视频聊天的电脑；为都匀市奉合中心校购买了价值14万元的课桌椅；在来信中，孩子们最大的也是最迫切的愿望就是能见到自己的爸妈，活动组专门

---

① 根据贵州省福利彩票发行中心提供资料进行整理。

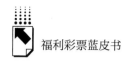

策划了"乘着高铁看爸妈"活动，带着 10 名留守儿童到广州与父母团聚）。

通过活动的开展，唤起了社会各界的关注，并吸引更多的人参与到关爱留守儿童行动中来。"温暖贵州·大手牵小手——关注留守儿童"福彩公益系列活动在毕节野角小学启动后，该校筹得资金 40 万元，建设了青少年文化宫；在凯里十四小举办活动当天，学校筹集资金近 10 万元，计划建设一个文化墙，提高孩子们的文化素养。

活动还得到各级媒体广泛报道，影响力较大。新华网、人民网、中华网、央广网、国家彩票、搜狐网、凤凰资讯、贵州省人民政府网、贵州日报、当代贵州、当代先锋、多彩贵州网、贵州都市报等媒体对该活动进行报道或转载。贵州卫视新闻联播、贵州卫视 5 频道、贵州电视台 29 频道对部分活动作了系列专题报道。人民网贵州频道对"温暖贵州·大手牵小手——关注留守儿童"福彩公益系列活动走进晴隆县紫马乡紫马小学"为荣誉而战"进行了图文直播。在百度搜索中，搜索"温暖贵州"关键词获得结果 281 万条（次）。

2016 年，"温暖贵州·大手牵小手——关注留守儿童"活动被评为"全国最有影响力的福彩公益项目"，并获得 2015 年度全国广播新闻节目优秀线下活动三等奖。2017 年 10 月，该活动图片入选中宣部组织的庆祝十九大"砥砺奋进的五年"大型成就展。

案例 4：强化儿童福利机构保障功能：

江西省孤儿区域性机构养育项目①

1. 项目背景

针对江西省机构养育儿童总量逐年下降、残障儿童比例不断上升、县级儿童福利机构服务能力不足等问题，江西省民政厅在全省开展区域性孤弃儿童养育工作。2018 年 1 月，联合省编办、省发改委、省公安厅、省财政厅印发了《关于开展孤儿区域性机构养育工作的通知》，各地结合当地实际，

---

① 根据江西省福利彩票发行中心提供资料进行整理。

按照分批实施、稳步推进的原则实施。截至 2019 年 4 月，已投入国家级和省级福彩公益金 2324 万元，对条件较差的区域性儿童福利院进行提升改造，全省 11 个设区市中，有 6 个顺利完成了区域性养育工作的开展，共接收代养 105 名来自县级儿童福利机构的孩子，让孤弃儿童得到更好的养育照料及康复特教，大幅度提升他们的成长环境，不断增强孤弃儿童的幸福感、安全感与获得感。①

2. 项目特点

一是每个设区市依托现有设区市一级儿童福利院或市区联建儿童福利院，重点打造一所综合性独立儿童福利院，负责本区域的孤残儿童的养育、康复、特教工作。对土地面积较大、人口较多、集中养育孤儿数量较多、基础设施建设较好的兴国县、瑞金市、余干县、泰和县、临川区等地在一定时期内予以保留，原则上只负责所在县市的孤儿养育工作。从 2018 年起，一律不再新建非区域性县级儿童福利院，同时对未列入区域性机构养育工作的儿童福利机构进行转型。②

二是区域性机构养育采取"原地出资、异地代养"的办法。由孤儿户口所在地的县级民政部门，将需集中养育的孤儿送至区域性儿童福利院，签订委托代养协议，进行委托代养，由区域性儿童福利院实施监护照料职责。区域性儿童福利院所在地民政部门负责收育孤儿的城乡医疗救助的受理审核审批工作，对符合条件的孤儿，按规定予以救助。委托代养孤儿户口所在地的县级民政部门按全额孤儿基本生活补助标准，分季度拨付给区域性儿童福利院。今后，新发现的弃婴在当地公安部门出具捡拾证明后及时送区域性儿童福利机构进行养育，由区域性儿童福利机构所在地的公安部门负责采集血样、提取 DNA 信息并开展查找工作，公告期满后仍查找不到生父母和其他监护人的，捡拾地公安部门负责办理弃婴的户籍登记手续，户口登记地址为弃婴发现地。代养孤儿年满 18 周岁后，由孤儿户籍所在地民政部门无条件

接回安置。①

三是区域性儿童福利院加强硬件设施建设，强化服务功能。对规模不够、功能不完备的儿童福利院加大投入，完成改建、扩建工作，达到《儿童福利院建设标准》（建标 145 - 2010）的要求，全面提高孤残儿童养育、治疗、康复、特殊教育和技能培训、监督评估等方面的综合服务能力。每所儿童福利院不得少于 300 张床位，同时要建有康复楼，按照康复基地标准打造康复中心，满足儿童康复服务需求。在有条件的地方，可设立特殊教育学校，开展特殊教育工作。对在满足机构养育儿童需求的同时，有条件的地方还向社会散居孤儿、社会残疾儿童等困境儿童提供康复、特教服务，推动儿童福利由传统补缺向适度普惠转型升级。②

四是明确区域性机构养育的推进进程。综合考虑全省经济社会发展状况，按照各区域性儿童福利机构项目建设进度，有步骤、分年度实施推进。2018 年，完成南昌、九江、吉安、新余、鹰潭 5 地的区域性机构养育工作；2019 年，完成宜春、上饶、赣州、萍乡、抚州 5 地的区域性养育工作；2020 年全面完成。③

3. 项目效果

一是儿童福利设施资源配置得到优化。在实施区域性养育工作之前，县级儿童福利机构资源闲置现象严重。据统计，全省共有儿童福利机构 74 个（设区市一级 11 个，县级 63 个），其中独立儿童福利机构 3 个，其余均为综合福利院中设立的儿童部。全省县级儿童福利机构共有床位 3935 张，养育孤儿 997 名，但是有 49% 的孤儿被家庭寄养或是跨省养育，仅有 509 名孤儿收留抚养在 63 个县级儿童福利院，平均每院仅 8 名。在资金投入上每年近 3000 万元的儿童福利建设资金，分散投入到 111 个县市区，存在"撒胡椒面"的现象。实行区域性养育后，将有限的资金用在刀刃上，重点支持区域性儿童福利机构建设。江西省已投入 2324 万元对条件较差的区域性儿

---

① 根据江西省福利彩票发行中心提供资料进行整理。
② 根据江西省福利彩票发行中心提供资料进行整理。
③ 根据江西省福利彩票发行中心提供资料进行整理。

童福利院进行提升改造，对南昌、九江等儿童福利进行了改扩建，对赣州、萍乡儿童福利院进行了新建。这些福利院基本设置了音乐治疗室、手工室、理疗室、3D互动室等功能室，养育、康复、特教等服务功能得到了大幅度提升。①

二是孤弃儿童得到了更好的康复特教照料。在实施区域性养育前，江西省县级儿童福利机构均属于综合福利院下设的儿童部。福利院同时供养老人和养育儿童，在管理上存在"一锅煮"的现象，没有遵循儿童成长规律和特点进行养育，管理也不太规范。儿童福利机构服务人员少、业务能力差，仅能提供简单的生活照料，有个别地方还存在福利院老人照料残疾孤儿的现象，甚至有个别地方还存在"扶贫式寄养"问题。儿童福利机构养育的孤儿98.14%以上为残障儿童，县级儿童福利机构康复特教工作基本没有开展，很多孩子错过了最佳康复期。②

实施区域性养育工作后，根据服务需求，区域性儿童福利院及时招聘和充实保育员、护士、特教老师和社工，并进行专业技能培训，培训合格后方可上岗。特别是将县级送来的儿童安排专门的区域进行过渡照料，挑选责任心强、工作经验丰富的护理阿姨负责照料，医护人员定时巡查，随时掌握孩子身体状况，专业社工师及时心理疏导。同时科学调配膳食，加强孩子营养，增强孩子体质。待改善身体状况后分配到正常的养育区域，融入原有养育孤儿群体。根据不同的年龄阶段，进行量身定制矫形辅助器具，制定个性康复训练计划，每天实施康复训练。有的地方还配备专门的中医师对儿童进行理疗，加快康复进程。对大龄女童，做到每人安排一个单间，并实行个性化的装饰和摆设，增强其融入家庭的温馨感。如吉安市社会福利中心开设了启智、启航、启蒙3个班级，并与春晖博爱基金会开展早教项目。通过精心的照料和康复，这些孩子身体状况得到了明显的改善。③

三是儿童领域风险大幅度消减。县级儿童福利机构基础设施不完备，服

---

① 根据江西省福利彩票发行中心提供资料进行整理。
② 根据江西省福利彩票发行中心提供资料进行整理。
③ 根据江西省福利彩票发行中心提供资料进行整理。

务管理水平偏低，存在较大的安全隐患，如孤儿养育人数不实存在审计风险，对寄养家庭缺少评估、把关不严，后期的跟踪管理力度也不够。相比较，区域性儿童福利机构基本设施比较完善，服务功能比较齐全，建立健全了管理制度、规章，从孩子入院到离院以及评估、康复、特教等过程形成了一整套行之有效的工作规程，标准化、规范化水平较高，具有一支较高业务能力的人员队伍，服务管理能力较强。孤弃儿童集中到区域性养育后，风险点大幅度消减，安全隐患大大减少，特别是机构养育孤儿底数更加精准，如鹰潭市机构养育儿童从 70 多人精准到目前的 20 人，儿童领域风险得到大幅度的消除。①

四是强化了对困境儿童的服务管理。实施区域性养育后，区域性儿童福利机构能充分发挥自身优势，在养治康教托底保障的基础上，积极向困境儿童关爱服务拓展，接收代养困境儿童。如九江市儿童福利院委托代养了 5 名困境儿童，缓解了家庭的照料压力。同时，在鹰潭市贵溪市、余江县等地开展示范创建，积极探索非区域性儿童福利机构的转型和未成年人保护中心的职能定位，将非区域性儿童福利机构和未成年人保护中心打造成为农村留守儿童和困境儿童关爱保障的重要平台，按职能分工发挥作用。非区域性儿童福利院保留其儿童照料功能，着重做好未成年人保护机构送来的临时遇困或无人监护或遭受家庭暴力儿童临时照料和临时庇护；承担弃婴的临时照料、落户以及送区域性儿童福利院代养工作，对家庭寄养孤儿的服务和监管工作以及被送养儿童寻根回访的接待工作。未成年人保护中心主要承担农村留守儿童和困境儿童关爱保护的政策宣传、业务培训，督促指导儿童督导员、儿童主任的业务工作，转介、协调关爱服务，对散居孤儿及其家庭的康复指导、心理疏导、体检、定期探访等工作，强化对社会散居孤儿的服务管理。②

---

① 根据江西省福利彩票发行中心提供资料进行整理。
② 根据江西省福利彩票发行中心提供资料进行整理。

四　挑战与展望

在福彩救孤项目的不断助推下，我国儿童社会福利事业的发展开创了全新的局面，在诸多方面取得了显著的成就。但是，结合我国实际发展现状，我国儿童社会福利事业建设还存在种种问题或不足。在深刻变化的时代背景和严峻的现实挑战双重条件下，如何更好地发挥福彩救孤项目在儿童福利事业方面的作用，健全孤弃儿童基本生活、医疗、教育等保障体系，让孤弃儿童在共建共治共享中健康快乐地成长是不可回避的时代话题。

（一）进一步扩大福彩公益金投入

加大儿童福利财政投入和调动社会资源，是顺利完成适度普惠型儿童福利保障体系建设目标的必要条件。近年来，我国致力于增加在儿童福利方面的公共支出，但从宏观角度看，相对的财政支出水平依然有所不足，国家经济在儿童福利方面的支出，与近年来不断提升的国民经济增长仍不相匹配，相对于高速的国家经济发展，儿童福利的发展仍显滞后。

当务之急，是进一步提高儿童福利公共投入。国家需要加大资金支持，以促进儿童福利制度的发展，扩大儿童福利服务提供的范围，不断加大福彩公益金对儿童福利事业的支持力度，发展儿童福利相关公共服务，让儿童群体也能公平地分享到国家改革发展成果，确保儿童群体的健康成长。

（二）继续推进福彩公益金购买服务

政府向社工机构购买服务，能有效发挥社工机构的专业特长，能有效承接政府服务职能转移，达成政府与社工机构的良性合作。[1]

2014 年，民政部下发了《民政部关于民政部门利用福彩公益金向社会

---

[1] 《民政部关于民政部门利用福彩公益金向社会力量购买服务的指导意见》，http://www.gov.cn/xinwen/2014－10/28/content_ 2771871. htm。

力量购买服务的指导意见》（民发〔2014〕219号）。该指导意见指出，福彩公益金购买服务是一般公共预算资金购买服务的有益补充，是优化福利服务提供方式、提高福彩公益金使用效益和透明度的重要途径，也是加快社会福利事业改革发展的必然选择和内在要求。推进福彩公益金购买服务，是保障和改善民生、增进人民福祉的一项重要工作。①

继续推进福彩公益金购买服务，创新福利服务供给模式，有利于资源配置和供给体系更为高效、合理。通过使用福彩公益金购买服务并逐步加大投入力度，引导和规范专业社会工作服务机构等各类社会力量在儿童福利领域开展活动，为有需要的留守儿童、困境儿童提供家庭寄养、爱心助养等专业服务，充分发挥资金引导作用，助推儿童福利事业健康发展。②

---

① 民政部：《民政部关于民政部门利用福彩公益金向社会力量购买服务的指导意见》，2014。
② 民政部：《民政部关于民政部门利用福彩公益金向社会力量购买服务的指导意见》，2014。

B.10
济困项目：福利彩票的多维度
"精准滴灌"扶贫模式探索

杨博闻*

摘　要：　本文介绍各地福彩部门紧扣精准扶贫要求，在扶贫济困救助工作中以精准滴灌为基础，通过因人因地施策、因贫困原因施策、因贫困类型施策的精准精确救助模式，对困难群众进行救助。各地也从产业扶贫济困、健康扶贫济困、教育扶贫济困、革命老区扶贫济困及易地搬迁扶贫济困5个方面进行探索创新。建议进一步突出扶贫的精准性、巩固脱贫效果、加强公益宣传。

关键词：　精准扶贫　脱贫攻坚　兜底保障

经济或精神上的贫乏窘困，我们称之为贫困。早在春秋时期，著名哲学家管仲就说过，使"饥者得食，寒者得衣，死者得葬，不资者得振，则天下之归我者若流水"，诠释了建立健全扶贫济困社会保障体系的重要意义。

关注民生发展、解决民生问题是构建社会主义和谐社会的首要目标，对贫困地区困难群众进行精准精确的社会救助和兜底保障是脱贫攻坚的重要任务。国家每年的扶贫基金中，很重要的资金来源于福彩公益金，多年来绵绵不断地为困难群体送去关爱，为实现国家扶贫目标贡献着一分力量。

---

* 杨博闻，中彩网主编，研究方向为互联网彩票传播，彩票舆情管理。

彩票的诞生是为了筹集公益资金支持社会福利事业发展，这份与生俱来的公益属性，是福彩事业发展的关键和灵魂。在中国福利彩票"扶老、助残、救孤、济困"的宗旨中，扶贫济困工作一直是福彩公益事业的重点项目，多年来，坚守着这份初心，中国福利彩票牢牢兜紧民生底线，做好民生保障工作，为我国精准扶贫基本方略不断注入活力。

"扶老、助残、救孤、济困"是中国福利彩票的发行宗旨。近年来，民政部、中国福利彩票发行管理中心及各级民政部门和各省区市级福利彩票发行中心，坚持以"精准"为目标导向，将福彩公益金项目与精准扶贫、脱贫攻坚工作相结合，围绕对象、项目、资金、措施、成效等方面，将扶贫济困工作落实在一线。

一 福彩公益金济困项目的现状和特点

根据财政部《2017 年彩票公益金筹集分配情况和中央集中彩票公益金安排使用情况公告》，2017 年，中央专项彩票公益金（包括福彩公益金和体彩公益金）共计支出 1623703 万元，用于扶贫济困项目 390000 万元，占到总支出的 24%；其中，医疗救助支出 180000 万元，扶贫事业支出 180000 万元，农村贫困母亲"两癌"救助支出 30000 万元。①

（一）精准滴灌：有针对性的扶贫济困

精准扶贫关乎民生，又涉及千家万户，其对象的基本情况和发展诉求也有着千差万别，因此，他们所需要的救助形式也应有所不同。习近平总书记讲究"接地气、做实事"的办事风格，中国福彩更是深入群众、用心帮扶。为了能够让贫困人口有效地摆脱困境，各级福彩系统下到一线调研，采取了因人因地施策、因贫困原因施策、因贫困类型施策的精准救助模式，让扶贫

---

① 《2017 年彩票公益金筹集分配情况和中央集中彩票公益金安排使用情况公告》，http：//zhs. mof. gov. cn/zhengwuxinxi/zhengcefabu/201809/t20180907_ 3012198. html。

济困工作更加有针对性。

1. 因人因地施策　助推精准济困

因人因地施策，提高济困实效，就要分类别的扶持贫困群体，例如，对特殊工作群体针对工作需要进行救助；对特殊地理、气候环境贫困人群给予基本生活保障救助；为有特殊需求的群体提供最直接的帮扶救助等等。

我国东北地区由于地跨中温带与寒温带，夏季炎热多雨，而冬季寒冷干燥。在冬天零下几十度极度寒冷的情况下，室内的温暖和一杯热水是困难群体急需的温暖。黑龙江省福彩中心特别针对严寒天气下的特殊工作群体以及失联老人、儿童、流浪乞讨人员开展了"寒冬送暖·爱的小屋"公益慈善活动。"爱的小屋"为环卫工人们在寒冬作业的途中提供热水，供他们暖暖身子、歇歇脚、缓解一下疲劳；同时，对失联老人、儿童、流浪乞讨人员提供救助帮扶；为公众提供免费 wifi、手机充电功能。目前，黑龙江省已有近2000 家福彩站加入"爱的小屋"，福彩站点成了环卫工人和需要帮扶的困难群体的暖心屋，像家一般温暖着他们的心灵。①

冬季雨雪天气下，路面湿滑结冰，具有很大的安全隐患，在东北地区更为严重。为了保障城市道路的整洁和畅通，防止雨雪造成的路面结冰带来的安全隐患，环卫工人这一特殊群体通常要通宵达旦、加班加点的进行清扫工作。整个城市还在沉睡，环卫工人们的就餐问题成了福彩公益金项目救助的焦点。辽宁省福利彩票发行中心开展了"公益福彩·幸福辽宁——关爱城市美容师捐助活动"，总计为一线环卫工人送去了 14100 个保温饭盒，资助金额共计 181.8 万元。②

对于城镇和农村最低保障家庭，中国福利彩票严格按照精准识别的要求，确保低保金切实发放到困难群众手上，兜牢民生保障的"幸福线"。目前，河北省城乡低保对象 146 万人，其中城镇 23.8 万人，农村 122.2 万人。

---

① 《"寒冬送暖·爱的小屋"传递龙江福彩正能量》，http://www.cwl.gov.cn/c/2018-04-17/432633.shtml。

② 《2017 年辽宁省福利彩票社会责任报告》。

河北省投入省级福彩公益金 2665 万元,针对城镇和农村低保家庭开展的福彩助学、福彩暖冬活动,共计资助困难学子 3875 人、农村特困人员 5000 名。① 福彩公益金的投入对落实城镇和农村低保特殊困难群体社会救助兜底保障政策,规范完善低保、特困认定办法,实行低保标准动态调整机制,推动农村低保扩面提标等方面都起着积极的推动作用。

农民工讨薪群体是一个较为特殊的困难群体,对此,中央专项彩票公益金法律援助项目充分发挥法律援助的职能优势,简化农民工法律援助办事手续,缩短办案周期,让农民工法律援助更加高效快捷。《法律援助力精准扶贫》显示,彩票公益金法律援助项目自 2009 年实施以来,为农民工等五类困难群众办理法律援助案件 47 万多件,挽回经济损失 280 多亿元,超过 72 万人直接从中受益,获得免费法律咨询帮助的群众数以百万计。近五年来,中央专项彩票公益金法律援助项目投入 2.79 亿元,共办结农民工案件近 16 万件,受益农民工近 30 万人次,帮助农民工挽回经济损失共计 102.45 亿元。②

2. 抓准贫困原因　济困对症下药

《安娜·卡列尼娜》是俄国作家列夫·托尔斯泰创作的长篇小说,开篇语有这样一句话:"幸福的家庭都是相似的,不幸的家庭各有各的不幸。"引用在扶贫济困中,其实就是"贫困家庭各有各的困难"。不同困难群体导致贫困的原因各不相同,针对目前因病致贫、因残致贫、因灾致贫、偏远山区导致贫困的群体等,中国福利彩票有针对性地进行救助,力求对这些困难群体的救助是他们最需要的。

(1) 对因病致贫的救助。2016 年 4 月 24 日,习近平总书记深入安徽金寨贫困村贫困户考察精准扶贫时深刻指出:"因病、因残致贫问题时有发生,扶贫机制要进一步完善兜底措施。"③

---

① 《河北省加强低保制度精准扶贫 2665 万元福彩公益金资助困难学子及农村特困人员》,http://www.cwl.gov.cn/c/2019 - 02 - 27/449750.shtml。

② 《法律援助助力精准扶贫报告》,http://gongyi.china.com.cn/2019 - 01/08/content_40636454.htm。

③ 《习近平考察安徽金寨:扶贫机制要进一步完善兜底措施》,新华网,http://www.xinhuanet.com//politics/2016 - 04/24/c_ 1118719708.htm。

因病致贫，是支出型贫困的一种。大病医疗费用负担较重成为许多因病致贫群体的心头病，做好对因病致贫困难群体的救助，减轻大病医疗费用负担成为福彩公益金精准扶贫的重要内容。

对困难群众来说，医疗救助力度够不够、及不及时，直接影响他们的家庭是否能脱离困境。为了有效减轻贫困患者的医疗负担，让因病致贫的困难家庭"不因一人患大病，全家都倒下"，给深陷困境的家庭给予帮扶和希望，福彩公益金大力参与医疗救助。以江苏省苏州市为例。政府发布的《苏州市社会医疗救助办法（修订稿）》中，福彩公益金成为其中的亮点。办法涵盖的救助对象更多，新增了五类救助对象，救助方式更精准。2017年度，苏州市共为18075名符合社会医疗救助的困难人员，发放4163.32万元医疗救助金，其中苏州市级福彩公益金投入2000万元。① 自2012年起，苏州市级福彩公益金已累计投入9000万元用于社会医疗救助，通过保费救助、实时救助、专项救助三种方式，为社会医疗救助提供了强有力的资金支持。

（2）对因残致贫的救助。由于"因残致贫"的特殊复杂性，解决"因残致贫"问题必须综合施策，更要"下足绣花功夫"。依据《中华人民共和国残疾人保障法》和《国家残疾人分级和分类标准》规定，我国法定残疾类别有肢体、听力、视力、言语、精神、智力和多重七大类各四个等级。由于致残原因、残疾形态和残疾等级的差异，每一类型和等级的残疾人的特点、实际困难和需求都不尽相同，加上城乡、区域、年龄、性别和受教育程度、健康状况、家庭结构等社会因素，"因残致贫"和"因残扶贫济困"是一个十分庞杂、需要精准再精准的复杂过程。②

多年来，福彩公益金用于残疾人康复、残疾人康复和托养机构康复训练设备购置、残疾人助学、贫困残疾人家庭无障碍改造、盲人公共文化服

---

① 《苏州市级福彩公益金7年投入9000万元用于社会医疗救助》，http://www.jiangsu.gov.cn/art/2018/11/23/art_ 64347_ 7935550. html。

② 程凯：《坚持精准扶贫精准脱贫基本方略，着力解决因残致贫问》，光明网—学术频道，http://www.gmw.cn/xueshu/2018-08/28/content.30836890. htm，2018年8月28日。

务项目、残疾人体育项目等方方面面。以财政部和民政部公布的数据为例，2017年，中央专项彩票公益金救助残疾群体的总金额达到198800万元，民政部本级福彩公益金用于助残支出共计71216万元。除了因残致贫的基本生活救助，对残疾群体的就业疏导和心理救助同样是中国福利彩票关注的重点。

（3）对因灾致贫的救助。"天灾无情人有情"。迅速、及时、有针对性地对遭受灾害地区的困难群众进行救助是福彩公益金用于济困的另一重要体现。

根据国务院批准的彩票公益金分配政策，彩票公益金在中央和地方之间按1∶1的比例分配。2008年5月12日，四川汶川发生特大地震。2008年7月1日至2010年12月31日，中央集中的即开型彩票公益金，全部用于汶川地震灾后恢复重建工作，在这期间，中国福利彩票共销售赈灾彩票377亿多元，筹集福彩公益金75亿多元；其中，网点即开票销售额达273亿多元，筹集公益金54.6亿多元；中福在线即开票的销售额则共为104.9亿多元，为灾区重建筹集福彩公益金20.98亿多元。①

2003年7月、8月，山东省济宁市微山湖区连降暴雨，位于湖中的聂庄辅村被大水淹没，家家都有大量积水，村中大部分房屋岌岌可危。山东省福利彩票发行中心和济宁市福利彩票销售管理中心资助福彩公益金100万元为高楼乡聂庄辅村重建新居。

2007年7月，贵州省遭遇特大洪涝灾害，黔南州平塘县平湖镇小米牙村农作物全部被淹没，大部分绝收。2008年，我国南方地区遭遇罕见雪凝灾害，小米牙村64户258名村民受灾严重，部分民房严重受损，多数民房遭到不同程度的损坏，留下诸多安全隐患。基于此，福彩公益金紧急救助这些因灾致贫的小米牙村村民，累计使用50万元福彩公益金实施了"福彩安居工程"建设项目，帮助30户重灾户重建家园。安居工程建设结束后，还配套了"一池

---

① 《福彩筹赈灾公益金逾75亿元用于汶川灾区重建》，公益时报，http：//www. china‐lottery. net/news/45330. html。

四改”（沼气池、改厨、改厕、改圈、改院），形成村庄结构布局合理、公共设施完善、资源利用高效、居民环境优美、生活方便舒适的农村新面貌。[①]

（4）对偏远山区困难群体的救助。自然环境恶劣，资源禀赋差，贫困现象集中的地区，被认定为偏远山区。对这些地区的贫困对象救助具有区域特殊性。中国福利彩票对于偏远山区困难群体的救助，主要体现在基本的生活保障上，吃饱、穿暖、有住房保障，在此基础上提高生产，开发“造血”功能。例如中央彩票公益金针对山东临沂郯城县归昌乡的整村扶贫项目。截至目前，中央专项彩票公益金扶贫项目资助郯城县归昌乡2400余万元，包括建设生产路31.9公里，硬化宽度5米，过路管涵20座，共覆盖11个行政村，受益人口1.8万人。[②] 困难群众的出行难题得以解决，村内的基础设施条件得到有效的改善，激发了贫困群众脱贫奔小康的内生动力，进而再通过产业项目扶持，贫困群众的经济收入也将稳步提高。

（二）多维度救助：扶贫济困更有力度

经过多年各地的扶贫经验总结，在实现扶贫到户的有效方式上，中国福利彩票结合产业、健康、教育、革命老区、易地搬迁等方式，多维度地拓展了扶贫济困的空间，从而更好地解决困难群众的基本民生保障问题。

1. 产业扶贫济困

2015年，《中共中央国务院关于打赢脱贫攻坚战的决定》中提到精准扶贫实施方略，“发展特色产业脱贫”是其中的主要内容和方向。通过对当地的特色产业提出发展规划、出台专项政策、统筹使用资金，因地制宜，重点支持贫困村、贫困户发展种养业和传统手工业，实现产业扶贫。

中国福利彩票紧扣精准扶贫方略，推进产业扶贫济困的力度。强调发展具有特色的产业脱贫、积极推进电商精准扶贫、打造美丽乡村，促进旅游扶贫，通过发展一系列的产业，激发贫困地区和贫困人口的内生动力，提高其

---

① 王治坤、宋宗合：《中国福利彩票公益发展蓝皮书》，中国社会出版社，2018。
② 《彩票公益金精准扶贫为百姓拓宽致富路》，http：//www.cwl.gov.cn/c/2019 - 03 - 05/449937.shtml。

自我脱贫能力。

（1）打造具有当地特色的产业扶贫。云阳县泥溪社区位于重庆市东北部云阳县泥溪镇腹地，距离云阳县城 45 公里，由于地处深山，交通不便，贫困问题较为严重，原有建档立卡贫困户 72 户。为扎实开展扶贫济困工作，云阳县泥溪社区采用"公司 + 农户 + 贫困户"的模式，其中农户以土地入股的方式参与花椒种植示范点的产业分红，实现农业产业化发展，农户增收。重庆市福利彩票发行中心投入 20 万元专项福彩公益金，用于花椒地的土地租赁、苗子、肥料、人工费等，支持泥溪社区花椒规模化种植。重庆市福彩中心还组织专业人员与村民探讨花椒种植、运输、销售等具体问题，帮助提出解决方案。目前，社区租种花椒土地面积 41 亩左右，种植花椒近五千株。种植的花椒通过建园后 3 年管护，第 4 年开始试果，第 5 年将进入丰产期。值得一提的是，从第 4 年开始，不再支付投入土地的农户土地租金，而是通过花椒的采摘收益分红，即 50% 会归集体所有，40% 为出土地农户，还有 10% 为社区贫困户。其中，贫困户分红为动态调整。同时，只要贫困户愿意来参与花椒种植、养护，社区都将优先安排，并支付相应的劳动报酬。[1] 福彩公益金资助特色产业扶贫项目，为贫困地区特色产品的产业支撑提供了保障。

一些农产品因品牌不响亮、信息不对称、销售渠道不畅等原因滞销，贫困家庭仍然难以脱贫。如何破解"有产品无销路"的困境，实现扶贫产业和市场资源的有效对接，是产业扶贫济困的又一个难题。社会组织参与精准扶贫 C095 项目计划针对这一难题提出了解决办法。这是由中央财政 50 万元支持、陕西省级福彩公益金 25 万元助力、陕西省民政厅组织引导的产业扶贫济困项目。[2] 在福彩公益金的支持下，项目在陕西省 17 个贫困县开展了深入调研，协调组织相关专家召开多次座谈会，与农业厅、社会组织及社区服务机构和专业化团队进行多次深入沟通和讨论。根据陕西省内 10 个贫困县的 50 多家专业合作社及部分基层困难户，筛选并确定了数百种无公害绿

① 《精准扶贫扶贫攻坚福彩在行动》，http：//www. sohu. com/a/298404202_ 641474。

② 《陕西：从田间到饭桌打造民政和社会组织精准扶贫直通车》，http：//www. cpad. gov. cn/art/2018/9/26/art_ 5_ 89360. html。

色农副产品，包括蔬菜、肉食等，对这些农副产品进行统一的品牌设计、统一的宣传推广。在此基础上，项目承接机构陕西省众帮社区居家养老服务业协会采用"农超对接社区直供"的方式，打造绿色农副产品直通车，组织贫困地区的数百种农副产品在西安 20 多个社区开展直销展销会，实现了农副产品从田间到饭桌的无缝对接，积极助推精准扶贫。

（2）积极推进电商精准扶贫。互联网的广泛普及和农村基础设施的逐步完善，使电子商务成为促进农村商贸流通、带动创新就业、增加农民收入的重要动力。

中国福利彩票与农村电商平台接洽合作，也是积极推进电商精准扶贫的重要举措。2017 年 6 月，广东省汕头市第一家农村电商驿站在潮南区陈店镇上北村开业。汕头农村电商驿站有两个服务亮点：第一是便民服务功能，第二是惠民服务功能。为当地百姓提供福彩购彩、快递代收代寄、助农存取款、生活代缴（电费、话费）、信用卡还款、票务服务（机票、车票）、创业孵化、旅游产品咨询和购买、宽带报装、免费体检等便民服务，使城市服务延伸到农村地区服务村民。同时，提供商品代购代销服务，利用实体和电商平台各自的服务优势，帮助村民足不出户在网络和实体店选购品质优良、价格实惠的城市商品，并通过实体店面为商家提供商品展销服务，为村民提供配送上门服务，同时还提供农特产品代销服务。

汕头农村电商驿站聘用的人员都是本村村民，为当地村民创造了就业机会。而收益中的 75% 作为村级扶贫资金使用，在一定程度上缓解了政府扶贫资金的压力。同时，电商驿站还举办了多场扶贫慰问活动，开展爱心帮扶和扶贫慰问，持续传递正能量。汕头市福利彩票发行中心（以下简称"汕头市福彩中心"）入驻汕头农村电商驿站平台，设置了福彩服务站点，提供福彩投注服务功能，在一定程度上解决了乡镇、村组因条件限制而无法设立福彩站点的问题，实现了福彩销售网络覆盖城乡。[①]

---

① 《广东福彩携手汕头农村电商驿站助力脱贫工作》，http：//www.cwl.gov.cn/c/2018 – 05 – 17/437211.shtml。

（3）打造美丽乡村，促进旅游扶贫。随着旅游需求的快速增长以及人们对回归淳朴自然乡村的向往，乡村旅游日趋多样化、多层次，继而带动了许多乡村的基础设施改善。而往日偏远、交通不便的乡村，由于自然生态环境保护良好和人文环境独特，逐渐成为新兴的旅游目的地。旅游扶贫优势由此不断凸显。依托乡村自然优势，挖掘文化内涵，开发出形式多样、特色鲜明的，能够带动贫困地区发展、号召贫困户参与的农村旅游产品，能够大大提高当地的基础设施条件，更是为产业发展、脱贫增收奠定基础。

"高峡出平湖，碧水绕青山"，山魂水韵相交织自成一体，勾勒出一幅绝妙的湖光山色图，这是如今的嵩山生态旅游区，而以前，这里由于地处沂蒙革命老区临朐县最西南部，两市四县交界，辖区山地面积95%以上，是典型的山区贫困乡镇，2014年，全区有省定贫困村8个，贫困人口3105户、7134人。

为加快临朐县西南部贫困山区发展和生态保护，2014年1月，临朐县委、临朐县政府设立了嵩山生态旅游区。2017年，中央专项彩票公益金扶贫项目落户嵩山生态旅游区西部山区，总投资4162.56万元，其中中央财政资金2000万元，地方自筹资金2162.56万元。[①] 为抓好项目实施，临朐县委、县政府成立了"中央专项彩票公益金支持贫困革命老区扶贫项目领导小组"，建立健全了县、镇、村三级指挥平台和村镇两级领导小组，对技术参数、图纸设计全方位精密校验，对实施方案和规划文本进行修缮提升；项目建设以集中连片贫困村作为一个整体，精准对接贫困人口分布现状，突出老区、重点倾斜，覆盖朱家坡、泉头、铜峪、黄谷、新合、西井、嵩山7个行政村，惠及群众3957户、1.3万余人。[②]

中央专项彩票公益金扶贫项目嵩山生态旅游区完成后，7个行政村的水、路等基础设施条件得到极大改善，群众出行得到了方便保障，也为产业

① 《中央专项彩票公益金修富路助力临朐嵩山生态旅游区脱贫攻坚奔小康》，http：//www.cwl.gov.cn/c/2019 – 05 – 16/452833.shtml。
② 《中央专项彩票公益金修富路助力临朐嵩山生态旅游区脱贫攻坚奔小康》，http：//www.cwl.gov.cn/c/2019 – 05 – 16/452833.shtml。

发展、脱贫增收奠定了基础。项目沿线发展黑小米等种植 500 余亩，蜜桃、佛手瓜、猕猴桃、柿子等林果 6.7 万余亩，新建扶贫车间 1 处，培育淹子岭、崔木等旅游特色村 3 个，8 个贫困村目前已全部退出，村集体收入全部达到 5 万元以上，当地的土地流转价格由 300 元提高到 800 元，人均增收 500 元。[1]

2. 健康扶贫济困

习近平总书记曾说："健康扶贫是脱贫攻坚战中的一场重要战役，因病返贫、因病致贫是扶贫硬骨头的主攻方向。"2004 年发布的《农村医疗救助基金管理试行办法》，明确以彩票公益金作为农村医疗救助基金的来源之一，专项用于农村贫困家庭医疗救助。除了农村医疗救助基金，中央专项彩票公益金在医疗卫生事业方面资助的项目还有城镇医疗救助基金和红十字人道主义医疗救助基金。福彩公益金从健康扶贫入手，为因病致贫、因病返贫的困难群体对症送医送药，让每一个受疾病困扰的困难群众都享受到党和政府的阳光雨露。

2017 年，茂名市本级福彩公益金安排资金 10 万元用于茂名市"关爱功臣·送医送药"项目活动，深入各区、县级市部分乡镇，上门为行动不便或生活困难的重点优抚对象，免费赠送药品、免费检查身体、免费治疗等全免送医送药活动。抽调各类医务人员 16 人，组织下乡巡回医疗队，携带 B 超机、心电图机、血压仪等医疗设备，筹集心血管、高血压、呼吸系统、消化系统等疾病药品 20 多种，巡回基层乡镇，为重点优抚对象开展医疗卫生服务活动。[2]

根据《2017 年彩票公益金筹集分配情况和中央集中彩票公益金安排使用情况公告》，2017 年，中央专项彩票公益金共计支出 1623703 万元，用于医疗救助 180000 万元，主要用于资助困难群众参保（合），并对其难以负

---

[1] 《中央专项彩票公益金修富路助力临朐嵩山生态旅游区脱贫攻坚奔小康》，http://www.cwl.gov.cn/c/2019-05-16/452833.shtml。

[2] 《2017 年广东茂名福利彩票公益金资助项目公示》，http://www.cwl.gov.cn/c/2018-04-16/432619.shtml。

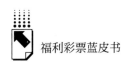

担的基本医疗自付费用给予补助；用于红十字事业 46591 万元，由中国红十字会总会组织实施，主要用于贫困大病儿童救助、中国造血干细胞捐献者资料库、红十字会人道救助救援、红十字生命健康安全教育、失能老人养老服务、人体器官捐献等项目；用于农村贫困母亲"两癌"救助 30000 万元，救助患有乳腺癌和宫颈癌的农村贫困妇女。①

3. 教育扶贫济困

教育扶贫是在常规教育事业之外开展的贫困地区和贫困儿童教育促成社会行动。经国务院批准，中央专项彩票公益金教育助学项目使用中央彩票公益金中专项资金，由财政部、教育部委托中国教育发展基金会负责具体实施。"励耕计划"（资助小学、初中、普通高中和中职学校家庭经济特别困难的教师）、"润雨计划"（家庭经济特别困难幼儿园教师资助项目）、"滋蕙计划"（奖励普通高中在校品学兼优的家庭经济困难学生）等都是彩票公益金教育扶贫助学重要项目。

根据《2017 年彩票公益金筹集分配情况和中央集中彩票公益金安排使用情况公告》，2017 年中央专项彩票公益金共计支出 1623703 万元，其中扶贫济困教育事业共支出 270012 万元，用于未成年人校外教育、乡村学校少年宫建设、教育助学和大学生创新创业项目，占比达 16%。②

中国福利彩票在教育扶贫方面本着"授人以鱼不如授人以渔"的救助思路，除了为贫困学子提供基本的教育资源救助，更注重贫困学子的个人能力提升、心理健康素质教育及多方面发展。各地福彩中心积极拓宽教育扶贫济困的救助方式，开展多种多样的助学特色活动，如山东福彩公益课堂、大学生支教活动、广东福彩育苗计划、安徽福彩资助贫困学子返乡等等，切实发挥了中国福利彩票的公益属性，也拓宽了教育精准扶贫渠道，加强了教育精准扶贫力度。

---

① 《2017 年彩票公益金筹集分配情况和中央集中彩票公益金安排使用情况公告》，财政部网站，http://zhs.mof.gov.cn/zhengwuxinxi/zhengcefabu/201809/t20180907_3012198.html。
② 《2017 年彩票公益金筹集分配情况和中央集中彩票公益金安排使用情况公告》，财政部网站，http://zhs.mof.gov.cn/zhengwuxinxi/zhengcefabu/201809/t20180907_3012198.html。

4. 革命老区扶贫济困

革命老区是新中国成立的摇篮，生长在革命老区的人民为中华民族解放和新中国的建立做出了不可磨灭的贡献。习近平指出："加快老区发展步伐，做好老区扶贫开发工作，让老区农村贫困人口脱贫致富，使老区人民同全国人民一道进入全面小康社会，是我们党和政府义不容辞的责任。"[1] 党和政府高度重视革命老区的发展和振兴，不断推进老区的扶贫脱贫工作，为革命老区全面建成小康社会奠定了坚实基础。

中央专项彩票公益金针对贫困革命老区的扶贫济困救助，主要以促进贫困人口脱贫增收为主。在支持革命老区整村推进的基础上，实施扶贫开发创新试点项目和小型公益设施建设试点项目。扶贫开发创新试点项目启动于2012年，对江西、福建、广东三省原中央苏区，山东沂蒙老区，四川、陕西两省原川陕苏区以及甘肃庆阳等7省老区县进行小型生产性的公益设施建设。2013年，小型公益设施建设试点项目启动，对集中连片特殊困难地区未实施彩票公益金项目的老区县，进行包括交通、水利和环境改善等在内的小型公益性设施建设。

中央专项彩票公益金作为重要的引导资金，在脱贫攻坚战斗中深扎革命老区偏远农村，修路建厂，助力医疗，驰援教育，实现扶贫、扶智、扶志、扶德、扶勤综合施策，充分激发内生动力，让革命老区贫困群众通过辛勤劳动脱贫致富。

5. 易地搬迁扶贫济困

易地搬迁扶贫济困能够大幅度改善贫困群体的住房条件以及水、厕、路和通信等条件，还能有效改善贫困地区、贫困人群的收入来源结构，实现稳定脱贫和可持续发展。根据"十三五"易地扶贫搬迁规则，近1000万贫困人口将通过易地扶贫搬迁脱贫。

2002年12月19日，由山东省福利彩票发行中心（以下简称"山东省福彩中心"）出资兴建的全国首个用"福彩"命名的村庄在台儿庄区张山子

---

[1] 《习近平扶贫论述摘编》，中央文献出版社，2018，第7页。

镇落成，58 户农民集体喜迁新居。"福彩村"的前身叫"黑山西村"，属于革命老区，村庄四面环山，群众吃水难、行路难、上学难、就医难。台儿庄区委、区政府将该村脱困列为全区十件大事之一。鉴于黑山西村自然条件恶劣，决定将该村整体搬迁至山下。这一想法得到山东省福彩中心的支持，投入 180 万元福彩公益金，历时十个月，筑成新房 58 处、修路 1500 米、打机井一口、建蓄水池一座，确保家家都能用上自来水，还实现了有线电视线路入户，又为每户送去了一套新家具，还解决了孩子入学难和村民就医难的问题。①

二　福彩公益金扶贫济困项目案例

案例 1：山东烟台"福利彩票·福利千万家"公益救助项目②

1. 项目简介

烟台市福彩中心始终秉承着"扶老、助残、救孤、济困"的宗旨，按照"轮流救助，全面覆盖"的工作原则，联合团市委、妇联、残联及街道社区等单位共同开展"福利彩票·福利千万家"公益济困活动。活动受助群体覆盖面广，针对因灾、因病致贫家庭、失独家庭、孤寡老人、自闭症儿童、白血病等困难群体进行精准救助。

2001 年春节前夕，山东省烟台市福利彩票发行中心（以下简称"烟台市福彩中心"）联合烟台市总工工会、烟台市民政局举办了第一届"福利彩票·福利千万家"活动，对烟台市 1000 户特困下岗工人、低保家庭进行救助，为他们提供了价值 20 万元的米、面、油等生活用品。自 2001 年起，"福利彩票·福利千万家"公益活动已连续开展 17 年，累计投入 1537 万元福彩公益金，对烟台市 17593 户特困家庭进行了救助，惠及数十万需要帮助的烟台市民。

---

①　王治坤、宋宗合：《中国福利彩票公益发展蓝皮书》，中国社会出版社，2018。

②　根据山东省福利彩票发行中心提供资料整理。

为传达党和政府对社会弱势群体的关爱，进一步弘扬中国福利彩票"公益、慈善"的文化理念，突出活动效果，让有限的公益金用到急处、用到难处，让政府放心、百姓明白，烟台市福彩中心严格按照福彩公益金使用相关规定，坚持专款专用，规范活动流程及手续，救助遴选过程在财政、民政、街道办事处、社区居民等层层监督下，确保救助活动的有效性和针对性，确保扶贫济困的精准性，逐渐成为政府认可、百姓信赖的福彩品牌公益救助项目。

2. 项目特点和评价

每逢春节、中秋、重阳节等中国传统节日，全国上下充满着喜庆的气氛，但对于困难群体而言，此时更需要感受到来自党和政府的关爱。烟台市福彩中心"福利彩票·福利千万家"公益救助项目在春节、中秋、重阳节等传统节日前夕，通过对因灾、因病致贫家庭、失独家庭、孤寡老人、自闭症儿童、白血病等困难群体提供基本生活保障类救助，传达党和政府对困难群众的关心和关爱，同时，让福利彩票的公益理念传播到市民的身边。

"福利彩票·福利千万家"项目在 2015 年被烟台市政府授予"最具影响力慈善项目"，在 2017 年烟台市委宣传部、文明办等多部门联合开展的烟台学雷锋志愿服务"四个 50"先进典型评选活动中荣获"最佳志愿服务项目"。

案例 2：湖南"福泽潇湘　福彩帮帮帮"爱心帮扶项目①

1. 项目简介

"福泽潇湘　福彩帮帮帮"是湖南省福利彩票发行中心（以下简称"湖南省福彩中心"）联合湖南电视台公共频道开办的一档弘扬福彩文化、彰显公益理念的爱心帮扶、新闻纪实电视专栏，合作至今已有 10 年时间。项目根据中国福利彩票"扶老 助残 救孤 济困"的发行宗旨，以获全国三八红旗集体、全国最具增长潜力电视民生新闻栏目、湖南新闻专栏一等奖的《帮女郎》栏目为主阵地，以新媒体、线下活动为大舞台，多渠道、立体式

---

① 根据湖南省福利彩票发行中心提供资料整理。

的打造精品栏目《福彩帮帮帮》。

每期节目均由湖南省福彩中心和湖南电视台公共频道共同选取帮扶个案（或群体），"帮女郎"记者全程跟踪采访，以讲一个好故事——申请福彩救助金——上门送善款——制作成新闻节目播出的流程，每期呈现一个帮扶对象个案。每期节目以一个帮扶个案展示福彩公益金扶贫济困力度，既体现福彩公益金使用的公开、透明，也能增加宣传广度，从而拉近福彩与困难群体的距离，唤起更多社会公众关注困难群体，并通过栏目渠道奉献自己的爱心，加入公益行列中。另外，在每逢周日 18：00 至 19：00 的《帮女郎新闻大视野》新闻栏目中，播出时长 3 分钟左右的专题帮扶新闻。

《福彩帮帮帮》栏目从开播至今，先后策划执行了 2012 年的"福彩帮帮帮 走进麻风村"、2013 年的"福彩帮帮帮 牵手盲童听世界"、2014 年的"福彩帮帮帮 孤儿不孤单"等专题报道，在具体的主题策划方面，每年 4 月、5 月为助残圆梦主题，6 月至 8 月为"与你童行"主题，9 月至 10 月为扶贫心连心主题。湖南省福彩中心每年安排公益金 30 到 50 万元予以支持，在帮扶资助力度上不断加强，从过去的 3000~5000 元/人增加至 5000~6000 元/人。

2. 项目特点

"福泽潇湘 福彩帮帮帮"爱心帮扶项目，创新了福彩公益金救助困难群体的帮扶形式，加大了宣传力度，通过与电视媒体合作，以电视节目的方式将一个个鲜活的救助案例展示给观众，让公众的感受更加真实、生动。

3. 项目评价

"福泽潇湘 福彩帮帮帮"爱心帮扶项目的直接或间接受益人近千人，社会反响很好，既给受助对象雪中送炭，让他们感受到社会的温暖，又让普通受众更真切地感受到福彩公益金温度，更好地树立了"福泽潇湘"的公益品牌。"福泽潇湘"是湖南省福彩中心弘扬公益的主要品牌。其中，"福泽潇湘 福彩帮帮帮"爱心帮扶活动丰富了品牌内涵，提升社会美誉度。"福泽潇湘"被民政部评为全国民政系统为民服务创先争优活动优质服务品牌，成为公益、阳光、责任的代名词。

案例3：深圳"寻找需要帮助的人——来深建设者关爱基金"①

1. 项目简介

"寻找需要帮助的人——来深建设者关爱基金"项目由深圳市民政局、市总工会、市慈善会联合发起，2007年正式启动，项目资金来源于福彩公益金。深圳是全国劳务工最密集的城市，数百万的劳务工成为深圳特区建设的主力军，他们为了深圳特区的建设奉献了自己的青春和汗水，"寻找需要帮助的人——来深建设者关爱基金"项目关注到了这一群体，将救助对象设定为来深建设者，为来深建设者建立起重大及紧急医疗救助体系，成为来深建设者重大疾病医疗保障方面的有力补充。项目通过资助深圳市重特大疾病患者的事后医疗救助费用，建立来深建设重特大疾病患者及其家属的支持体系，从经济、社会、心理层面进行全面救助，救助范围也拓展到劳务工及其子女重大疾病救助、劳务工学历教育、心理疏导、技能培训等多个领域。

项目包括"来深建设者重大疾病救助"、"来深建设者子女重大疾病救助"、"寻找需要帮助的人"三个子项目。其中，"来深建设者重大疾病救助"项目和"来深建设者子女重大疾病救助"项目是为非深圳户籍近三年内曾在深圳合法居住且有一年以上工作经历的来深建设者及子女（0～18周岁，不含18周岁），在深遭遇突发性重大疾病时提供的救助。"寻找需要帮助的人"项目是以近两年内，曾在深圳合法居住一年以上（含一年）的自然人为资助对象，实现对需要帮助的人的关爱和救助。"寻找需要帮助的人——来深建设者关爱基金"对符合条件并通过审批的患者，按其提供的医疗费用发票的额度给予2000元至20000元的资助。

2017年"寻找需要帮助的人——来深建设者关爱基金"印制了最新的申请指南，并开通了网上申报通道。申请救助的困难群体可以在深圳市慈善会救助信息平台网站上登录填写基本信息并生成表格，在送各单位初审前可进行网上删改操作，送审后追踪审核状态，查看最新资助信息、公示名单

---

① 根据深圳市福利彩票发行中心提供资料整理。

等。申请指南的印制和网上申报通道的开通，不仅便捷了寻求资助的申请流程，让流程变得透明化，更体现资助的公平、公正、公开。

2.项目效果

"寻找需要帮助的人——来深建设者关爱基金"自 2007 年启动，截至目前，累计资助超过 1.7 万人次，资助金额逾 2.22 亿元，在很大程度上缓解了来深建设者在遭遇重大病故时所面临的经济困难，被来深建设者称为"雪中送炭"的救命钱。

项目在一定程度上改善了受助者与家属之间的关系。项目不仅关注受助者经济困难，还在服务当中发现，受助者因疾病影响了自我照顾能力和认知能力，受助者家属因长期照顾和家庭经济压力，无法兼顾受助者的心理情况，照顾者之间缺乏沟通与支持。项目开展家庭探视能够系统性、全方面地给予受助者家庭成员之间的支持，促进成员之间的沟通，舒缓受助者家属的照顾压力。

同时，项目对于改善社会问题层面也起到了积极推动作用。深圳是一座外来人口居多的城市，许多外来工作者来到深圳，为深圳的经济发展贡献了自己的青春和热血，但是在面临突发的疾病时，高额的医疗费用致使许多家庭因病致贫，还有许多人因为得不到及时的救助导致系列家庭变故，而"寻找需要帮助的人——来深建设者关爱基金"项目，大体量的救助款项惠及众多需要帮助的外来务工困难群体，帮助困难群体及家庭渡过难关，带给他们深圳这座城市的温暖。

3.项目评价

2012 年，"寻找需要帮助的人——来深建设者关爱基金"获得广东扶贫济困"红棉杯"优秀项目奖，在颁奖仪式上，时任广东省委书记汪洋勉励道："深圳开展劳务工关爱慈善项目做得很好，希望把它做得更好!"同年，项目获得财政部财政科学研究所颁发的"2012 年中国'公益彩票 爱心使者'公益精神奖"。基于在实施时间、资金规模、慈善效益、社会影响及其示范性和推广性上的突出贡献，项目分别在 2008 年、2015 年和 2016 年荣获"中华慈善奖之最具影响力慈善项目"。

案例 4：深圳"爱心福彩——资助来深建设者春节返乡"项目①

1. 项目简介

"爱心福彩——资助来深建设者春节返乡"是一项由福彩公益金资助的大型公益活动。由深圳市民政局、深圳市交运委、深圳市福彩中心主办，深圳运发集团股份有限公司、广铁集团提供运输资源，采用公路、铁路联运方式资助来深建设者春节返乡。活动通过向符合条件的外地来深务工人员提供免费的回家车票，解决部分来深建设者春节"回家难"的问题，体现出深圳福彩中心爱心、践行中国福利彩票的发行宗旨。"爱心福彩——资助来深建设者春节返乡"项目自 2007 年春节开展以来，累计投入福彩公益金近3000 万元、资助近 5.7 万名来深建设者春节返乡。

2. 项目特色

春节，是中华民族最隆重的传统佳节；回家，是漂泊在外的游子最迫切的心愿。"爱心福彩——资助来深建设者春节返乡"活动将资助视角对准深圳外来务工群体的春节返乡问题，让福彩公益金济困救助更富人情味。

活动持续改进和优化。2007 年首开长途客车客运，2012 年增加铁路线路、2015 年增发高铁线路，采用公路、铁路联运的方式。返乡线路涵盖河南、湖南、四川、重庆、江西、云南、广西、甘肃、陕西等近 20 个省（自治区、直辖市）。2019 年，为了加大对深圳对口扶贫协作地区的帮扶力度，首次安排春节后返深包车（百色、河池），让来深建设者往返无忧。

逐步优化乘车时间，选择更加人性化。以火车专列、汽车包车为主要交通方式，会出现一个问题：受助者要同一时间返乡。由于一些来深建设者返乡时间难以提前确定，无法按照统一发车时间段回乡，为了覆盖更多需要帮助的人群，乘车时间逐步优化为：将返乡客运尽量安排在春节返乡高峰期，提供多个返乡时段车票，让返乡者自主选择，避免因为客运时间与务工人员实际返乡时间冲突而浪费资源，切身为来深建设者提供便利。

---

① 根据深圳市福利彩票发行中心提供资料整理。

在申请环节，微信服务号注册报名更加便捷。活动通过深圳福彩官方微信服务号（szfucai）进行注册及报名，完成预定返乡车票的流程。操作便捷，来深务工人员只需在深圳福彩官方微信服务号（szfucai）先进行身份信息注册（提交姓名、身份证号码、联系电话、身份证照片、务工证明等），提交后，等待结果即可。

3. 项目评价

"爱心福彩——资助来深建设者春节返乡"活动将资助视角对准深圳外来务工群体的春节返乡问题，让福彩公益金济困救助更具有针对性、更加人性化，切实缓解了来深建设者春节"回家难"的问题，也通过此项活动让更多企业关注来深建设者在深工作生活中的其他待关注、待解决的普遍问题，让深圳这座城市更有爱心、更温暖。

项目得到深圳市委市政府的高度重视和大力支持，列入历年深圳市政府"民生实事"活动之一，有着广泛的公益品牌效应和社会影响力，荣获深圳市精神文明建设委员会主办的深圳关爱行动 2009 年、2011 年、2012 年"市民最满意活动"、2016 年"十大创意项目"、2017 年"十大关爱事件"，以及"2017 年中国彩票十大公益项目奖"等奖项。

"资助来深建设者春节返乡"活动备受媒体关注，中央电视台多次报道返乡活动，湖南卫视与深圳电视台联动接力报道，深圳本地媒体、新媒体、新华网等对活动进行全方位的宣传报道。

三 济困项目助推脱贫攻坚的发展建议

保基本、兜底线，坚持精准扶贫不动摇，织密扎牢民生保障"安全网"仍是接下来民生工作的重点。

福彩公益金资助的扶贫济困项目，将继续遵循中国福利彩票"扶老、助残、救孤、济困"的发行宗旨，发扬其公益属性，在稳固当前扶贫济困成效的基础上，探索创新救助模式，助推早日打赢这场脱贫攻坚战。这要求民政部门、中福彩中心及各省市级福彩中心继续兜牢民生底线，对急需、切实需要救助的困难群体，进行量体裁衣精准救助，多走访、多调研，扎根在扶贫济困的一线，让济困更加"接地气"，更有公益温度。

聚焦脱贫攻坚质量，巩固扶贫工作成果。扶贫济困工作并非一蹴而就，而是经过长期的摸索和实践一点一滴取得的成果。福彩公益金资助扶贫济困项目要注重探索建立稳定脱贫长效机制，关注已脱贫群众的新诉求，以脱贫摘帽为新起点，做到"扶上马、送一程"，关注贫困群体的生活改变，并及时调整救助模式。

聚焦内生动力提升，深入推进志智双扶。福彩公益金扶贫济困工作下一步的重点将向扶志与扶智倾斜，充分调动贫困群众积极性、主动性、创造性，引导贫困群众树立主体意识，发扬自力更生精神，提升扶贫济困对象的内生动力，实现扶贫与扶志、扶智相结合。

充分利用各种资源，提升济困的效果和影响。正如案例中呈现的，充分与各方合作，利用包括其他政府部门、媒体、企业等资源，能更有效地做好福彩公益金的济困工作，也更好地传播福彩公益理念。这是今后各级福彩中心的公益项目开展中应该强调的。

B.11
助学项目：教育扶贫和福彩公益金的多元化助学实践

杨博闻*

摘　要： 教育扶贫是实现教育公平，进而保证社会公平的有效手段。中国福利彩票是教育扶贫的重要力量。福彩公益金大力投入教育助学项目，各省市级福彩中心也积极开展各种助学公益活动。本文对这些助学项目进行了梳理，分析其在聚焦精准助学扶贫，探索多元化助学方式，多途径解决困境学生上学难题上的做法。文章建议要进一步构建教育扶贫的长效机制，丰富助学模式，加大宣传力度。

关键词： 教育公平　教育扶贫　多元化助学　精准助学扶贫

教育贫困是重要的致贫因素，而教育扶贫是消解贫困的有效手段。近些年来，中国福利彩票聚焦于教育扶贫领域，在助学对象上涉及农村及城市贫困学生、留守儿童、流动儿童、孤残儿童；在助学范围上涵盖学前教育、基础教育、职业教育、高等教育、继续教育等类型；在助学理念上注重精准教育扶贫与建立长效机制相结合；在助学方式上探索资金支持、资源投入、针对性举措、公益课堂等多元化方式，对教育扶贫以巨大的支持。

---

* 杨博闻，中彩网主编，研究方向为互联网彩票传播，彩票舆情管理。

一 我国教育扶贫面临的主要问题

随着我国脱贫攻坚工作进入啃硬骨头、攻坚拔寨的关键时期，教育扶贫作为消解贫困的关键手段及治本之策，得到了国家的高度重视，系列政策文件相继出台，给予教育扶贫工作顶层设计支持。《中共中央国务院关于打赢脱贫攻坚战的决定》指出要加快实施教育扶贫工程，让贫困家庭子女都能接受公平有质量的教育，阻断贫困代际传递[①]；《教育脱贫攻坚"十三五"规划》中指出要保障各教育阶段从入学到毕业的全程全部资助，保障贫困家庭孩子都可以上学，不让一个学生因家庭困难而失学[②]；《"十三五"脱贫攻坚规划》进一步明确要"以提高贫困人口基本文化素质和贫困家庭劳动力技能为抓手，瞄准教育最薄弱领域，阻断贫困的代际传递"。[③]

但由于教育的自身特性，教育扶贫与其他扶贫方式相比，往往涉及范围广、相关因素复杂、周期长、见效慢。从目前贫困地区、贫困群体教育发展状况来看，教育扶贫主要面临以下问题。

第一，经费保障不足，财政投入难以满足教育持续发展需要，需要社会力量给予补充。教育是项需要大量资金投入的事业，教育扶贫相关政策的实施和落地，需要资金、人员、硬件及软件设施予以配套，但受限于贫困地区自身经济发展比较落后，大部分贫困地区的财政支撑能力明显不足。在全国4%教育财政的大盘子下，真正落实到地方教育扶贫上的资金少之又少。据统计，2016年国家投入中西部地区的财政性教育经费为1.71万亿元，占全国总量的59%。虽然占比超半，但是中西部地区，特别是贫困地区仍有较大的资金缺口，需要大量经费投入。

---

① 《中共中央国务院关于打赢脱贫攻坚战的决定》，中华人民共和国中央人民政府网站，http：//www. gov. cn/zhengce/2015－12/07/content_ 5020963. htm。

② 《教育脱贫攻坚"十三五"规划》，中华人民共和国教育部网站，http：//www. moe. gov. cn/srcsite/A03/moe_ 1892/moe_ 630/201612/t20161229_ 293351. html。

③ 《"十三五"脱贫攻坚规划》，中华人民共和国中央人民政府网站，http：//www. gov. cn/zhengce/content/2016－12/02/content_ 5142197. htm。

第二，措施针对性不强，缺乏精准，贫困群体难以从教育扶贫中直接受益。目前部分正在推进的政策措施如"一免一补、全面改薄、营养餐计划、贫困地区高考专项计划"带有普惠性，并不是针对贫困家庭子女，贫困群体并没有直接受益。许多辍学在家、真正需要帮助的孩子却没有得到及时、有针对性的帮扶。

第三，政策规划缺乏系统思维，教育扶贫政策落地难、收效微。教育扶贫的政策规划需要综合考虑教育财政投入、基础设施建设、学校布局统筹、人力资源情况、人事制度调整等方面因素。教育扶贫政策同时涵盖学前教育、义务教育、高中教育、职业教育、高等教育等学段，不仅包括保障适龄儿童完成义务教育，也包括两后生培训、贫困地区高考专项计划、乡村教师队伍建设等方面。有些贫困群体不仅面临因学致贫问题，可能还存在缺认识、缺技术、缺知识等问题；有些地区可以解决贫困家庭子女上学的问题，但是还存在学校较远、师资不足、教育质量低的问题。而目前的教育扶贫政策措施多是"头痛医头、脚痛医脚"，在广大农村地区尤其是中西部、老少边穷地区，教育扶贫政策缺乏充分全面系统的谋划，直接导致相关政策落地难、收效微。①

二 福彩助学项目参与教育扶贫的成效

中国福利彩票1987~2017年底，累计销售金额17951亿元，筹集公益金5379亿元，按照"扶老、助残、救孤、济困"的发行宗旨，为推动我国社会公益、社会福利、社会救助和社会保障事业发展，保障困难群众基本权益，建设社会主义和谐社会做出了巨大努力和重要贡献。在教育扶贫领域，中国福利彩票也扮演着越来越重要的角色。不仅给予教育扶贫领域重要资金支持，而且各省市级福彩中心与当地民政部门一起采取各种针对性强的助学措施，并确保助学对象精准，助学范围涵盖面广，助学形式丰富多元。

---

① 史志乐：《我国贫困地区教育指标体系研究》，载《中国教育扶贫报告（2017）》，社会科学文献出版社，2017。

第一，给予教育扶贫领域重要资金支持。

针对教育扶贫领域面临资金短缺，经费保障不足，财政投入难以很好满足教育健康持续发展需要的问题，福彩公益金给予教育扶贫重要资金支持。据统计，截至 2017 年底，仅中央专项彩票公益金（包含福彩公益金和体彩公益金）已累计投入 70 多亿元用于教育事业。

自 2007 年起，中国教育发展基金会接受财政部、教育部委托，开展中央专项彩票公益金在教育领域的公益项目。项目发展具体可分为两个阶段：第一阶段是 2007～2010 年，第二阶段是 2011 年至今。2007～2010 年，中央专项彩票公益金教育助学项目累计投入 21 亿元，共资助中西部 22 个省、自治区、直辖市和新疆建设兵团的县、镇、农村普通家庭特别困难的学生 210 万人次。① 2011～2015 年，中央专项彩票公益金教育助学项目累计投入 40 亿元用于开展"滋蕙计划""励耕计划"和"润雨计划"。

据统计，截至 2015 年底，"滋蕙计划"受益人数达 50 万人次；"励耕计划"受益人数达 20.8 万人次；"润雨计划"受益人数达 65 万人次。"滋蕙计划"主要针对奖励品学兼优的普通高中家庭经济困难学生。仅在 2015 年，"滋蕙计划"投入中央专项彩票公益金 2 亿元，奖励河北、山西、安徽、江西、河南、湖北、湖南、海南共 10 万名品学兼优的普通高中家庭经济困难学生。

"励耕计划"主要针对资助家庭经济特别困难的教师。仅 2015 年，"励耕计划"投入中央专项彩票公益金 4 亿元，资助河北、山西、安徽、江西、河南、湖北、湖南、海南、新疆和辽宁共 4 万名家庭经济特别困难中小学教师，在一定程度上弥补了国家在这方面投入的不足，确实解决了受资助教师部分生活困难。

"润雨计划"资助对象为学校或相关单位教育发展过程中遇到的特殊困难，或政府资金一时不能马上拨付到位的突发紧急事件。在同等困难条件下，润雨计划将优先考虑处于农村地区、贫困地区、边远地区和少数民族地

---

① 丰沛沛：《体彩公益金助力教育公平》，《中国体育报》2018 年 5 月 28 日。

区的学校和相关单位。仅 2015 年，"润雨计划"普通高校困难新生入学资助项目投入中央专项彩票公益金 7000 万元，资助中西部地区 22 个省（自治区、直辖市）和新疆生产建设兵团 10.7 万名家庭经济困难的高校录取新生；"润雨计划"幼儿教师资助项目投入中央专项彩票公益金 7000 万元，资助河北、山西、安徽、江西、河南、湖北、湖南、海南、贵州共 7000 名家庭经济特别困难幼儿教师；另外，投入润雨计划资金 1500 余万元，资助学校或相关单位在教育发展中遇到的特殊困难或突发紧急事件。①

值得强调的是，中央专项彩票公益金支持教育助学力度逐渐加大。财政部 2016 年中央财政预算也显示：用于教育领域的中央专项彩票公益金支出预算显著增加，仅次于补充全国社会保障基金支出，排第二位。在 2016 年用于教育事业的中央专项彩票公益金支出预算达到 19.70 亿元，比 2015 年执行数 7.76 亿元增加了 11.94 亿元，增幅达到 153.9%。②

据不完全统计，截至 2017 年底，各省级福彩中心开展的助学公益项目共资助学生约 26 万人，资金金额总计约 7.65 亿元。其中，河北省福利彩票发行中心开展的"福彩献真情　爱心助学子"活动，自 2002 年开始，至 2017 年，累计助学 51778 人次，累计资助金额 17000 万元。福彩公益金在助力教育扶贫事业方面发挥了重要作用，给予了重要资金支持。

第二，助学措施针对性强，助学扶贫精准。

坚持"精准扶贫、精准脱贫"是十九大报告对坚决打赢脱贫攻坚战的要求。"精准教育扶贫"是教育扶贫的发展取向。福彩在教育扶贫方面，不仅助学措施针对性强，而且助学扶贫精准，包括助学扶贫对象精准、助学扶贫目标精准、助学扶贫过程精准。

无论是直接给予资金支持，还是增加教育机会供给，或是提供多样化教育服务，福彩的助学措施相对而言针对性强，思路清晰。助学扶贫对象方面以建档立卡等贫困人口为重点，并进行调查摸底、核实对照等精细的调查工

---

① http：//www.china - lottery.net/news/249765.html。
② 《公益金助力教育公平—公益体彩持续载爱前行》，《中国体育报》2017 年 2 月 13 日。

作，确保扶贫对象精准。在助学扶贫目标上针对高中贫困学生、大学贫困新生、城市流动儿童、农村留守儿童等群体，切实解决他们的教育问题。在助学扶贫过程中，对对象、资金、流程、标准、方式、效果进行调查、监控、追踪、评估、把控，确保助学扶贫效果。

湖南省福利彩票发行中心（以下简称"湖南福彩中心"）开展的"精准扶贫·福彩同行——福泽潇湘·扶贫助学"公益项目是一个典型案例。2017 年，湖南省从省本级福彩公益金发放 190 万元，资助该省 51 个贫困县的 500 多名在读贫困生，这些贫困生涉及小学、初中、高中等学段。小学、初中每人资助 3000 元，高中每人资助 5000 元。在项目审核阶段，由湖南福彩中心及湖南省志愿服务组织联合会联合审核筛查，志愿者上门核实，最终从报名的 2000 多人中，确定 500 多名接受资助的学生名单。此次活动中，湖南省志愿组织服务联合会作为第三方监管机构和活动执行单位，和该省福彩志愿者共同走访 51 个贫困县的部分贫困学生，通过这种实地走访，力求公平、公正地对待每一份申请，让所有真贫困的孩子都能获得帮助，力求做到助学扶贫对象、目标、过程精准。①

第三，范围涵盖面广，形式丰富。

教育扶贫作为一项涵盖因素复杂、涉及面广、周期长、任务重、见效慢、影响大的攻坚战场，有着特殊的复杂性，这也意味着在应对方式上应该灵活、丰富、多元。福彩在教育扶贫领域，不仅涵盖面广，在助学对象上涉及农村及城市贫困学生、留守儿童、流动儿童、孤残儿童；在助学范围上涉及学前教育、基础教育、职业教育、高等教育、继续教育等类型；而且形式丰富多元，除了以资金支持为主的公益助学项目以外，还有"福彩公益课堂"、"福彩爱心图书进校园"、"福彩育苗计划"、"让福彩的爱伴你回家过年"等多种形式的助学活动，多方面、多渠道、多角度解决困境学子的进学难题。

安徽省福利彩票发行中心（以下简称"安徽福彩中心"）自 2006 年开

---

① http://jyj.changsha.gov.cn/zwgk/xwdt/xxxw/201711/t20171129_2120373.html。

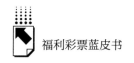

始的"让福彩的爱伴你回家过年"活动至 2017 年已经举办了十届,合计投入公益金 160.85 万元,资助了近 4000 名贫困大学生过年回家的路费。该活动针对安徽籍寒门学子和在安徽读书的外地学子,资助原则是孤儿和单亲家庭优先。报名过程中,由专门工作人员对报名信息进行核实,确保资助对象精准。十多年来,"让福彩的爱伴你回家过年"活动已经成为一项品牌公益活动,有效践行了福彩发行宗旨,传播了福彩公益文化,通过赠予爱心路费的方式,精准帮助贫困学子,为他们家庭减负,实现了精准助学扶贫。

三 福彩助学特色项目的案例

(一)增加教育机会供给 致力推进教育公平

在教育资源和教育机会供给方面,大量流动儿童、留守儿童、学龄前儿童面临教育资源匮乏、教育质量不高、教育机会短缺的问题。数据显示,2016 年末我国人户分离人口 2.92 亿,其中流动人口 2.45 亿,全国农民工达到 2.82 亿人,相当于每五个人中有一个是流动人口。① 大规模举家流动造成了大量的流动、留守儿童。他们多就读于学校硬件落实不到位、教师素养不高、教育质量低的农村薄弱学校、教学点、城镇薄弱学校或民工子弟学校,属于教育贫困群体。②

为了给这部分教育贫困群体提供教育资源和教育机会,中国福利彩票开展了多种多样的送"课"助学公益活动,如广东省福利彩票发行中心(以下简称"广东福彩中心")开展的"育苗计划",为生活困难少年儿童、外来务工人员子女、留守少年儿童等教育贫困群体,在每年暑假、春季和秋季三个阶段免费提供青少年宫的才艺技能培训。青岛市福利彩票发行中心开展

---

① 《中华人民共和国 2016 年国民经济和社会发展统计公报》,2017 年 2 月 28 日,http://www.stats.gov.cn。
② 薛二勇:《中国教育扶贫政策演进与制度创新》,《中国教育扶贫报告(2017)》,社会科学文献出版社,2017。

的"福彩公益课堂"项目，为农村贫困儿童、留守儿童、残障儿童、流动儿童等特殊群体和教育贫困群体，量身定制多种特色素质教育课程，提供多样化教育服务。

案例1：广东福彩育苗计划

1. 项目简介

广东福彩中心自 2012 年启动"广东福彩育苗计划"公益助学活动，至 2017 年底已持续开展 5 年。5 年来，广东福彩中心联合团省委、省文明办、省教育厅，筹集活动资金上千万元，资助全省各地的生活困难少年儿童、外来务工人员子女、留守儿童、福利院孤残儿童等教育贫困群体近 5 万人次。每年春季、暑期、秋季等三个阶段，依托广东省各地青少年宫（活动中心），为这些孩子免费提供包括美术、舞蹈、音乐、动漫、书法、跆拳道、篮球、武术等青少年宫的才艺技能培训，为这些孩子扩宽学习视野，培养兴趣爱好提供了很好的机会。

2. 项目开展

在具体的项目操作上，有以下特点。

（1）每年数千个免费学位，报名信息公开共享。广东省每个地市提供不少于 200 个公益学位，全年共提供数千个公益学位。为了方便大家及时查询各地育苗班的报名条件、开班时间、课程等信息，开通了网络报名等多种查询渠道。关注广东共青团官方微博和微信、省青少年宫协会官方网站、广东 12355 青少年综合服务平台、各地市青少年宫信息公告，就可以查询各地最新开班计划和报名信息。另外，还通过学校、企业、社区等单位机构有针对性地发动报名。接受报名后，各地市团委联合青少年宫（活动中心）成立审核小组审核资料，确定受资助少年儿童名单。

（2）各地涌现一批独具地方特色的育苗班活动：如梅州"客家山歌班"、"汉曲班"，汕头"小主持人班"，东莞"国学教育班"，潮州"潮剧表演班"；2018 年，机器人编程、3D 打印、无人机等"高大上"科技课程也走进育苗班。

（3）特聘"爱心育苗导师"、"育苗辅导员"：2013年起，特聘了万坚军、方土、李荣昌、陈秋明、林蓝等100名热心公益的艺术界"大咖"担任"育苗导师"；同时，在全省各地邀请1000名热心服务少年儿童成长并具有艺术特长的青联委员、青年教师、青年志愿者、大学生等担任"育苗辅导员"。

（4）家门口享受优质教育+流动少年宫送教上门：2012年，育苗秋季班在全省建立19个培训点；2013年增加至59个，涵盖绝大部分市、县（区）青少年宫（活动中心），各地希望学校、异地务工人员子弟学校、希望家园、社区少年宫、乡村学校少年宫、七彩小屋等加入培训阵营，让孩子们走出家门就能上课。江门市首创"送学进街道、送学进社区"教学模式，茂名市将办班地点定在异地务工人员子弟学校，东莞市依托塘厦镇七彩小屋建起镇级育苗班。

2017年，国内首个运用VR技术实现远程教学的流动少年宫"福彩育苗号"为广东省相对落后的粤东西北地区提供每年开展不少于6场、每场约3天的公益巡回送教活动。[①]"福彩育苗号"里面有可移动的教室、舞台、图书馆、电影院，孩子们可以体验学习音乐、美术、体育、科技等多种课程的线上线下互动教学。

（5）加强公益宣传力度，营造浓厚社会氛围：作为广东省关爱困难青少年儿童、实现"均等共享、惠及全民"的品牌项目，"福彩育苗计划"一直以来受到社会媒体关注，新华社、中国青年报、央广网、南方日报、羊城晚报、广东卫视等中央和省主要新闻媒体多次宣传报道，另外各地市电台、电视台等也对当地活动作宣传报道，形成了良好的社会宣传效果。

3. 项目效果

广东福彩育苗计划公益活动开展多年，为困难青少年提供了丰富多彩的文化服务，覆盖面广，得到了学生、老师、家长的广泛好评。不仅促进广东艺术教育资源均衡发展，同时也推动社会福利和社会公益事业发展，是一项

---

① 根据广东省福利彩票发行中心提供资料进行整理。

促进教育公平、影响深远的社会活动。受惠于"广东福彩育苗计划"，一些孩子，从因家庭贫困无法上培训班到勇夺全国比赛金奖并在央视舞台展示风采；从不爱讲话、握不稳画笔到变得开朗活泼还获得全国性大奖；从喜爱漫画但得不到专业指导到摘下全国漫画大赛桂冠……这些热爱艺术却因家贫被挡在艺术大门之外的孩子，终于有了打开艺术大门的钥匙，有了追逐梦想的机会。从教育公平的角度，"广东福彩育苗计划"意义殊深、影响深远。除了"福彩育苗计划"以外，广东省福利彩票发行中心在教育扶贫方面进行了许多有益尝试，打造了一系列公益品牌，2004 年发起"福彩爱心助学子"资助省内困难学生上大学，2010 年创办留守少年儿童福彩夏令营，2012 年举办福彩育苗计划至今，为推动社会福利和公益事业发展，为构建"共建、共享、共治"的社会治理新格局做出积极贡献。

案例 2：青岛福彩公益课堂

1. 项目简介

2018 年，为深入贯彻党的十九大精神，更好地推进教育公平，让更多教育贫困适龄儿童享受到更加丰富而优质的素质教育资源，共青团青岛市委、青岛市福利彩票发行中心（以下简称"青岛福彩中心"）、青岛新闻网联合开展了"福彩公益课堂"活动，为教育贫困适龄儿童送"课"助学，增加教育机会供给，提供多样化教育服务。"福彩公益课堂"项目的服务对象是农村贫困儿童、留守儿童、残障儿童、流动儿童等特殊群体和教育贫困群体。"福彩公益课堂"项目整合社会志愿者力量，邀请多个志愿者服务队为孩子们量身定制烘焙、花艺、陶艺、体育、传统文化教育等特色素质教育课程，并通过各媒体的广泛宣传，发动社会资源，招募各领域优秀志愿教师，通过丰富多彩的教学方式，寓教于乐，使孩子们感受传统文化，接受艺术熏陶，在学习中快乐成长．

2. 项目开展

青岛"福彩公益课堂"活动自 2018 年 3 月开课以来，已组织开展了 13 次公益课堂活动，让数百名孩子受益。

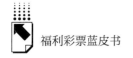
（1）校外文化活动。以"共读一本书，共享好时光"为主题，青岛福彩中心联合媒体邀请专业播音艺术家，为30名盲校学生带来精彩诗歌朗诵和电影故事赏析。以"非遗中国"为主题，开展"关爱外来务工子女，一起做扎染"活动。志愿者家庭与市北区遵义路小学三年级的20位外来务工人员子女一起，跟随志愿者老师，动手制作扎染作品，让孩子们在学习的过程中了解扎染传统工艺，并参观了青岛纺织博物馆，体验非物质文化遗产的魅力。以"牵手农村儿童 感受活力城市"为主题，在"知行少年"老师们的带领下，来自城阳十一中的30名贫困和留守儿童来到中国海洋大学，参观了鱼山校区和奥帆中心，感受了活力城市和大学生活。以"情牵候鸟 圆梦青岛"为主题，志愿者带领26名留守儿童们到可口可乐工厂，参观了可口可乐的生产线、陈列馆，观看了影片，并收到了一份惊喜的小礼物——一罐印有自己名字的可乐。以"观摩省运会短道速滑比赛"为主题，带领27名在青岛务工人员子女观看省运会短道速滑比赛。以"密码学和图书学"为主题，将来自即墨区的15名家庭贫困儿童、流动儿童以及留守儿童与青岛市福州路小学的15名学生牵手结对，到书店里开展活动，由专家讲授星际密码学和图书学的有关知识，并进行了紧张刺激寻宝比赛。以"感受传统文化 彩绘泥老虎"为主题，带领胶州市张应小学的15名家庭贫困儿童及留守儿童来到青岛崂山书院，学习非物质文化遗产——泥老虎的绘制方法、了解道教膳食礼仪文化并享用了道教素斋。以"野生动物"为主题，带领即墨马山小学的15名家庭困难及留守儿童，到贝林博物馆，进行野生动物主题体验之旅，并观赏了一场身临其境的大自然光影之美，学习了一节寓教于乐的自然知识课。以"识秋摘果"为主题，将来自青岛盲校的20名同学与来自基隆路小学的20个志愿者家庭一对一结对，到葡萄园种植园，体验采摘的乐趣，了解葡萄生长和种植小知识，体味游戏的快乐。

（2）校内文化活动。以"公益助学 放飞梦想"为主题，为平度市崔家集镇前洼小学的孩子们捐赠了图书和体育用品，送去金融知识和创意美术课程。为希望小学的孩子举办丰富多彩的趣味运动会，并送去了篮球、排球、羽毛球、跳绳等体育用品。以"讲礼仪授国学"为主题，为青岛市李沧区处于城乡接合部的遵义路小学的孩子们上了有料有趣又有效的传统文化体验课。以"趣说食安"为主题，请来自青医附院的营养专家为青岛四方实验小学的孩子们做"关注食品安全，争做食安小达人"专题讲座，同时还请运动达人带来"慧动课间操"运动课堂，帮助学生们提高和掌握食品安全、营养健康、吃动平衡、科学运动的知识。[①]

3. 项目效果

"福彩公益课堂"送"课"助学活动启动以来，为农村贫困儿童、留守儿童、残障儿童、流动贫困儿童等特殊群体送去了量身定制的特色教育课程，这些课程包括艺术、文化、体育、科学、生活等方面，为这些孩子提供了多样化教育机会，带来丰富的教育体验，受到孩子们的欢迎，也得到了社会各界的好评和支持。针对教育贫困群体，教育资源不公平的问题，青岛"福彩公益课堂"活动，送"课"助学，做到了问题导向思维，聚焦问题，并以送"课"助学为抓手，为特殊群体和教育贫困群体增加教育资源及教育机会做出贡献。

（二）助学形式丰富多元　教育扶贫对象精准

教育扶贫具有涉及范围广、相关因素复杂、周期长、见效慢的特点。因此在涉及教育扶贫工作时，也需要按照实际情况，多层次、多角度、多方式进行，打一套教育扶贫组合拳，充分落实"谁来扶"、"扶持谁"、"怎么扶"的问题。真正达到扶贫对象精准，扶贫方式契合，扶贫效果突出的目的。中国福利彩票在教育扶贫助学形式上能充分考虑实际情况，采取手段灵活、形式丰富、目标精准的助学活动。如贵州省利用福利彩票公益金开展的"爱心助学子"福利彩票公益金大型公益活动（简称"爱心助学子"活动），项目由最初针对贫困大学新生，逐渐发展为项目覆盖小学、中学、大学等各个学段，并且助学对象精准，助学方式丰富多元，除了资

---

① 根据山东省福福利彩票发行中心提供资料进行整理。

金支持外，还有爱心图书馆、亲情聊天室、梦想解码等多种教育扶贫助学方式。

案例 3：贵州"爱心助学子"活动

1. 项目简介

贵州省经济基础相对薄弱，区域经济发展不平衡和家庭收入差异等种种原因，致使许多学子在求学过程中仍存有一定经济困难，需要更广泛地动员和组织社会各界力量奉献爱心。2005 年，由省民政厅、团省委、贵州电视台、贵州都市报发起"爱心助学子"福利彩票公益金大型公益活动（简称"爱心助学子"活动）。

2005 年，贵州"爱心助学子"活动投入 40 万元福利彩票公益金，资助了当年考取省内外重点高校的 100 名品学兼优的贫困大学生，同时为受助贫困大学生提供了往返交通费及在贵阳期间的食宿费用，活动使用的公益金总额为 456702.60 元。

2006 年，在继续开展"爱心助学子"活动的同时，针对贫困山区小学儿童缺少课外读物的现状，贵州福彩从"温暖贵州"公益金中拨出 3 万元，订阅了 1500 份《少年时代报》，赠送给贫困山区希望小学，为 2000 余名山区少年儿童送上了一份"精神食粮"。

2005 年和 2006 年连续两年开展的"助学"公益活动，引起了社会的广泛关注，取得了良好的社会效果，这促使贵州福彩决定让"助学"这一公益活动得到持续性地开展，不仅持续了以"资助贫困大学生、高中生"为重点的导向，同时根据教育扶贫工作的实际情况和需要，扩展到幼儿园、小学、初中的范围，形式也由资金支持为主，转变为各种公益助学形式，为教育扶贫工作引进社会力量支持，探索多样化资助方式提供了可供借鉴的丰富经验。截至 2016 年，项目使用省级福彩公益金 586.67 万元，获益人数近7000 人。先后组织开展了"爱心助学子"、"福彩爱心小学"、"慈善金秋助学活动"、"福彩爱心小学图书馆"、"福彩爱心幼儿园"、"福彩爱心留守儿童视频聊天室"、"春阳同心行动"、"慈德圆梦"、"同心彩虹·福彩公益助学行"、

"金秋圆梦·梦想解码"等活动，助学范围覆盖了小学、中学、大学。①

2. 项目效果

党的十九大报告指出，要实施区域协调发展战略，加大力度支持革命老区、民族地区、边疆地区、贫困老区加快发展，强化举措推进西部大开发，形成新格局。而教育扶贫作为攻坚扶贫的重要力量，必然在推进西部开发上要有所作为。贵州"爱心助学子"活动，不仅为贵州省内贫困大学生、贫困高中生解决了上学难题，同时还覆盖了幼儿园、小学、初中，为贵州省教育扶贫事业贡献了力量，受到社会各界的普遍好评，进一步塑造了福利彩票的公益形象。

（三）助学方式以人为本　注重建立长效机制和公益传播

教育扶贫与其他扶贫工作不同，与教育本质联系紧密。而什么是教育的本质，著名哲学家雅斯贝尔斯在《什么是教育》中写道："教育的本质意味着：一棵树摇动一棵树，一朵云推动一朵云，一个灵魂唤醒一个灵魂。"教育涉及心灵，因此教育扶贫工作在注重助学对象精准，助学成效显著的同时，还要注重助学方式以人为本、温暖有爱、并充分考虑教育工作具有周期长、见效慢的特点，注重建立助学扶贫长效机制。湖南省福利彩票发行中心（以下简称"湖南福彩中心"）2018 年开展的"福泽潇湘　扶贫助学"活动，通过加入"福彩爱心包裹"环节，让资助变得更有温情，更丰富人性，更能让受资助学子感受到爱与温暖。

案例 4：湖南"福泽潇湘　扶贫助学"活动

1. 项目简介

为加大教育扶贫力度，湖南福彩中心 2018 年联合湖南红网新媒体集团，启动了为期 3 年的"福泽潇湘　扶贫助学"——资助泸溪凤凰两地贫困高中生的公益活动。活动集中对口支援湖南省深度贫困县泸溪县和凤凰县，对

---

① 根据贵州省福利彩票发行中心提供资料进行整理。

两地在读高中（含职高、技校）的贫困学子给予爱心资助。湖南福彩中心每年专项安排160万元，对泸溪、凤凰两县各160名共320名贫困高中学子给予每人4000元福彩助学金和一个价值千元的福彩爱心包裹（含一个拉杆箱、一盏护眼台灯、一套文学丛书和一支笔），帮助他们更好地学习生活。

2. 项目特色

"福泽潇湘 扶贫助学"活动是湖南福彩"福泽潇湘"公益品牌系列活动的重要组成部分。活动在总结往年扶贫助学活动经验的基础上，助学形式更加丰富人性，在扶贫助学活动中加入"福彩爱心包裹"活动环节，将过去扶贫助学的现金资助方式转化为"实物＋现金"，为"捐助者"和"受助者"之间搭建情感传递的载体，能更好地建立两者间的情感联系，有助于在更长远宽广的范围内向社会传递"福泽潇湘"的公益理念。

活动充分考虑教育扶贫周期长，不能一蹴而就的特点，建立了长效机制，该活动将持续三年，做到活动的稳定性及活动效果。

充分利用媒体宣传，扩大了活动的社会影响，引发了社会对教育扶贫的关注，也在更长远宽广的范围内向社会传递福彩公益理念。"福泽潇湘 扶贫助学"活动通过红网集团旗下"网端视微屏"媒体矩阵，构建了互联网和移动互联网多方位、多维度、线上线下联动的无缝立体宣传平台。该项目启动不到4个月的时间，红网PC端专题《福泽潇湘 扶贫助学》点击约450万次，红网论坛学子征集帖及报名通道点击量达到225万次，湘西州泸溪、凤凰县福彩助学金发放仪式红网图文直播点击量超过280万次，得到社会广泛关注，在过程中全面展现福彩的公益品牌形象和社会责任担当。①

四　小结

教育扶贫是我国扶贫攻坚战略至关重要的一环，也是任务艰巨的一环。教育扶贫在充分发挥政府在政策保障和基础供给等方面的主导作用的同时，

---

① 根据湖南省福彩中心提供资料进行整理。

还要以社会力量为重要补充，充分发挥社会组织、公益机构、志愿行动等重要社会力量的积极作用。中国福利彩票发行彩票、筹集公益金助力社会福利和公益事业发展，在教育扶贫领域，通过给予教育扶贫领域重要资金支持，采取形式丰富多元、覆盖面广、针对性强的助学扶贫措施，切切实实为推动我国教育扶贫事业的发展贡献着力量。当然，为了进一步发挥福彩助学项目的作用，需要总结好已有的一些成功经验。

一是要构建福彩教育扶贫长效机制。教育扶贫不能一蹴而就，需要长期性持续支持。

二是进一步丰富教育扶贫助学方式。针对教育扶贫的复杂性和特殊性，需要突出教育扶贫方式的精准度、多样性和多元化。福彩教育扶贫在助学对象上要涵盖更广泛的群体：包括贫困学生、留守儿童、流动儿童、孤残儿童等群体；在助学范围上覆盖涉及学前教育、基础教育、职业教育、高等教育、继续教育等学段和类型；在助学方式上包含资金支持、资源投入、教育机会供给、师资力量补充、授渔机制构建等多种方式。未来，福彩根据实际情况及需求，还要继续探索更丰富、更多元的扶贫助学方式。

三是加大福彩教育扶贫宣传力度。福彩"取之于民"又"用之于民"。"民"是福彩初心，也是福彩力量源泉。好的宣传工作，有利于营造良好的舆论氛围，有利于建立良好的发展环境和发展生态。加大福彩教育扶贫宣传力度，丰富福彩教育扶贫宣传方式，拓展福彩教育扶贫宣传渠道，可以让公众对福彩公益行动有更直观认识，对福彩公益内涵有更深刻了解，可以更好地汇聚社会力量，集腋成裘助力教育扶贫事业发展。

镜 鉴 篇

Comparative Studies

B.12
香港赛马会的公益发展和启示

赵颖竹 郭瑜*

摘 要： 香港赛马会作为一家主营合法博彩的非营利组织，依托独特
的运作机制将博彩营利收入贡献于公益慈善领域，以提升香
港市民生活质量和素质为目标开展了涵盖十大范畴的社会公
益项目，实现了体育博彩与公益慈善的完美融合。本文通过
对香港赛马会慈善信托基金运作机制与贡献范畴的剖析，梳
理香港赛马会独特的彩票慈善营运模式。基于香港赛马会与
内地福利彩票的对比，本文建议，内地福利彩票需要推进彩
票管理的法制化进程、完善监管体系、建立公益金投资机制。

关键词： 香港赛马会 博彩与慈善

* 赵颖竹，中国人民大学劳动人事学院硕士研究生；郭瑜，中国人民大学科研处副处长，劳动
人事学院副教授、社会保障系主任，研究方向为养老保险与养老服务、社会救助等。

一 香港赛马会的发展历程

香港赛马会是香港地区唯一一家政府授权举办合法博彩的机构、经营规范化的博彩业务，其主要业务包括会所经营、赛马营运、六合彩彩票事务和足彩管理。香港赛马会最大的特点在于：将一个以博彩为盈利手段的组织与一个散利取义的慈善机构联系在一起，其本身不仅成为香港地区最大的单一纳税机构，同时也成为全球最大的慈善捐助机构之一。

（一）性质与宗旨

香港赛马会（马会）成立于1884年，是非营利性有限公司，由香港特别行政区政府批准独家经营。马会最初是以推广赛马及策骑活动为宗旨的会员制会所，历经130多年的发展，依托独特的综合营运模式，结合世界级赛马及马场娱乐、会员事务、有节制体育博彩及奖券，同时积极参与慈善与社区贡献，已成为全球顶尖赛马、体育博彩与慈善公益资助机构之一，为香港经济及社会发展创造了重要价值。

马会性质特殊，是一家保证有限公司，并无股东，由董事会领导，董事会共12位成员，均为义务任职，不参与受薪分红。董事局成员同时出任香港赛马会慈善信托基金信托人。马会的日常运作由管理委员会负责统筹，行政总裁领导，下属9个部门，由9位执行总监分别负责。[①] 董事局每周分组开会，听取下属部门的工作报告，以掌握公司运行情况。

香港赛马会以致力建设更美好社会的世界级赛马机构为宗旨，以卓越领导、坚守诚信、持续进步、服务社群为核心价值，坚持同心同步同进，共创美好未来，提倡有节制的体育博彩，协助政府引导公众远离非法赌博活动。[②] 同时，马会还通过税款、慈善捐款及主动投入社会服务，致力于提升香港市民的生活质量和素质。

---

① https：//corporate. hkjc. com/corporate/chinese/who – we – are/management – structure. aspx。

② https：//corporate. hkjc. com/corporate/chinese/who – we – are/purpose – and – core – values. aspx。

（二）发展历程

香港不仅是全球最大的国际金融商贸中心之一，也是一个国际赛马之都。1846年，香港首任总督清理了黄泥涌一带沼泽地（现跑马地）开辟马场，取名"快活谷"，[①] 举办了香港首场赛马活动。1884年，香港赛马会正式成立，香港赛马活动也开始进入正规化、机构化的发展阶段，1971年实现赛马职业化，并于1988年举办首场国际赛事——香港邀请杯，推动香港赛马事业朝规模化、国际化方向发展，目前通过香港赛马会主办的国际赛事已经有11项之多，包括香港金杯、董事杯等。

香港赛马会是经政府批准合法的彩票发行机构，相当长一段时间内，香港地区的赛马赛事彩票只允许在赛马场内投注，[②] 直至1974年，为协助政府打击非法博彩首次设立场外投注处，并推出电话投注服务；1975年，开办六合彩奖券；1999年，参与世界彩票协会创立，成为创会会员；2003年，获政府授权开展规范化足球彩票业务。当前马会经营的彩票共包括3种类型：赛马赛事彩票、足球赛事彩票和六合彩彩票。马会一直致力于发展有节制博彩打击非法赌博，并拨款协助政府成立平和基金，于2011年荣获世界博彩协会颁发的"有节制博彩"最高级别国际认证。

马会建立之初即为非营利机构，因此在举办、发展赛马活动的同时，也把提升香港市民的生活质量作为自身的社会责任，致力于以慈善捐赠的方式发展教育、医疗和社会服务等。香港赛马会最早的慈善捐款可以追溯到1915年，到1955年，赛马会正式决定将每年的盈余拨捐慈善公益计划，并于1959年成立香港赛马会（慈善）有限公司，开始以正规、正式的方式开展慈善捐赠活动，1993年香港赛马会慈善信托基金成立，继承处理马会慈

---

① 袁持平、张奕赞、安靖：《开创粤港发展福利赛马新领域的探讨》，载《粤港澳区域合作与发展报告（2010~2011）》，社会科学文献出版社，2011。
② 李刚：《我国港澳台地区的体育赛事彩票管理与营销概况及问题》，《首都体育学院学报》2018年第6期，第483页。

善基金的捐款事宜。① 100 多年间，经马会捐助投资建设了多项公共设施和慈善计划，涉及体育、教育、医疗、长者、艺术文化等 10 个领域，包括维多利亚公园、香港公园、海洋公园和卫生防护中心的兴建；香港科技大学和香港演艺学院的设立；读写支援计划、家居透析计划和喜伴同行计划的开展等，为香港经济、文化、社会发展做出了巨大的贡献。

（三）博彩与慈善

博彩是赌博的文明发展，彩票产业已成为各国普遍且受欢迎的大众游戏，是社会慈善、公益事业筹集资金的重要形式，由于其集资效力高、运作便捷，广受推崇。② 2006 年，香港通过了《博彩税（修订）条例草案》，目的是完善博彩监管的制度，并赋予持牌机构弹性及灵活性，增加其竞争能力，以更有效地打击日益猖獗的非法赌博，保持政府稳定的博彩税收入。③

六合彩是一项 49 选 6 的奖券游戏，共有七组奖金，每星期搅珠三次，通常于星期二、星期四及星期六或星期日晚上举行。香港的 600 多万成年人中，有近 400 万人曾购买六合彩，马会自 1975 年经营六合彩奖券活动以来，为奖券基金带来超过 240 亿港元拨款，支持超过 20000 个慈善项目。④ 修订后的《博彩税条例》规定，从事奖券活动所获得的收益，按奖券活动（六合彩）收益的 25% 为税率收取博彩税。

作为香港地区唯一合法博彩机构的香港赛马会，严格遵守博彩规则，每年向香港特区政府缴纳高额博彩税，已经成为香港最大的单一纳税机构。根据马会 2017～2018 年财务报告，该财政年度马会总收入 394.75 亿港元，缴纳的各项博彩税和利得税共计 226.46 亿港元，约占税务局总税收的 6.9%。自 1955 年赛马会承诺将每年盈余拨捐慈善公益计划之时起，其每年所得佣

---

① https：//charities. hkjc. com/charities/chinese/charities – trust/index. aspx。
② 胡顺奇：《彩票大奖梦的统计"把脉"》，《中国统计》2015 年第 7 期。
③ 《商务与法律》资料部：《香港立法会三读通过博彩税修订条例》，《商务与法律》2006 年第 3 期。
④ https：//corporate. hkjc. com/corporate/chinese/who – we – are/sports – wagering – and – mark – six – lottery – services. aspx。

金在扣除行政开支后，会悉数捐作慈善用途。1993～2009年，马会慈善捐款每年达10亿港元；2010～2013年，年度慈善捐款由15亿增至19亿港元；2016～2017年度捐款更是达到了76亿港元。[①] 不仅捐款数额连年攀升，捐赠领域也在不断扩展，由最初的康体设施扩展至医疗、教育、家庭、环保等多个领域，全方位改善香港社会、文化、生态环境，促进香港社会的可持续发展。通过博彩税缴纳、慈善捐款、奖券基金贡献的方式，香港赛马会将博彩与慈善公益完美结合，使博彩收益成为香港社会最大的慈善公益资金来源，既为公众提供了消遣娱乐的渠道，同时也以另一种方式回馈着香港社会。

二 香港赛马会慈善信托基金和公益发展

1993年，香港赛马会慈善信托基金成立，专责管理慈善事务。依托独特的营运模式、公开透明的运行原则，马会慈善信托基金迅速发展壮大，并得到了香港社会的支持与信任。基金捐助项目多元化，涉及青年、长者、体育、医疗等10个领域，推动了香港经济、文化、生态环境的全面发展，有力地改善了香港市民的生活素质。

（一）慈善信托基金概况

香港赛马会于1915年开始投入公益捐赠，至20世纪50年代，面对战后重建、内地移民大量涌入等棘手的社会问题，马会将慈善纳入业务范围。[②] 1955年，决定将每年盈余拨捐慈善及公益项目。1959年，专门设立香港赛马会（慈善）有限公司，专责管理慈善事务。随着慈善事务范围和捐赠数额逐渐扩大，1993年成立香港赛马会慈善信托基金，接管慈善事宜。经过百多年在慈善公益领域的发展，马会慈善信托基金已经成为全球十大慈

---

① https：//corporate. hkjc. com/corporate/chinese/history – and – reports/our – milestones. aspx。

② 袁持平、张奕赞、安靖：《开创粤港发展福利赛马新领域的探讨》，《粤港澳区域合作与发展报告（2010～2011）》，社会科学文献出版社，2011。

善捐助机构之一。

自 1993 年马会慈善信托基金设立以来，马会每年将约 70% 的净额盈余拨入慈善信托基金，使得信托基金能够以大额捐款资助社区和公益项目，从而在香港社会和社区发展中担任着非常重要的角色。赛马会慈善信托基金致力于与政府、非政府组织及社区机构携手改善港人的生活素质，同时为有急切需要的人士提供必要的支援。此外，基金还主动适时开展特殊项目，以回应社会长远发展所需。

赛马会慈善信托基金的贡献范畴包括青年、长者、体育、艺文、教育、医疗、复康、家庭、环保和扶贫十个领域。在过去 10 年中，慈善信托基金的经常性和特别捐款，平均每年达 31 亿港元，捐助慈善团体及机构推行的服务项目，每年超过 160 个，惠及社会各阶层。2017～2018 年度，马会已审批慈善捐款总额为 42 亿港元，资助共 222 个慈善及社区项目。① 过去 5 年，马会在主要贡献领域内的实际捐款情况如图 1 所示。

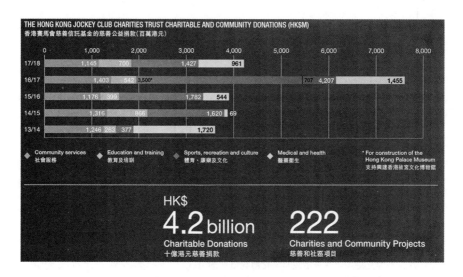

图 1　2013～2017 年香港赛马会慈善信托基金慈善公益捐款

资料来源：https：//charities. hkjc. com/charities/chinese/charities – trust/index. aspx。

---

① https：//charities. hkjc. com/charities/chinese/charities – trust/index. aspx。

（二）运作机制

依托独特的运作机制，香港赛马会慈善信托基金在持续维持高额慈善公益捐款的同时，始终保持着公开透明、稳定高效地运转状态，不仅通过慈善捐款提升了香港市民的福祉，也为其他慈善信托基金的发展提供了运营模式的新思路。

1. 基金筹集

不同于一般慈善信托基金来源于公募捐款或家族捐赠，香港赛马会慈善信托基金的资金全部来源于马会每年经营收入的净额盈余，基金的多寡完全取决于马会当年的经营状况和基金投资收益。马会的慈善信托基金捐款之所以能保持持续增长的趋势（见图2），一方面取决于马会博彩业务经营收入的不断增长，另一方面取决于信托基金维持着稳定高效的投资回报率。

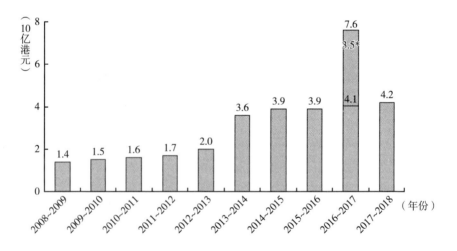

图2 2008～2017年香港赛马会慈善信托基金捐款

注：＊为支持兴建"香港故宫文化博物馆"的捐款。

资料来源：《香港赛马会2017～2018年度报告》，http：//corporate. hkjc. com/corporate/common/chinese/pdf/report－2017－18/HKJC_ AR18_ Full. pdf。

马会慈善信托基金能够维持高投资回报率的原因就在于其严格完善的会计政策。马会基金的会计政策从编制原则到投资组合的设立，再到财务资产的分配都有着完善的制定。此外，马会还设立了长期投资组合和债务证券组合。长期投资组合的作用是将日常运作所需资金以外的剩余资金用以再投资，从而获取中长期资本增值，无论结果盈亏，都只能用于再投资。而债务证券组合的主要目的是将剩余资金再做投资，以加强现金管理及获取更高回报。① 这两个投资组合都属于非买卖用途基金，配以全面的投资程序，从而确保达成各投资项目的目标。

2. 基金使用

香港赛马会属于资助型的非营利组织，自身并不做公益项目。马会慈善信托基金的合作对象通常为政府、非政府组织（NGO）、社区机构以及高校科研机构，基本上不接受个人慈善项目的申请。② 除了受理相关机构提出的申请，马会也会主动进行社会调研来了解实际需求，并自发提出慈善项目，供合作机构选择。

目前，马会的捐赠主要涵盖社会服务、教育培训、医药卫生和康体文化等领域。同时，马会也在以专业性和有预见性的眼光不断审视香港社会的发展，不断推动对于社会长远发展有益领域的发展。在未来的 3~5 年，会策略性地重点推动四大范畴，以促进社会长远持续的发展，包括启发青年以促进社会创新、助建年龄友善城市、支持体育项目发展以及推动艺术文化创意共融。

马会慈善信托基金的运作模式有三个主要特点：第一，慈善信托基金不设定递交拨款申请的时限，以保障有迫切需要的公益项目能够及时获得资助；第二，不为每年的拨款设定预算，依据当年实际需求提供资助；第三，不为各个资助类别设定上限，以确保每一个合适的、能够为社会创造实际价值的项目能够顺利开展并发挥其效能。③ 马会慈善信托基金正是采用了这种

---

① 白晓威：《剖析香港赛马会慈善信托基金》，《公益时报》2009 年 11 月 24 日。
② 杜志莹：《"我们一直在做慈善"——访亚太彩票协会委员会委员、香港马会市场及客户事务执行总监张之杰》，《国家彩票》2014 年第 11 期。
③ 杜志莹：《"我们一直在做慈善"——访亚太彩票协会委员会委员、香港马会市场及客户事务执行总监张之杰》，《国家彩票》2014 年第 11 期。

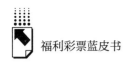

灵活的运作模式，使得马会的慈善公益捐款得以满足快速变化的社会需求，确保真正为社会所需的公益项目能够得到及时的资助，从而为社会提供更好的服务。

3. 基金监管

为了保证捐赠资金使用得当、有效率，香港赛马会有一套独特的监管方式来保证"每一笔钱都花在刀刃上"。虽然不是上市公司，但马会参照上市公司的要求，在财务监管、风险管理、财务汇报和社会责任方面，采用最佳的管理模式。基金信托人在制定财务报表时，必须依照香港会计师公会颁布的香港财务报表准则和香港赛马会慈善信托基金契约，始终坚持真实、公平的原则，以保证对基金进行有效监管，赢得社会信任。[1]

慈善信托基金的所有捐助项目及金额都公开透明，内部也设有严谨的程序和守则，以确保能够及时指出并纠正问题。为了做到公开透明，在公司年报中会刊登该年度获得资助的机构名称、项目名称、资金用途和具体金额，而获得资助的机构也需要确保申请书中所提及的服务与活动得到及时举办，以随时接受公众的监督和审查。凭借公开公正的基金监管机制，马会慈善信托基金得以真正赢得公众的信任，将博彩事业同慈善公益完美地结合起来，在引导公众参与合法博彩的同时，培养出他们的慈善公益思维，提供了一个独特的"慈善范本"。

（三）基金贡献范畴与具体项目

香港赛马会慈善信托基金的贡献范畴涵盖青年发展、长者服务、体育康乐、艺术文化、教育培训、医疗卫生、复康服务、家庭服务、环境保护和扶贫救急十个领域，并计划在未来 3～5 年，重点推动青年发展、长者服务、体育康乐及艺术文化四大范畴的发展。

青年发展：青年人是社会未来的栋梁，为促进青年人的全面发展，马会拨款资助了多种类型的青年人发展项目，以向其灌输正确的价值观与处世态

---

[1] 白晓威：《剖析香港赛马会慈善信托基金》，《公益时报》2009 年 11 月 24 日。

度。1969 年，由马会资助，民政事务局举办的"青少年暑期活动"是为6～25
岁的儿童和青少年提供的暑期实践活动，旨在通过参与社区服务、教育或康
乐活动，帮助他们增加同理心、亲和力与社会责任感。

赛马会青少年培育计划——"共创成长路"是由赛马会资助，研究小
组、社会福利署及教育局协办的，为促进青少年发展而开展的公益项目。项
目旨在通过全面的培训活动，培育青少年各方面能力、加强青少年与他人的
联系及建立健康的信念和清晰的目标，促进青少年的全面发展。

2015 年，香港赛马会慈善信托基金拨款 5 亿港元，与香港中文大学、
香港浸会大学、香港辅导教师协会、香港社会服务联会及社会福利团体共同
推行的赛马会"鼓掌·创你程"计划，是香港首个结合跨界别力量，全面
协助 15～21 岁在学及待业待学青年规划未来道路的项目。该计划通过建立
一套实证有效的介入模式、专业的生涯规划工作者团队、5 支地区服务队及
一站式平台，旨在为青年人营造有利环境，帮助他们探索及认清自己的职业
兴趣以找到人生发展方向。[①]

长者服务：据 2015 年香港卫生署人口及生命统计数字显示，香港男性
人均预期寿命为 81.2 岁，香港女性人均预期寿命为 87.3 岁。香港已经成为
世界上最长寿的地区之一，为了应对香港越来越严峻的老龄形势，马会主导
及捐助了多项相关项目。2000 年，马会慈善信托基金主动捐赠 8100 万港元
成立赛马会耆智园，是亚洲首间专为脑退化症患者设立的综合服务中心，为
患者提供综合援助服务，包括日间护理、暂托，以及为照护者和专业医护人
员而设的培训课程的外延服务，加强其对脑退化症的认知。2006 年，马会
拨款 3.8 亿港元，与香港大学社会科学学院和香港中文大学医学院合作推行
"流金颂：赛马会长者计划新里程"，旨在推动社会对长者的正面态度，创
新服务模式，提升长者的生活质量。2014 年，马会资助成立香港中文大学
赛马会老年学研究所，通过研究项目、公众教育和知识分享活动，推广积极

---

① https：//charities. hkjc. com/charities/chinese/charities － trust/trust － initiated － projects/clap －
for － youth － at － jc. aspx。

晚年信息，协助香港构建长者友善城市。

体育康乐：自20世纪50年代起，马会资助兴建了维多利亚公园、香港公园、九龙公园及海洋公园等多项公共康乐设施，持续推动香港康乐设施的发展完善。1982年，投资建立香港体育学院，培育出百多位精英运动员。2008年协助香港举办北京奥运会马术比赛，充分发挥了马会在马术竞赛方面的优势，在马术比赛顺利举办过程中扮演了重要角色。为培育香港市民的乐观态度与体育精神，延续促进体育发展及推广健康生活的悠久历史，马会设计多元化活动，推广青少年足球发展计划、开办马术学校、举办"同心同步同乐日"等大型社区活动，来满足不同年龄人士的运动需要，提高公众参与运动的兴趣，降低运动门槛，引导公众享受运动，培养健康的生活模式。

艺术文化及保育：为培育香港市民的艺术素养，丰富其精神生活，马会资助举办了一系列相关的艺术展览及教育活动，如香港艺术节、法国五月艺术节等，鼓励市民积极参与，引发青年人对艺术文化的兴趣。1984年，在香港赛马会的资助下，香港政府成立了香港演艺学院，成为香港唯一专门培养演艺人才的高等院校，致力于推动香港文化艺术事业的发展。在积极推动现代艺术发展的同时，马会还重视香港文化与古迹保育，支持被列入国家非物质文化遗产名录的3项本地传统活动的传承，包括大坑火龙盛会、长洲太平清醮和大澳传统游涌。与香港特区政府合作的中区警署建筑群活化计划，建设成立古迹与艺术馆——大馆，并成立赛马会文物保育有限公司专职管理，致力于为香港带来丰富精彩的历史文物及艺术体验，培养公众对当代艺术、表演艺术和社区历史的认识和欣赏。

教育培训：20世纪50年代，由于内地移民大量涌入香港，学龄儿童数量剧增，促使马会于1960年创立赛马会实用中学，以缓解公立教育不足的问题。其后，马会慈善信托基金的捐款不仅惠及各级主流教育，更扩展到了职业教育层面。由马会资助兴建的香港科技大学、香港理工大学赛马会创新楼等项目，为香港创新产业的长远发展注入了新动力。香港赛马会奖学金成立于1998年，是马会培育香港本地人才的主导慈善项目之一，总拨款额约4亿港元，已惠及超过500名学生；2015年，除本科生外，奖学金还纳入了有特殊学习需要和职业训练局的学生，有力地推动了香港教育培训事业的发展。

医疗卫生：20 世纪 50 年代，战后的香港百废待兴，人口的大量流动导致传染病肆虐，促使马会担任起社区保健的重要使命，协助政府兴建或扩建多间医院、产科病房和治疗中心。为推动公共医疗卫生事业的进一步发展，马会慈善信托基金同政府和相关机构保持密切的合作，2003 年，为应对非典疫情，马会建议并主动出资 5 亿港元建设卫生防护中心；协助公立医院安装病人吊运及电动病床的"赛马会安寝轻移计划"，致力于让香港民众享受更优质的医疗服务。

复康服务：残障人士作为一个特殊的社会群体，相较于其他社会成员更容易遭受社会排斥，为了帮助残障人士更好地融入正常社会生活，马会资助了一系列康复服务项目。"读写支援计划"旨在帮助有读写障碍的儿童克服学习困难；"喜伴同行计划"旨在从个人、学校和社区层面为自闭症儿童提供全方位的关爱；"家居透析计划"旨在为医护人员提供相关技术培训，指导肾病患者居家进行透析治疗；"匡智松岭村计划"旨在为智障人士提供专业的日间活动及康复训练环境。

家庭服务：为促进家庭的和谐幸福，马会推动多项活动及服务，服务对象也不仅仅局限于香港本土家庭，还纳入了跨境学生及跨境家庭，并主导推出"爱＋人：赛马会和谐社会计划"，旨在找出家庭问题的根源，制定预防方案，并举办多元化公众家庭教育活动，培育和谐健康的家庭氛围。

环境保护：为实现香港社会的可持续发展，马会在多个环保领域积极贡献力量。从设立香港首个空气污染指数、推出回收玻璃瓶制作环保砖和废料升级再造的计划到资助香港中文大学设立首间气候变化馆，马会在香港环境保护的进程中扮演了不可或缺的关键角色。此外，马会慈善信托基金还推广了两项为期五年的社区参与计划——香港中文大学赛马会地球保源行动和赛马会长者绿色生活项目，旨在帮助不同年龄层的香港市民养成绿色健康的生活模式。

扶贫救急：作为香港最大的慈善公益资助机构，马会积极分担政府急难

救助的职责，为遭受危难的民众提供帮助。"赛马会紧急援助基金"是赛马会专门设立的为事故受害者及家属提供及时援助的公益基金项目，值得一提的是，基金不仅关注香港地区的灾害事故，更在 2008 年汶川地震中捐款 10 亿港元，以支持国家进行灾后重建工作。在"救急难"的同时，马会还关注贫困问题，为应对粮食价格急升，协多个非政府机构开设食物银行；为拯救失学儿童，资助"免费补习天地"，帮助贫困家庭儿童重拾学习机会。

香港赛马会不断推陈出新，源源不断的贡献新的公益项目，除上述长期发展的公益项目外，在四大重点发展范畴内，马会又扩充了许多新内容，并持续开展至今。

青年发展类项目中，"赛马会运算思维教育"计划开始于 2016 年，该项目意在通过专业的培训辅导课程，培养小学生的编程运算思维，到 2017 年，项目已惠及 16500 名小学生，并已为 112 名教师和超过 500 名教学助理提供教育课程的培训。作为一个国际城市，香港聚集了许多以非华语为母语的人口，为了提升非华语幼儿园学生的中文能力，帮助其更好地融入社会，马会开展了"赛马会友趣学中文"计划，项目为期五年，截至 2017 年，已惠及约 1400 名非华语学生及其家庭。

长者服务项目中，为了帮助老年人养成健康管理习惯，了解个人身体状况，马会与社会养老中心合作开展了"赛马会 e 健乐电子健康管理计划"，目前参与计划的养老中心已达 40 家，约 2000 名老人按照每周两次的频率定期测量健康指标。"赛马会乐龄同行计划"是依托社区建立起来的，以保障老年人精神健康，帮助抑郁老人走出困境为目的的老年人心理干预项目，截至 2017 年，已有 500 多名专业心理咨询人员为抑郁症老人提供了超过 9000 次服务。

体育类项目中，"赛马会小学生习泳计划"旨在帮助一年级小学生学会游泳和水中求生技巧，计划为期 18 个月，共有超过 15000 名小学生参与游泳课程，项目已于 2017 年圆满结束。为培养中小学生的运动兴趣，马会开展了为期三年的"赛马会奥翔计划"，该项目主要由已退役或计划退役的精英运动员为青年学生提供专业指导，并组织校际比赛等活动来帮助中小学生建立合作与竞争意识，项目预计将惠及 73500 名学生。

艺术文化类项目中，马会慈善信托基金为支持香港弦乐团的发展推出了为期三年的"赛马会音乐能量"计划，总计为 240 位来自基层家庭的学生提供了学习古典音乐的机会，并举办了近 40 场的露天音乐会来帮助普通大众更近距离地欣赏古典音乐。

三 香港彩票公益与内地彩票公益对比分析

1987 年，经党中央、国务院批准，中国社会福利有奖募捐委员会正式成立。自第一批社会福利有奖募捐券在河北石家庄开始销售以来，经过 30 多年的发展，截至 2017 年底中国福利彩票累计销量 17951 亿多元，筹集公益金 5379 亿多元，资助各类社会福利和公益慈善事业项目超过 30 万个，提供就业岗位超过 40 万个创造税收达数百亿元，直接和间接受益者超过 5.71 亿人次。① 虽然中国福利彩票的发展速度迅猛、规模体量剧增，但相较于香港赛马会慈善信托基金的百年发展历史及卓有成效的慈善公益投资，还有很大的发展空间，通过香港和内地彩票公益发展状况的对比，直观展现两地彩票公益的差异所在，能够为未来中国内地福利彩票的公益发展提供有益的思路及启发。

（一）彩票发行

彩票是国家为筹集社会公益金，促进社会公益事业发展而特许发行、依法销售，自然人自愿购买，并按照特定规则获得中奖机会的凭证。② 彩票的发售，一般由政府或政府授权机构负责，筹得的资金用于支持公益事业发展。对于内地和香港来说，在彩票发行目标及经营机构上存在着一定的差异。

---

① http://www.cwl.gov.cn/c/2018-05-30/417902.shtml。
② 中国福利彩票发行管理中心：《新中国彩票事业的绚丽华章——改革开放以来福利彩票发展历程》，《中国民政》2018 年第 21 期。

1. 发行目标

通常而言，发行彩票的目的有 3 种：（1）提供健康娱乐的方式；（2）打击非法赌博活动；（3）筹集社会公益资金。[①] 香港赛马会经营的彩票活动中，对于不同的彩票项目，发行目的存在一定差异，六合彩奖券以筹集社会公益资金为目的，赛马赛事彩票以促进健康娱乐生活为目的，而足球赛事彩票则以打击非法赌博活动为目的，虽然不同彩票项目的发行初始目的不尽相同，但其盈利收益均用于慈善公益事业，可谓"殊途同归"。

而内地的中国福利彩票以筹集社会公益资金为单一发行目的，通过彩票公益金专项发展老年人、儿童及社会福利事业，其发行宗旨是"扶老、助残、救孤、济困、赈灾"。中国福利彩票与香港赛马会的六合彩奖券发行目的相同，同时与赛马、足球彩票公益金的使用目的也非常相似，均是为社会慈善公益事业服务的。

2. 发行与经营机构

彩票机构是指国家特许负责彩票发行和销售的专门机构，彩票的发行机构大体可分为 3 种类型：（1）政府专营机构；（2）特许私营公司；（3）国有专卖公司。[②] 香港赛马会作为香港唯一一家由政府特别授权经营合法彩票业务的机构，属于第二种类型，采取市场化的运作模式，同时担任发行机构和经营机构。

而中国福利彩票的发行机构是中国福利彩票发行中心，属于民政部直属事业单位，除负责全国福利彩票的发行和销售业务外，还对各省级福利彩票的发行和销售进行业务领导与全面监控。因此属于第一种类型，即由政府下设的行政机构实行统一经营。

二者的不同之处在于，香港赛马会采用市场化经营模式，实质上为独立私营公司，且允许进行网络博彩，其盈利收入完全取决于公司自身经营状

---

① 李刚：《我国港澳台地区的体育赛事彩票管理与营销概况及问题》，《首都体育学院学报》2018 年第 6 期，第 483 页。

② 李刚：《我国港澳台地区的体育赛事彩票管理与营销概况及问题》，《首都体育学院学报》2018 年第 6 期，第 483 页。

况，政府并不对其负责；而中国福利彩票发行中心责任性强，属政府下属行政机构，由政府领导、对政府负责。

（二）彩票管理

彩票经营不是金融活动，而是一种特殊且有效的社会再分配手段。[①] 彩票属于博彩，且在经营上具有低风险高收益的特点，如若放松监管，则会导致严重的市场混乱。博彩有合法与非法之分，如何对合法的彩票活动进行管理、对非法的赌博活动进行打击，离不开相关政策法规的约束及监管机构的严格审查。

1. 政策法规

香港地区对博彩行业进行管理的主体性法律是《赌博条例》，是 1891 年香港政府公布实施的禁止赌博活动的治安法规，经过多次修订，2002 年将通过网络收受赌注纳入合法博彩范围。辅助进行博彩管理的《香港博彩税条例》于 2006 年通过并开始执行，是政府向赛马投注、合法足球博彩投注及六合彩收益所征收的税项，实行比例税率。由于博彩行业的高额利润，香港政府每年依据《博彩税条例》向香港赛马会征收高额税收，马会也因此成为香港最大的单一纳税机构。

在中国内地，规范彩票发行、销售与管理的《彩票管理条例》、对管理职责和资金监管等相关内容进行细化补充的《彩票管理条例实施细则》，以及为规范彩票公益金筹集、分配和使用管理，完善监督机制而制定的《彩票公益金管理办法》，共同构成了彩票管理的政策法律体系。

相较之下，内地与香港关于彩票管理的法规条例的侧重点是不同的，香港地区的法律既关注对非法赌博活动的制裁，又注重对合法博彩活动的监管；而内地的法规体系中，关注点仅限于对合法彩票活动的管理以及对彩票公益金使用的监管，对非法赌博活动的处置则是由《治安管理处罚法》和《刑法》进行规定的。

[①] 张湛彬：《中国福利彩票事业的发生与发展》，《当代中国史研究》2001 年第 6 期。

2. 监管机构

香港博彩活动的监管机构是民政事务局，由其全面负责制定博彩政策及监督政策的实际执行情况。民政事务局下设"博彩及奖券事务委员会"，直接负责香港地区合法博彩即香港赛马会博彩活动的监督与管理，辅助管理的"平和基金咨询委员会"，主要对来自博彩收入的平和基金的资金用途进行监管。[1] 同时，"博彩及奖券事务委员会"可就签发、撤销及修订奖券活动牌照及向持牌机构征收罚款等事项向民政事务局提出建议，且这些建议通常会被直接采纳。

依据中国《彩票管理条例》，在内地的彩票监管体系涉及多个行政部门，其中，国务院财政部门负责全国的彩票监督管理工作，民政部门、体育行政部门按照各自的职责分别负责全国的福利彩票、体育彩票管理工作；各省、自治区、直辖市人民政府财政部门负责本行政区域的彩票监督管理工作；县级以上各级人民政府公安机关和工商行政管理机关，在各自的职责范围内，依法查处非法彩票，维护彩票市场秩序。

香港的彩票监管实际上是由"博彩及奖券事务委员会"全权负责的，民政事务局仅起到指导监督的作用，限于香港仅有赛马会一家合法博彩机构，因此对其行使直接监管职责。而内地的彩票监管，是由中央政府统筹全国彩票监管工作，地方政府负责本行政区域内具体彩票监管工作，属于"两级管理"模式，在实际监管过程中可能会出现中央和地方监管尺度及具体规定不一致等问题。同时，财政部与民政部属于同级行政部门，实际上属于行政部门间的"自我监管"，可能难以实现预计的监管效果。但内地的优势在于，将合法彩票活动交由财政和民政部门管理，而非法彩票活动由公安和工商部门处置，有利于明确监管对象，集中管理力量。

（三）彩票公益金的筹集

彩票公益金是指经政府批准，从彩票销售额中按比例提取的专项资

---

① 李刚：《我国港澳台地区的体育赛事彩票管理与营销概况及问题》，《首都体育学院学报》第 30 卷，第 483 页。

金。[①] 只有确保资金来源稳定且持续，才能实现彩票公益项目的顺利开展与落地，从而满足整个社会公益慈善发展的需要。

1. 主体来源

香港赛马会的彩票公益金来源于其博彩收入，每年经营收入的净额盈余越高，则其公益基金的资金规模就越大，能够用于发展社会公益项目的资金也越充实。内地的彩票公益金同样来源于彩票的销售收入，人们购买福利彩票的热情越高涨，彩票收入越多，则可用于社会公益福利事业的公益金数额也越大。因此，在彩票公益金的原始来源上，香港和内地并不存在差异，公益金规模均取决于彩票的销售收入。

2. 保值增值

除原始的彩票销售收入外，香港赛马会能够不断扩大慈善基金规模的一个关键要素在于，通过保持稳定高效的投资回报率来实现基金的保值增值。在严谨且完善的投资制度下，结合采用长期和短期投资策略，既保障了慈善信托基金的原始价值，又使其保持活力并不断实现增值。而内地的彩票公益金是没有投资机制的，其可利用的资金仅限于公益彩票的销售收入，且当年结余会结转下年继续使用，并没有其他的增值渠道，因此彩票公益金规模的扩大只能通过吸引消费者购买，提高彩票销售收入来实现。在资金的稳定性方面，赛马会的慈善信托基金显著优于内地的彩票公益金，其通过建立严谨完善的投资机制，保障基金实现稳定高效的增长，从而减小了货币贬值与通货膨胀对慈善基金的冲击。

（四）彩票公益金的使用

公益金筹集总量由彩票销售总量和公益金提取比例决定，筹集任务完成后，对于筹集到的公益金，遵循何种使用规则和分配方式，才能实现对彩票公益金合理高效的利用，成为必须要考虑的问题。

---

① 财政部：《彩票公益金管理办法》，2012 年 3 月 2 日。

1. 使用规则及用途

香港地区的彩票公益收入遵循社会公益的规则，香港赛马会每年会将
70%的净额盈余拨入赛马会慈善信托基金，用于慈善捐助。慈善信托基金的
贡献范畴也十分广泛，涵盖青年发展、长者服务、体育康乐、艺术文化及保
育、教育培训、医疗卫生、复康服务、家庭服务、环境保护和扶贫救急十个
领域，且慈善捐款数额保持连年增长的趋势，2017~2018 财年已达到 42 亿
港元之多。

内地的彩票公益收入同样遵循社会公益的规则，中国福利彩票的发行目
的就是为了筹集社会公益资金，其彩票公益金遵循"扶老、助残、救孤、
济困、赈灾"的宗旨，重点投向老年人福利、残疾人福利、困境儿童福利
及其他社会公益领域四个方面，筹资总额的增长速度也不容小觑，从 1987
年的 855 万元增长至 2018 年的 643.59 亿元①，翻了 7000 多倍。

在使用规则上，香港和内地的彩票公益收入均遵循社会公益的规则，其
彩票收入也同样按比例划拨用于捐助社会慈善公益项目；但在资助领域方面
有所不同，各有其不同的侧重点，香港赛马会更注重青年发展、长者服务、
体育康乐以及艺术文化领域，服务对象包括全体香港市民，而福彩公益关注
的重点实际上仅针对社会弱势群体，服务对象并没有完全覆盖全体国民。

2. 分配方式

香港赛马会每年将经营收益的 70%以上划拨进入香港赛马会慈善信托
基金，慈善信托基金内资金的使用方式及资助项目完全由赛马会自行决定，
其运作模式为，首先由慈善组织递交申请建议书，然后由慈善部研究审核建
议书中的申请机构、受助项目、受惠人士、目标效益及捐助金额等内容，并
进行实地调查，审核通过后交由董事局的捐款委员会批核，最后决定捐款的
分配。

根据国务院批准的彩票公益金分配政策，彩票公益金在中央和地方按
50:50 的比例分配，专项用于社会福利、体育等社会公益事业，按政府性基

---

① http://www.cwl.gov.cn/c/2018-05-30/417902.shtml。

金管理办法纳入预算，实行财政收支两条线管理，专款专用，结余结转下年继续使用。地方留成彩票公益金，由省级财政部门同民政、体育等有关部门研究确定分配原则。中央集中彩票公益金在社保基金会、中央专项彩票公益金、民政部和体育总局之间分别按 60%、30%、5% 和 5% 的比例分配。

从香港赛马会慈善信托基金和中国福利彩票公益金的分配方式来看，二者存在非常大的差异。慈善信托基金的分配方式并不固定，取决于慈善组织提交的申请建议书及慈善部、董事局捐款委员会的审核，是通过机制化的运作模式来进行操作的，根据项目的不同，分配方式也会存在差异。而福利彩票的公益金是被当作政府性基金来使用的，通过中央和地方政府的财政部门进行分配，实际上分配方式类似于财政资金，分配方式及比例完全固定，并非依据具体慈善项目来确定分配方式，而是按照不同的行政部门来分配公益金，完全由政府行政部门来决定资助什么以及如何资助慈善项目，容易导致过度行政化的问题出现。

3. 拨款预算

马会慈善信托基金的一个特点是不为每年的拨款设定预算，完全以当年提交申请并核定通过的公益项目所需为准，不进行提前限制。马会通过这一方式，鼓励社会公益组织积极创新，只要提交切实可行且能够为社会创造积极效益的资助项目，基金不会因预算不足的原因而放弃资助，这种宽松的环境使得公益组织能够最大限度地免受机制的束缚，完全践行自己的公益目标。

而内地的彩票公益金则由财政部每年根据国务院批准的彩票公益金分配政策，来核定用于社会福利事业和体育事业的彩票公益金预算支出指标。[①]因此每年是有固定的拨款预算的，受制于预算，一部分社会公益项目可能因为申请费用较高或当年已有较大额度的公益拨款而申请不到资助金。

不同于内地受政府部门的管理体制的限制，赛马会的管理机制较为宽松，为项目申请提供了一个弹性灵活的环境，一切以社会的实际需要为转移，并不拘泥于限定的管理框架，能够最大限度地鼓励那些具有社会价值的

---

① 财政部：《彩票公益金管理办法》，2012 年 3 月 2 日。

公益项目的策划与开展。

4. 申请时限

香港赛马会慈善信托基金不设定递交拨款申请的时限，目的在于保障那些有迫切需要的项目能够及时获得资助。只要申请的项目符合马会认可的价值观，且项目可行并能够获得捐款委员会的审批，没有时间限制，随时提出申请随时可以获得拨款，有效避免了因错过特定申请时间得不到及时资金支持而导致社会公益项目"流产"现象的发生。

而内地的福利彩票公益金资助的申请时间上，各省依据自身实际情况可能会有不同的要求，但通常是在上一年年末或资助当年年初提出资助申请，且有明确截止时间，逾期不予受理，如果因材料不齐或错过提交的最后期限，就只能等待下一年的资助申请，因此存在灵活性不足的情况。

相较而言，马会的运作模式更加灵活，使得其公益捐款得以满足快速变化的社会需求，确保了优秀的社会公益项目能够得到及时的资金注入，从而为社会创造价值。而内地的运作方式略显死板，虽然严格执行了制度规范，但灵活性有所欠缺，难以完全满足需求。

5. 信息透明度

香港赛马会慈善信托基金在基金的支配过程中遵循公开透明的原则，在赛马会的年度报告中会详细公布该年度获得资助的机构名称、项目名称、资金用途和具体金额，同时获得资助的机构也要及时反馈申请书中提及的服务与活动的举办情况，以随时接受公众的监督和审查。

而中国福利彩票的公益金使用情况会在各相关部门的官方网站进行公示，并规定省级以上民政部门及省级财政部门在 6 月底前、财政部在 8 月底前公示相关内容，但公开信息内容仅限于大类数据，不公开具体慈善公益项目明细。①

对比显示，香港赛马会慈善信托基金的信息透明度更高，其捐赠信息每年有固定的公布时间，每一笔资金流向均有明确的说明，且会将资助项目的

---

① 贡艳：《福利彩票公益金管理探讨》，《合作经济与科技》2015 年第 10 期。

具体实施情况进行及时的反馈，能够帮助公众全面快速地了解基金的使用情况，社会信任度非常高。而中国福利彩票公益金的使用情况信息分散在不同政府部门的官方网站，且信息公开时间未完全确定，仅公开大类数据，导致公众无法对公示信息完全了解，实际上限制了其知情权，信息透明度较低，容易导致社会信任度降低。

（五）小结

通过内地与香港彩票公益的对比，能够直观的显示出：在具体实践过程中，内地和香港在彩票发行目标及彩票公益金的使用规则上是一致的，而在具体监管及公益金的筹集、使用与分配方式上存在着一定的差异（见表1）。

表1　内地与香港彩票公益对比

阶段	内容	内地	香港
彩票发行	发行目标	筹集公益资金	筹集公益资金
	发行与经营机构	中国福利彩票发行中心	香港赛马会
彩票管理	政策法规	《彩票管理条例》《彩票管理条例实施细则》《彩票公益金管理办法》	《赌博条例》《香港博彩税条例》
	监管机构	财政部	民政事务局
彩票公益金的筹集	主体来源	彩票销售收入	经营收入净额盈余
	保值增值	无投资机制	长、短期投资结合
彩票公益金的使用	使用规则及用途	社会公益针对弱势群体	社会公益覆盖全民
	分配方式	固定，依行政部门分配	不固定，依具体项目决定
	拨款预算	有年度拨款预算	无年度拨款预算
	申请时限	有明确时间限制	无时间限制，可随时申请
	信息透明度	透明度低	透明度高

四　对内地彩票公益的启示

香港赛马会及慈善信托基金的发展状况和运作模式，为内地彩票公益的

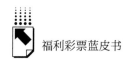

发展提供了一个有益的思路，其慈善信托基金的投资选择、捐款分配方式以及信息公开情况均值得内地彩票公益机构学习与借鉴。通过对香港和内地彩票公益的对比分析同样可以发现二者在具体实践过程中的差异及优劣势所在，中国福利彩票应结合自身发展的实际情况，吸收借鉴香港赛马会的发展经验，对自身运作模式和管理体制不断的加以完善，以促进福彩更好地为国民提供服务，实现社会生活质量的提升。

（一）推进彩票管理法制化进程

彩票通过利用人们心存凭借运气侥幸致富的心理，筹集社会闲散资金，用以发展慈善公益事业。然而，彩票也是一把双刃剑，因为合法博彩与非法赌博仅一步之遥，如若越过了法律的红线，诱人的"馅饼"就会变为害人的"陷阱"。[①] 因此，彩票活动的开展离不开法律法规的约束，只有通过明确的立法形式对合法彩票活动进行认可与保护，才能最大限度地限制非法赌博生存的空间，维护稳定有序的彩票市场。

目前，我国福利彩票管理领域涉及的法规包括《彩票管理条例》、《彩票管理条例实施细则》和《彩票公益金管理办法》，而其效力等级最高的仅为行政法规，并没有上升到真正的法律层面。彩票公益金的使用分配不规范、私挪滥用等问题的出现，归根结底还是在于没有彩票管理的相关法律出台，因此应加快推动彩票管理的法制进程，拟订并颁布"彩票管理法"，将彩票公益金的筹集、使用、管理等各个环节列入法律监督体系，增强其约束力，才能从根源上遏制彩票公益金的管理、分配、使用过程中各类问题的出现。

（二）构建全方位彩票监管体系

除了需要法律规范引导外，还需要健全完善的监管体系来保证实施，监管体系的构建需要是全方位的，不同角度关注的重点不同，监管效力也会存

---

① 郭一娟：《中国福利彩票的社会福利效果研究》，《学习与实践》2009 年第 10 期。

在差别，因此构建一个全面且多角度的监管体系才能确保彩票公益金管理的每一个环节都能按照法律规范进行，从而真正发挥监管作用。

首先，要加强内部监管。民政部门应对申请资助的慈善项目进行严格审核，对于审核通过的项目，建立反馈机制，要求受助项目负责机构定期汇报项目进展情况，并进行追踪核查，以保证公益金被用于真正有需要的公益项目。其次，要引入外部监督机制。委托第三方机构对彩票公益金的分配、使用情况进行科学的评价，通过专业社会力量的介入，对彩票公益金支出的行为过程、支出成本及其产生的最终效果进行客观公正的衡量比较和综合评判，从而提高公益金的使用效率和效果。① 最后，要强化结果运用。通过定期考察受助项目的实施情况，确保公益金的使用落到实处，对于信誉良好的资助申请机构，可以给予简化审批流程、授予荣誉奖励等优待；而对于闲置、违规使用公益金的申请机构，可以限制或禁止其次年再次申请资助的资格，并对其进行相关责任人进行问责，以规范资助申请机构的行为。

（三）建立彩票公益金投资机制

彩票公益金的筹集不应仅止步于彩票销售的结束，在彩票公益金分配到各级政府部门后，其中的部分资金用于社会公益项目的资助，而结余部分应进行积累并建立适当的投资机制，以实现彩票公益金的保值增值。

内地的彩票销售体系庞大，每年的销售收入可观，且在连年增长，如此巨大的彩票公益金数额在扣除资助社会公益项目的资金后，仍有大量结余。我国的现行规定是，结余直接转结下年使用，但结余数量不断增大，其保值风险也随之增大，且按此运行机制会使彩票公益金的多少完全依赖于彩票的销售效益，也导致公益金的稳定具有一定的风险性，因此为避免上述风险，应为彩票公益金建立合理的投资机制，以保障其稳定与活力。

---

① 贡艳：《福利彩票公益金管理探讨》，《合作经济与科技》2015 年第 10 期。

对于投资机制的建立，可以仿照香港赛马会采取长、短期结合的投资策略，短期投资应遵循低风险、流动性、安全性的原则，保障公益金的稳定性与流动性；而长期投资可以适当地进行中等风险、较高收益的投资，延长投资周期，以实现公益金的长期稳定与增值。

（四）取消公益项目资助申请时限

彩票公益金的使用是以促进社会公益事业的发展为目的的，因此应考虑到社会的实际需求，最大限度地为申请资助的社会公益项目提供便利，以保障真正有需要的项目能够尽快得到资金注入，实现项目的存续与发展。

香港赛马会采取灵活的申请方式，不设置申请时间，只要项目有需要可以随时递交申请，并获得相应的资助，有助于保障项目申请机构在市场调研完备、材料充分、方案完善的情况下，高效快速的获得资助，有效降低了优秀项目的流失率。因此，内地的公益资助申请也可以借鉴马会的模式，虽然这种机制可能会对申请效率提出更高的要求，且需要更多的人员来支持，但能够有效避免因时间紧张或错过截至期限而导致的项目"流产"。

（五）提高彩票公益金管理透明度

彩票公益金的使用必须严格执行法律规定的公示制度，定期向社会公布公益金筹集、资助项目评定、资助金投放以及资助项目执行情况，接受社会公众的监督。提高彩票公益金分配及管理工作的透明度，保证彩票公益金的高效利用，既有助于促进彩票业的健康发展，也有助于提升公众的社会信任度。

首先，通过法律固定彩票公益金使用情况的公示时间和公示平台，以保证公示信息能按时通过指定平台公布，为公众监督提供常规渠道。其次，细化公示内容。公开信息内容不限于大类数据，将获得资助的机构名称、项目名称、资金用途和具体金额等内容详细展示，确保能追根溯源。同时将彩票公益金的年度审计报告与绩效评估报告一并公示，保证公众的知情权。最后，建立反馈机制，主动接受监督。[1] 要求接受资助的机构定期反馈项目进度，并通过报纸、网络、电视、广播等方式及时向社会反馈，以积极主动的姿态向公众展示彩票公益金的利用效率，提升福利彩票公益行为的社会好感度与社会认可度。

---

① 贡艳：《福利彩票公益金管理探讨》，《合作经济与科技》2015 年第 10 期。

B.13
美国彩票公益概况及中美比较

张寅凯　郭　瑜*

摘　要： 与我国相比，美国的彩票业发展历史更为悠久，其制度也较为完备和成熟，在销售额上更是世界上的彩票大国。因此，全面了解美国的彩票制度就尤为重要，有助于为我国的彩票事业提供经验和有益借鉴。文章从美国彩票业的历史沿革出发，梳理了美国彩票业现行的法律体系、体制机制和相关实例。基于我国和美国的彩票业的比较，本文建议在健全彩票相关法律法规、加强信息公开、加快新技术的运用等方面推动我国彩票行业的发展。

关键词： 美国彩票业　彩票公益　法律法规

一　美国彩票业的历史沿革

（一）殖民地时期：初步兴起

早在美国为英国殖民地时，就已经有了彩票业。早期，彩票收益金主要用于在美国大陆建立殖民地。到了后期，几乎每个英国在美国的殖民地公民

---

* 张寅凯，中国人民大学劳动人事学院硕士生，研究领域包括社会保障理论与政策、养老保险；郭瑜，中国人民大学科研处副处长、劳动人事学院副教授、社会保障系主任，研究领域包括养老保险与养老服务、社会救助等。

都参与到彩票活动中来，彩票活动具有"自愿税"的性质①，由娱乐、赌博转变为一种公民责任②。根据 Charles 和 Philip（1990）的统计，1744～1774年，英国在美国的殖民地共批准了 158 项彩票许可证。殖民地时期后期的彩票收益基金主要用于资助教育机构、公益事业和基础设施建设等。例如，耶鲁学院、哈佛学院分别于 1747 年、1765 年借助彩票公益金建设学生宿舍③。这些措施不仅有益于个人和社会，也为美国日后教育体系的形成奠定了基础。

（二）北美独立战争时期：战时政策

在北美独立战争时期，大陆会议决定通过发行全国性的彩票来募集战争资金，以解决战争期间军队的开支问题（见图1）。在大陆会议的发行彩票政策下，马萨诸塞州、纽约州、南卡罗来纳州、北卡罗来纳州等州都先后进行了彩票活动④。

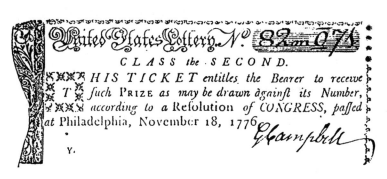

图1　1776 年美国大陆会议发行的彩票

（三）美国独立战争后到19世纪30年代：黄金时期

美国独立战争胜利后，美国政府面临的最大问题就是社会经济的发展和

---

① A. R. Spofford, "Lotteries in American History", *Annual Report of the American Historical Association*, 1892, Washington, DC: Government Printing Office, 1893, p. 174.

② Charles T. Clotfelter and Philip J. Cook, *Selling Hope: State Lotteries in America*, p. 20.

③ George Sullivan, *By Chance a Winner: The History of lottery*, p. 29.

④ Bella C. Landaucer, *Some Early American Lottery Items*, New York: Harbor Press, 1928, p. 127.

基础设施的建设。由于美国当时刚从战争中走出来，政府不具备完全的发放债券和向银行贷款的能力，而依靠征税的方式集资加重了公民的负担，也不可行，在美国首任财政部部长汉密尔顿的支持下，发行彩票成了这一时期政府的有效集资方式。美国彩票业在这一时期获得了迅速的发展，进入了"黄金时期"：独立战争后的10年内，美国共发行彩票100次；1810～1840年，美国各州发行彩票300多次；1809～1833年，费城的彩票销售点由3家①增加至200多家②。彩票基金收入主要用于各地基础设施建设。根据Reuven（1990）的统计，1790～1860年，共有24个州将彩票收益金用于基础设施建设，具体包括桥梁、监狱、医院、图书馆、学校（见图2）、教堂等③。

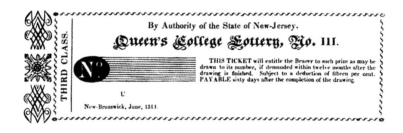

图2　1814年新泽西州为筹建皇后学院所发行的彩票

（四）19世纪30年代到20世纪60年代：官方禁止

然而，从19世纪30年代起，美国的彩票业走向衰落。最主要的原因在于美国各州政府对彩票经营与发行活动监管不力，以至于各类彩票丑闻频繁发生，腐败和舞弊事件层出不穷，例如彩票经纪人向政府官员透露中奖号

---

① Jan MeMillen, ed., *Gambling Cultures: Studies in History and Interpretation*, New York: Routledge, 1996, p. 32.

② George Sullivan, *By Chance a Winner: The History of lottery*, p. 95.

③ Reuven Brenner, *Gambling and speculation: A Theory, a History, and a Future of Some Human Decisions*, New York: Cambridge University Press, 1990, p. 128.

码、彩票经纪人携款外逃①等。与美国独立战争刚结束时相比，美国的经济情况得到了很大的改善，全国性金融体系和税收体系已经建立，彩票在筹集资金方面的作用已经被替代。随着反对彩票的呼声日益强烈，美国各州政府于 19 世纪 30 年代开始先后立法禁止彩票活动。1833 年，宾夕法尼亚州、纽约州、马萨诸塞州率先停止彩票销售活动。1859 年，已有 10 个州宣布彩票活动为非法。到了 1930 年，美国共有 45 个州通过立法宣布彩票活动为非法②。

（五）20世纪60年代至今：重新兴起

虽然各州的彩票活动在法律上被宣布为非法，但民众出于娱乐的需求，仍会进行地下彩票活动，并日益要求彩票恢复合法化。再加上 20 世纪 60 年代美国与苏联的军备竞赛愈演愈烈，国防预算不断增加，与之前的历史情况类似，美国政府再一次出于政府增收的需要而将政策手段转向发行彩票。1964 年，新罕布什尔州率先恢复彩票发行（见图 3），此后，美国恢复发行彩票的州的数量不断增长。

1988 年，美国已有 33 个州恢复发行彩票，占全国人口的 75%③。但与单纯恢复彩票发行又有所不同，这一次美国的彩票业由美国各州政府垄断，彩票以计算机的方式进行零售，从制度和技术上加强对彩票业的监管。美国彩票业的发展进入了一个新的阶段。

二　美国彩票业现行的体制机制

（一）法律体系

美国联邦政府没有制定统一和通用的有关彩票的法律，各个州独立制定

---

① George Sullivan, *By Chance a Winner: The History of lottery*, p. 148.
② George Sullivan, *By Chance a Winner: The History of lottery*, p. 118.
③ David Nibert, Hitting the Lottery Jackpot: State Governments and the Taxing of Dreams, p. 72.

图3　1964年美国新罕布什尔州发行的彩票

彩票业相关法律，各州互不干扰，联邦政府很少甚至从不干涉各州的彩票活动。在美国各州的彩票立法上，影响力较大的有新泽西州的《博彩控制法》（1977）、加利福尼亚州的《加州彩票法》（1984）、印第安纳州的《赌船条例》等。在彩票立法内容上，各州规定的共同点主要有以下方面：彩票委员会的权力和责任、彩票经营机构人员的任免规定、彩票零售商的相关规定（资格条件、雇员资格认定、监督管理等）、彩票的设计和游戏规则等。

（二）监管体制

自20世纪60年代美国彩票业改革后，美国彩票业的管理体制为政府直接经营模式，州政府垄断了彩票的经营权和所有权。美国没有联邦层级的彩票部门，不发行国家彩票，以各州为单位发行彩票，各州设立州彩票委员会制定彩票政策、监督彩票活动，各州彩票委员会互不干扰、不隶属于其他机构，彩票委员会下设彩票公司具体对彩票活动进行管理（发行彩票的各州只有一家彩票公司，避免了各州彩票业的竞争），彩票通过代销商销售，而代销商资格必须经过州彩票公司的批准，具有州彩票公司发的牌照的代销商才具有发行彩票的资格。除彩票委员会直接监督彩票活动外，一些州还成立相对独立的博彩监管部门负责博彩监管工作。例如美国赌城拉斯维加斯所在的内华达州除成立彩票委员会外，还设立了州博彩控制局，相关执法人员每天 24 小时对现场进行监管，并根据法律法规对违法者进行处罚。在销售技术上，采用电脑化销售方式，从技术上为防止欺诈和舞弊行为提供了保障。

在相关机构的人员构成上，各州彩票委员会由若干名州参议院、众议院代表和州长任命的公众代表组成，各州彩票公司的主要负责人为经理，经理经彩票委员会多数通过后由州长任命，直接管理和领导公司，并对彩票委员会负责。

美国彩票业的监管体制具体如图 4 所示。

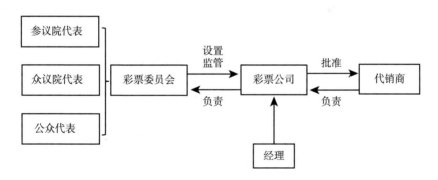

图 4　美国彩票业的监管体制

（三）彩票公益金

1. 筹集

美国的彩票公益金主要来源于彩票收入，彩票收入资金分配比例由各州

彩票委员会决定，一般来说彩票公益金从彩票收入中的提取比例不会低于20%。各州的彩票公司通过批准代销商销售彩票来负责筹集彩票公益金。1998年，美国州政府共获得125亿美元彩票公益金，占当年彩票销售总额的31%①。

彩票公益金的筹集是彩票公益金使用和监管的基础，但并不是彩票公益金的最终目的，彩票公益金的关键在于利用资金提升社会福利水平，因此资金的使用和管理应当规范、公正、透明，这样才能使彩票公益金具有公信力，从而为彩票公益金的来源提供保证。为了保证彩票公益金筹集过程的公开性、公平性和安全性，各州彩票公司实行严格的销售许可制度。在人员方面，对雇员和销售商也有一套严格的资格认定标准，机构对彩票资金负责人和从事彩票工作的所有人员都要进行背景审查。

2. 使用

John 和 Martin （2000）认为"使用彩票方式募集资金要优于志愿捐赠"，而美国彩票公益金正是美国社会福利资金的重要组成部分，日益成为社会福利和公共服务的重要供给者，具有收入再分配和实现社会福利最大化的功能，具备一定的公共性特征。各州所筹集的彩票公益金主要流向两个机构：一部分由财政部门管理，用作政府一般性预算基金；另一部分由专门的彩票公益基金管理机构管理，独立于国家财政预算外，由各州的基金管理机构根据各州的相关法律规定使用。例如，1984年，《加利福尼亚州彩票法》规定：52.7%的彩票收入作为奖金发放，34.1%的彩票收入投入公立教育系统；纽约州规定彩票销售收入必须全部用于教育。

与北美独立战争时期和北美独立战争后不同，目前美国侧重于将彩票公益金用于教育、医疗保健、环保等经常性社会支出项目，这直接体现了美国彩票公益金的公益性。据统计，20世纪80年代美国销售彩票的38个州中，有16个州将彩票公益金全部投入教育项目②。耶鲁大学、哥伦比亚

① Jan McMillen, ed., Gambling Cultures: Studies in History and Interpretation, p. 75.
② Charles T. Clotfelter and Philip J. Cook, *Selling Hope: State Lotteries in America*, p. 135.

大学、宾夕法尼亚大学等美国高等学府都受到过彩票公益金的资助。具体的资金流向领域的数额、占比等具体数据我们将在下一部分的实例中具体介绍。

3. 监管

美国彩票公益金不仅受到州彩票委员会的直接监管，而且彩票经营机构（彩票公司）也进行自我监管。具体的监管措施按照时间线可分为事前、事中、事后三个方面。事前监管措施主要包括对彩票从业人员的背景调查和资格审查、对彩票代销商的销售资格审查；事中监管措施包括在彩票销售过程中，对彩票代销商的销售行为进行调查，对代销商的非法销售行为予以必要的处罚；事后监管措施包括各州定期披露彩票财务报表，包括彩票收入、资金流向、资助项目和具体数额等。接受彩票公益金资助的组织（例如学校等）必须建立彩票公益金专用账户，并公开资金的用途，以便接受社会的监督。除此之外，还有一定的审计措施，具体包括：在彩票财务报表发表之前，对财务报表进行审计，并将审计结果予以公布；除一般审计外，还有安全审计措施，例如对彩票服务提供者的安全性、防彩票诈骗措施的安全性、彩票抽奖过程的安全性、彩票销售电脑和数据的安全性、彩票购买和奖金发放途径的安全性等各方面进行审计，并将审计结果上报彩票委员会。

三 美国彩票业与彩票公益实例：以华盛顿州、纽约州、加利福尼亚州为例

由于美国各州彩票业发展情况千差万别，截至 2018 年，美国除夏威夷州、阿拉斯加州、犹他州、内华达州（"赌城"拉斯维加斯所在的州）、怀俄明州、亚拉巴马州外，共有 44 个州发行和销售彩票①。

本节根据地区分布选取了美国彩票业较为发达的三个州，分别为美国东

---

① http://www.sohu.com/a/236178139_ 617755.

部的华盛顿州、纽约州和美国西部的加利福尼亚州，我们能够从这三个彩票业较发达地区的实例中进一步了解美国的彩票制度，并为我国彩票业的发展提供有益借鉴。

（一）华盛顿州

华盛顿州现行的彩票制度创立于 1982 年，宗旨是通过销售彩票为州政府项目（公共教育、体育设施等）创收。除为州政府创收外，华盛顿州彩票业还旨在提升人们对博彩的风险意识。目前华盛顿彩票共有五种类型[①]：强力球（Powerball）、超级百万（Mega Millions）、乐透（Lotto）、击 5（Hit 5）、第 4 场（Match 4）。华盛顿州的彩票业制定了"责任计划"，鼓励公民负责任地参与到彩票行业中去，具体包括：消费者权益保护教育（诈骗案例、防诈骗提示等）、告知买彩票的注意事项（购买地点、彩票保管、支付和兑奖流程、网上赌博风险等）、未成年人保护（禁止未成年人购买彩票和将彩票送给未成年人）、注重将彩票在经济和资源可持续发展中的作用等。除上述内容之外，在华盛顿州彩票网上还有相应的规则、代销商资格认证、个人隐私相关注意事项等内容（见图 5）。

图 5　华盛顿州禁止未成年人购买彩票的标语

---

① https：//walottery. com/About/.

华盛顿州的彩票委员会由五人组成，成员由州长任命并经州参议院批准，接受公民的监督，任期为六年。委员会成员不能是彩票行业的雇员，并全面参与主要的彩票活动、与彩票总监（Lottery Director）保持密切联系、每隔一个月需参加一次会议（会议时间表与会议内容均可在华盛顿州彩票网上找到）。公众若有其他问题，还可在办公时间拨打华盛顿州彩票网上的免费热线①（见图6）。

图6 华盛顿州博彩问题咨询热线

在资金运营方面，根据华盛顿州2018年的彩票财务报表，2018年华盛顿州共发放4.579亿美元的彩票奖金，除此之外的彩票收入用于资助和支持全州各地的居民和社区，具体资金数额和比例如表1所示。

表1 2018年华盛顿州彩票收入去向明细

去向	金额（百万美元）	比重（%）
彩票奖金	457.9	62.3
教育	134.2	18.3
销售成本	43.3	5.9
代销商	36.9	5.0
体育场、展览馆建设	12.6	1.7
一般性基金	31.2	4.2
管理费用	14.0	1.9
经济发展	4.6	0.6
问题博彩	0.4	0.1

资料来源：https：//walottery. com/WhoBenefits/。

---

① https：//walottery. com/Responsibility/ProblemGambling. aspx。

由表 1 可见，华盛顿州的彩票公益金主要用于资助教育和体育场、展览馆建设两块内容，这与华盛顿州彩票网所主张的宗旨相符合。其中，教育占华盛顿州彩票公益金支出的主要部分，为 1.34 亿美元，占彩票公益金的 18.3%；从彩票总收入的视角看，教育金额在绝对数额上仅次于彩票奖金数额，体现了华盛顿州彩票公益金的重点资助领域在于教育。

综上所述，华盛顿州的彩票制度主要具有以下特点：实行"责任计划"，倡导公民"负责任"地参与；彩票委员会规模较小，但成员责任较为重大；彩票公益金的重点资助领域是教育。

（二）纽约州

纽约州是美国彩票销量最大的州之一。在彩票销售方式上，由"Gtech"公司作为代销商承包纽约州的彩票销售，该公司建立了一套完善的销售系统，通过电话销售、上门销售等多种方式推动彩票销量的上升；除通过彩票代销商购买彩票外，纽约州公民还可以通过无人彩票售票机购买，与自动售货机类似，只要投币就可以选购彩票，这在很大程度上方便了彩民。根据纽约州彩票网站的数据，纽约州的彩票玩法种类多达 82 种[①]，其多样的玩法丰富了当地居民的博彩活动。纽约州彩票委员会由五人组成，彩票的商标和服务标志必须经过纽约州彩票委员会的许可才能使用，所有的彩票交易均受到纽约彩票委员会制定的规章制度的约束。与华盛顿州类似，纽约州也倡导"负责任的博彩"，纽约州彩票委员会制定了"负责任的游戏计划"，但具体内容有所差别：为问题博彩者提供服务、定期向所有零售商提供问题博彩的信息、在多种媒介上印制标语宣传酗酒和药物滥用服务办公室免费帮助热线（零售商、游戏机、彩票），并与国家酗酒和药物滥用服务办公室合作、对彩票销售人员进行意识培训、为电子彩票博彩设施制定负责任博彩项目的指导方针、每季度反思在游戏机设施内设立的游戏项目、回顾其他州的博彩项目以及学术文章，以便了解纽约彩票项目可能的变化、参与世界彩票协会负责任博彩框架认证流程。在彩民的年龄资格上，

---

① 资料来源：https：//nylottery. ny. gov/ways – to – play#game – chooser。

纽约州比华盛顿州的规定更为详细,除未成年人不能购买彩票外,纽约州彩票委员会还特别规定了纽约州公民需年满21岁才能去提供酒精饮料的场所购买快速刮奖券。纽约州的彩票网站上详细列出了每期的中奖号码、购买彩票的方式和场所、彩票受益者、相关帮助等,内容非常详尽,彩民足不出户就可以从纽约州的彩票网站上了解到所有购买彩票需要了解的信息。

从纽约州的彩票财务报表中可以发现,纽约州彩票收入额较大,且彩票公益金的唯一用途在于教育。根据图7,2004~2018 年纽约州彩票收入总体呈上升趋势,从62.7 亿美元上涨至99.7 亿美元,用于教育投入的彩票公益金也略有上升,从20.6 亿美元上涨至33.7 亿美元,但增速小于彩票收入增速,用于教育投入的彩票公益金所占彩票收入的比重总体上保持稳定,约为30%。

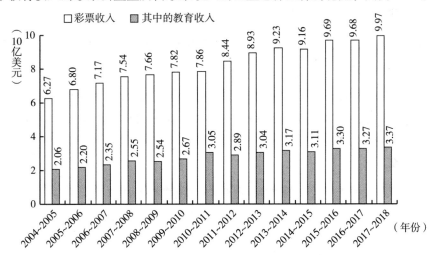

图 7   2004~2018 年纽约州彩票收入及其中的教育投入

资料来源:2017~2018 年纽约州彩票财务报表。

综上所述,纽约州彩票制度呈现以下特点:彩票销售方式和玩法多样,彩票销售额巨大;"负责任博彩"相关内容规定得更为明确和详细。

(三)加利福尼亚州

与华盛顿州、纽约州类似,加利福尼亚州的彩票网上也详细公布了加利福尼亚州的彩票玩法、问题解答等内容,此处不做赘述。

　　加利福尼亚州彩票业最有代表性之处在于其州政府于1984年颁布的《加利福尼亚州彩票法》（以下简称《加州彩票法》），这是美国最早和最为完善的彩票业专门性法律。《加州彩票法》对彩票业务、组织管理机构、彩票收入分配比例、彩票公益金用途等各方面都进行了详细的规定。这使加利福尼亚州彩票业的所有环节都有法可依，且《加州彩票法》每年会根据实际情况修订一次，体现了与时俱进的特点。《加州彩票法》规定，加利福尼亚彩票委员会由五人组成，其中来自统一政党的成员不能超过三名，在所有成员中必须有一名是注册会计师，还必须有一名具备至少五年执法经验的执法人员①，这保证了加利福尼亚州彩票委员会的专业性。

　　表2展示了2017～2018年加利福尼亚州彩票公益金支出的全部去向及数额，均为教育方面的支出。其中，彩票公益金用于儿童教育②的比重最大，约为78.89%；其次为社区大学，约为14.82%。可以发现，儿童教育和社区大学支出占了加利福尼亚州彩票公益金支出的93.71%，虽然彩票公益金也在其他教育机构上有所投资，但与儿童教育和社区大学相比较少；尤其是儿童教育，占了彩票公益金支出的3/4，由此可以看出加利福尼亚州政府对儿童教育的重视。

表2　2017～2018年加利福尼亚州彩票公益金拨款信息

接受者	总额（百万美元）	比重（%）	1985年至今总额（百万美元）
儿童教育	1339.75	78.89	27373.96
社区大学	251.66	14.82	4740.73
基社盟总理办公室	63.58	3.74	1263.70
加州大学系统	42.70	2.51	776.59
其他公立高等学校	0.15	0.01	5.42
其他教育机构	0.34	0.02	43.33
总　　计	1698.18	100	34203.73

　　资料来源：https://static.www.calottery.com/~/media/Publications/Marketing/Q4-2017-18%20education%20allocation.pdf。

①　https://www.calottery.com/about-us/lottery-commission.
②　儿童教育在此处指的是从幼儿园到12年级的教育。

综上所述，加利福尼亚州的彩票制度具有以下特点：法律制度完备；彩票委员会人员专业性强；彩票公益金全部用于教育，儿童教育和社区大学占比较大，儿童教育为重中之重。

（四）华盛顿州、纽约州、加利福尼亚州彩票业对比分析

通过上文的叙述，现将华盛顿州、纽约州、加利福尼亚州的彩票业进行对比分析。如表3所示，三州的彩票制度和彩票业发展概况在总体上存在许多相同之处，但具体内容和发展水平又存在一定的差异。

表3 华盛顿州、纽约州、加利福尼亚州彩票制度和彩票业发展情况比较

项 目 \ 地 区	华盛顿州	纽约州	加利福尼亚州
彩票类型	5种	82种	53种
法律法规	均有，加利福尼亚州最为完善		
博彩制度	"负责任博彩" *纽约州的"责任计划"最为明确和详细		
监管机构	彩票委员会 *加利福尼亚州特别规定彩票委员会委员需具备专业技能		
资助内容	教育和体育场、展览馆建设	教育	
彩民资格	未成年人不得购买彩票 *纽约州还特别规定未满21岁公民不得去提供酒精饮料的场所购买快速刮奖券		

资料来源：华盛顿州、纽约州、加利福尼亚州彩票网。

从表3中我们可以发现华盛顿州、纽约州、加利福尼亚州彩票业存在的共同点有：存在州法律法规的指导；推行"负责任博彩"计划；最高监管机构为州彩票委员会；资助内容为公共性福利事业；规定未成年人不得购买彩票。从宏观的制度规定视角上来看，华盛顿州、纽约州、加利福尼亚州彩票制度较为接近，差别不大，均在美国现行彩票制度的框架下。但从微观的具体政策内容和实施情况上看，华盛顿州、纽约州、加利福尼亚州的彩票制度又存在细微的差别：纽约州的彩票业最为发达，彩票资金收入额最多，彩票类型最为丰富，"责任计划"也最为明确和详细；加利福尼亚州彩票法律

最为完善，并特别规定了彩票委员会成员需有会计和执法技能；在资助内容方面，华盛顿州是将彩票公益金主要用于教育，除教育外华盛顿州还将彩票公益金用于建设体育场、展览馆等；在彩民资格方面，纽约州除规定未成年人不得购买彩票外，还特别规定了未满 21 岁的公民不得去提供酒精饮料的场所购买快速刮奖券。

综上所述，我们可以发现华盛顿州、纽约州、加利福尼亚州的彩票业在宏观制度上呈现一致性：以法律法规为依据、推行"负责任博彩"计划、州彩票委员会为最高监管机构、资助领域为社会福利事业，但是华盛顿州、纽约州、加利福尼亚州的彩票业在微观内容和发展水平上存在细微差异，彩票业最为发达的纽约州，其彩票类型、"负责任博彩"计划也最为详细。由此可见，美国各州彩票制度的完善程度与其彩票业发展水平呈正向关系，随着彩票业的发展，其相应的监管水平必须跟上彩票业的发展水平，这样才能够为彩票业的发展提供制度保证，而我国的彩票业正处于高速发展阶段，相应的配套措施却没有跟上彩票业的发展水平，美国的相关实例值得我国进行借鉴和反思。

四　中美彩票制度对比分析

在了解美国彩票业的概况和部分实例后，我们将美国彩票制度与我国的彩票制度（不包括港澳台地区）从历史沿革、现行法律法规与监管体制、彩票公益金提取比例与资助领域等方面进行对比。

（一）历史沿革

我国于 1987 年 7 月 27 日发行了第一张彩票，与美国相比，我国彩票业诞生的时间晚了两百余年。我国最初发行福利彩票的目的在于解决改革开放初期的一系列民生问题，将筹集的福利彩票基金用于发展残疾人、孤寡老人、孤儿和有困难的人的社会福利和康复事业，这一方向一直沿用至今，在很大程度上决定了我国彩票公益金的使用范围。我国福利彩票初期被称为

"有奖募捐券"或"社会福利奖券",并未直接名正言顺地被称为"福利彩票",有奖募捐的发行主要采用行政手段;1991年《关于加强彩票市场管理的通知》(国发〔1991〕68号)使用了"彩票"这一名称,规定彩票发行权属国务院,其他机构未经批准一律不得发行彩票;直到2002年,我国彩票才正式从有奖募捐走向福利彩票①。

美国彩票业诞生于18世纪中叶,与中国不同,其诞生之时就拥有福利彩票之名与实,存在上述差异的原因在于中美两国社会制度的不同。虽然美国的彩票行业在19世纪30年代到20世纪60年代被禁止,但其重新兴起年份依然早于中国,且由于其具有彩票发行的长期历史积淀,彩票业在美国很快得到了迅速发展。

(二)现行法律法规

我国的彩票业主要以2009年实行的《彩票管理条例》(中华人民共和国国务院令第554号)和2012年颁布的《彩票管理条例实施细则》(中华人民共和国财政部 中华人民共和国民政部 国家体育总局令第67号)为指导。上述条例规定了彩票资金的具体构成比例、彩票品种、彩票公益金的使用原则等内容。但上述文件仍停留在政令层面,我国尚缺乏国家和地区层面统一的专门的彩票制度法律法规,"地下黑彩""私彩""未成年人购买彩票"等现象仍层出不穷。

与中国相比,美国彩票立法较为完善。虽然美国没有联邦层面的彩票法律,但美国发行彩票的各州都有完善的州法律法规,这使得美国各州的彩票行业有法可依,能够从法律层面保证彩票行业的发展,也使彩票公益金的筹集、使用、监管都在法律的指导下进行。在法律法规的内容上,美国的彩票法律法规较侧重于对不同主体(彩票委员会、彩票经营机构、彩票零售商)的管理,而我国侧重于对彩票资金进行管理。

---

① 王治坤、宋宗合主编《中国福利彩票公益蓝皮书》,中国社会出版社,第33页。

（三）现行监管体制

我国福利彩票发行之初并未考虑到"市场监管"，直到20世纪90年代初彩票行业出现乱象后，国务院才规定我国福利彩票批准权属国务院并授权人民银行主管，民政部组织发行福利彩票，工商部门负责查处非法彩票。但这一监管并没有起到应有的效果①。1994年《关于严格彩票市场管理禁止擅自批准发行彩票的通知》，正式确定了人民银行为国务院主管彩票的机关。1999年中国人民银行和财政部联合发布《关于移交彩票监管工作的通知》，将彩票的监管职责移交财政部。2001年《进一步规范彩票管理的通知》（国发〔2001〕35号）正式规定彩票发行审批权属国务院，财政部负责起草和制定彩票管理的法规与政策、监督彩票的市场活动。

我国的福利彩票采取国务院和财政部共同监管的模式，在实际操作中，容易引起监管部门交叉管理的现象，而美国的彩票监管机构相对独立，彩票委员会和彩票公司都独立于政府机构，但彩票委员会需向政府部门汇报工作，这样的结构设计在很大程度上避免了"扯皮"现象的出现。

（四）彩票公益金提取比例

我国彩票行业的资金筹集设计上几乎照搬了发达国家的成熟模式②，总体上我国彩票公益金的比例占彩票资金的20%～35%③。不同的彩票游戏，相应的彩票公益金的比例也不同：全国性乐透数字型彩票约为36%；竞猜型彩票约为18%；视频型彩票约为22%；即开型彩票约为20%；基诺型彩票约为37%④。

美国彩票公益金的比例由各州的彩票委员会决定，一般而言不会低于20%。在彩票公益金的提取比例方面，我国与美国的差异较小。

---

① 王治坤、宋宗合主编《中国福利彩票公益蓝皮书》，中国社会出版社，第29页。
② 王治坤、宋宗合主编《中国福利彩票公益蓝皮书》，中国社会出版社，第24页。
③ 王治坤、宋宗合主编《中国福利彩票公益蓝皮书》，中国社会出版社，第4页。
④ 王治坤、宋宗合主编《中国福利彩票公益蓝皮书》，中国社会出版社，第4页。

（五）彩票公益金资助领域

我国彩票公益金的资助领域较为庞杂，主要资助社会养老服务体系与福利设施建设、残疾人、孤儿等特殊困难群体和其他社会公益项目。2016 年民政部将 11167 万元彩票公益金用于老年人、残疾人、儿童、社会公益四个领域共 20 个项目①。虽然我国彩票公益金的资助领域和资助面较为广阔，但也给我国的彩票公益金带来了较大的资金负担，在资金不足的年份容易造成部分领域资金不足的问题，资金使用的不集中容易使得对各个领域的资助都是杯水车薪。再加上占用、挪用公益金等违法和腐败行为，我国彩票机构的社会责任性和公共性受到了质疑。

而美国彩票公益金的资助领域相对集中，以教育为主，具体数据已在表1、表 2、图 7 中予以展示，此处不做赘述。

（六）小结

中美现行彩票制度情况的比较如表 4 所示。

表 4　中美彩票制度的比较

项　目　　　国　家	中国	美国
历史沿革	1987 年诞生（有奖募捐） 2002 年正式走向福利彩票	18 世纪中叶诞生 19 世纪 30 年代到 20 世纪 60 年代被禁止 20 世纪 60 年代重新兴起
法律法规	《彩票管理条例》 《彩票管理条例实施细则》 无专门的《彩票法》	发行彩票州均有专门的州彩票法律法规
监管体制	国务院和财政部共同监管：国务院负责发行审批，财政部负责法规政策与市场管理	彩票委员会领导的独立监管制度
彩票公益金提取比例	20% ~35%	一般而言不低于 20%
彩票公益金的资助领域	较为庞杂，主要为"扶老、助残、救孤、济困"四个领域	以教育为主，还包括医疗、保健、环保等公益项目

---

① 王治坤、宋宗合主编《中国福利彩票公益蓝皮书》，中国社会出版社，第 12 页。

五　对我国彩票业的启示

如上文所述，与美国相比，我国彩票制度仍存在许多亟待解决的问题，美国的彩票制度给了我们如下有益的启示，值得我们去参考借鉴。

第一，建立和健全彩票相关法律法规，以法律规范我国彩票业的发展。美国彩票业的成功经验告诉我们：彩票业发展的关键在于以专门的法律法规予以规范和指导。目前我国对彩票的管理主要以国务院、财政部、民政部、体育总局等政府机关颁布的条例、通知、办法等政策文件为主，尚未出台专门的《彩票法》，存在法律缺位问题。我国的彩票销售额逐年上升，彩民队伍也日益壮大，但彩票立法却严重滞后。这直接导致了"西安宝马彩票案"等彩票造假、纠纷等案件存在"量刑难"的问题，加重了彩票案件的司法成本，降低了司法效率。现有的政策文件强制力不足，仅靠现有的政策文件难以保证对彩票业有力、有效的监管，彩票犯罪现象层出不穷，破坏了彩票的公正性、公益性。因此，我们应当加快彩票立法的步伐，对彩票制度、彩票资金等各方面做出明确的规定，真正实现有法可依。

第二，建立和健全彩票资金信息公开制度，加强彩票资金的使用和管理。我国彩票公益金主要用于资助体育事业和社会福利事业。但与美国相比，我国彩票公益金的使用领域较为分散，提供的公共物品和公共服务没有针对性，这也就导致了各领域分到的彩票公益金数量都不多，易导致项目后续资金缺乏等问题。建议在彩票公益金使用的领域上倾向于民生项目。与美国彩票资金的监管制度相比，信息公开度不高、监管体系落后是我国彩票资金运营过程中的突出问题之一，我国的彩票资金存在占用、挪用等不规范现象，而我国还未建立彩票资金全程动态监管体系，这损害了彩票公益金的公正性和公开性。因此，国家需要建立健全彩票行业的监管制度。

第三，推动彩票管理体制改革，由多头管理向统一管理模式转变。美国的彩票业管理模式为政府直接经营管理模式，各州政府对各自范围内的彩票进行统一管理，而我国目前存在民政部管理的福利彩票管理体系和体委管理的体育彩票管理体系，这把我国的彩票市场按部门切割成了若干块，多头管理在无形之中增加了彩票发行成本。若采用统一管理的方式，再加上监管体系的建立，有助于提升彩票资金的使用效率，保证彩票资金的公益性。

第四，推动现代化技术广泛运用于彩票业之中。美国彩票销售采取计算机抽取随机号码的方式，且计算机不参与联网，这从技术上避免了人工操作带来的作弊问题，有助于提升彩票业的公平性和塑造彩票业在公众面前的形象。因此，我们可以采用现代化技术来推动我国传统的彩票业改革，除销售方式改革之外，还可以创新彩票产品类型，增强彩票产品的娱乐性和趣味性，满足广大彩民的博彩需求，吸引公众的参与。

附　　录

Appendix

B.14
中国彩票公益金相关政策大事记

★**1989 年 2 月 17 日，中募委发布《有奖募捐社会福利资金使用试行办法》**

颁布背景：中募委第一个关于社会福利资金使用的专门文件。

基本内容：有奖募捐社会福利资金的使用范围被指定在四个方面：兴办为残疾人、老年人、孤儿服务的社会福利事业，帮助有困难的人；资助社会福利企业；发展社区服务；按中募委有关文件规定的条件和比例，解决本级发行流动资金的困难。

★**1991 年 9 月 6 日，中募委发布《有奖募捐社会福利资金管理使用办法》**

颁布背景：在试行 31 个月之后，"试行办法"顺利转正。

基本内容：有奖募捐社会福利资金属于社会资金，是对国家发展社会福利事业资金的补充，不冲抵中央和地方安排的社会福利事业费和固定资产投资额的预算。

★1995 年 12 月 1 日，中募委颁发《关于加强有奖募捐社会福利资金规范化管理的意见》

颁布背景：《有奖募捐社会福利资金管理使用办法》颁布之后，仍存在一些问题，为更好地贯彻执行该办法，使社会福利资金的管理进一步走向规范。

基本内容：严肃纪律，严禁挤占、挪用和对外借贷福利资金；做出规划，加快福利资金的投放速度；严守资助范围、统一项目名称；建立健全项目评审机构，按照规定原则和程序审批；规范申报内容、健全资助项目档案；加强检查监督。

★1998 年 9 月 1 日，国家体育总局、财政部、中国人民银行发布了《体育彩票公益金管理暂行办法》

颁布背景：强化体育彩票公益金的使用和管理。

基本内容：国家体育总局是体彩公益金管理的行政职能部门，负责对全国公益金的管理和监督检查。体育彩票管理中心在体育行政部门领导下，负责日常公益金的收缴事宜。并对公益金的来源及构成、专户管理、公益金的使用等方面做出规定，明确体彩公益金按预算外资金管理办法纳入财政专户，实行收支两条线管理。

★1998 年 10 月 5 日，财政部、民政部联合发布《关于印发〈社会福利基金使用管理暂行办法〉的通知》

颁布背景：为了强化社会福利基金的管理，提高社会福利基金的社会效益和经济效益。

基本内容：对基金管理、基金使用、审批程序、监督检查等方面做出规定，并明确社会福利基金必须全额纳入预算外资金财政专户管理，实行收支两条线。

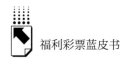

★**1999 年 3 月 16 日，民政部印发《关于社会福利基金筹集、管理与使用规定的通知》**

颁布背景：更好地贯彻《社会福利基金使用管理暂行办法》。

基本内容：对社会福利基金筹集和收缴、财政专户缴款和财务管理以及福利基金的使用等方面做出相应规定。

★**2001 年 10 月 30 日，国务院《关于进一步规范彩票管理的通知》正式发布，并于 2002 年 1 月 1 日正式实施**

颁布背景：为进一步加强对彩票市场的监督管理，规范彩票发行和销售行为，适当扩大彩票发行规模，支持社会保障事业。

基本内容：国家对彩票发行收入的资金结构进行了重大调整，彩票公益金分配体制也发生了根本性改变。根据通知要求，从 2002 年起，将公益金的比例从不低于 30% 提高至不低于 35%，发行经费从不得高于 20% 降低至不得高于 15%。

此外，财政部会同民政部、国家体育总局分别按照 80 亿元彩票发行额度确定民政、体育部门彩票公益金分配基数。基数以内的彩票公益金，由民政和体育部门继续按规定的范围使用；超过基数的彩票公益金，20% 由民政和体育部门分别分配使用，80% 上交财政部，纳入全国社会保障基金，统一管理和使用，并按照"收支两条线"的原则对彩票发行收入实行专户管理。

★**2002 年 2 月 9 日，财政部发布《关于制止对纳入财政专户管理的彩票资金征收调节费的通知》**

颁布背景：一些地方政府以政府调节基金、山区发展基金、城市住房基金、省长基金等各种明目，对纳入财政专户管理的彩票公益金征收调节费。

基本内容：规定任何地方和部门无权改变已纳入财政专户管理的公益金用途，不得征收任何名目的调节费。

★**2003 年 4 月 22 日，财政部、中国红十字会总会关于印发《中国红十字会总会彩票公益金管理办法》的通知**

颁布背景：为了规范中国红十字会总会彩票公益金的使用管理，提高项目资金使用效益。

基本内容：项目资金必须严格按资金使用计划的规定使用，不得用于与项目无关的其他支出。任何组织、机构和个人不得以任何形式平调、挤占、挪用。项目资金具体用于"红十字博爱送万家"活动和救灾物资储备、红十字会卫生救护师资培训、中国造血干细胞捐献者资料库总库和省级分库网络建设及捐献者检测。

★**2005 年 6 月 13 日，财政部下发《关于调整足球彩票和网点即开型彩票资金构成比例的通知》**

颁布背景：为了改善彩票市场结构，打击非法彩票等赌博活动，促进彩票市场健康发展

基本内容：从 2005 年 9 月 1 日起，对已上市销售的足球彩票的资金构成比例调整为：返奖奖金 65%，发行经费 13%，公益金 22%；网点即开型彩票的资金构成比例调整为：返奖奖金 65%，发行经费 15%，公益金 20%。

★**2006 年 3 月 29 日，财政部下发《关于调整彩票公益金分配政策的通知》**

颁布背景：为促进社会公益事业统筹协调发展，有利于形成彩票公益金与彩票市场良性互动的发展机制。

基本内容：对彩票公益金分配政策做出调整，即彩票公益金在中央与地方之间，按 50:50 的比例分配；中央集中的彩票公益金，在社会保障基金、专项公益金、民政部和国家体育总局之间，按 60%、30%、5% 和 5% 的比例分配；地方留存的彩票公益金，将福利彩票和体育彩票分开核算，坚持按彩票发行宗旨使用，由省级人民政府财政部门商民政、体育部门研究确定分配原则。

★2007 年 11 月 25 日，财政部印发《彩票公益金管理办法》

颁布背景：为规范和加强彩票公益金筹集、分配和使用管理，建立健全彩票公益金监督机制。

基本内容：自 2008 年起，彩票公益金按政府性基金管理办法纳入预算管理。调整了彩票公益金收缴办法、规范了彩票公益金使用项目的审批程序，建立了彩票公益金筹集、分配、使用情况的报告和公告制度。

★2009 年 5 月 4 日，时任国务院总理温家宝签署第 554 号国务院令，公布《彩票管理条例》，自 2009 年 7 月 1 日起施行

颁布背景：为了加强彩票管理、规范彩票市场发展、维护彩票市场秩序、保护彩票参与者的合法权益、促进社会公益事业发展

基本内容：对彩票的发行和销售管理、开奖和兑奖管理、资金管理、法律责任等方面做出规定，其中关于公益金部分，规定彩票公益金按照政府性基金管理办法纳入预算，实行收支两条线管理。彩票公益金的分配政策，由国务院财政部门会同国务院民政、体育行政等有关部门提出方案，报国务院批准后执行。

★2011 年 12 月 16 日，国务院办公厅发布《关于印发社会养老服务体系建设规划（2011～2015 年）的通知》

颁布背景：积极应对人口老龄化，建立起与人口老龄化进程相适应、与经济社会发展水平相协调的社会养老服务体系，实现党的十七大确立的"老有所养"的战略目标和十七届五中全会提出的"优先发展社会养老服务"的要求。

基本内容：社会养老服务体系建设资金需多方筹措，多渠道解决。地方各级政府要切实履行基本公共服务职能，强化在社会养老服务体系建设中的支出责任，安排财政性专项资金，支持公益性养老服务设施建设。民政部本级福利彩票公益金及地方各级彩票公益金要增加资金投入，优先保障社会养老服务体系建设。

★2012 年 1 月 18 日，财政部、民政部、国家体育总局发布《彩票管理条例实施细则》，自 2012 年 3 月 1 日起施行

颁布背景：为进一步加强彩票监督管理、规范彩票市场运行、保障彩票参与者合法权益、维护彩票市场正常秩序、提升国家彩票公信力。

基本内容：《彩票管理条例实施细则》是根据《彩票管理条例》制定的，进一步细化了《彩票管理条例》的各项规定，充分吸收了中国现行彩票管理的成功做法，合理借鉴了国际彩票管理的成熟经验，对彩票管理职责、彩票发行销售、彩票开奖兑奖、彩票资金管理等做出了明确规定。

★2012 年 3 月 2 日，财政部修订印发了《彩票公益金管理办法》

颁布背景：为了规范和加强彩票公益金筹集、分配和使用管理，健全彩票公益金监督机制，提高资金使用效益。

基本内容：将"中央与地方公益金 50∶50 的比例分配"修订为"根据国务院批准的彩票公益金分配政策和财政部批准的提取比例，按照每月彩票销售额据实结算后分别上缴中央财政和省级财政。逾期未兑奖的奖金由彩票销售机构上缴省级财政，全部留归地方使用"。这一调整也使得中央与地方"50∶50"的彩票公益金配比关系被打破。

★2012 年 3 月 29 日，全国社会养老服务体系建设工作会议召开

颁布背景："十一五"期间，我国初步建立了适度普惠的老年福利制度，初步实现了居家、社区、机构养老服务的共同发展和相互衔接，初步建立了较为完善的发展机制。但针对我国社会养老服务的供需矛盾仍然突出。

基本内容：会上，民政部部长李立国要求各级民政部门要多渠道筹措资金，建立以地方政府投入为主，中央补助、福利彩票公益金资助、社会捐赠资金相结合的资金投入机制，持续加大对社会养老服务体系建设的投入。在全面部署"十二五"期间社会养老服务体系建设工作时强调，民政部和地方要将福利彩票公益金每年留存部分按不低于 50% 的比例集中使用于社会养老服务体系建设，对不能达到这一比例的省份，民政部将不予资助。

★**2013 年 4 月 28 日，财政部、民政部印发《中央专项彩票公益金支持农村幸福院项目管理办法》的通知**

颁布背景：为了规范和加强中央专项彩票公益金支持农村幸福院项目管理工作

基本内容：该办法所称农村幸福院，是指由村民委员会进行管理，为农村老年人提供就餐、文化娱乐等照料服务的公益性活动场所。包括农村老年人日间照料中心、托老所、老年社、老年人活动中心等。项目资金使用范围是设施修缮和设备用品配备。项目资金标准为每个项目补助 3 万元。

★**2013 年 9 月 6 日，国务院发布《关于加快发展养老服务业的若干意见》**

颁布背景：近年来，我国养老服务业快速发展，以居家为基础、社区为依托、机构为支撑的养老服务体系初步建立，老年消费市场初步形成，老龄事业发展取得显著成就。但总体上看，养老服务和产品供给不足、市场发育不健全、城乡区域发展不平衡等问题还十分突出。

基本内容：民政部本级彩票公益金和地方各级政府用于社会福利事业的彩票公益金，要将 50% 以上的资金用于支持发展养老服务业，并随老年人口的增加逐步提高投入比例。国家根据经济社会发展水平和职工平均工资增长、物价上涨等情况，进一步完善落实基本养老、基本医疗、最低生活保障等政策，适时提高养老保障水平。要制定政府向社会力量购买养老服务的政策措施。

★**2013 年 12 月 23 日，财政部、国家体育总局发布《关于印发〈中央集中彩票公益金支持体育事业专项资金管理办法〉的通知》**

颁布背景：为规范和加强中央集中彩票公益金支持体育事业专项资金使用管理，提高资金使用效益。

基本内容：彩票公益金纳入政府性基金预算管理，专款专用，结转和结余按规定使用。彩票公益金补助范围包括群众体育和竞技体育，其中用于群众体育的比例不低于 70%，用于竞技体育的比例不高于 30%。

★**2013 年 12 月 23 日，财政部、民政部发布《关于印发〈城乡医疗救助基金管理办法〉的通知》**

颁布背景：为规范城乡医疗救助基金的管理和使用，提高使用效益

基本内容：城乡医疗救助基金纳入社会保障基金财政专户（以下简称社保基金专户），实行分账核算，专项管理，专款专用。县级财政部门将原来在社保基金专户中分设的"城市医疗救助基金专账"和"农村医疗救助基金专账"进行合并，建立"城乡医疗救助基金专账"，用于办理基金的筹集、核拨、支付等业务。

★**2014 年 6 月 18 日，财政部、民政部关于印发《中央专项彩票公益金支持精神病人福利机构项目管理办法》的通知**

颁布背景：为了规范和加强中央专项彩票公益金支持精神病人福利机构项目管理工作。

基本内容：两部门明确，2014～2015 年，利用中央财政安排的中央专项彩票公益金支持建设精神病人福利机构。获支持机构专指对城镇"三无"、农村五保、流浪乞讨人员、复员退伍军人等城乡特殊困难群体中精神障碍患者开展救治、救助、康复、护理和照料等服务的精神病人社会福利院。

两部门要求，精神病人社会福利院项目所获资金须用于机构新建、迁建、改扩建和配置设备。其中，新建、迁建资助标准为每个 3000 万元，改扩建资助标准为每个 2000 万元。

项目将重点资助在本地区具有填补空白意义或有辐射示范和带动作用的，具有精神障碍患者救治、救助、康复、长期护理照料等服务功能的精神病人福利机构。

★**2014 年 8 月 11 日，国家体育总局印发《彩票公益金资助项目宣传管理办法》的通知**

颁布背景：为进一步加强体育彩票公益金使用管理，规范体育彩票公益

金宣传，促进体育彩票事业健康发展。

基本内容：根据体育彩票公益金使用方向和资助项目类别，国家体育总局同时制订了《体育彩票公益金资助项目目录》，并将根据资助项目类别变化适时对目录做出调整。各省（区、市）体育局可依据地方工作实际情况，对资助项目进行归类划分，并按《体育彩票公益金资助项目宣传管理办法》要求开展体育彩票公益金宣传。

★2014 年 10 月 19 日，民政部印发《关于民政部门利用福利彩票公益金向社会力量购买服务的指导意见》

颁布背景：为充分发挥福利彩票公益金引导作用，在创新社会治理中增强社会发展活力，促进社会福利事业和相关公益事业发展。

基本内容：福彩公益金购买服务，是指遵照福彩公益金的使用规定，通过发挥市场机制作用，把民政部门直接向社会公众提供的一部分福利服务和公共服务事项，按照一定的方式和程序，交由具备条件的承接主体承担，并根据其服务数量和质量，按计划支付福彩公益金。意见指出，福彩公益金购买服务的主体是各级民政部门。政府设立的提供特定福利服务的主体，如养老机构、残疾人福利机构、儿童福利机构等，不能作为福彩公益金购买服务的主体。购买内容方面，意见提出，要按照《彩票管理条例》和《彩票公益金管理办法》中规定的彩票公益金使用范围，重点资助适合采取市场化方式提供、社会力量能够承担的扶老、助残、救孤、济困等福利服务和相关公益服务项目。到 2020 年，在全国基本建立比较完善的福彩公益金购买服务制度。

★2015 年 4 月 22 日，国家发展改革委办公厅、民政部办公厅、全国老龄办综合部发布《关于进一步做好养老服务业发展有关工作的通知》

颁布背景：自《国务院关于加快发展养老服务业的若干意见》实施以来，养老服务业发展态势良好，发展环境得到明显改善，社会资本投入积极性显著提高，政策效果逐步显现。

基本内容：各地要优化投资结构，进一步加大政府投入支持养老服务体系建设。要确保将政府用于社会福利事业的彩票公益金 50% 以上用于养老服务业。同时发挥好政府投资引导作用，积极支持社会资本进入。发展改革部门要会同民政部门做好 2015 年度中央预算内投资计划有关工作，以老年养护院等专业养老服务设施和社区老年人日间照料中心等社区养老设施为建设重点，加强组织协调，确保项目建设进度和质量，并做好养老服务项目储备。

★2015 年 11 月 16 日，财政部发布《关于进一步规范和加强彩票资金构成比例政策管理的通知》

颁布背景：为进一步规范和加强彩票资金构成比例政策管理，彰显国家彩票的公益性和社会责任，促进彩票事业平稳健康发展。

基本内容：明确我国将调整彩票资金构成比例，在保障彩票公益金比例最低不得低于 20% 的同时，合理控制彩票发行费比例。

★2016 年 3 月 7 日，民政部印发《民政部本级彩票公益金使用管理办法》的通知

颁布背景：为加强民政部本级彩票公益金使用管理，明确管理责任，规范管理程序，提高资金使用效益。

基本内容：通知规定，公益金使用应当遵循福利彩票"扶老、助残、救孤、济困"的发行宗旨，公益金的使用管理应体现"公平、公正、公开"的原则，按照"谁使用、谁管理、谁负责"的要求实行归口管理，并纳入民政部权力清单，按照权力清单规定进行规范操作。

★2016 年 6 月 20 日，财政部、中央文明办、教育部发布《关于印发〈中央专项彩票公益金支持乡村学校少年宫项目资金管理办法〉的通知》

颁布背景：为规范和加强中央专项彩票公益金支持乡村学校少年宫项目资金管理。

基本内容：项目资金主要用于对在中央精神文明建设指导委员会办公室和教育部指导下地方开展的乡村学校少年宫项目所需资金的补助，包括修缮装备补助、运转补助等。由项目资金资助修缮的场所、设施设备和公益性活动，应当在显著位置标识"彩票公益金资助——中国福利彩票和中国体育彩票"字样。

★2016 年 10 月 14 日，民政部关于印发《民政部彩票公益金本级项目立项和评审办法》的通知

颁布背景：为规范民政部彩票公益金本级项目立项审核和预算评审工作。

基本内容：规定可以申报立项的项目内容，其中，社会公益类项目总额（含本级项目和补助性地方项目）不超过民政部彩票公益金总额的10%。

★2016 年 11 月 17 日，国务院办公厅发布《关于对真抓实干成效明显地方加大激励支持力度的通知》

颁布背景：为充分发挥中央和地方的积极性，鼓励各地从实际出发干事创业，推动形成主动作为、竞相发展的良好局面，国务院决定，根据每年国务院大督查和日常督查情况，对落实有关重大政策措施真抓实干、取得明显成效的地方，采取相应措施予以激励支持。

基本内容：该通知第二十二条对落实养老服务业支持政策积极主动、养老服务体系建设成效明显的省（区、市），在安排中央补助及有关基础设施建设资金、遴选相关试点项目方面给予倾斜支持（国家发展改革委、财政部、民政部负责）。

★2016 年 12 月 7 日，国务院办公厅发布《关于全面放开养老服务市场提升养老服务质量的若干意见》

颁布背景：尽管我国养老服务业快速发展，产业规模不断扩大，服务体系逐步完善，但仍面临供给结构不尽合理、市场潜力未充分释放、服务质量有待提高等问题。随着人口老龄化程度不断加深和人民生活水平逐步提高，老年群体多层次、多样化的服务需求持续增长，对扩大养老服务有效供给提出了更高要求。

基本内容：完善财政支持政策。各地要建立健全针对经济困难的高龄、失能老年人的补贴制度，统一设计、分类施补，提高补贴政策的精准度。对养老机构的运行补贴应根据接收失能老年人等情况合理发放。各级政府要加大投入，支持养老服务设施建设，切实落实养老机构相关税费优惠政策，落实彩票公益金支持养老服务体系建设政策要求。鼓励各地向符合条件的各类养老机构购买服务。

★2016 年 12 月 28 日，国家发展改革委、财政部、民政部关于印发《养老服务体系建设中央补助激励支持实施办法》的通知

颁布背景：为落实《国务院办公厅关于对真抓实干成效明显地方加大激励支持力度的通知》（国办发〔2016〕82 号）要求，客观、全面、准确地反映地方工作成效，充分体现鼓励真抓实干、主动作为的政策导向。

基本内容：福利彩票公益金的支持领域涉及加快养老服务设施建设，提高护理型养老床位、民办养老机构床位比例，完善社区养老服务设施网络，培育居家服务组织和机构，提高城乡居家和社区养老服务覆盖率，建立健全经济困难的高龄、失能老年人等补贴制度等。

在资金奖励方面，国家发展改革委、民政部将在安排下一年度养老服务体系（设施）建设中央预算内投资计划时，从该专项中央预算内投资总量中单独切出一部分，对表彰省份予以资金倾斜。财政部、民政部在安排下一年度民政部本级彩票公益金补助地方老年人福利类项目时，通过工作绩效因素（占 10% 权重），对表彰省份予以资金倾斜。

★2017 年 2 月 10 日，财政部、民政部发布《中央财政支持居家和社区养老服务改革试点补助资金管理办法》的通知

颁布背景：为规范和加强中央财政支持居家和社区养老服务改革试点的

专项彩票公益金管理，提高资金使用效益。

基本内容：本办法所称支持居家和社区养老服务改革试点的中央专项彩票公益金（以下简称补助资金），是指 2016～2020 年，中央财政安排的用于支持试点地区开展居家和社区养老服务改革试点的中央专项彩票公益金。省级财政部门收到中央财政下达的补助资金后（以预算文件印发日为准），应于 1 个月内将补助资金下达到试点地区。

★2017 年 6 月 12 日，民政部办公厅印发《民政部彩票公益金项目督查办法（试行）》的通知

颁布背景：为加强对民政部彩票公益金项目的监管，提高彩票公益金使用效益。

基本内容：民政部门应当定期或不定期地对项目单位的项目实施过程进行督导和检查。督查形式包括审计、约谈、函询、查阅档案资料、实地检查等。督查主要内容包括：项目单位管理制度的健全性；预算执行情况、资金使用合法合规性；项目完成情况；项目目标是否发生偏离；信息公开和宣传情况等。

★2017 年 6 月 12 日，民政部发布《民政部彩票公益金使用管理信息公开办法（试行）》

颁布背景：为加强和规范对民政部彩票公益金使用管理的社会监督。

基本内容：规定公益金使用管理信息公开遵循真实、准确、完整、及时、便民的原则，谁使用、谁分配、谁管理、谁公开，做到应公开尽公开。各级民政部门、各申报公益金项目预算的民政部门内设机构和直属单位是公益金使用管理信息公开的责任主体。

★2017 年 11 月 22 日，财政部、民政部印发《中央集中彩票公益金支持社会福利事业资金使用管理办法》的通知

颁布背景：为规范和加强中央集中彩票公益金支持社会福利事业资金管

理，提高资金使用效益。

基本内容：彩票公益金用于老年人福利类项目预算总额不得低于彩票公益金总额的 50%。重大政策调整涉及彩票公益金分配比例的，按照相关规定执行。

★2018 年 5 月 26 日，民政部印发《民政部彩票公益金使用管理办法》，《民政部本级彩票公益金使用管理办法》同时废止

颁布背景：为加强民政部彩票公益金使用管理，明确管理责任，规范管理程序，提高资金使用效益。

基本内容：公益金纳入政府性基金预算管理，专款专用。公益金使用管理应当严格执行国家法律法规和财务规章制度。公益金的使用管理体现"公平、公正、公开"原则，按照"谁使用、谁管理、谁负责"的要求实行归口管理，并纳入民政部权力清单，按照权力清单规定进行规范操作。公益金预算分为民政部项目支出预算和补助地方支出预算两部分。补助地方项目资金分配应当以因素法为主。

★2018 年 5 月 26 日，民政部印发《民政部彩票公益金民政部项目立项和评审办法》，《民政部彩票公益金本级项目立项和评审办法》同时废止

颁布背景：为规范民政部彩票公益金中民政部项目立项审核和预算评审工作。

基本内容：明确了可以申报立项的项目范围，以及相应的申报流程。并要求每年 4 月 10 日前，项目申报单位应当根据民政部重点工作安排向归口管理单位提出立项申请。

★2018 年 5 月 26 日，民政部印发《民政部彩票公益金项目督查办法》，《民政部彩票公益金项目督查办法（试行）》同时废止

颁布背景：为加强对民政部彩票公益金项目的监管，提高彩票公益金使用效益。

基本内容：民政部门应当定期或不定期地对项目单位的项目实施过程进行督导和检查。督查形式包括审计、约谈、函询、查阅档案资料、实地检查等。督查主要内容包括：项目单位管理制度的健全性；预算执行情况、资金使用合法合规性；项目完成情况；项目目标是否发生偏离；信息公开和宣传情况等。民政部应当结合实际随机选取一定数量的民政部项目委托第三方审计机构开展审计。

★2018 年 5 月 26 日，民政部印发《民政部彩票公益金使用管理信息公开办法》，《民政部彩票公益金使用管理信息公开办法（试行）》同时废止

颁布背景：为加强和规范对民政部彩票公益金使用管理的社会监督。

基本内容：规定公益金使用管理信息公开遵循真实、准确、完整、及时、便民的原则，谁使用、谁分配、谁管理、谁公开，做到应公开尽公开。

★2018 年 5 月 26 日，民政部印发《民政部彩票公益金服务和其他类项目管理办法》，《民政部彩票公益金本级服务和其他类项目管理办法（试行）》同时废止

颁布背景：为加强和规范民政部彩票公益金服务和其他类项目的资金使用和管理。

基本内容：明确社会事务司是儿童福利类有关项目的归口管理单位。社会福利和慈善事业促进司是老年人福利类、残疾人福利类和其他基本生活特别困难人员有关项目的归口管理单位，同时作为公益金使用管理统筹协调单位。规划财务司是服务和其他类项目的公益金核拨单位。申请设立、实施服务和其他类项目的民政部机关司（局）和直属单位等，是该类项目的项目单位。

服务和其他类项目实行项目负责人负责制。项目单位主要负责人对所承担项目资金的使用和效益负责。

★**2018 年 5 月 26 日，民政部印发《民政部彩票公益金培训项目管理办法》，《民政部彩票公益金本级培训项目管理办法（试行）》同时废止**

颁布背景：为加强对民政部彩票公益金培训项目的管理，规范举办培训行为和资金使用，提高培训质量和实际效果。

基本内容：规定培训项目应符合福利彩票"扶老、助残、救孤、济困"的发行宗旨，为老年人、残疾人、儿童和其他基本生活特别困难人员等提供服务和支持。已由财政资金支持的培训班，不再安排彩票公益金支持举办。

培训项目实行项目管理与计划管理相结合。项目管理是指按照业务领域由相关单位申请立项、组织实施、总结督查。计划管理是指在培训项目通过立项评审列入年度预算后，由人事司按照相关程序将其编入民政部年度培训计划，有关单位依照计划组织实施。

★**2018 年 12 月 7 日，国家体育总局发布《体育彩票公益金资助项目宣传管理办法》**

颁布背景：为了进一步加强体育彩票公益金使用管理，规范体育彩票公益金宣传和促进体育彩票事业健康发展。

基本内容：重点完善了公益金资助项目信息的公开规范，公益金资助项目宣传工作的监督检查机制。

★**2018 年 12 月 10 日，国务院办公厅发布《关于对真抓实干成效明显地方进一步加大激励支持力度的通知》**

颁布背景：为进一步健全正向激励机制，充分激发和调动各地从实际出发干事创业的积极性、主动性和创造性，促进形成担当作为、竞相发展的良好局面，国务院决定，根据新形势新任务新要求，将 2016 年实施的 24 项督查激励措施调整增加为 30 项督查激励措施，对落实有关重大政策措施真抓实干、取得明显成效的地方进一步加大激励支持力度。

基本内容：该通知第二十六条对落实养老服务业支持政策积极主动、养老服务体系建设成效明显的省（区、市），在安排中央补助及有关基础设施

建设资金、遴选相关试点项目方面给予倾斜支持（国家发展改革委、财政部、民政部负责）。

★2019年4月16日，国务院办公厅发布《关于推进养老服务发展的意见》

颁布背景：党的十八大以来，出台了加快发展养老服务业、全面放开养老服务市场等政策措施，养老服务体系建设取得显著成效。但总的来看，养老服务市场活力尚未充分激发，发展不平衡不充分、有效供给不足、服务质量不高等问题依然存在，人民群众养老服务需求尚未得到有效满足。

基本内容：提升政府投入精准化水平。民政部本级和地方各级政府用于社会福利事业的彩票公益金，要加大倾斜力度，到2022年要将不低于55%的资金用于支持发展养老服务。接收经济困难的高龄失能老年人的养老机构，不区分经营性质按上述老年人数量同等享受运营补贴，入住的上述老年人按规定享受养老服务补贴。将养老服务纳入政府购买服务指导性目录，全面梳理现行由财政支出安排的各类养老服务项目，以省为单位制定政府购买养老服务标准，重点购买生活照料、康复护理、机构运营、社会工作和人员培养等服务。

★2019年5月10日，国务院办公厅发布《关于对2018年落实有关重大政策措施真抓实干成效明显地方予以督查激励的通报》

颁布背景：为进一步健全正向激励机制，更好地发挥中央和地方两个积极性，促进形成担当作为、竞相发展的良好局面，根据《国务院办公厅关于对真抓实干成效明显地方进一步加大激励支持力度的通知》，对相应省市县等予以督查激励。

基本内容：2019年对推进养老项目建设成效明显的地方，在安排年度养老服务体系建设中央预算内投资计划时，在原有投资分配基础上增加5%的奖励；对健全养老服务体系成效明显的地方，在安排年度福利彩票公益金补助地方老年人福利类项目资金时，通过工作绩效因素予以资金倾斜（国家发展改革委、财政部、民政组织实施）。

B.15
基金会参与彩票公益金
项目相关政策文件

一 中国教育发展基金会

1.《财政部 教育部关于印发〈中央专项彩票公益金教育助学项目管理和实施暂行办法〉的通知》（财教〔2008〕292号）

出台时间：2008年10月

出台背景：经国务院批准，财政部从中央集中彩票公益金中安排教育助学项目，用于资助中西部县镇和农村普通高中家庭经济特别困难学生完成学业。教育助学项目由中国教育发展基金会负责各项日常工作，并由各相关省份（兵团）和县级财政、教育部门和相关普通高中共同组织实施。为规范项目的管理和实施，保证资助工作顺利进行，根据国家有关法律、法规和财政部有关项目资金管理的要求与规定，我们制定了《中央专项彩票公益金教育助学项目管理和实施暂行办法》。

主要内容：公益金教育助学项目的管理和实施规则

状态：目前已经废止

附：《中央专项彩票公益金教育助学项目管理和实施暂行办法》

第一章　总　则

第一条　为规范中央专项彩票公益金教育助学项目资金（以下简称项目资金）的使用和管理，确保中西部地区普通高中学生资助工作的顺利实施，根据国家有关法律、法规和财政部有关项目资金管理要求和规定，制定本办法。

第二条　中央专项彩票公益金教育助学项目是国家资助家庭经济困难学

生政策体系的组成部分，财政部、教育部委托中国教育发展基金会（以下简称基金会）负责具体操作。

第三条　中央专项彩票公益金教育助学项目的执行和操作要坚持"公开公正透明、量入为出、专款专用"的原则。

第二章　资助范围对象申请办法和标准

第四条　中央专项彩票公益金教育助学项目的资助范围与对象，为我国中西部地区各省份和新疆生产建设兵团县镇农村公办普通高中家庭经济特别困难的在校 1～3 年级学生。

第五条　申请项目资金的学生必须具备下列条件：

1. 热爱社会主义祖国；

2. 遵守学校的各项规章制度；

3. 诚实守信，品德优良；

4. 勤奋学习，积极上进；

5. 生活俭朴，家庭经济特别困难。

第六条　中央专项彩票公益金教育助学项目应优先资助：孤残学生、父母丧失劳动能力学生、少数民族学生、烈士子女与单亲家庭经济特别困难学生、农村绝对贫困家庭学生、享受城镇居民最低生活保障政策家庭和因突发事件导致家庭经济特别困难学生、农村计划生育独生子女和双女户家庭学生。

第七条　凡符合上述要求、愿意申请资助的学生均可向所在学校以书面形式提出申请，并须由学生本人如实填写"中央专项彩票公益金教育助学项目家庭经济特别困难学生申请表"（见附表1）。填写后的申请表一律报所在学校设定的相关专门机构。

第八条　项目资金主要用于资助家庭经济特别困难学生的生活费，资助标准为每生每学年 1000 元。

第三章　项目资金的分配与资助对象的核定

第九条　项目资金的拨付程序为：财政部拨款至教育部，教育部再拨款至基金会，基金会拨付学校，学校发放给学生。

第十条　基金会每年根据项目资金总额和普通高中在校生人数，经财政部、教育部同意后将分配额度分配到各地有关省（自治区、直辖市）和新疆生产建设兵团教育行政部门，并抄送省级财政部门备案；省级教育行政部门根据上述额度和人数，参照本地区家庭经济困难学生的实际分布情况，通过相关县级教育行政部门，将资助额度和人数分配到相关公办普通高中，并抄送县级财政部门备案。

第十一条　相关公办普通高中具体负责本校学生的申请工作，并严格按照公开、公平、公正的原则，对申请学生的资格、条件进行初审。经初审通过的学生名单必须在校内进行为期不少于 5 天的公示。公示中，如有异议，学校必须及时进行调查、核实，并做出相应处理；对经公示无异议的学生名单，则由学校填写"中央专项彩票公益金教育助学项目受助学生所在学校相关信息表"（见附表 2），按规定时间报县级教育行政部门复核。

第十二条　县级教育行政部门对本县有关学校上报的学生名单进行复核，复核通过后，则填写"中央专项彩票公益金教育助学项目资助学生名单县级汇总表"（见附表 3）和"中央专项彩票公益金教育助学项目相关信息县级汇总表"（见附表 4）。附表 3、附表 4 填写后，凡有条件的，均应将这两张表格的电子版刻录成光盘，同时打印出纸质表格；无条件制作光盘的，则可提供两张表格的电子版。光盘（或电子版）和纸质表格各一式两份，上报省级教育行政部门汇总和再审核。

第十三条　省级教育行政部门对全省中央专项彩票公益金教育助学项目资助的学生名单进行汇总和再核后，填写"中央专项彩票公益金教育助学项目省级汇总表"（见附表 5），连同各相关县（团场）上报的上述光盘（电子版）和纸质表格（各一份），按基金会规定时间寄送中国教育发展基金会终审。

第四章　项目资金的发放

第十四条　基金会收到相关各省（自治区、直辖市）和新疆生产建设兵团上述第十三条的有关材料后，对上报的申请资助的学生名单按地区组织终审，并在基金会网站上公布终审结果。如无异议，基金会在 15 个工作日

内通过基金会的银行拨款批量处理系统，将每所公办高中每学年应得的项目资金，分两学期核拨到相关学校。

第十五条 相关公办普通高中收到项目资金后，按资助标准（每人每年1000元，每人每学期500元）在5个工作日内发放到每位受助学生手上，并组织学生签收。

第十六条 各相关公办普通高中均要建立中央专项彩票公益金教育助学项目受资助学生档案，由受助学生本人签字的签收单一律要造册登记并保存3年，以备基金会和上级部门检查。

第五章 项目资金管理

第十七条 基金会和相关公办普通高中均要建立专账予以反映，保障项目资金的安全和正确使用。任何人、任何部门都不得截留、挤占、挪作他用或拖延支付。项目资金只用于解决学生的生活困难，必须专款专用，各学校不得以任何借口抵扣为受助学生上交的学费等费用。

第十八条 各相关普通高中的校长为本校实施中央专项彩票公益金教育助学项目工作的直接责任人，对本校受助学生评定的公正性及项目资金的专款专用负责。

第十九条 基金会接受相关部门审计并将审计结果报财政部和教育部。

第二十条 基金会定期向财政部、教育部汇报中央专项彩票公益金教育助学项目执行、落实、检查、评估等有关情况。

第六章 监督检查

第二十一条 财政部、教育部将加强对基金会项目执行情况的监督检查。监督检查的重点内容为：

1. 基金会是否建立专账予以反映项目资金情况，项目资金是否专款专用；

2. 基金会是否在规定时间内将项目资金拨付到相关学校；

3. 基金会在项目执行过程中是否有其他违反本办法规定的情况。

第二十二条 基金会必须加强对中央专项彩票公益金教育助学项目执行、落实情况的日常检查与监督。监督检查的重点内容为：

1. 项目资金是否真正落实到应该受资助学生身上；

2. 项目资金在相关公办普通高中是否专款专用，是否存在违背本办法规定的行为；

3. 相关公办普通高中对项目资金的使用情况和相关档案制度是否建立和健全，具体操作方面是否达到本办法的要求。

第二十三条　接到对经终审接受资助学生名单的举报，基金会将及时查清原因，并做出认真、严肃处理，处理结果亦在网站上公布。

第二十四条　在中央专项彩票公益金教育助学项目的执行过程中，如发现截留、挤占、挪用、拖延支付、扣抵项目资金，或弄虚作假、资助学生名不副实等问题，基金会将会同有关方面严肃查处，并将根据情节轻重，做出如下处理：责任在校领导的，除依法依规追究该领导的责任外，一律暂停中央专项彩票公益金教育助学项目在该校的执行，责其限期整顿；责任在县级或省级教育行政部门的，除依法依规追究相关人员的责任外，一律暂停中央专项彩票公益金教育助学项目在该县、该省的执行，责其限期整顿。对上述违规行为，一律通过网上公布或内部通报的形式，予以批评。

第七章　附　则

第二十五条　本办法由财政部、教育部负责解释。

第二十六条　本办法自印发之日起执行。

2.《中央专项彩票公益金滋蕙计划管理和实施暂行办法》

出台时间：2011 年

出台背景：滋蕙计划是指使用中央专项彩票公益金奖励品学兼优的普通高中家庭经济困难学生。滋蕙计划由财政部、教育部委托中国教育发展基金会负责具体操作。为规范中央专项彩票公益金滋蕙计划的管理和实施，提高资金使用效益，激励家庭经济困难学生勤奋学习、努力进取，根据国家有关法律法规和财政部有关项目资金管理的要求与规定，制定本办法。

主要内容：公益金教育助学项目的管理和实施规则

附：《中央专项彩票公益金滋蕙计划管理和实施暂行办法》

第一章　总　则

第一条　为规范中央专项彩票公益金滋蕙计划（以下简称滋蕙计划）的管理和实施，提高资金使用效益，激励家庭经济困难学生勤奋学习、努力进取，根据国家有关法律法规和财政部有关项目资金管理的要求与规定，制定本办法。

第二条　滋蕙计划是指使用中央专项彩票公益金奖励品学兼优的普通高中家庭经济困难学生。滋蕙计划由财政部、教育部委托中国教育发展基金会（以下简称基金会）负责具体操作。

第三条　滋蕙计划的管理和实施坚持"公开透明、量入为出、突出重点、专款专用"的原则。

第四条　有关滋蕙计划的所有宣传材料，均需注明"彩票公益金资助——中国福利彩票和中国体育彩票"的字样。

第二章　奖励范围、对象、标准

第五条　滋蕙计划的奖励范围与对象为全国（不含港澳台地区）普通高中在校品学兼优的家庭经济困难学生。在实施过程中，基金会每年重点选取部分省（区、市）作为当年滋蕙计划的奖励地域，并向农村地区、贫困地区、边远地区和少数民族地区倾斜。

第六条　申请奖励学生须具备以下基本条件：

1. 热爱祖国，拥护中国共产党领导；

2. 遵守宪法和法律，遵守学校规章制度；

3. 诚实守信，道德品质优良；

4. 勤奋学习，积极上进，成绩优秀；

5. 家庭经济困难，生活俭朴。

第七条　滋蕙计划采取逐年申请方式，奖励标准为每人每学年2000元。

第三章　申请程序与奖励对象核定

第八条　基金会每年按照报经财政部、教育部同意的滋蕙计划实施方案，将奖励额度和人数分配到有关省（区、市）教育行政部门、学生资助管理部门或教育基金会（以下简称省级部门）。

第九条　省级部门将奖励额度和人数分配到县（区、市）教育行政部门或学生资助管理部门（以下简称县级部门），县级部门按属地原则将奖励额度和人数分配到相关学校。

第十条　相关学校具体负责本校学生的申请工作。凡符合第二章中相关要求的学生每年均可向所在学校以书面形式提出申请，并由学生本人如实填写"中央专项彩票公益金滋蕙计划学生申请表"（见附表1）。学校收到学生申请表后，须严格按照公开、公平、公正的原则，对申请学生资格、条件进行初审。经初审通过的学生名单必须在校内进行为期不少于5天的公示。公示过程中，如有异议，学校必须及时进行调查、核实，并作出相应处理；经公示无异议后，由学校填写"中央专项彩票公益金滋蕙计划学生名单表"（见附表2）和"中央专项彩票公益金滋蕙计划学校信息表"（见附表3），按有关规定报县级部门审核（纸质及电子文档）。

第十一条　县级部门对相关学校上报的材料进行审核，审核通过后，填写"中央专项彩票公益金滋蕙计划学生名单县级汇总表"（见附表4）和"中央专项彩票公益金滋蕙计划学校信息县级汇总表"（见附表5），按有关规定报省级部门复核（纸质及电子文档）。

第十二条　省级部门对相关县级部门上报的材料进行复核，复核通过后，填写"中央专项彩票公益金滋蕙计划学生名单省级汇总表"（见附表6）和"中央专项彩票公益金滋蕙计划学校信息省级汇总表"（见附表7），按有关规定报基金会终审（纸质及电子文档）。

第十三条　基金会收到相关省级部门报送的材料后，对上报的申请奖励学生名单按地区组织终审，并在基金会网站上公示终审结果。如接到对经终审确定的受奖励学生资格的举报，基金会应及时查清原因，并做出认真、严肃处理，处理结果在网站上公布。经公示无异议后，确定并公布最终受奖励学生名单。

第四章　资金拨付与发放

第十四条　滋蕙计划资金拨付程序为：财政部拨付教育部，教育部拨付基金会，基金会拨付学校，学校发放给受奖励学生。

第十五条　基金会在确定并公布最终受奖励学生名单后的15个工作日

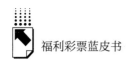

内，将每所学校每学年应得的奖励资金直接核拨至相关学校。

第十六条 相关学校收到奖励资金后，按规定的奖励标准在 5 个工作日内发放到每位受奖励学生手上，并组织学生签收。

第十七条 各相关学校均要建立滋蕙计划受奖励学生档案，由受奖励学生本人签字的签收单一律要造册登记并保存 3 年以上，以备基金会和有关部门检查。

第五章 资金管理

第十八条 滋蕙计划资金的使用应当严格执行国家有关法律、法规和财务规章制度，任何人、任何部门都不得截留、挤占、挪用或拖延支付，不得利用奖励资金进行任何形式的投资，以确保资金安全。

第十九条 基金会和相关学校均要建立滋蕙计划专账，实行独立核算，分账管理，不得与其他资金混合管理使用。

第二十条 滋蕙计划资金必须专款专用，各学校不得以任何借口抵扣为受奖励学生应上交的学费等，也不得转用于学生家庭消费支出。

第二十一条 滋蕙计划资金由基金会根据实际需要安排当年支出总额，如有结余，结转至下一年度使用，但当年使用额不低于资金总额的 80%。

第二十二条 滋蕙计划资金使用情况接受国家审计部门或社会中介机构专项审计，基金会向社会公告资金的具体使用情况。

第二十三条 各相关学校校长为本校实施滋蕙计划工作的直接责任人，对本校受奖励学生评定的公正性及资金的专款专用负全责。

第六章 监督检查

第二十四条 财政部、教育部将加强对基金会滋蕙计划执行情况的监督检查。监督检查的重点内容为：

1. 基金会是否建立专账管理资金，是否专款专用；

2. 基金会是否在规定时间内将资金拨付到相关学校；

3. 基金会在执行过程中是否有其他违反本办法规定的情况。

第二十五条 基金会必须加强对相关学校滋蕙计划执行、落实情况的日常检查与监督。监督检查的重点内容为：

1. 相关学校是否建立专账管理奖励资金，是否专款专用，是否有截留、挤占、挪用或抵扣等情况；

2. 相关学校是否将奖励资金及时发放，是否发放给基金会公布的最终受奖励学生，是否发放给真正应该受奖励学生；

3. 相关学校对资金使用情况和相关档案制度是否建立和健全，具体操作规程是否达到本办法的要求；

4. 相关学校在滋蕙计划执行过程中是否有其他违反本办法规定的情况。

第二十六条　在滋蕙计划执行过程中，如发现截留、挤占、挪用、拖延支付、扣抵奖励资金，或弄虚作假、奖励学生名不副实等问题，基金会将会同有关方面严肃查处，并根据情节轻重，做出如下处理：责任在校领导的，除依法依规追究该领导责任外，一律暂停滋蕙计划在该校的执行，责其限期整顿；责任在地方教育行政部门的，除依法依规追究相关人员的责任外，一律暂停滋蕙计划在该地区的执行，责其限期整顿；对上述违规行为，一律通过网上公布或内部通报的形式，予以批评。

第二十七条　基金会应定期向财政部、教育部汇报滋蕙计划的执行、落实、检查、评估等有关情况。同时，基金会应当于每年3月31日前向财政部、教育部报送上一年度滋蕙计划的资金使用、组织实施等情况；于每年6月30日前向社会公告上一年度滋蕙计划的资金使用、组织实施等情况。

第七章　附　则

第二十八条　本办法由财政部、教育部负责解释。

第二十九条　本办法自印发之日起执行。2008年10月21日印发的《中央专项彩票公益金教育助学项目管理和实施暂行办法》（财教〔2008〕292号）同时废止。

二　中国残疾人联合会

1.《残疾人事业专项彩票公益金康复项目实施方案》

出台时间：2012年11月

出台背景：为贯彻落实《中共中央国务院关于促进残疾人事业发展的意见》（中发〔2008〕7号）文件精神，推进残疾人康复事业的发展，使更多的贫困残疾人得到康复服务。根据国务院批转的《中国残疾人事业"十二五"发展纲要》，2012~2015年，中央财政安排专项彩票公益金，支持各地实施"残疾人事业专项彩票公益金康复项目"。中国残联按照有关规定制定了《残疾人事业专项彩票公益金康复项目实施方案》。

实施残疾人康复项目，是国家加大残疾人救助力度，推动初步实现残疾人"人人享有康复服务"目标的重要举措。各省残联要高度重视，加强领导，创造条件，切实保证项目顺利实施。要根据项目实施方案的要求，抓紧制定本地实施办法，落实地方配套投入。有条件的地区，可以根据本地残疾人的实际需求，进一步加大投入，扩大救助范围，提高救助标准。要严格项目管理，提高实施质量，确保贫困残疾人能够实实在在受益。

主要内容：项目实施方案

附：《残疾人事业专项彩票公益金康复项目实施方案》

为贯彻落实《中共中央国务院关于促进残疾人事业发展的意见》（中发〔2008〕7号）文件精神，推进残疾人康复事业的发展，加大救助力度，使更多的贫困残疾人得到康复服务。根据《中国残疾人事业"十二五"发展纲要》的要求，中央财政安排专项彩票公益金，支持各地实施"残疾人事业专项彩票公益金康复项目"。为保证该项目顺利实施，特制定《残疾人事业专项彩票公益金康复项目实施方案》。

一、资助对象

资助对象为符合条件的城乡有康复需求的贫困残疾人（单项救助条件详见附件），其中优先资助城乡低保家庭的贫困残疾人。

二、资助范围与资助数量

资助范围：

——为贫困精神病患者实施医疗救助（贫困精神病患者服药救助项目实施办法和贫困精神病患者住院医疗救助项目实施办法与卫生部会签后另行下发），为贫困残疾人配发和适配辅助器具、为地市级辅助器具服务机构配备流动服务车、培训辅助器具适配人员，贫困听力残疾人免费配戴助听器，智力残疾儿童康复救助等。

资助数量：

——2011~2015 年连续五年为 5 万名没有享受医疗保险报销的贫困精神病患者提供基本治疗药品补贴，连续五年为 5 万名享受医疗保险报销的贫困精神病患者提供基本治疗药品补贴，为 10 万名贫困精神病患者提供住院医疗救助，总计金额 75000 万元。

——2011~2015 年为贫困残疾人免费配发辅助器具 50 万件，为 50 万名贫困低视力者免费配发助视器，为 5 万名贫困的重度残疾人适配用于解决基本生活所需的辅助器具，为 1 万名具备就业和就学能力的残疾人适配辅助器具，为缺肢者装配普及型下肢假肢 5 万例（小腿假肢 2.5 万例、大腿假肢 2.5 万例），装配膝离断或髋离断假肢 1 万例，装配装饰或功能性上肢假肢 1 万例，为贫困肢体残疾人装配矫形器 5 万例；为 210 个地市级辅助器具服务机构配置服务专用车；培训 6000 名辅助器具适配人员；培训 400 名假肢矫形器技术人员，总计 128385 万元。

——2011~2015 年为 5 万名贫困听力残疾人免费配戴助听器，包括提供助听器、电池、首次耳模制作及验配，总计金额 7500 万元。

——2012~2015 年对 3.75 万名贫困智力残疾儿童进行系统康复训练，总计金额 45000 万元。

（各项目资助的具体标准见项目实施办法）

三、组织管理与项目实施

（一）组织管理

中国残联和各省残联有关业务部门负责项目的组织与实施。

（二）职责分工

——中国残联负责制定项目总体规划，下达任务指标；指导各地制定项目实施方案；协调解决项目实施中的重要问题；会同财政部检查、监督各地项目执行进度和质量；组织有关部门和专家对项目执行情况进行考核评估；审核项目任务完成情况，报财政部批准下拨康复训练经费；开发管理项目数

据库；统计汇总相关数据和资料。

——财政部会同中国残联研究制定项目实施方案；研究制定项目资金管理办法；审核彩票公益金分配方案并下拨资金；会同中国残联对资金使用情况、项目完成情况进行监督与检查。

——各省（自治区、直辖市）残联会同省级财政部门依据《残疾人事业专项彩票公益金康复项目实施方案》制定本省的项目实施办法，报中国残联备案；负责组织实施本省康复项目，做好项目申报、审批、数据统计、检查验收等工作。

——各省（自治区、直辖市）财政部门会同省级残联制定本省实施办法；研究制定本省项目资金管理办法；及时拨付资金；会同省级残联对资金使用情况、项目完成情况进行监督与检查。

（三）项目实施

——受助对象的申请和审核。各地要按照残疾人事业专项彩票公益金实施方案及各单项实施办法的要求，必须由项目受助人或其监护人提出申请，项目执行地区残联会同有关部门认真审核确定资助对象，确保贫困残疾人得到资助。

——督导检查。各地和各项目执行单位要负责项目的经常性检查，中国残联及各省负责组织阶段性检查，及时发现解决问题，总结推广经验。各省残联按照中国残联要求上报项目执行报告。

——信息收集与统计。将残疾人事业专项彩票公益金康复项目数据统计纳入"中国残疾人事业业务数据统计管理系统"，进行统一管理。各省（自治区、直辖市）残联和项目执行单位负责做好项目资料（包括文字、图片及声像资料）的收集、整理、存档，并由项目执行单位将有关表格的内容和数据，按照项目实施方案和中国残疾人事业业务数据统计管理的要求，及时录入、汇总和逐级上报。中国残联各项目执行单位会同各省残联负责及时对数据的真实性、准确性和完整性进行审核，并于每年1月15日前将审核后的上一年度数据库上报中国残联信息中心。各项目单位每年1月31日前报送上一年度的项目执行情况，内容包括项目组织实施情况、项目资金使用情况、项目社会效益和经济效益等。

四、工作要求

（一）高度重视，精心组织。各级残联要高度重视项目实施工作，具体研究制定项目实施办法，解决项目实施中的问题及困难。建立科学的项目管理制度，确保按规定做好救助对象的筛选和辅助器具的配发等工作。集中做好项目的部署、培训，确保项目执行地区、执行机构的人员掌握项目管理要求，精通服务技术。要建立公示制度，定期向社会公布项目救助情况。

（二）规范管理，专款专用。加强项目管理，各项目执行地区残联及相关康复机构要有专人负责项目管理，建立专门档案，残疾人康复项目使用统一的救助卡（救助卡格式由中国残联统一设计，各地自行印制），要确保相关档案资料完备。同时，加强项目资金管理，项目经费不得用于项目实施方案规定以外的用途。对弄虚作假、违反项目实施原则或挤占、挪用项目资金的单位，要追究有关人员的责任，限期收回资金。

（三）加强宣传，广泛动员。各地要主动协调宣传部门，通过广播、电视、报刊、网络等各种新闻媒体宣传项目的意义、资助内容和申请办法，及时宣传报道项目开展情况和受助效果。通过举办项目启动仪式、组织慰问受助残疾人等活动，让全社会更多地了解、关注和扶助贫困残疾人。同时要及时收集各方面宣传资料，建立专门的项目宣传档案。在组织项目宣传活动、下发资料及配发产品上要注明"国家彩票公益金资助"字样。

（四）严格督导，保证质量。中国残联会同财政部根据项目实施进度，组织检查评估。各地要建立项目评估考核工作制度，定期检查了解项目实施情况，对发现的问题要指导基层及时整改，问题严重的，要及时上报中国残联。

各地要以残疾人事业专项彩票公益金康复项目的实施为契机，加大康复救助力度，积极推进贫困残疾人康复救助工作，建立长效工作机制，推动实现残疾人"人人享有康复服务"的目标。

2.《中央专项彩票公益金支持残疾人事业项目资金管理办法》

出台背景：为规范和加强中央专项彩票公益金支持残疾人事业资金管

理，加快预算执行进度，提高资金使用效益，根据《中国残疾人事业"十二五"发展纲要》和财政部有关专项资金管理规定，制定《中央专项彩票公益金支持残疾人事业项目资金管理办法》。该《办法》于2011年12月7日由财政部、中国残联以财社〔2011〕228号印发。《办法》分总则、项目资金使用范围、项目组织实施、预算编制和执行管理、监督检查、附则6章19条，自发布之日起施行。《财政部关于印发〈残疾人事业专项彩票公益金使用管理办法〉的通知》（财社〔2007〕79号）予以废止。

出台时间：2011年

主要内容：项目资金管理规范

附：《中央专项彩票公益金支持残疾人事业项目资金管理办法》

第一章　总　则

第一条　为规范和加强中央专项彩票公益金支持残疾人事业资金管理，加快预算执行进度，提高资金使用效益，根据《中国残疾人事业"十二五"发展纲要》和财政部有关专项资金管理规定，制定本办法。

第二条　本办法所称项目资金，是指"十二五"时期中央财政安排的专项用于支持残疾人事业发展的中央专项彩票公益金。经国务院批准，项目资金具体用于残疾人康复、教育、体育、贫困残疾人家庭无障碍改造和农村贫困残疾人危房改造等项目。

第三条　项目资金的分配使用应公平、公正、公开，自觉接受审计、监察部门和社会各方面的监督。

第二章　项目资金使用范围

第四条　项目资金主要用于以下方面：

（一）康复项目。用于为贫困残疾人免费配发辅助器具、贫困精神病患者提供免费服药和免费住院医疗救助、贫困听力残疾人免费配戴助听器的支出；为贫困智力残疾儿童提供康复训练、贫困低视力者适配助视器、贫困重度残疾人适配基本生活所需的辅助器具支出；为贫困肢体残疾人装配上肢及大、小腿假肢、膝离断或髋离断假肢和装配矫形器支出；为辅助器具服务机构配置流动服务车及为残疾人康复、托养机构配发康复训练设备支出；为辅助器具适配专业人员和假肢、矫形器装配技术人员提供培训等支出。

（二）教育项目。用于资助全国贫困残疾儿童普惠性学前教育，改善中、高等特殊教育学校（院）办学条件，加强中、高等特殊教育学校（院）残疾学生实习训练基地建设，补贴盲文教材、图书出版及盲文印刷设备等项目支出。

（三）体育项目。用于残疾人群众性体育、体育竞赛训练、体育科研、体育健身器材装备研发及购置以及专业人员培训等项目支出。

（四）贫困残疾人家庭无障碍改造项目。主要用于中西部地区城乡贫困残疾人家庭无障碍改造支出。

（五）农村贫困残疾人危房改造项目。主要用于中西部地区农村特困残疾人和重度残疾人危房改造支出。

第三章　项目组织实施

第五条　财政部负责制定项目资金管理办法和中央财政补助标准，审批中国残疾人联合会（以下简称残联）提出的项目资金预算和年度分配使用计划，拨付项目资金，监督、检查项目资金使用管理情况。地方财政部门根据本地区承担的项目任务，统筹考虑上级补助资金，合理制定项目补助标准和安排本级项目资金预算，拨付项目资金，监督、检查项目资金使用管理情况。

中国残联负责制定项目实施方案，并报财政部备案。负责编制项目预算，提出项目资金年度分配使用计划，组织实施中央本级项目政府采购，监督、检查各地项目执行情况，组织实施项目资金审计，负责对项目进行评估、论证和追踪问效。地方残联负责制定本地区项目实施方案，提出项目资金年度分配使用计划，向上级残联报告项目进展和资金落实情况，对本地区项目进行评估、验收和追踪问效，监督、检查本地区项目执行情况。

第六条　凡项目资金资助的实物和设施设备，应在显著位置标明"彩票公益金资助——中国福利彩票和中国体育彩票"标识；项目资金资助的社会公益活动，应在活动现场显著位置或者宣传材料中注明"彩票公益金资助——中国福利彩票和中国体育彩票"字样。

第四章　预算编制和执行管理

第七条　项目资金一定 5 年，分年度安排。

第八条　项目资金分为中央本级支出和补助地方支出。中央本级支出的项目资金，由中国残联按年度向财政部申请，分别列入中国残联和新疆生产建设兵团部门预算；补助地方支出的项目资金由中国残联根据各地承担的任务及项目执行情况，向财政部申请列入中央财政补助地方专款预算。

第九条　项目资金年度预算一经确定，原则上不得调整。执行过程中发生项目终止、撤销、变更需调整项目预算的，必须按照规定程序，报财政部门审批。

第十条　项目资金实行专款专用。

第十一条　项目资金的使用必须严格执行国家有关法律、法规和财务规章制度。使用项目资金购置的材料、物资、器材和设备等属于国有资产的，应严格执行国有资产管理的有关规定，加强管理。进行政府采购的项目，应按政府采购的有关规定办理。

第十二条　项目资金支付按照财政国库管理制度有关规定执行。

第十三条　地方各级财政、残联部门要严格按照中央有关加强预算执行管理工作的要求，统筹地方财力，按照项目开展进度及时分配和支付补助资金，增强项目预算执行的时效性和均衡性。要加强项目预算执行分析，及时掌握项目执行动态，加大对项目执行的监控力度，切实加快预算执行进度。

第十四条　年度终了，各级残联使用的项目资金要统一列入同级残联部门决算。

第十五条　中国残联应于每年 3 月 31 日前向财政部报送上一年度项目资金使用和项目执行情况，于每年 6 月 30 日前向社会公告项目资金使用和项目执行情况。

第五章　监督检查

第十六条　各级残联要建立健全内部监督、检查制度，严格执行国家各项规章制度，严肃财经纪律；对项目资金使用的全过程进行监督、检查，发现问题及时纠正和处理。

第十七条　各级财政、残联部门要按照项目管理的要求，加强项目资金管理，提高资金的使用效益，保证项目资金使用的安全性和有效性。任何组织、机构、个人不得以任何形式平调、挤占、挪用。对虚报冒领、贪污挪用、挥霍浪费项目资金的单位和个人，按规定严肃查处。涉嫌犯罪的，移交司法机关依法查处。

第六章　附　则

第十八条　本办法由财政部、中国残联负责解释。

第十九条　本办法自发布之日起施行。《财政部关于印发〈残疾人事业专项彩票公益金使用管理办法〉的通知》（财社〔2007〕79号）同时废止。

三　中国红十字基金会

1.《中国红十字基金会小天使基金资助管理办法》

出台背景：为进一步加强、规范项目管理，中国红十字基金会小天使基金资助管理办法2016年又重新修订了《中国红十字基金会小天使基金资助管理办法》。

出台时间：2016年

主要内容：项目管理规范

附：《中国红十字基金会小天使基金资助管理办法》

第一章　总　则

第一条　为加强和规范基金的使用和管理，根据《中华人民共和国慈善法》、《基金会管理条例》、《财政部关于印发〈彩票公益金管理办法〉的通知》（财综〔2007〕83号）和《中国红十字基金会专项基金管理办法》等有关规定，制定本办法。

第二条　"小天使基金"（简称基金）是中国红十字基金会（简称中国红基会）在中央专项彩票公益金的支持下，广泛动员社会力量，为救助贫困家庭的白血病儿童而设立的专项公益基金，是中国红基会倡导实施的

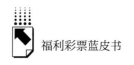

"红十字天使计划"的重要组成部分。

第三条 基金的资助管理遵循公开透明、尊重捐方意愿、体现资助效益的基本原则。

第四条 中央专项彩票公益金资助的项目，在对外宣传时标明"彩票公益金资助"字样，突出彩票公益金"取之于民，用之于民"的理念。

第二章 基金筹集

第五条 基金来源

（一）中央专项彩票公益金的支持；

（二）国内外法人和自然人的捐赠；

（三）组织开展专项筹资活动及合作项目募集的资金；

（四）其他合法收入。

第六条 支持基金的中央专项彩票公益金由财政部下达预算至中国红十字会总会，中国红十字会总会根据基金会资助计划，通过财政授权支付方式，按月将资金支付到中国红基会。

第七条 基金接受的非货币形式的捐赠依据《中国红十字基金会物资捐赠管理办法（试行）》管理。

第八条 基金接受的社会捐款，中国红基会均开具财政部统一监制的公益事业捐赠专用收据，捐赠人可据此享有在计算所得税时的优惠政策。

第九条 中国红基会按照尊重捐方意愿原则执行项目，捐赠人有权查询、监督捐款的使用情况。中国红基会对做出重要贡献的捐赠人给予宣传报道和授予荣誉。

第三章 基金管理

第十条 基金按照专款专用、以收定支、厉行节约的原则进行管理。设立专账科目，保障项目资金的安全性、有效性和公益性。任何单位和个人不得以任何形式挤占、截留或挪用项目资金。

第十一条 依据国务院《基金会管理条例》相关规定，基金中社会捐款年度资助支出总额的10%作为中国红基会的项目实施管理成本。

第十二条 中央专项彩票公益金支持项目的执行成本在财政部核定额度

内据实列支。

第十三条 中国红基会向省级红十字会/基金会拨付一定额度的项目执行费。执行费使用范围限定为各级红十字会在执行项目过程中产生的办公耗材、工作设备购置、宣传、交通、通讯、邮寄、临时招募志愿者等开支，不得用于工作人员工资福利和与执行项目无关的支出。

第四章 组织管理

第十四条 基金中央专项彩票公益金部分的管理由中国红十字会总会负责，中国红基会组织实施，有关省级红十字会/基金会和定点医院协助具体执行，严格遵守国家彩票公益金管理的相关规定。

第十五条 中国红基会组建由中国红基会工作人员、政府部门相关人员、医疗专家、媒体人士、捐方代表等组成的"小天使基金"资助评审委员会，负责基金的资助评审工作，并对资助工作进行监督指导，确保管理科学、评审公正、资助透明。

第十六条 中国红基会设立基金办公室，配备专人负责项目实施及日常管理工作。制定相关制度和项目规划；协调相关部门开展宣传、筹资、救助、回访、监督等活动；督导省级红十字会/基金会和定点医院开展项目实施；向捐方反馈项目实施成果等。

第十七条 省级红十字会/基金会负责基金项目中彩票公益金救助项目的具体执行。安排专人负责基金执行过程中的各项工作，包括但不限于对求助患儿的资料审核、近况核实、资助告知、转拨款、回访、宣传、筹资和档案管理等工作。

第十八条 中国红基会根据救助工作需要或各省级红十字会/基金会推荐，选择、设立"小天使基金"定点医院，并依据《中国红十字基金会"红十字天使计划"定点医院管理暂行办法》对其进行管理。

第十九条 基金定点医院安排专人负责基金项目的落实，按照合作协议负责对本地区及约定地区患儿的医疗救治等工作，协助省级红十字会/基金会指导患儿申请，为受助患儿提供绿色通道和医疗费用减免等优惠。

第二十条 各级红十字会和定点医院须定期汇总白血病患儿求助及资

助、救治情况。

第二十一条　中国红基会、省级红十字会／基金会和定点医院在项目执行完毕后及时提交项目年度结案报告或年度工作总结，定点医院向省级红十字会／基金会报备，省级红十字会／基金会和中国红基会直接管理的定点医院向中国红基会报备，中国红基会向总会并通过总会向财政部报备。

第二十二条　中国红基会定期抽查各省项目实施情况，并及时向财政部、中国红十字会总会汇报项目的管理、执行、检查、评估等情况。

第五章　资助规则

第二十三条　基金用于向 0～14 周岁具有中国国籍、家庭贫困的白血病儿童提供医疗救助。

第二十四条　除定向资助外，基金资助标准如下：

（一）对完成造血干细胞移植手术的白血病患儿每人一次性资助 5 万元；

（二）对无须造血干细胞移植或需要造血干细胞移植但尚未实施移植手术的白血病患儿每人一次性资助 3 万元；

（三）患儿在获得 3 万元资助款后完成造血干细胞移植手术，补充一次性资助 2 万元。

第二十五条　除定向资助与造血干细胞移植补充资助外，每名申请患儿只安排一次资助。

第二十六条　社会定向资助原则上全部用于指定的捐助对象，如捐款超过该捐助对象实际自付的治疗费用，或捐助对象在治疗过程中死亡的，其所获捐款结余部分计入基金，用于救助其他符合条件的申请人。

第二十七条　患儿在获得基金资助前，死亡或痊愈，或已通过中国红基会获得其他渠道的资助，则终止资助。

第二十八条　提交资料中如存在虚假、伪造等情况，则终止资助。如发现患儿监护人通过隐瞒、欺骗等行为获得资助，中国红基会将追索全部救助款，并保留追究法律责任的权利。

第六章 申 请

第二十九条 申请患儿法定监护人可通过申请患儿户籍所在地红十字会向基金提出申请。申请患儿法定监护人须填写《中国红十字基金会小天使基金资助申请表》，并按照表中的要求备齐申请资料，经户籍地村（居）委会审核后报至县级、地市级红十字会。

第三十条 县级、地市级红十字会在收到资助申请表后，须在 10 个工作日内完成资料审核工作。合格资料加盖公章后报至上级红十字会，不合格资料通知患儿监护人补办后再申报。

第三十一条 省级红十字会/基金会按中国红基会要求完成申请资料审核与报送工作。

第三十二条 中国红基会完成资料审批后，合格资料存档待评审。中国红基会不直接受理资助申请。

第三十三条 申请患儿若完成造血干细胞移植手术，其监护人可填写《中国红十字基金会小天使基金造血干细胞移植申请表》，并按照表中的要求备齐申请资料，直接交至户籍所在地省级红十字会/基金会。

第七章 评 审

第三十四条 基金资助评审委员会根据基金年度资金情况，定期召开现场或网络评审，确定资助名单、资助范围和资助金额，并在中国红基会官方网站进行为期 3 天的公示。

第三十五条 评审原则

（一）申报时间顺序原则：提交评审委员会评审名单按照申请人提交合格申请资料时间先后顺序排列；

（二）量入为出原则：根据资金情况确定资助名额和资助金额；

（三）有限资助原则：以患儿家庭自救为主，基金资助为辅；

（四）综合评定原则：根据患儿家庭经济情况和病情的轻重程度综合评定资助对象。

第八章 资 助

第三十六条 获得受助资格的申请患儿经中国红基会官网公示无异议

后，通过省级红十字会/基金会向其监护人寄发《中国红十字基金会小天使基金资助告知书》。

第三十七条　获得受助资格的申请患儿法定监护人须按照资助告知书的要求及时提交相关资料。

第三十八条　省级红十字会/基金会按中国红基会要求完成回执资料审核与报送工作。

第三十九条　中国红基会完成回执资料审批后，省级红十字会/基金会根据中国红基会要求对资料合格的受助患儿进行资助。

第四十条　中国红基会定期通过官网向社会公布受助患儿名单。

第九章　监　督

第四十一条　基金接受社会监督和专项审计，并通过中国红基会官方网站和新闻媒体向社会公布基金的审计报告。中央专项彩票公益金的使用接受相关部门检查和审计，并将审计结果上报财政部和中国红十字会总会。

第四十二条　省级红十字会/基金会在拨出资助款 15 个工作日内对受助患儿监护人进行 100% 回访；回访结束按中国红基会要求上报回访情况。

第四十三条　中国红基会组织社会监督巡察员对受助患儿监护人进行抽样电话回访，抽样回访率不低于 30%；并定期对省级红十字会/基金会和定点医院进行实地督导检查。

第四十四条　中国红基会对回访、监督、检查中发现的问题及时提出整改要求予以纠正；对有关举报，责成省级红十字会/基金会及时核查，并对查实问题做出认真、严肃处理，处理结果向社会公布。

第四十五条　在中央专项彩票公益金的使用中，如发现挤占、截留、挪用、拖延支付、扣抵项目资金或弄虚作假、受助患儿名不副实等问题，将根据《财政违法行为处罚处分条例》等有关法规移交相关部门依法依规处理。

第四十六条　在项目执行中严重违反本办法规定并造成不良社会影响的省级红十字会/基金会和定点医院，中国红基会取消其项目执行资格。该省项目由中国红基会直接执行或另行委托其他符合资质要求和具有执行能力的机构执行。

第十章　档案管理

第四十七条　对于中央专项彩票公益金的使用，各执行单位都必须建立专账和项目档案。

第四十八条　项目档案保管期限根据其重要程度和使用价值确定，分为永久和定期。重要档案须永久保存，其他档案保管期限为 10 年。财务档案管理期限按照国家有关规定执行。

第四十九条　项目档案保管到期后按照有关规定进行销毁。

第十章　附　则

第五十条　本办法的修改、解释权属于中国红十字基金会。

第五十一条　本办法自印发之日起施行。2009 年 12 月 22 日印发的《中国红十字基金会"小天使基金"资助管理暂行办法》（中红基〔2009〕128 号）及补充规定同时废止。

2.《中国红十字基金会天使阳光基金资助管理暂行办法》

出台背景：为进一步加强、规范项目管理，中国红十字基金会天使阳光基金资助管理办法 2014 年又重新修订了《中国红十字基金会天使阳光基金资助管理办法》。

出台时间：2014 年

主要内容：项目管理规范

附：《中国红十字基金会天使阳光基金资助管理暂行办法》

第一章　总则

第一条　"天使阳光基金"是中国红十字基金会（简称中国红基会）广泛动员社会力量，为救助贫困家庭的先天性心脏病（简称先心病）儿童而设立的专项公益基金，是中国红基会倡导实施的"红十字天使计划"的重要组成部分，并且得到中央专项彩票公益金"十二五"计划的支持。

第二条　天使阳光基金的资助管理遵循公开透明、尊重捐方意愿、体现资助效益的基本原则。

第三条　为加强和规范天使阳光基金的使用和管理，根据国务院《基金会管理条例》、财政部关于彩票公益金管理的相关规定和《中国红基会专

项基金管理办法》等有关规定，制定本办法。

第二章　组织管理

第四条　中央专项彩票公益金的管理由中国红十字会总会负责，中国红基会组织实施，有关省级红十字会和定点医院协助具体执行，须严格遵守国家彩票公益金管理的相关规定。

第五条　中国红基会组建由中国红基会、政府部门相关人员、医疗专家、捐方代表等组成的"天使阳光基金资助评审委员会"（终审权下移后改为专家指导委员会），负责天使阳光基金的资助评审（指导）工作，并对资助工作进行技术监督，确保资助公正透明，管理科学。

第六条　中国红基会专项设立天使阳光基金办公室，配备专人负责日常管理工作。制定相关制度和项目规划；协调相关部门开展宣传、筹资、救助、回访、监督等活动；督导省级红十字会和定点医院开展项目实施；向捐方反馈项目实施成果。

第七条　省级红十字会负责天使阳光基金项目中彩票公益金救助项目的具体执行，安排专人负责对求助患儿的资格审查、近况核实、资助告知、转拨款、回访、宣传、筹资和档案管理等工作。

第八条　中国红基会根据救助工作需要或各省级红十字会推荐，选择、设立天使阳光基金定点医院。须由具备先心病诊疗资质、富有社会责任感的权威医疗机构提出申请，经省级红十字会推荐、中国红基会审批、签订合作协议后成为中国红基会天使阳光基金定点医院。

第九条　天使阳光基金定点医院安排专人负责天使阳光基金项目的落实，按照合作协议负责对本地区及周边地区大病患儿的医疗救治等工作，协助省级红十字会指导患儿申请，为受助患儿提供绿色通道和医疗费用减免等优惠。

第十条　天使阳光基金定点医院的管理依据《中国红基会专项基金定点医院管理办法》执行。

第三章　资金筹集

第十一条　资金来源

（一）国家彩票公益金资助；

（二）国内外法人和自然人的捐赠；

（三）组织开展专项筹资活动及合作项目募集的资金；

（四）基金增值收益；

（五）其他合法收入。

第十二条　天使阳光基金用于向贫困家庭患有先心病的儿童提供手术费用资助。

第十三条　中国红基会根据天使阳光基金救助需求，通过中国红十字会总会向财政部申请中央专项彩票公益金支持，所获资金专项用于开展贫困先心病儿童救助项目。

第十四条　天使阳光基金接受的社会捐款，中国红基会均开具财政部统一监制的公益事业捐赠专用收据，捐赠人可据此享有在计算所得税时的优惠政策。

第十五条　天使阳光基金接受的非货币形式捐赠，除捐赠人指定用途外，中国红基会在征得捐赠人同意后可以对捐赠物品进行义卖或公开拍卖，所得款项计入天使阳光基金。

第十六条　中国红基会按照尊重捐方意愿原则执行项目，捐赠人有权查询、监督捐款的使用情况。中国红基会对做出重要贡献的捐赠人给予宣传报道和授予荣誉。凡中央专项彩票公益金资助的项目，在对外宣传时标明"彩票公益金资助——中国福利彩票和中国体育彩票"字样，突出彩票公益金"取之于民，用之于民"的理念。

第四章　资金管理

第十七条　天使阳光基金按照专款专用、以收定支、厉行节约的原则进行管理。中国红十字会总会、中国红基会、省级红十字会、定点医院须加强对天使阳光基金的财务管理，设立专账科目，保障项目资金的安全性、有效性和公益性。任何单位和个人不得以任何形式挤占、截留或挪用项目资金。

第十八条　依据国务院《基金会管理条例》相关规定，天使阳光基金中社会捐款年度资助支出总额的10%作为中国红基会的项目实施管理成本。

第十九条　天使阳光基金中中央专项彩票公益金支持项目的执行成本在财政部核定额度内据实列支。

第二十条　中国红基会向省级红十字会拨付一定额度的项目执行费。执行费使用范围限定为各级红十字会在执行项目过程中产生的办公耗材、工作设备购置、宣传、交通、通讯、邮寄、临时招募志愿者等开支，不得用于工作人员工资福利和与执行项目无关的支出。

第二十一条　中国红基会、省级红十字会和定点医院定期汇总先心病患儿求助及资助、救治情况。

第二十二条　中国红基会定期抽查各省项目实施情况，并及时向财政部、中国红十字会总会汇报项目的管理、执行、检查、评估等情况。

第五章　申请程序

第二十三条　申请对象

（一）0～14周岁患有先心病且家庭经济贫困、尚未进行手术治疗的患儿。

（二）通过国家基本医疗保障制度（包括城镇居民基本医疗保险、新型农村合作医疗、城乡居民大病保险、城乡医疗救助等制度）报销比例达到90%地区以外的先心病儿童。

第二十四条　申请流程

申请人法定监护人可作为代申请人，通过户籍地红十字会向天使阳光基金提出资助申请。从中国红基会网站下载（或到当地红十字会、天使阳光基金定点医院）填写《中国红基会天使阳光基金资助申请表》，并按照表中的要求备齐以下资料，经户籍地村（居）委会审核后报至县级或地市级红十字会：

（一）能证明申请人与其法定监护人关系的材料：家庭户口簿和身份证（复印件）。如户口簿无法证实监护关系的，须提供申请人出生证明或派出所开具的监护关系证明原件。

（二）村（居）委会出具的家庭经济状况证明原件。如属城乡低保、军烈属、残疾人家庭的患儿，需提供低保证、军烈属证、残疾人证（复印件）

或当地民政局证明；孤儿需提供当地民政局或福利院证明；家庭成员患有重大疾病的，需提供患者相应病情诊断证明（复印件）等。

（三）二级甲等以上且具备先心病诊疗资质的医疗机构出具的患儿心脏超声诊断报告单和病情诊断证明（原件或复印件）。

第二十五条　县级、地市级红十字会在收到申请人资助申请表后10个工作日内完成审核后报至上级红十字会，对其中的证明材料复印件须与原件核对无误并加盖公章；资料不合格的通知家长补办后再申报；省级红十字会应在10个工作日内完成申请资料复审并报至中国红基会。

第二十六条　申请人需紧急实施心脏手术、无法按规定流程和时限逐级上报审批的，可在填写资助申请表、备齐相关资料并由就治医院出具意见后，由申请人监护人直接报送至省级红十字会。

第二十七条　中国红基会联合定点医院或省级红十字会开展筛查活动中发现的先心病患儿，在填写资助申请表、备齐相关资料并经定点医院签署意见后，由申请人监护人直接报至户籍所在地省级红十字会。

第二十八条　省级红十字会负责汇总资助申请信息，填写《中国红基会天使阳光基金申请患儿登记表》（附件1），与申请人申请资料一同报至中国红基会。

第六章　评审程序

第二十九条　中国红基会在收到省级红十字会统一报送的申请人资助申请表后，5个工作日内完成终审；合格资料存档待评审，不合格资料退回省级红十字会，由省级红十字会通知申请人重新办理或补齐资料后再报。

第三十条　在彩票公益金项目资金到账的情况下，中国红基会每月组织评审委员进行一次现场或网络评审；对因病情需要紧急救助的，可采取网络、传真等方式征求评审委员意见后，在5个工作日内完成审批流程，确定获得受助资格的申请人名单在中国红基会官网进行公示。

第三十一条　中国红基会从社会募集的捐款，根据资金量及申请人求助情况，适时组织资助评审，并参照彩票公益金项目的执行规范，履行相关资助程序。

第三十二条　评审原则

（一）申报时间顺序原则：即按照申请人申报时间先后顺序提交评审名单。

（二）量入为出原则：即根据资金情况确定资助名额。

（三）补充救助原则：即在申请人享受国家基本医疗保障、商业健康保险、城乡医疗救助之后，天使阳光基金项目予以补充资助。

（四）综合评定原则：即根据申请人家庭经济情况和病情的轻重程度及手术治疗后的效果综合评定资助对象；对城乡低保、军烈属家庭患儿和孤儿等特殊情况申请人予以优先评审。

（五）一次性资助原则：除社会定向捐助和需多次手术的复杂先心病患儿外，每个申请人只安排一次资助。

第七章　资助标准

第三十三条　资助对象：通过资助评审获得受助资格后进行心脏手术治疗且能提交合格资料的先心病患儿。

第三十四条　资助标准：

除定向捐助外，天使阳光基金资助标准如下：

（一）家庭自付5000元（不含）至1万元（含）的，资助5000元；

（二）家庭自付1万元（不含）至1.5万元（含）的，资助1万元；

（三）家庭自付1.5万元（不含）至2万元（含）的，资助1.5万元；

（四）家庭自付2万元（不含）至3万元（含）的，资助2万元；

（五）家庭自付3万元以上的（不含3万元），资助3万元。

复杂先心病患儿需多次手术且已获得一次资助的，在完成第二次或第三次手术、提报相关资助材料后，可予补充资助。最高资助金额累计不超过3万元。

第三十五条　社会定向捐助款原则上全部用于指定的捐助对象，如捐款超过该捐助对象实际自付的治疗费用，或捐助对象在治疗过程中死亡的，其所获捐款结余部分计入天使阳光基金，用于救助其他符合条件的申请人。

第八章　资助流程

第三十六条　经评审确定获得受助资格的申请人名单经中国红基会官网

公示无异议的，通过省级红十字会向申请人法定监护人寄发《资助告知书》。

第三十七条　获得受助资格的申请人可就近到天使阳光基金定点医院就治，也可自行选择手术医院，并在手术完成出院后，向户籍所在地省级红十字会提报如下资料：

（一）完成填写的《天使阳光基金资助告知书》"回执"（需签字）。

（二）手术住院病案首页（加盖医院印章，并能清楚显示申请人入院、手术、出院时间及手术结果）。

（三）住院医疗收据（加盖医院印章）。医疗收据分两种情况：

1. 已参加"新型农村合作医疗"、"城镇居民基本医疗保险"或其他商业保险的申请人，先到上述部门报销；报销后复印住院医疗收据和报销补偿单（或由报销部门注明报销数额），住院医疗收据上无收费明细的需同时提供收费结算单。所有复印件均需另加盖报销部门公章。收据报销后的余额累计不低于 5000 元。

2. 没有参加任何医疗保险的申请人，直接提供申请人住院医疗收据原件；收据上无收费明细的需同时提供收费结算单。收据金额累计不低于 5000 元。

（四）申请人术后 5 寸彩色照片（可提供电子版）。

第三十八条　受助申请人由定点医院垫付资金进行手术治疗，且定点医院具有医保费用核销资格的，由定点医院直接提供上述资料，中国红基会完成审核后将患儿资助款拨至定点医院账户。

受助申请人在无医保费用核销资格的定点医院或非定点医院治疗的，其监护人将上述资料寄至省级红十字会，省级红十字会在 5 个工作日内完成审核后报送至中国红基会。中国红基会在 10 个工作日内完成终审并将资助款拨至省级红十字会，省级红十字会在收到资助款 5 个工作日内将资助款转拨至受助申请人账户，并通知其监护人查收。

第三十九条　已通过评审获得受助资格的申请人，如属于以下情况的须终止或中止资助：

（一）在拨付资助款前已死亡但未产生手术费用的终止资助；

（二）在评审前核实申请人近况时，其监护人隐瞒申请人死亡或已完成心脏手术情况的终止资助；

（三）经入院检查需暂缓手术的中止资助（保留受助资格，待进行手术并提交合格资助资料后予以资助）；

（四）入院检查后病情自动愈合或无手术指征的终止资助；

（五）经基本医疗保险、商业健康保险等综合报销救助后，医疗费自付金额低于最低资助标准的终止资助。

第四十条 定点医院每1~2个月向省级红十字会报送《中国红基会天使阳光基金受助患儿治疗情况登记表》（附件2），省级红十字会汇总后提报至中国红基会（中国红基会直接管理的定点医院直接报至中国红基会）；中国红基会每月10日前向中国红十字会总会上报《中国红基会天使阳光基金资助患儿登记表》（附件3），定期通过官网向社会公布受助患儿名单。

第四十一条 中国红基会、省级红十字会和定点医院在项目执行完毕后及时做出项目年度结案报告或年度工作总结，定点医院向省级红十字会报备，省级红十字会和中国红基会直接管理的定点医院向中国红基会报备，中国红基会向总会并通过总会向财政部报备。

第九章 回访与监督

第四十二条 天使阳光基金接受社会监督和专项审计与评估。项目对资助患儿的评审确定、资助金额、项目实施进展、成效等情况，以及基金审计报告应及时通过中国红基会官网或新闻媒体向社会公开，接受社会监督。中央专项彩票公益金的使用接受相关部门检查和审计，并将审计结果上报财政部和中国红十字会总会，同时按彩票公益金管理的相关规定向社会公。

第四十三条 中国红基会定期开展天使阳光基金项目资助回访监督工作。

第四十四条 省级红十字会在拨出资助款15个工作日内对受助患儿监护人进行100%回访（附件4《中国红基会天使阳光基金资助患儿回访情况登记表》），并在本单位官网公布资助及回访情况；回访结束后10个工作日内向中国红基会书面报备回访情况。

第四十五条　中国红基会组织社会监督巡察员对受助患儿监护人进行抽样电话回访（附件5《中国红基会天使阳光基金资助患儿抽查回访情况登记表》），抽样回访率不低于30%；并定期对省级红十字会和定点医院进行实地督导检查。回访、监督、检查的重点内容为：

1. 患儿资助款是否足额到位，患儿治疗情况、目前生活学习情况，患儿监护人对省级红十字会和定点医院的评价等。

2. 省级红十字会是否按照本办法实施资助管理，是否设立专账、专款专用，资助款是否足额及时拨付，是否存在违反本办法规定的行为。

3. 定点医院对受助患儿资助款是否专款专用、全部用于受助患儿的治疗，是否存在违反本办法规定的行为。

4. 省级红十字会和定点医院项目管理制度是否健全，项目档案管理是否规范，具体执行工作是否存在违反本办法规定的行为。

第四十六条　中国红基会对回访、监督、检查中发现的问题及时提出整改要求予以纠正；对有关举报，责成省级红十字会及时核查，并对查实问题做出认真、严肃处理，处理结果向社会公布，并报中国红基会。

第四十七条　在中央专项彩票公益金的使用中，如发现挤占、截留、挪用、拖延支付、扣抵项目资金或弄虚作假、受助患儿名不副实等问题，将根据《财政违法行为处罚处分条例》等有关法规移交相关部门依法依规处理。

第四十八条　在项目执行中严重违反本办法规定并造成不良社会影响的省级红十字会和定点医院，中国红基会取消其项目执行资格。该省项目由中国红基会直接执行或另行委托其他符合资质要求和具有执行能力的机构执行。

第十章　档案管理

第四十九条　对于中央专项彩票公益金的使用，中国红基会、省级红十字会、定点医院均须建立财务专账和项目档案。项目档案内容包括但不限于：

（一）中国红基会：

1. 中央部门项目申报文本；

2. 财政部关于项目预算的批复文件、中国红十字会总会和中国红基会关于项目执行的相关文件；

3. 资助资金拨付审批资料；

4. 项目受助患儿抽查回访情况记录；

5. 项目回访情况报告；

6. 项目结案报告；

7. 项目绩效报告；

8 项目绩效评价报告；

9. 相关媒体报道、照片、视频；

10. 受助人感谢信、锦旗；

11. 要求省级红十字会和定点医院提报的项目相关材料等。

（二）省级红十字会：

1. 求助来访情况登记资料；

2. 先心病患儿申请资料及登记表；

3. 申请人近况核实记录；

4. 资助款拨付审批手续、拨款凭据及回访情况记录；

5. 项目年度结案报告（本省）；

6. 当地媒体相关报道资料、受助人典型案例故事、照片、音像视频等；

7. 受助人感谢信、锦旗等；

8. 要求定点医院提报的项目相关材料等。

（三）定点医院：

1. 受助患儿治疗情况统计表；

2. 受助患儿资助款使用情况、医院减免费用记录；

3. 项目年度工作总结；

4. 当地媒体相关报道资料、受助人典型案例故事、照片、音像视频；

5. 受助人感谢信、锦旗等。

第五十条 项目档案保管期限根据其重要程度和使用价值确定，分为永久和定期。重要档案须永久保管，其他档案保管期限为 10 年。财务档案保管期限按照国家有关规定执行。

第五十一条　项目档案保管到期后按照有关规定进行销毁。

第十一章　附则

第五十二条　本办法的修改、解释权属于中国红十字会总会。

第五十三条　本办法自印发之日起施行。2011 年 5 月 24 日印发的《中国红十字基金会天使阳光基金资助管理暂行办法》（中红办字〔2011〕107号）同时废止。

3. 中国红十字会总会彩票公益金项目财务管理手册

出台背景：为进一步加强中国红十字会总会彩票公益金的管理，保证项目资金安全，防范项目资金风险，发挥项目资金使用效率，落实项目资金专款专用的原则，突出财务监督的作用性，根据《中华人民共和国会计法》、《行政单位会计制度》、《中国红十字会总会彩票公益金管理办法》等有关法律、法规制定本财务管理手册。总会红会办公室与资产管理处负责具体组织、指导、监督项目财务工作，地方分会的财务部门负责具体组织、指导、监督地方分会的项目财务工作。总会财资处负责组织地方分会财务人员的培训工作，地方分会财务部门负责本级管辖的项目财务人员的培训工作。本财务手册适用于接收总会彩票公益金项目的所有单位。

出台时间：2009 年

主要内容：公益金项目财务规范

4. 定点医院管理暂行办法

背景：为深入推进"红十字天使计划"的实施，充分发挥定点医院在大病救助项目实施中的医疗保障作用，进一步加强和规范对定点医院的管理，特制订本办法。

出台时间：2014 年

主要内容：彩票公益金项目实施规范

附：

第一章　总则

第一条　为深入推进"红十字天使计划"的实施，充分发挥定点医院在大病救助项目实施中的医疗保障作用，进一步加强和规范对定点医院的管理，特制订本办法。

第二条　本办法所称定点医院是指经中国红十字基金会审核确定，并签订中国红十字基金会"红十字天使计划"定点医院合作协议，为中国红十字基金会"红十字天使计划"的救助对象提供医疗服务的医院。

第三条　中国红十字基金会"红十字天使计划"定点医院按照其协议约定的基金项目冠名。

第二章　定点医院的设立

第四条　定点医院应具备以下条件：

（一）中国红十字基金会彩票公益金项目的定点医院须为三级甲等非营利性医疗机构。其他专项基金定点医院根据中国红十字基金会专项基金管理规定选择定点医疗机构；

（二）认同红十字运动理念，遵循红十字运动基本原则，支持红十字人道事业；（三）遵守中国红十字基金会有关医疗救助和基金项目管理的规定，并建立与其要求相适应的内部管理制度，配备专门的管理人员和计算机系统；

（四）对医疗救助对象具有高度人道责任感，并给予救助对象一定的医疗费用减免。

第五条　具备以上条件的京外医院一般应向当地省级红十字会提出书面申请，在京的医院可直接向中国红十字基金会提出申请。申请定点医院须提供以下材料：

（一）医疗机构执业许可证复印件（加盖公章）；

（二）收费许可证复印件（加盖公章）；

（三）与救助项目相关的大型医疗仪器设备清单；

（四）与救助项目相关的医疗服务能力证明材料；

（五）药品监督管理和物价部门监督检查合格的证明材料；

（六）"红十字天使计划"医疗救助项目分管领导、科室技术骨干和专

职管理人员情况简介;

（七）"红十字天使计划"医疗救助项目专用计算机等办公设备清单。

第六条 中国红十字基金会对申请定点资格的医院进行考察，并按照择优的原则进行筛选。对审查合格，符合定点医院条件的，中国红十字基金会与医院及其所在地省红会签署三方协议;直接向中国红十字基金会提出申请的、符合定点条件的医院，与中国红十字基金会签署两方协议。

第七条 中国红十字基金会向签署定点协议的医院授发标牌，并对"红十字天使计划"医疗救助项目管理人员进行培训。定点医院与中国红十字基金会协议到期后，双方有继续合作意愿的可申请续签协议。

第三章 定点医院的管理

第八条 中国红十字基金会"红十字天使计划"定点医院的管理由协议约定的基金项目管理部门负责。

第九条 中国红十字基金会不定期对定点医院履行协议情况进行抽查，对项目执行不规范的定点医院提出限期整改意见，对违规的定点医院按照协议约定暂停定点医疗服务直至解除协议，取消定点资格。定点医院出现以下情况，暂停合作协议:

（一）以定点医院名义擅自开展筛查等活动的，暂停定点医疗服务资格，在规定期限内整改后方可恢复;活动产生的救助资金及一切费用由医院自行承担;

（二）未建立基金项目财务专项科目、专款专用的，暂停定点医疗服务资格，在规定期限内整改后方可恢复;未能在规定期限内整改的，解除协议。

出现以下情况，解除合作协议:

（一）以定点医院名义擅自开展商业合作项目的;

（二）在执行项目过程中，发生医疗事故导致患者伤残或者死亡的;

（三）占用、挪用或截留救助资助金的;

（四）项目执行中弄虚作假、骗取救助资金的。

第十条 省级红十字会对所在地定点医院在项目执行中给予具体指导和

监督，发现存在违规操作的定点医院，省级红会须及时告知中国红十字基金会，由中国红十字基金会按规定进行查处。

第十一条　对解除定点医疗合作协议的医院，中国红十字基金会将向社会发布公告。

第四章　附则

第十二条　本办法自印发之日起施行，《中国红十字基金会专项基金定点医院管理办法》（中红基【2011】2号）废止。

第十三条　本办法由中国红十字基金会负责解释。

四　中国妇女发展基金会

《2011年至2015年中央专项彩票公益金支持农村贫困母亲两癌救助项目管理办法》

出台背景：为加强中央专项彩票公益金农村贫困母亲宫颈癌、乳腺癌救助项目的实施和管理，提高资金使用效益，根据《基金会管理条例》、《彩票公益金管理办法》，按照公益项目实施规律和要求，制定了严格的项目管理制度，2011年12月12日，财政部、全国妇联以财行〔2011〕711号印发《2011年至2015年中央专项彩票公益金支持农村贫困母亲两癌救助项目管理办法》。该《办法》分总则、组织机构及职责、项目实施流程、监督管理、附则5章22条，自发布之日起施行。

出台时间：2011年

主要内容：项目管理规范

附：2011～2015年中央专项彩票公益金支持农村贫困母亲两癌救助项目管理办法

第一章　总　则

第一条　为加强中央专项彩票公益金农村贫困母亲两癌（宫颈癌、乳腺癌）救助项目的实施和管理，提高资金使用效益，根据有关法律、行政法规制定本办法。

第二条　项目资金实行专账管理，独立核算，不得与其他资金混合管理使用。

第三条　项目资助的地域包括 31 个省、自治区、直辖市和新疆生产建设兵团（以下统称省），救助对象为经过有检查资质的医疗机构确诊、患有宫颈癌 2B 以上或乳腺浸润性癌的农村贫困妇女，救助标准为每人一次性救助 10000 元人民币。

第四条　项目实施和宣传工作中，应当标明"彩票公益金—中国福利彩票和中国体育彩票"字样，以突出彩票公益金的社会效益。

第二章　组织机构及职责

第五条　财政部、全国妇联负责制定项目管理办法，对项目资金的使用及项目实施情况进行指导、监督、检查。

第六条　全国妇联妇女发展部和中国妇女发展基金会联合组成全国项目实施办公室，主要职责是：

（一）研究制定项目年度实施方案，拟定项目预算和执行协议等文件。

（二）组织签订执行协议，并按照协议及时拨付救助资金。

（三）指导、监督项目执行，并建立项目管理电子数据库和档案。

（四）负责组织项目培训。

（五）负责项目的总结评估。每年 3 月底前，向财政部报送上一年度彩票公益金使用报告并定期向社会公布项目的执行情况。

第七条　各省妇联成立省级项目执行办公室，主要职责是：

（一）负责向全国项目实施办公室提交本地区的项目实施方案。

（二）负责制定本地区的项目执行管理办法，及时组织项目执行，全面掌握、控制项目执行情况，督促县级妇联严格按照规定及时发放救助资金。

（三）建立项目档案，对受助人群的资金落实情况进行随访和跟踪记录，提交本地区项目执行情况和资金使用情况的详细报告等材料。

第三章　项目实施流程

第八条　申请人应当准确、如实、完整地填写救助资金申请表。申请人及其所在地村委会和有关医院应当如实提供相关证明材料。

第九条　村妇代会负责收集汇总需救助的"两癌"患病妇女名单、人数以及申报材料，上报至项目实施县妇联。项目实施县妇联对相关材料进行初审后，上报至省级项目执行办公室。

第十条　省级项目执行办公室及时对各地报送材料的完整性、真实性等有关情况进行审核，认真填报需救助的"两癌"患病妇女情况汇总表，形成本地区项目实施方案，签署意见、盖章后报送全国项目实施办公室。

第十一条　全国项目实施办公室对上报材料进行整理审核，形成项目年度实施方案，报经全国妇联批准后，由全国妇联妇女发展部、中国妇女发展基金会与省级妇联签订执行协议。全国项目实施办公室按照执行协议下拨救助资金至省级项目执行办公室。

第十二条　省级项目执行办公室在收到救助资金后5个工作日内，拨至项目实施县妇联。项目实施县妇联在收到救助资金后10个工作日内，发放至拟救助的"两癌"患病妇女。

第十三条　获得救助资金的"两癌"患病妇女，应当在领取救助金登记表上签名。

救助金登记表原件由项目实施县妇联保存，保存期不得少于3年；复印件由省级项目执行办公室保存。

第十四条　省级项目执行办公室和项目实施县妇联应当建立完整准确的救助申请和项目实施档案。

第十五条　全国项目实施办公室应当建立完整的资金审批、项目管理档案，随时抽查省级项目执行办公室和项目实施县工作档案，随机对受益人进行抽查访问，适时对项目实施地区进行实地检查。

第四章　监督管理

第十六条　全国项目实施办公室对项目实施情况进行评估，检测项目的实施效果，掌握项目的受益情况，并向全国妇联提交项目执行报告，由全国妇联审核后向财政部备案。

第十七条　对于提供虚假情况和证明的项目执行单位和个人，全国项目实施办公室应当全额追回救助资金，并按照管理权限逐级追究责任。

第十八条　项目资金的使用应当严格执行国家有关法律、行政法规和财务规章制度，任何单位和个人不得私分、侵占、挪用。

第十九条　全国项目实施办公室应于每年3月底前向财政部报送上一年度项目组织实施和项目资金使用报告，并于每年6月底前向社会公告上一年度项目资金的具体使用情况以及上一年度项目资金资助的人员名单。

第二十条　全国项目实施办公室应当接受审计署的专项审计，可以选择资信良好的会计师事务所进行审计，公布审计报告。

第五章　附　则

第二十一条　本办法由财政部、全国妇联负责解释。

第二十二条　本办法自发布之日起施行。

五　中国出生缺陷干预救助基金会

1. 中央专项彩票公益金支持中国出生缺陷干预救助基金会出生缺陷（遗传代谢病）救助项目

出台背景：为进一步做好出生缺陷救助工作，国家卫生健康委妇幼司联合中国出生缺陷干预救助基金会（以下简称基金会）在29省（区、市）开展出生缺陷（遗传代谢病）

救助项目。项目主要为患有遗传代谢病的患儿提供医疗救助，减轻患儿家庭负担。为确保项目顺利实施，提出以下工作方案。

出台时间：2015年

主要内容：项目实施方案

附：出生缺陷（遗传代谢病）救助项目实施方案

一、项目目标

（一）普及遗传代谢病防治知识，提高公众出生缺陷防治知识知晓率。

（二）提高遗传代谢病诊疗水平，减少遗传代谢病所致儿童残疾。

（三）减轻遗传代谢病患儿家庭医疗负担。

二、项目地区

（一）第一批项目省份

河北省、山西省、安徽省、福建省、山东省、湖北省、湖南省、广西壮族自治区、四川省、贵州省、陕西省、甘肃省。

（二）第二批项目省份

内蒙古自治区、辽宁省、江苏省、浙江省、江西省、河南省、海南省、青海省。

（三）第三批项目省份

北京市、天津市、吉林省、黑龙江省、广东省、重庆市、云南省、西藏自治区、宁夏回族自治区。

三、项目内容

（一）以遗传代谢病为重点，开展出生缺陷防治社会宣传和健康教育。

（二）开展人员培训和业务指导。

（三）为符合救助条件的患儿提供医疗救助。

四、救助对象及标准

（一）救助对象

申请救助的患儿需同时满足下列条件：

1. 临床诊断患有遗传代谢病（具体病种详见附件2）。

2. 年龄18周岁以下（含）。

3. 家庭经济困难，能够提供低保证、低收入证、建档立卡贫困户证明或村（居）委会等开具的家庭经济困难证明（附件3）。

4. 医疗费用自付部分超过2000元（含），国家级贫困县患儿的自付部分超过1000元（含）。

（二）补助标准

对患儿在2015年1月1日（含）至今，在医疗机构的诊断、治疗和康复医疗费用给予补助。项目根据患儿医疗费用报销之后的自付部分，给予1000元~10000元补助。每位患儿具体补助标准如下：

1. 自付部分超过1000元（含）、小于2000元的，补助额度为1000元，此项标准仅适用于国家级贫困县。

2. 自付部分超过 2000 元（含）、小于 3000 元的，补助额度为 2000 元。

3. 自付部分超过 3000 元（含）的，按自付费用的 85% 予以补助，最高补助额度为 10000 元（含）。

患儿在获得第一次补助金（以基金会救助时间为准）之后可申请第二次补助。

五、实施程序

（一）确定项目管理单位和实施单位

各省（区、市）指定 1 家医疗机构作为项目管理单位，承担项目具体管理工作；不超过 15 家机构为项目实施单位，为符合条件的患儿提供救助（项目管理单位也可作为项目实施单位）。项目管理单位和实施单位应具备以下基本条件：

1. 提供遗传代谢性疾病的诊断、治疗和康复等服务的妇幼保健机构、儿童医院、综合性医院等。

2. 重视出生缺陷防治公益事业，能够提供项目所需的人、财、物保障；相关科室积极性高，愿意承担出生缺陷（遗传代谢病）救助项目工作。

3. 成立项目工作领导小组和办公室，实行专人负责、专项管理。

（二）救助流程

1. 提出申请。患儿法定监护人提出救助申请，填写《出生缺陷（遗传代谢病）救助项目个人申请表》（附件 4），就近交至项目管理单位或项目实施单位，并按要求提供下列相关材料：

①身份证明材料。证明患儿与其法定监护人关系的户口簿和身份证复印件，或者证明监护关系的其他材料原件。

②疾病和治疗证明材料。医疗机构出具的患儿病情诊断证明、住院首页及病历、出院记录（如有住院治疗请提供）、基因检测或串联质谱检测报告、血液检测报告等。

③家庭经济困难证明。低保证、低收入证、建档立卡贫困户证明材料复印件，或村（居）委会等出具的家庭经济困难证明材料原件。

2. 初审及信息录入。由项目实施单位对申请材料进行初审，其中证明

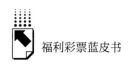
材料复印件须当场与原件核对无误并加盖本单位公章，将通过初审的材料及时报送项目管理单位。初审未通过的，项目实施单位通知患儿法定监护人可补充材料再次申请。初审需在10个工作日内完成。

项目实施单位要及时将通过初审的申请材料录入"出生缺陷干预救助与诊疗管理平台"（http：//jzzl．csqx．org．cn），提交至项目管理单位。

3. 省级复审。项目管理单位定期组织专家，对项目实施单位报送的患儿申请材料进行复审，填写《出生缺陷（遗传代谢病）救助项目受助对象复审合格名单》（附件5），与患儿申请材料一并报送基金会。复审未通过的，项目管理单位应及时告知项目实施单位反馈患儿法定监护人。

参加复审的专家组总人数应在7人以上，由本省和外地专家组成。复审需相关专家3人以上，超过半数同意即为评审通过。

4. 基金会复核及公示。基金会对各省（区、市）报送的患儿申请材料进行复核，定期将通过复核的患儿名单在官方网站公示。

5. 发放受助对象回执单。基金会将经公示无异议的患儿名单返回各省（区、市），由项目管理单位通知项目实施单位。项目实施单位向患儿法定监护人发放并指导其填写《出生缺陷（遗传代谢病）救助项目受助对象回执单》（附件6）。

监护人向项目实施单位提交回执单、合规的医疗收费票据、患儿或其监护人的银行卡或存折信息。具体要求详见回执单相关规定。

项目实施单位将患儿监护人提交的回执单及相关材料报送项目管理单位，经由项目管理单位审核后报送基金会。

6. 拨付救助款项。基金会对患儿所有资料及医疗收费票据进行审核确认无误后，核定医疗费用补助金额，向受助患儿或其监护人银行账户拨付相应救助金，并向项目管理单位反馈受助患儿名单及金额。

7. 回访。项目实施单位在基金会拨出救助金10个工作日内，对受助患儿监护人进行回访，填写《出生缺陷（遗传代谢病）救助项目受助对象回访情况登记表》，了解救助金到位、患儿康复和满意度等情况，并将回访信息录入项目管理信息系统。

2.先天性结构畸形救助项目方案

出台背景：为减少先天性结构畸形所致残疾，推进健康扶贫工程，国家卫生计生委妇幼司、中国出生缺陷干预救助基金会（以下简称基金会）于2017年启动实施先天性结构畸形救助项目。项目主要针对发病率相对较高、有成熟干预技术、治疗效果好的先天性结构畸形，为患儿提供医疗费用补助，减轻患儿家庭医疗负担。为确保项目顺利实施，特制订本方案。

出台时间：2017年

主要内容：项目实施方案

附：先天性结构畸形救助项目方案

一、项目目标

（一）普及先天性结构畸形防治知识，提高公众优生意识。

（二）减轻贫困患儿家庭医疗负担，促进先天性结构畸形早诊断、早治疗，减少先天性结构畸形所致残疾。

二、项目内容

（一）以先天性结构畸形为重点，开展出生缺陷防治社会宣传和健康教育。

（二）开展人员培训和业务指导。

（三）为符合救助条件的患儿提供医疗费用补助。

三、救助对象及补助标准

（一）救助对象。申请救助的患儿需同时满足下列条件：

1.临床诊断患有下列6类先天性结构畸形疾病：

①神经系统先天性畸形；

②消化系统先天性畸形；

③泌尿系统及生殖器官先天性畸形；

④肌肉骨骼系统先天性畸形；

⑤呼吸系统先天性畸形；

⑥五官严重先天性结构畸形。

具体病种详见附1。

2. 年龄 18 周岁以下（含）。

3. 家庭经济困难，能够提供低保证、低收入证、建档立卡贫困户证明或村（居）委会等开具的贫困证明（附2）。

4. 在项目定点医疗机构接受诊断、手术、治疗和康复。

5. 医疗费用自付部分超过 3000 元（含）。

（二）医疗费用补助范围。药费、床位费、诊查费、检查费、放射费、检验费、治疗费、手术费、输血费、护理费、材料费、输氧费等。

（三）补助标准。对患儿申请救助日期的上一年度 1 月 1 日（含）之后，在定点医疗机构的诊断、手术、治疗和康复医疗费用给予补助。项目根据患儿医疗费用报销之后的自付部分，一次性给予 3000 元~30000 元补助。每位患儿具体补助标准如下：

1. 自付部分超过 3000 元（含）、小于 4000 元的，补助额度为 3000 元。

2. 自付部分超过 4000 元（含）的，按自付费用的 75% 予以补助，最高补助额度为 30000 元（含）。

对同一患儿同一疾病分次申请救助的，或同一患儿不同疾病分别申请救助的，项目只补助一次。

3. 中央专项彩票公益金支持中国出生缺陷干预救助基金会遗传代谢性出生缺陷疾病干预救助项目

出台背景：随着我国社会经济文化水平的全面提高、医疗水平及疾病诊断技术的不断进步，出生缺陷领域中部分直观辨识的疾病得到了较多救助和获得了较好的医疗保障，但众多可治、可控的遗传代谢性出生缺陷却没得到有效救助，缺少特定救助资金和措施，成为出生缺陷干预救助领域被忽视的致残、致死性疾病之一。因此，针对以上现状，中国出生缺陷干预救助基金会将目前能够临床确诊并有效治疗的遗传代谢性出生缺陷优先纳入干预救助范畴，遵循三级预防原则，特别针对检测出的遗传代谢性出生缺陷疾病患者中的困难家庭实施个体干预救助，及时有效地对其进行疾病干预及治疗，防止病程继续发展和致残致死等严重后果的发生，为提高我国整体人口素质做出重要贡献。

出台时间：2015 年

主要内容：项目实施办法

附：中央专项彩票公益金支持中国出生缺陷干预救助基金会遗传代谢性出生缺陷疾病干预救助项目

在广泛开展系统的出生缺陷防治宣传和健康教育的基础上，应用国际领先的出生缺陷干预技术和理念，在国内重点省份开展遗传代谢性出生缺陷的检测工作，并对符合救助条件的贫困家庭中遗传代谢病患儿实施医疗救助，为我国开展长期出生缺陷防治工作奠定基础。最终提高我国出生缺陷预防、干预、救助的整体水平，有效降低我国出生缺陷发生率，提高人口素质。

l　具体目标

——针对患有可防、可控及可治的遗传代谢性出生缺陷疾病困难家庭及个人实施个体救助。

——具体救助包括：遗传代谢性出生缺陷的诊断、治疗、再生育指导等。

——根据相关资料分析总结当地遗传代谢性出生缺陷的发病、分布，并为当地政府遗传代谢性出生缺陷预防方针的制定提供指导。

三、项目内容

在全国范围内，针对患有可临床确诊并有效治疗的遗传代谢性出生缺陷疾病且家庭经济贫困的患者实施救助，资助其进行疾病诊断，提供治疗费用，防止病程继续发展和致残致死等严重并发症的发生，并给家庭成员提供健康生育指导服务，避免再次生育缺陷患儿，为提高我国整体人口素质做出贡献。

四、救助对象及标准：

（一）救助对象

申请救助的患儿需同时满足下列条件：

1. 临床诊断患有遗传代谢病。

2. 年龄 18 周岁以下（含）。

3. 家庭经济困难，能够提供低保证、低收入证、建档立卡贫困户证明

345

或村（居）委会等开具的家庭经济困难证明。

4. 医疗费用自付部分超过 2000 元（含），国家级贫困县患儿的自付部分超过 1000 元（含）。

（二）补助标准

对患儿在 2015 年 1 月 1 日（含）至今，在医疗机构的诊断、治疗和康复医疗费用给予补助。项目根据患儿医疗费用报销之后的自付部分，给予 1000 元～10000 元补助。每位患儿具体补助标准如下：

1. 自付部分超过 1000 元（含）、小于 2000 元的，补助额度为 1000 元，此项标准仅适用于国家级贫困县。

2. 自付部分超过 2000 元（含）、小于 3000 元的，补助额度为 2000 元。

3. 自付部分超过 3000 元（含）的，按自付费用的85%予以补助，最高补助额度为 10000 元（含）。

五、实施程序：

（一）申请流程

申请人（申请人为未成年的，其法定监护人可作为代申请人）从中国出生缺陷干预救助基金会官方网站下载［已开展出生缺陷（遗传代谢病）救助项目地区范围内的申请人，到项目管理单位/项目实施单位领取］并填写《遗传代谢病患儿救助项目资助申请表》，经户籍所在地（或居住地）村委会或居委会、民政部门、项目管理单位/项目实施单位审核后，报中国出生缺陷干预救助基金会［已开展出生缺陷（遗传代谢病）救助项目地区范围内的申请人，就近交至项目管理单位/项目实施单位，由项目管理单位/项目实施单位报至基金会］。申请人提出申请后 15 个工作日内将给出初审和复审结果。

符合条件的申请人须填写《遗传代谢病患儿救助项目资助申请表》，并提供以下资料：

①身份证明材料。证明患儿与其法定监护人关系的户口簿和身份证复印件，或者证明监护关系的其他材料原件。

②疾病和治疗证明材料。医疗机构出具的患儿病情诊断证明、住院首页

及病历、出院记录（如有住院治疗请提供）、基因检测或串联质谱检测报告、血液检测报告等。

③家庭经济困难证明。低保证、低收入证、建档立卡贫困户证明材料复印件，或村（居）委会等出具的家庭经济困难证明材料原件。

（二）评审程序

——初审：中国出生缺陷干预救助基金会对患者的申请资料进行初审后，会同项目管理单位/项目实施单位对患者进行全面的医学检查，形成基本的医治方案，连同患者或患者法定监护人签署的知情同意书一并提交中国出生缺陷干预救助基金会项目评审委员会审批。

——审批：中国出生缺陷干预救助基金会项目评审委员会根据资助原则对患者进行综合评审，确定资助对象和资助金额。

——通过审批的申请人通过项目管理单位/项目实施单位向基金会提交自费不少于资助款金额的申请人住院、门（急）诊医疗收据原件，由中国出生缺陷干预救助基金会安排将资助款汇入申请人开立的银行卡账户。

（三）评审原则

——申报时间顺序原则：提交项目评审委员会评审名单，按照申请人申报时间先后顺序排列，申请时间早的优先；

——量入为出原则：即根据资金情况确定资助名额和资助金额；

——多方共担原则：即地方医疗保障机构报销一部分，患儿家庭自筹一部分，中国出生缺陷干预救助基金会资助一部分，项目管理单位/项目实施单位减免一部分；

——综合评定原则：即根据患者家庭经济情况、病情的轻重程度及治疗后的效果综合评定资助对象；

（四）中止资助

——申请人须保证各项资料的真实，对申报过程中出现的虚假、伪造或隐瞒等行为，一经发现将不予资助；如已获资助，将依法追索其所获得的全部资助款；

——如果患儿在治疗过程中死亡，尚未使用的资助款将收回，用于资助

其他患儿；

——监护人在评审回访时有隐瞒患者情况的（资助依据评审时间为准），须中止资助，资助款依据申请救助时间顺序，对其他待救助患者进行资助。

4. 中国出生缺陷干预救助基金会遗传代谢性出生缺陷疾病干预救助项目患儿资助管理办法（试行）

出台背景：中国出生缺陷干预救助基金会（以下简称基金会）"遗传代谢性出生缺陷干预救助项目"患儿资助项目（以下简称本项目）获得中央专项彩票公益金支持，旨在针对符合救助条件的我国遗传代谢病患儿实施救助，资助其进行疾病诊断，提供治疗费用，防止病程继续发展和致死致残等严重并发症的发生，为提高我国整体人口素质做出贡献。

出台时间：2015 年

主要内容：项目资助管理办法

附：中国出生缺陷干预救助基金会遗传代谢性出生缺陷疾病干预救助项目患儿资助管理办法（试行）

第一章　总则

第一条　中国出生缺陷干预救助基金会（以下简称基金会）"遗传代谢性出生缺陷干预救助项目"患儿资助项目（以下简称本项目）获得中央专项彩票公益金支持，旨在针对符合救助条件的我国遗传代谢病患儿实施救助，资助其进行疾病诊断，提供治疗费用，防止病程继续发展和致死致残等严重并发症的发生，为提高我国整体人口素质做出贡献。

第二条　本项目的资助管理遵循公开透明、专款专用、尊重捐方意愿、体现资助效益的基本原则。

第三条　为加强和规范本项目资金的使用和管理，根据国务院《基金会管理条例》、财政部《彩票公益金管理办法》（财综【2012】15 号）、国家卫生计生委《中央专项彩票公益金支持中国出生缺陷干预救助基金会出生缺陷干预救助项目管理办法》、国家卫生计生委审核通过的《2014～2015 年中央专项彩票公益金支持中国出生缺陷干预救助基金会出生缺陷干预救助项目实施方案》的相关规定，制定本办法。

第二章　组织管理

第四条　基金会根据救助工作需要，在全国范围内选择、设立省级出生缺陷救助基地。须由具备遗传代谢病诊疗资质、富有社会责任感的权威医疗机构提出申请，经基金会审批、签订合作协议后成为基金会省级出生缺陷救助基地。

第五条　省级出生缺陷救助基地负责选择本省内县市级妇幼保健院、儿童医院等医疗机构作为县市级出生缺陷救助点。

第六条　中央专项彩票公益金的管理由基金会负责组织实施，省级出生缺陷救助基地和县市级救助点协助具体执行，须严格遵守国家彩票公益金管理的相关规定。

第七条　中国出生缺陷干预救助基金会组建由基金会、政府部门相关人员、医学专家等组成的"遗传代谢病患儿资助评审委员会"，负责遗传代谢性出生缺陷疾病干预救助项目的资助评审（指导）工作，并对资助工作进行技术监督，对资助评审办法进行制度设计，确保资助公正透明、管理科学。

第八条　基金会配备专人负责本资助项目的日常管理工作。制定相关制度和项目规划；协调相关部门开展宣传、筹资、救助、回访、监督等活动；监督省级出生缺陷救助基地和县市级救助点开展项目实施；向财政部、民政部、国家卫生计生委、社会捐方反馈项目实施成果。

第九条　省级出生缺陷救助基地按照合作协议负责本资助项目的具体执行，安排专人负责对求助患儿的资格审查、近况核实、资助告知、资料转寄、回访、宣传、筹资和档案管理等工作；协助基金会开设、扩展县市级出生缺陷救助点，负责对救助点工作人员的培训、管理，以及对救助点申报的患儿资料进行汇总、呈报；负责对本省及周边地区遗传代谢性出生缺陷患儿的医疗救助等工作，指导患儿申请，为受助患儿提供绿色通道和医疗费用减免等优惠。

第十条　县市级出生缺陷救助点负责指导患者申请资金、收集患儿求助

申请文件、审核患儿情况、推荐救治医院，将患儿资助申请资料逐级呈报至当地省级出生缺陷救助基地，由省级救助基地汇总后定期寄送至中国出生缺陷干预救助基金会。

第十一条　省级出生缺陷救助基地的管理依据基金会《遗传代谢性出生缺陷疾病干预救助项目出生缺陷救助基地管理办法》执行。

第三章　资金筹集

第十二条　资金来源

（一）中央专项彩票公益金资助；

（二）国内外法人和自然人的捐赠；

（三）组织开展专项筹资活动及合作项目募集的资金；

（四）基金增值收益；

（五）其他合法收入。

第十三条　本项目资金用于向我国 0～14 周岁（含）、家庭贫困并患有可临床确诊并有效治疗的遗传代谢性出生缺陷疾病的患儿提供医疗费用资助。

第十四条　本项目接受的社会捐款，基金会均开具财政部统一监制的公益事业捐赠专用收据，捐赠人可根据国家税务总局"关于公益性捐赠所得税税前扣除的相关办法"享受税收优惠政策。

第十五条　本项目接受的非货币形式捐赠，除捐赠人指定用途外，基金会在征得捐赠人同意后可以对捐赠物品进行义卖或公开拍卖，所得款项计入本项目。

第十六条　基金会按照尊重捐方意愿的原则执行项目，社会捐赠人可以指定符合本项目救助条件的捐助对象，有权查询、监督捐款的使用情况。基金会对做出重要贡献的捐赠人给予宣传报道和授予荣誉。

第十七条　凡中央专项彩票公益金资助的项目，在对外宣传时标明"彩票公益金资助——中国福利彩票和中国体育彩票"字样，突出彩票公益金"取之于民，用之于民"的理念。

第四章　资金管理

第十八条　本项目执行财政部《民间非营利组织会计核算制度》。项目资金按照专款专用、以收定支、厉行节约的原则进行管理。

第十九条　基金会、省级救助基地须加强对本项目的财务管理，设立专账科目，严格按照规定用途使用，保障项目资金的安全性、有效性和公益性。任何单位和个人不得以任何形式挤占、截留、挪用项目资金。

第二十条　依据国务院《基金会管理条例》相关规定，本项目中社会捐款年度资助支出总额的10%作为基金会的项目实施管理成本。

第二十一条　从中央专项彩票公益金中列支执行本项目的必要费用依据《2014～2015年中央专项彩票公益金支持中国出生缺陷干预救助基金会出生缺陷干预救助项目实施方案》里的遗传代谢性出生缺陷疾病干预救助项目资金使用计划执行。

第二十二条　对于中央专项彩票公益金的使用，各单位包括中国出生缺陷干预救助基金会、省级出生缺陷救助基地应当建立项目档案，专人管理，单独立卷。项目档案要保存十年，财务档案保管年限按照国家有关规定执行。

第二十三条　基金会、省级出生缺陷救助基地定期汇总遗传代谢性出生缺陷疾病患儿求助及资助、救治等项目执行情况，并及时向社会公告。

第二十四条　基金会定期抽查各省项目实施情况，每半年组织一次抽查，每年组织一次全面检查，确保资金专款专用。并及时向财政部、卫计委汇报救助项目的管理、执行、检查、评估等有关情况。

第五章　申请程序

第二十五条　资助对象

（一）0～14周岁（含）、患有可临床确诊并有效治疗的遗传代谢性出生缺陷疾病且家庭经济贫困的患者。

（二）通过国家基本医疗保障制度（包括城镇居民基本医疗保险、新型农村合作医疗、城乡居民大病保险、城乡医疗救助等制度）报销比例达到90%的地区以外的遗传代谢性出生缺陷疾病患者

第二十六条　申请流程

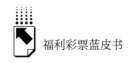

申请人家长（或法定监护人）可作为代申请人，通过当地省级出生缺陷救助基地向基金会提出资助申请。从中国出生缺陷干预救助基金会网站下载阅读（或到当地省级出生缺陷救助基地、县市级救助点领取）《遗传代谢病患儿资助申请须知》（附件1），并填写《遗传代谢病患儿资助申请表》（附件2），经户籍所在地（或居住地）村委会或居委会审核后，报至县市级出生缺陷救助点或省级出生缺陷救助基地进行初审和复审。

第二十七条　符合条件的申请人必须在《遗传代谢病患儿资助申请表》内提供以下资料：

（一）能证明申请人及其父母（或法定监护人）关系的材料：户口簿和身份证（复印件）。如户口簿无法证实监护关系的，须提供申请人出生证明或派出所开具的监护关系证明原件及最新生活照片；

（二）二级甲等以上且具备遗传代谢病诊疗资质的医疗机构出具的遗传代谢性出生缺陷疾病诊断报告单和病情诊断证明（原件或复印件）；

（三）村（居）委会出具的家庭经济状况证明原件。如属城乡低保、军烈属、残疾人家庭的患者需提供低保证、军烈属证、残疾人证（复印件）或当地民政局证明；孤儿需提供当地民政局或福利院证明；家庭成员患有重大疾病的，需提供医院相应病情诊断证明（复印件）等。

第二十八条　县市级救助点在收到申请人资助申请表后5个工作日内完成审核后报至省级出生缺陷救助基地，对其中的证明材料复印件须与原件核对无误并加盖公章，资料不合格的通知家长补办后再申报；省级出生缺陷救助基地在收到资料后10个工作日内完成复审并报至中国出生缺陷干预救助基金会。

第二十九条　申请人需要紧急实施医疗救助、无法按规定流程和时限逐级上报审批的，可在填写资助申请表、备齐相关资料并且就治医院出具意见后，由申请人监护人直接报至当地省级出生缺陷救助基地。

第三十条　基金会联合各地省市政府或省级出生缺陷干预救助基地开展新生儿遗传代谢病检测活动中发现的遗传代谢病患儿，由检测单位开展遗传咨询、转介就治医院、指导患儿申请资助，将患儿申请资料报至省级出生缺陷干预救助基地。

第三十一条　省级出生缺陷救助基地负责汇总资助申请信息，填写《遗传代谢病患儿求助情况登记表》（附件3），与申请人申请资料一同报至基金会。并每季度报送一次《遗传代谢病患儿求助情况汇总表》（附件4）。

第六章　评审程序

第三十二条　基金会在收到各省级出生缺陷救助基地统一报送的申请人资助申请表后，5个工作日内完成终审；合格资料存档待评审，不合格资料退回救助基地，由救助基地通知申请人重新办理或补齐资料后再申报。

第三十三条　在彩票公益金项目资金到账的情况下，基金会每月组织评审委员进行一次现场或网络评审，确定资助对象、资助额。对因病情需要紧急救助的，可采取网络、传真、电话等方式征求评审委员意见后，在5个工作日内完成审批流程。评审确定的资助名单和资助金额在中国出生缺陷干预救助基金官方网站予以公示。

第三十四条　中国出生缺陷干预救助基金会从社会募集的捐款，根据资金量及申请人求助情况，适时组织资助评审，并参照彩票公益金项目的执行规范，履行相关资助程序。

第三十五条　评审原则

（一）申报时间顺序原则：提交评审委员会评审名单按照申请人申报时间先后顺序排列，申请时间早的优先；

（二）量入为出原则：即根据筹资情况确定资助名额和资助金额；

（三）多方共担原则：即地方医疗保障机构报销一部分，患儿家庭自筹一部分，中国出生缺陷干预救助基金会资助一部分，救助基地减免一部分。

（四）综合评定原则：即根据患儿家庭经济情况、病情的轻重程度及治疗后的效果综合评定资助对象；对城乡低保、军烈属家庭患儿和孤儿等特殊情况申请人予以优先评审。

（五）一次性资助原则：除社会定向捐助外，每个申请人只安排一次资助。

第七章　资助标准

第三十六条　资助对象：通过资助评审获得受助资格后进行医学治疗且能提交合格资料的遗传代谢性出生缺陷疾病患儿。

第三十七条　资助标准：

除定向捐助外，中国出生缺陷干预救助基金会结合地方农村合作医疗及城镇大病医保政策，依据个人自费情况制定以下资助标准。

——家庭自费 3000 元（不含）～5000 元（含），资助标准为 3000 元；

——家庭自费 5000 元（不含）～7000 元（含），资助标准为 5000 元；

——家庭自费 7000 元（不含）～10000 元（含），资助标准为 7000 元；

——家庭自费 10000 元以上（不含），资助标准为 10000 元。

第三十八条　遗传代谢病患儿属疑难杂症、需长期治疗、或治疗费较贵，且已获得一次彩票公益金资助的，在提报相关资助材料后，可由基金会为其寻求定向社会捐赠后获得社会补充资助。

第三十九条　社会定向捐助款原则上全部用于指定的捐助对象，如捐款超过该捐助对象实际自付的治疗费用，或捐助对象在治疗过程中死亡的，其所获捐款结余部分计入中国出生缺陷干预救助基金会，用于救助其他符合条件的申请人。

第八章　资助流程

第四十条　经评审确定获得受助资格的申请人名单经中国出生缺陷干预救助基金会官网公示无异议的，通过省级出生缺陷救助基地向申请人法定监护人寄发《遗传代谢病患儿资助告知书》（附件5）。

第四十一条　获得资助的申请人家长（或监护人）需在接到资助通知后带受助人到有遗传代谢病诊疗资质的医院进行治疗并在四个月内（且在项目整体截止日期前）提供医疗票据，如逾期，视放弃资助，出生缺陷干预救助基金会依据求助时间，对其他待求助人进行资助。

第四十二条　受助患儿优先推荐到就近的遗传代谢病干预救助基地和救助点就治，也可自行选择医院，并在治疗完成后，通过省级出生缺陷救助基地向中国出生缺陷干预救助基金会提报如下材料：

（一）签字按手印后的《遗传代谢病患儿资助告知书》回执一份。

（二）若为入院治疗，提供住院病案首页（有医院印章，可清楚地显示申请人入院、病情、出院时间及治疗结果），以及住院费用清单（有医院印章）；若为门（急）诊治疗的，提供门诊治疗记录、病例等资料，以及费用清单（有医院印章）。

（三）患儿治疗前后5寸彩色照片（可提供电子版）。

（四）医疗票据，包括住院或门（急）诊医疗收据，具体要求如下：

1. 参加"新农合"、"城镇医保"或其他商业保险的申请人，且就治医院可直接办理医保报销的，由患儿监护人提供患儿报销后的原始票据；如就治医院无法办理医保报销的，由患儿监护人先到上述部门报销，报销后复印住院医疗收据和报销补偿单（或由报销部门注明报销数额），医疗费收据上无收费明细的需同时提供收费结算单。所有复印件均需另加盖报销部门公章。

2. 没有参加任何医疗保险的申请人，直接提供申请人医疗收据原件；收据上无收费明细的需同时提供收费结算单。

（五）患儿的家长或监护人须以患儿名字在中国银行、中国工商银行、中国建设银行、中国农业银行和农村信用合作联社（农村商业银行）中任选一家金融机构，办理一张银行卡或存折，并将银行卡或存折首页复印件及患儿户口簿复印件通过省级出生缺陷干预救助基地报送至基金会，以便拨付资助款。

第四十三条　已通过评审获得受助资格的申请人，如属于以下情况的须终止或中止资助：

——申请人须保证各项资料的真实，对申报过程中出现的虚假、伪造或隐瞒等行为，一经发现将不予资助；如已获资助，将依法追索其所获得的全部资助款；

——如果患儿在治疗过程中死亡，尚未使用的资助款将收回，用于资助其他患儿；

——监护人在评审回访时有隐瞒患者情况的（资助依据评审时间为准），须中止资助，资助款依据申请救助时间顺序，对其他待救助患者进行

资助。

——经基本医疗保险、商业健康保险等综合报销救助后，医疗费家庭自费金额低于最低资助标准的终止资助。

第四十四条　社会定向捐助款原则上全部用于指定的捐助对象，如捐款超过该捐助对象实际自付的治疗费用，或捐助对象在治疗过程中死亡的，其所获捐款结余部分计入基金会，用于救助其他符合条件的申请人。

第四十五条　省级出生缺陷救助基地每1～2个月向中国出生缺陷干预救助基金会报送《受助患儿治疗情况登记表》（附件6），基金会每月填写《遗传代谢病资助患儿情况登记表》（附件7），定期通过官网向社会公布评审通过名单及最终受助患儿名单。

第四十六条　基金会、省级救助基地和县市级救助点在项目执行完毕后及时做出项目年度结案报告或年度工作总结，县市级救助点向省级救助基地报备，省级救助基地向基金会报备，基金会向财政部、国家卫生计生委报备。

第九章　回访与监督

第四十七条　本项目的资金救助接受社会监督和专项审计与评估。项目对资助患儿的评审确定、资助金额、项目实施进展、成效等情况，以及项目审计报告应及时通过中国出生缺陷干预救助基金会官网或新闻媒体向社会公布，接受社会监督。中央专项彩票公益金的使用接受相关部门检查和审计，并将审计结果上报财政部和国家卫生计生委，同时按彩票公益金管理的相关规定向社会公告。

第四十八条　中国出生缺陷干预救助基金会实行公开评审和资助，并保存相应的文字资料，随时接受社会监督。

第四十九条　中国出生缺陷干预救助基金会定期开展资助回访监督工作。

第五十条　省级出生缺陷救助基地在基金会拨出资助款15个工作日内对受助患儿监护人进行100%回访，填写《资助患儿回访情况登记表》（附件8），并在本单位官网公布资助及回访情况；回访结束后10个工作日内向基金会书面报备回访情况。

第五十一条　基金会组织社会监督巡察员对受助患儿监护人进行抽样电话回访，填写《资助患儿抽查回访情况登记表》（附件9），抽样回访率不低于30%；并定期对省级出生缺陷救助基地和县市级救助点进行实地督导检查。回访、监督、检查的重点内容为：

（一）患儿资助款是否足额到位，患儿治疗情况、目前生活学习情况，患儿监护人对基金会和省级救助基地的评价等。

（二）省级出生缺陷救助基地和县市级救助点对拨付的项目执行资金是否专款专用，是否全部用于调查评审受助患儿实际情况，是否存在违反本办法规定的行为；

（三）出生缺陷救助基地的管理制度是否健全，项目档案制度是否规范，具体执行工作是否存在违反本办法规定的行为。

第五十二条　中国出生缺陷干预救助基金会须加强对中央专项彩票公益金使用情况的监督检查，监督检查的重点内容为：

（一）中国出生缺陷干预救助基金会是否建立专账科目以反映资金使用情况，项目资金是否专款专用；

（二）对纳入救助项目资助范围患儿资格的认定是否公正、透明；

（三）基金会是否在规定的时间内将项目资金拨付到位；

（四）基金会在项目执行过程中是否存在违规违法及违反本办法的情况。

第五十三条　如接到家长投诉或社会举报，中国出生缺陷干预救助基金会应及时进行核查，并对查实问题做出认真、严肃处理，处理结果向社会公布。

第五十四条　在中央专项彩票公益金的使用中，如发现挤占、截留、挪用、拖延支付、扣抵项目资金或弄虚作假、受助患儿名不副实等问题，将根据《财政违法行为处罚处分条例》等有关规定严肃处理。

第十章　档案管理

第五十五条　对于中央专项彩票公益金的使用，中国出生缺陷干预救助基金会、省级出生缺陷救助基地、县市级救助点均须建立财务专账和项目档

案。项目档案内容包括但不限于：

（一）中国出生缺陷干预救助基金会：

1. 中央部门项目申报文本；

2. 财政部关于项目预算的批复文件、省级出生缺陷救助基地和县市级救助点关于项目执行的相关文件；

3. 评审相关资料

4. 资助资金拨付审批文件

5. 资助款拨款凭据；

6. 项目受助患儿抽查回访记录；

7. 项目回访情况报告；

8. 项目结案报告；

9. 项目绩效报告；

10. 项目绩效评价报告；

11. 相关媒体报道、照片、视频；

12. 受助人感谢信、锦旗；

13. 要求省级出生缺陷救助基地和县市级救助点的项目相关材料等。

（二）省级出生缺陷救助基地：

1. 求助来访情况登记资料；

2. 患儿申请资料及登记表；

3. 申请人近况核实记录；

4. 受助患儿治疗情况统计表；

5. 医院减免费用记录；

4. 资助回访情况记录；

5. 项目年度结案报告（本省）；

6. 当地媒体相关报道资料、受助人典型案例故事、照片、音像视频等；

7. 受助人感谢信、锦旗等；

8. 要求救助基地提报的项目相关资料等。

（三）县市级救助点：

1. 求助来访情况登记资料；

2. 患儿申请资料及登记表；

3. 申请人近况核实记录；

4. 资助回访情况记录；

5. 受助人感谢信、锦旗等；

6. 要求救助基地提报的项目相关资料等。

第五十六条　项目档案保管期限根据其重要程度和使用价值确定，分为永久和定期。重要档案须永久保管，其他档案保管期限为 10 年。财务档案保管期限按照国家有关规定执行。

第五十七条　项目档案保管到期后按照有关规定进行销毁。

第十一章　项目执行费的使用

第五十八条　中国出生缺陷干预救助基金会根据财政部核定比例、项目资金使用计划列支项目执行费用，并严格按彩票公益金项目要求管理和使用。

第五十九条　中国出生缺陷干预救助基金会将按审批确定资助人数向各省级出生缺陷救助基地拨付项目执行费。标准为：每资助一人按 25 元拨项目执行费，用于求助申请、复核、通知、回访等支出，不得挪作他用。

第十二章　附则

第六十条　本办法的修改、解释权属于中国出生缺陷干预救助基金会。

第六十一条　本办法自刊发之日起施行。

六　中国法律援助基金会

1. 关于启动中央专项彩票公益金法律援助项目实施单位申报工作的公告（2012年度项目资金支持）

出台背景：根据财政部、司法部《中央专项彩票公益金法律援助项目实施与管理暂行办法》（以下简称《暂行办法》），以及《财政部关于批复司法部 2012 年部门预算的通知》（财预【2012】105 号），中央专项彩票

公益金法律援助项目2012年度预算资金为10000万元，用于资助开展农民工、残疾人、老年人、妇女家庭权益保障和未成年人的法律援助工作，由中国法律援助基金会负责项目实施管理工作。按照《暂行办法》相关规定，根据项目实施管理工作的实际需要，现就申报项目实施单位有关事项公告。

出台时间：2012年

主要内容：申报项目实施单位规范性文件

附：关于启动中央专项彩票公益金法律援助项目实施单位申报工作的公告（2012年度项目资金支持）

一、项目实施单位类型

（一）地（市）和县（市、区）法律援助机构，主要以地市法律援助机构为主；中西部地区有办案职能的省级法律援助中心，热心公益的省直律师事务所，也可以申请成为项目实施单位。

（二）北京、天津、上海、江苏、浙江、广东等六省（市）的热心公益并擅长办理农民工、残疾人、老年人、妇女家庭权益保障和未成年人法律援助案件的优秀律师事务所。

（三）法律援助类民办非企业单位。

（四）高等法学院校学生社团组织。

（五）妇联等社会团体的法律帮助中心（维权机构）。

二、申请程序

（一）地（市）、县（区）法律援助机构和省直律师事务所向所在省（区、市）司法厅（局）所属的法律援助机构提交立项申请，由各省（区、市）司法厅（局）所属的法律援助机构提出本辖区内项目实施单位申请的审核意见，报中央项目管理办公室审批。

（二）北京、天津、上海、江苏、浙江、广东六省（市）热心公益并擅长办理农民工、残疾人、老年人、妇女家庭权益保障和未成年人法律援助案件的优秀律师事务所，向中华全国律师协会提交立项申请，由中华全国律师协会负责推荐报中央项目管理办公室审批。

（三）妇女联合会的法律帮助中心（维权机构）向中华全国妇女联合会权益部提交立项申请，由中华全国妇女联合会推荐报中央项目管理办公室审批。

（四）法律援助类民办非企业单位和高等法学院校学生社团组织直接向中央项目管理办公室提出立项申请并由其审批。

三、工作要求

（一）申请单位应根据本单位实际情况，认真、如实填写《中央专项彩票公益金法律援助项目实施单位申请书（2012年度项目资金支持)》（见附件）。基本要求有：项目实施单位所在辖区内农民工、残疾人、老年人、妇女家庭权益保障、未成年人的法律援助需求特别是降低门槛、扩大领域的案件需求较大；项目实施单位领导对项目实施管理工作高度重视，有较强的管理能力和组织社会力量办案能力，有熟悉计算机和网络操作的专人负责项目数据整理、上报等工作。律师事务所、法律援助类民办非企业单位、妇女联合会的法律帮助中心（维权机构）和高等法学院校学生社团组织应当提供加盖公章的资质证明有关文件。

（二）各省（区、市）法律援助处（局、中心）、中华全国律师协会、中华全国妇女联合会应按照《暂行办法》有关规定，结合上年度本地区项目实施情况，考察申报单位项目执行能力，进行初评，确定审核、推荐的项目实施单位并出具意见；各省（区、市）辖区内确定法律援助机构类的项目实施单位数量原则上不超过15家。

（三）通过初评后的《项目实施单位申请书》及其各省（区、市）法律援助处（局、中心）、中华全国律师协会、中华全国妇女联合会审核意见（需加盖公章），请于2012年11月25日前邮寄提交中央项目管理办公室；中央项目管理办公室按照有关程序审批确定项目实施单位。

2. 关于中央专项彩票公益金法律援助项目资助案件范围和有关工作的通知

出台背景：中央专项彩票公益金法律援助项目自实施以来，各省级项目管理办公室和项目实施单位高度重视，精心组织，扎实工作，积极组织开展办理农民工、老年人、妇女家庭、未成年人和残疾人法律援助案件，取得了

初步成效。为进一步贯彻财政部、司法部《中央专项彩票公益金法律援助项目实施与管理暂行办法》的精神，充分发挥彩票公益金的社会效益，出台该通知。

出台时间：2010年

主要内容：资金使用规范

附：

中央专项彩票公益金法律援助项目各省（区、市）项目管理办公室，新疆生产建设兵团项目管理办公室：

中央专项彩票公益金法律援助项目自实施以来，各省级项目管理办公室和项目实施单位高度重视，精心组织，扎实工作，积极组织开展办理农民工、老年人、妇女家庭、未成年人和残疾人法律援助案件，取得了初步成效。为进一步贯彻财政部、司法部《中央专项彩票公益金法律援助项目实施与管理暂行办法》的精神，充分发挥彩票公益金的社会效益，现就有关事宜通知如下：

一、要进一步明确项目资助案件的范围

根据第五次全国法律援助工作会议上中央领导同志有关"逐步降低法律援助门槛，不断扩大法律援助覆盖面"的要求，适应保障和改善民生的需要，同时考虑到中央专项彩票公益金与政府一般性财政资金（包括转移支付资金）在使用范围上应有所区别，彩票公益金项目应重点资助办理与国务院《法律援助条例》相比降低门槛、扩大领域的案件，主要是指《暂行办法》第六条规定的案件，包括各省（区、市）补充规定中比国务院《法律援助条例》扩大了的法律援助事项。《法律援助条例》明确规定事项范围内的案件，以及人民法院依照《刑事诉讼法》指定辩护的刑事案件，一般不纳入彩票公益金项目的资助范围。按照《暂行办法》第五条的规定，中西部地区和东部的辽宁、福建、山东三省可以办理这部分案件，但不得超过项目资助案件总数的1/3，且主要资助办理重大、疑难、复杂的案件；党政领导重视、社会关注度高的案件；在化解社会矛盾、维护社会稳定方面有成效的案件等。各地、各项目实施单位应当严格按照上述规定和要求向中央项目管理办公室报送案件，对不符合规定和要求的，中央项目管理办公室将不予支付办案补贴。

二、要尽量指派社会律师办理项目资助的案件

考虑到广大社会律师多年来为法律援助工作做了大量贡献，一般只能获得相当于办案成本或低于办案成本的补贴，为调动律师参与法律援助工作的积极性，提高办案质量和效果，中央专项彩票公益金法律援助项目规定了相对较高的办案补贴标准。因此，各项目实施单位应当尽量指派社会律师办理项目资助的案件。根据《暂行办法》第17条的规定，东部的辽宁、福建、山东三省的法律援助机构不得指派本单位专职法律援助人员办理项目资助案件，应当将项目资助的案件全部指派给社会律师办理；中西部地区的法律援助机构指派本单位专职法律援助人员办理项目资助的案件不得超过项目资助案件总数的30%。

三、要认真做好项目资助案件的审核工作

能否按照《暂行办法》的规定资助办理法律援助案件，真正把项目资金用于为困难群众办案，关系到中央专项彩票公益金法律援助项目的信誉，也关系到法律援助工作的信誉。省级项目管理办公室和各项目实施单位要本着对党和人民高度负责的态度，对项目资助的案件严格审查，严格把关。要严格审查项目受理的案件是否符合项目的受案范围，审查办案补贴的申请是否符合暂行办法第28条、第30条、第38条的规定，审查上报案件的真实性和合法性，防止弄虚作假、虚报冒领、挤占挪用项目资金的情况发生。对于手续不全的案件，要及时予以纠正，对不符合项目资助范围的案件，要在审核上报时予以剔除。疑难案件和跨地区办理的案件，其办案补贴较高，应当按照《关于〈暂行办法〉若干问题的答复》的要求提交不少于1000字的报告，介绍案情、办理过程及效果。调解结案的案件，如果案件未经诉讼程序，应当有书面调解协议和调解笔录。

此《通知》精神请认真贯彻执行，并请转发各项目实施单位。

中国法律援助基金会

二〇一〇年五月四日

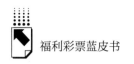

3. 关于加强和改进中央专项彩票公益金法律援助项目资助案件申报审核工作的意见

出台背景：为了切实贯彻落实《中央专项彩票公益金法律援助项目实施与管理暂行办法》，进一步提高项目运作效率，确保项目资金使用的安全性、有效性和公益性。

出台时间：2012 年

主要内容：项目实施规范

附：

各省级项目管理办公室，全国律协项目管理办公室和全国妇联项目管理办公室：

为了切实贯彻落实《中央专项彩票公益金法律援助项目实施与管理暂行办法》，进一步提高项目运作效率，确保项目资金使用的安全性、有效性和公益性，现就加强和改进项目资助案件申报审核工作提如下意见：

一、进一步提高做好项目案件申报审核工作的认识

要充分认识做好项目资助案件申报审核工作的重要性。项目资助案件的申报包括纸质材料申报和项目信息数据系统申报，直接关系着每季度各项目实施单位办案补贴的发放工作，是项目资金安全使用的重要保障，同时，也关系着项目年度资助案件的数据统计以及工作报告的编写，关系着项目成果的展示。今年第一季度各实施单位上报案件量大，时间紧，任务重。各省级项目管理办公室要高度重视，加强指导，严格把关，特别是要充分认识做好项目信息数据填报工作的重要意义，始终保持强烈的事业心、责任感，将这项工作作为整个项目实施的重要组成部分来做，及时、高效地组织完成各地各项目实施单位季度案件申报审核工作。

二、进一步严格项目案件申报审核程序

项目运作程序既是管理工作规范性的保证，也是项目实施效率的保障。法律援助案件办理需要一定时期，项目资金申请也有一个规定的程序，因此从案件受理到补贴发放的过程相对较长。在保障项目案件质量和资金安全的同时，也要提高工作效率。各省级项目管理办公室要严格按照《暂行办法》

和《项目执行协议》中关于项目资金申请拨付的有关规定，严格审核各项目实施单位上报案件，及时、准确上报有关材料。

对于个别项目实施单位季度案件上报工作（包括项目信息系统数据填报）不及时、不详实的，省级项目管理办公室要切实负责，采取相应措施，对其进行指导，提出严格要求，明确处理意见。坚决不能因为个别单位影响全省（区市）的项目进展，甚至影响全国整体项目进展。

三、进一步增强项目资助案件审核力度

根据《暂行办法》的规定，各省级项目管理办公室具体负责本辖区内的项目实施和管理工作，是项目资助案件申报审核的中坚力量。各省级项目管理办公室要高度重视，切实负责，严格审核各单位上报案件信息。既要注重审核受援对象、案件类型、申请补贴数额等是否符合项目资助有关规定，也要注重审核案情介绍情况与案件结果填写的一致性和准确性，还要严格执行关于重大疑难案件、群体性案件等项目特殊案件申报有关工作的要求。各省级项目管理办公室对初审退回补充的案件，可以要求上报单位在三个工作日内完成补充信息工作即行上报，也可以要求其补充材料待下个季度再行上报，以避免因为个别单位、个别案件影响本辖区项目案件审核申报工作。中央项目管理办公室对省级上报材料和项目系统信息数据进行审核，对本季度上报的不符合项目有关要求退回补充信息的案件，原则上本季度不再审核发放办案补贴，需下一个季度再行重新申报。

中央专项彩票公益金法律援助项目管理办公室

二〇一二年五月三十一日

4. 彩票公益金法律援助项目实施与管理暂行办法

出台背景：经国务院批准，财政部从中央集中彩票公益金中安排法律援助项目，用于资助开展针对农民工、残疾人、老年人、妇女权益保障和未成年人的法律援助。法律援助项目由中国法律援助基金会负责项目的具体实施。为规范项目的管理和实施工作，保证资助的法律援助工作顺利开展，发挥资金的使用效益，根据国家有关法律法规，我们制定了《中央专项彩票

365

公益金法律援助项目实施与管理暂行办法》。

出台时间：2009 年

主要内容：项目实施与管理规范

附：中央专项彩票公益金法律援助项目实施与管理暂行办法

中央专项彩票公益金法律援助项目实施与管理暂行办法

第一章　总　则

第一条　为规范中央专项彩票公益金法律援助项目（以下简称项目）的实施和管理，确保项目资金使用的公益性、有效性和安全性，使更多困难群众通过法律援助的途径维护和实现自身的合法权益，根据有关法律、法规制定本办法。

第二条　本办法所称的项目是指使用中央专项彩票公益金开展的针对农民工、残疾人、老年人、妇女家庭权益保障和未成年人法律援助的项目。

第三条　项目实施和管理要遵循公开透明、专款专用、严格监管、广泛覆盖、突出重点的基本原则。

第二章　项目资助案件的范围和类型

第四条　项目资助案件范围：

（一）当事人经济状况和申请事项符合《法律援助条例》和本省（区、市）补充规定的法律援助事项范围，但当地法律援助经费确实存在困难的；

（二）当事人的经济状况符合当地法律援助经济困难标准，其申请法律援助的事项虽不属于《法律援助条例》和本省（区、市）补充规定的法律援助事项范围的，但属于本办法第六条规定的案件类型的；

（三）当事人经济状况高于当地法律援助经济困难标准，低于当地城镇职工最低工资标准，其申请法律援助的事项符合《法律援助条例》和本省（区、市）补充规定的法律援助事项范围的；

（四）当事人经济状况高于当地法律援助经济困难标准，低于当地城镇职工最低工资标准，其申请法律援助的事项属于本办法第六条规定的案件类型的。

第五条　项目资助的地域包括 31 个省（区、市）和新疆生产建设兵团，重点是中西部地区。根据各地经济发展水平的不同，分别执行不同的案件资助范围。

（一）东部的北京、天津、上海、江苏、浙江、广东等6省（市）可以申请办理本办法第四条中的（二）（三）（四）项规定的案件。

（二）除上述东部6省（市）以外的其他省（区、市）和新疆生产建设兵团可以申请办理本办法第四条中第（一）（二）（三）（四）项规定的案件，但办理第（一）项规定的案件不超过本地区使用该项资金办理案件总数的1/3。

第六条　项目资助的案件类型主要是：

（一）民事案件

1. 生命权、健康权、身体权纠纷

道路交通事故人身损害赔偿纠纷、医疗损害赔偿纠纷、工伤事故损害赔偿纠纷、触电人身损害赔偿纠纷等。

2. 婚姻家庭纠纷

婚约财产纠纷、离婚纠纷、离婚后财产纠纷、离婚后损害赔偿纠纷、同居关系析产、子女抚养纠纷、婚姻无效纠纷、撤销婚姻纠纷、夫妻财产约定纠纷等。

3. 抚养、赡养纠纷

抚养费纠纷、变更抚养关系纠纷、扶养纠纷、监护权纠纷、探望权纠纷；赡养费纠纷、变更赡养关系纠纷等。

4. 收养关系纠纷

确认收养关系纠纷、解除收养关系纠纷、分家析产纠纷等。

5. 继承纠纷

法定继承纠纷、转继承纠纷、代位继承纠纷、遗嘱继承纠纷、被继承人债务清偿纠纷、遗赠纠纷、遗赠扶养协议纠纷等。

6. 产品质量损害赔偿纠纷

7. 高度危险作业损害赔偿纠纷

8. 环境污染侵权纠纷

大气污染侵权纠纷、水污染侵权纠纷、噪声污染侵权纠纷、放射性污染侵权纠纷等。

9. 地面、公共场所施工损害赔偿纠纷

10. 建筑物、搁置物、悬挂物塌落损害赔偿纠纷

11. 劳动争议、劳动合同纠纷

12. 社会保险纠纷

养老金纠纷、工伤保险待遇纠纷、医疗费、医疗保险待遇纠纷、生育保险待遇纠纷、失业保险待遇纠纷、福利待遇纠纷等。

13. 消费者权益纠纷

14. 涉农纠纷

因购买、使用种子、农药、化肥等农业生产资料而产生的纠纷、土地承包经营权纠纷等。

（二）刑事案件

1. 农民工、残疾人（盲、聋、哑除外）、老年人、妇女作为犯罪嫌疑人、被告人的刑事案件。

2. 农民工、残疾人、老年人、妇女、未成年人作为刑事被害人的刑事案件。

（三）执行案件

（四）其他可以由本项目资助办理的案件。

第三章 组织管理

第七条 本项目由财政部、司法部委托中国法律援助基金会负责项目实施的管理工作。财政部、司法部有关司局、单位对项目实施给予指导。具体职责分别是：

（一）财政部行政政法司、司法部计财装备司负责项目资金分配方案的审批和使用的指导监督工作；

（二）司法部法律援助工作司负责项目业务指导和监督工作，参与项目实施单位立项审批；

（三）司法部法律援助中心参与组织项目培训、调研、监督检查、评估

工作；

（四）中华全国律师协会负责推荐优秀律师事务所参与项目实施。

第八条　中国法律援助基金会设立中央专项彩票公益金法律援助项目管理办公室（以下简称中央项目管理办公室），在基金会理事会的领导下具体负责项目实施和管理的日常工作。

第九条　各省（区、市）司法厅（局）所属的法律援助机构组织成立本省（区、市）项目管理办公室（以下简称省级项目管理办公室），具体负责本辖区内的项目实施和管理工作。

第四章　项目实施单位的申报

第十条　本办法所称的项目实施单位是指接受项目资助办理或指派案件承办单位办理法律援助案件的单位。项目实施单位包括：

（一）地（市）和县（市、区）法律援助机构；

（二）北京、天津、上海、江苏、浙江、广东等六省（市）的热心公益并擅长办理农民工、残疾人、老年人、妇女家庭权益保障和未成年人法律援助案件的优秀律师事务所；

（三）法律援助类民办非企业单位；

（四）高等法学院校学生社团组织和妇联等社会团体的法律帮助中心（维权机构）。

地（市）和县（市、区）法律援助机构是主要项目实施单位。

第十一条　各省（区、市）项目实施单位的数量及资金分配额度，由中央项目管理办公室根据各省（区、市）的法律援助需求量、资金缺口以及办案能力、质量等实际情况提出建议，经司法部审核并报财政部批准后确定，并抄送省级财政部门备案。

第十二条　中央项目管理办公室统一发布《立项申请公告》。各类项目实施单位的立项申请和审批执行下列规定：

（一）各省（区、市）司法厅（局）所属的法律援助机构接受本辖区内地（市）和县（区）法律援助机构的立项申请，并提出审核意见，报中央项目管理办公室审批。

（二）中华全国律师协会负责推荐北京、天津、上海、江苏、浙江、广东六省（市）热心公益并擅长办理农民工、残疾人、老年人、妇女家庭权益保障和未成年人法律援助案件的优秀律师事务所，报中央项目管理办公室审批。

（三）法律援助类民办非企业单位以及各社会团体的法律帮助中心（维权机构）直接向中央项目管理办公室提出立项申请并由其审批。

第十三条　中国法律援助基金会与各省（区、市）司法厅（局）所属的法律援助机构签订《项目执行协议书》，明确省（区、市）司法厅（局）所属的法律援助机构对项目实施单位的管理职责。

第十四条　各省（区、市）司法厅（局）所属的法律援助机构与各项目实施单位签订《项目执行协议书》，明确办案质量要求、办案数量等方面的权利义务，并于签订之日起 10 日内报中央项目管理办公室备案。

第五章　项目案件的办理

第十五条　当事人向项目实施单位提出法律援助申请的，应当如实填写《中央专项彩票公益金法律援助项目法律援助申请表》（附件 1），并提供其申请事项和经济状况符合本办法第二章规定范围的证明材料。

第十六条　项目实施单位应当在规定时限内对当事人提出的法律援助申请进行审核，并填写《中央专项彩票公益金法律援助项目法律援助受理意见表》（附件 2），对符合本办法第二章规定的，应当受理申请并指派案件承办单位或承办人具体承办法律援助案件；对不符合本办法第二章规定的，不予受理并说明理由。

律师事务所和社会团体的法律帮助中心（维权机构）作为项目实施单位的，其受理的法律援助申请应当报所在地的县（市、区）法律援助机构审查。县（市、区）法律援助机构应当在规定时限内完成审查，对符合本办法第二章规定条件的，应当做出提供法律援助的决定并出具办理公函。

第十七条　地（市）和县（市、区）法律援助机构作为项目实施单位的，应当尽量指派律师事务所承办本项目资助的案件。东部地区的法律援助机构不得指派本单位专职法律援助人员办理本项目资助的案件；中西部地区的法律援助机构指派本单位专职法律援助人员办理本项目资助的案件原则上不超过本单位办理本项目资助案件总数的 30%。

第十八条 案件承办单位或承办人应当在接受指派后的规定时限内与受援人签订委托代理协议。

第十九条 案件承办单位或承办人应当依据有关法律援助工作的要求，遵守执业纪律和职业道德，为受援人提供符合标准的法律服务，并不得以任何理由、任何形式收取受援人的财物。

第二十条 案件承办过程中，如发现受援人申报的案情或经济状况等失实的，或发现受援人有《法律援助条例》第二十三条规定列举的情形时，承办单位或承办人应当及时向项目实施单位反映，项目实施单位视情况可以终止对受援人的法律援助。律师事务所和社会团体的法律帮助中心（维权机构）认为应当终止对受援人法律援助的，还须报所在地的县（市、区）法律援助机构审查批准。

第二十一条 对重大、复杂、疑难的法律援助案件，项目实施单位、案件承办单位应当组织集体研究，确定承办方案，确保办案的质量和效果。

第二十二条 案件承办单位或承办人自案件办结后 15 日内，应当填写《中央专项彩票公益金法律援助项目结案审查表》（附件 3），与下列材料一并提交项目实施单位进行结案审查。

（一）法律援助申请表、受理审核表以及证明案件符合本办法第二章规定的资助案件范围的有关资料；

（二）法律援助指派函或其他公函；

（三）委托代理协议、授权委托书等委托手续；

（四）起诉书、上诉书、申诉书或者行政复议（申诉）申请书、国家赔偿申请书等法律文书副本；

（五）会见委托人、当事人、证人谈话笔录和其他有关调查材料以及主要证据复印件；

（六）答辩状、辩护词或者代理词等法律文书；

（七）判决（裁定）书、仲裁裁决书、调解书（包括法院调解书、仲裁

调解书和当事人在经律师见证达成的调解协议）或者行政处理（复议）决定等法律文书副本；

（八）结案报告；

（九）其他与承办案件有关的材料。

第二十三条 律师事务所和社会团体的法律帮助中心（维权机构）作为项目实施单位的，经本单位审查准予结案的案件，还应当将本办法第二十二条规定的结案材料报所在地县（市、区）法律援助机构审查。法律援助机构应当在 3 日内完成审查。

第二十四条 法律援助类民办非企业单位和高等法学院校学生社团组织应当接受所在省项目管理办公室的业务指导和监督。按照《法律援助条例》和有关法律、法规以及本办法的规定，严格进行案件受理、指派、办理和结案审核工作。办理群体性法律援助案件，须报中央项目管理办公室审查。

第二十五条 项目实施单位应当按照有关法律援助档案管理的规定将案件材料立卷存档。本办法第二十二条规定的结案材料应当作为卷宗材料的重要内容予以存档。

第六章 项目资金的拨付与管理

第二十六条 项目资金在财政部拨付司法部后，由司法部拨付中国法律援助基金会。中国法律援助基金会根据项目实施的进度将办案补贴直接拨付项目实施单位。

第二十七条 中国法律援助基金会、各项目实施单位应当为项目资金设立专户，实行独立核算，分账管理，不得与其他资金混合管理使用。

第二十八条 本项目资助的各地区的办案补贴标准分别是：

（一）西部的重庆、四川、贵州、云南、西藏、陕西、甘肃、青海、宁夏、新疆、广西、内蒙古等12省（区、市）和新疆生产建设兵团办理本区域内刑事案件、执行案件的办案补贴为1000元，办理本区域内民事、行政案件的补贴为1500元；疑难案件和跨地区办理的案件可以适当提高，最高不超过4000元。

（二）中部的河北省、山西、吉林、黑龙江、安徽、江西、河南、湖北、湖南、海南等 10 省和东部的山东省、辽宁省、福建省办理本区域内刑事案件、执行案件的办案补贴为 1200 元，办理本区域内民事、行政案件的补贴为 2000 元；疑难案件和跨地区办理的案件可以适当提高，最高不超过 4500 元。

（三）东部的北京、天津、上海、江苏、浙江、广东等 6 省（市）办理本区域内刑事案件、执行案件的办案补贴为 1600 元，办理本区域内民事、行政案件的补贴为 2800 元；疑难案件和跨地区办理的案件可以适当提高，最高不超过 5000 元。

第二十九条　各项目实施单位办理的法律援助案件中，疑难案件和跨地区办理的案件原则上不超过 10%。

第三十条　刑事侦查阶段、审查起诉阶段的案件和刑事、民事、行政二审案件，以及以调解结案的案件，如案情简单，工作量小，应在本办法第二十八条规定的资助标准基础上降低支付金额。

第三十一条　项目实施单位每季度向省级项目管理办公室提交《中央专项彩票公益金法律援助季度结案统计表》（附件 4）、《中央专项彩票公益金法律援助项目××单位项目执行情况报告》和《项目资金申请报告》（附件 5）。

第三十二条　各省级项目管理办公室汇总、统计本省（区、市）各项目实施单位的项目执行情况，每季度向中央项目管理办公室提交《中央专项彩票公益金法律援助项目季度结案统计表》（附件 6）、《中央专项彩票公益金法律援助项目××省（区、市）项目执行情况报告》以及《项目资金申请报告》（附件 7）。

中央项目管理办公室审核上述材料后向项目实施单位拨付项目资金。

第三十三条　地（市）和县（区）法律援助机构作为项目实施单位的，要及时向案件承办单位或承办人发放办案补贴，并将《中央专项彩票公益金法律援助项目办案补贴发放情况表》（附件 8）报省级项目管理办公室。

第三十四条　各项目实施单位申请的项目资金，只能用于向案件承办单位或承办人发放办案补贴，不得用于除此之外的其他支出。

第三十五条 项目资金的使用应当严格执行国家有关法律、法规和财务规章制度，任何人、任何部门不得截留、挤占或拖延支付、抵扣项目资金，不得贪污挪用、虚报冒领、挥霍浪费项目资金。

第三十六条 由本项目资助的案件，不得再申请其他财政法律援助经费或其他办案补贴。

第三十七条 有下列情形之一的不予支付办案补贴：

（一）项目实施单位、案件承办单位或承办人员收取受援人财物的；

（二）擅自终止或者转委托他人办理法律援助案件的；

（三）办理案件不合格或者不负责任给受援人造成损失的；

（四）有事实证明法律援助人员不履行职责而被更换的；

（五）案件承办单位或承办人员所提交的案件材料不符合项目要求的；

（六）虚构案件冒领办案补贴的。

第三十八条 由于出现本办法第二十条规定的情况而终止法律援助的，如案件承办单位或承办人未开展实质性工作的，不予支付办案补贴；如已开展实质性工作的，可以按本办法第二十八条规定的标准减半支付办案补贴。

第三十九条 中央项目管理办公室接受相关部门审计并将审计结果报财政部和司法部。中央项目管理办公室建立信息数据管理系统，对项目资金的使用实行实时监控和数据统计，并委托有关审计机构对项目实施单位的资金使用情况进行审计。

第七章 监督检查

第四十条 各级项目管理办公室、各项目实施单位应当建立健全内部监督、检查制度，严格执行本办法和有关法律、法规，主动接受财政、审计、监察等相关部门的审计和检查。

第四十一条 各省级项目管理办公室负责对本省（区、市）项目执行情况进行经常性检查；中央项目管理办公室会同有关部门进行阶段性集中检查。

项目检查的方式有：卷宗抽查、当事人回访、接受举报、实地考察、组织审计等。

第四十二条　项目监督检查的重点是：

（一）项目资助办理案件的质量；

（二）各项目实施单位是否设立专项账户，是否与其他资金混淆使用；

（三）资金使用中是否有违反本办法有关规定的行为；

（四）项目实施单位是否将办案补贴如数发放给案件承办单位或承办人。

（五）其他认为应确定为重点检查的内容。

第四十三条　如发现项目实施单位未按要求执行项目或项目管理中存在较大问题以及未及时报告项目执行情况和资金使用情况的，中央项目管理办公室应当对有关单位和个人予以批评并责令其改正，同时可视情况扣减或暂停下一阶段项目资金；如发现项目实施单位有严重违反本办法的行为，可以暂停项目在该单位的实施，责其限期整改，整改期满仍未改善的，取消其作为项目实施单位的资格，并追究有关人员的责任，情节严重构成犯罪的，移送司法机关依法追究刑事责任。

第四十四条　中央项目管理办公室建立项目评估系统，对项目实施情况进行评估，评估结果将作为下期项目资金分配的重要依据。对于表现突出的项目实施单位、案件承办单位、承办人，中央项目管理办公室将会同有关部门给予表彰奖励。

第四十五条　中央项目管理办公室每半年向财政部、司法部报告项目实施和管理等有关情况，每一年向社会公开项目实施情况。

第四十六条　中央项目管理办公室设立举报监督电话，受理群众举报，接受社会监督。

第八章　附则

第四十七条　各省级项目管理办公室可以根据本办法和当地实际情况，制定具体实施细则，报中央项目管理办公室备案。

第四十八条　本项目所使用的《法律援助申请表》等一切表格和宣传材料，均需注明"本项目由中央专项彩票公益金资助"的字样。

第四十九条　本办法由财政部、司法部负责解释。

第五十条　本办法自颁布之日起实行。

5. 关于加强和改进中央专项彩票公益金法律援助项目资助案件申报审核工作的意见

背景：为了切实贯彻落实《中央专项彩票公益金法律援助项目实施与管理暂行办法》，进一步提高项目运作效率，确保项目资金使用的安全性、有效性和公益性，现就加强和改进项目资助案件申报审核工作提如下意见。

出台时间：2012 年 5 月 31 日

主要内容：项目管理规范

附：

各省级项目管理办公室，全国律协项目管理办公室和全国妇联项目管理办公室：

一、进一步提高做好项目案件申报审核工作的认识

要充分认识做好项目资助案件申报审核工作的重要性。项目资助案件的申报包括纸质材料申报和项目信息数据系统申报，直接关系着每季度各项目实施单位办案补贴的发放工作，是项目资金安全使用的重要保障，同时，也关系着项目年度资助案件的数据统计以及工作报告的编写，关系着项目成果的展示。今年第一季度各实施单位上报案件量大，时间紧，任务重。各省级项目管理办公室要高度重视，加强指导，严格把关，特别是要充分认识做好项目信息数据填报工作的重要意义，始终保持强烈的事业心、责任感，将这项工作作为整个项目实施的重要组成部分来做，及时、高效地组织完成各地各项目实施单位季度案件申报审核工作。

二、进一步严格项目案件申报审核程序

项目运作程序既是管理工作规范性的保证，也是项目实施效率的保障。法律援助案件办理需要一定时期，项目资金申请也有一个规定的程序，因此从案件受理到补贴发放的过程相对较长。在保障项目案件质量和资金安全的同时，也要提高工作效率。各省级项目管理办公室要严格按照《暂行办法》和《项目执行协议》中关于项目资金申请拨付的有关规定，严格审核各项目实施单位上报案件，及时、准确上报有关材料。对于个别项目实施单位季度案件上报工作（包括项目信息系统数据填报）不及时、不详实的，省级

项目管理办公室要切实负责，采取相应措施，对其进行指导，提出严格要求，明确处理意见。坚决不能因为个别单位影响全省（区市）的项目进展，甚至影响全国整体项目进展。

三、进一步增强项目资助案件审核力度

根据《暂行办法》的规定，各省级项目管理办公室具体负责本辖区内的项目实施和管理工作，是项目资助案件申报审核的中坚力量。各省级项目管理办公室要高度重视，切实负责，严格审核各单位上报案件信息。既要注重审核受援对象、案件类型、申请补贴数额等是否符合项目资助有关规定，也要注重审核案情介绍情况与案件结果填写的一致性和准确性，还要严格执行关于重大疑难案件、群体性案件等项目特殊案件申报有关工作的要求。各省级项目管理办公室对初审退回补充的案件，可以要求上报单位在三个工作日内完成补充信息工作即行上报，也可以要求其补充材料待下个季度再行上报，以避免因为个别单位、个别案件影响本辖区项目案件审核申报工作。中央项目管理办公室对省级上报材料和项目系统信息数据进行审核，对本季度上报的不符合项目有关要求退回补充信息的案件，原则上本季度不再审核发放办案补贴，需下一个季度再行重新申报。

七　中国禁毒基金会

禁毒"关爱工程"2016、2017 年度项目公示

发布时间：2017 年 12 月 25 日

主要内容：公益金使用情况信息公开

附：

为认真贯彻落实习近平总书记等中央领导同志关于加强禁毒工作重要指示精神，积极开展面向全民的禁毒社会化工作，进一步减轻毒品危害，促进社会和谐稳定，财政部从"十三五"期间彩票公益金中安排专项资金 1.5 亿元开展禁毒"关爱工程"项目，主要用于禁毒宣传教育工作，分五年划拨实施，每年 3000 万元。该项目由公安部禁毒局负责组织实施和管理，中

国禁毒基金会协助。

现将禁毒"关爱工程"2016、2017 年度项目经费支出情况公示如下:

一、在山西、吉林、广西、海南、四川、贵州、云南、西藏、甘肃、青海、宁夏、新疆等 12 个省区毒品危害严重的农村偏远地区的初中学校建立 1080 个校园禁毒图书角,该项共计 5400 万元;

二、在青海省西宁市援建一个省级禁毒科普教育馆,在江西省景德镇市、浮梁县分别升级扩建一个市级、县级禁毒科普教育馆,该项共计 600 万元。

Abstract

In 1987, the China Welfare Lottery was issued by the Central Committee of the Communist Party of China and the State Council. The welfare lottery has saled more than 179. 51 million yuan, raising about 547. 9 billion yuan of lottery public welfare fund, which has made tremendous contributions to China's welfare and public welfare undertakings. Taking 2017 as an example, domestic scholars estimate that the total value of social accounting for the whole year was 324. 9 billion yuan, of which, the national volunteer service contributed 54. 8 billion yuan, the lottery public welfare fund was 11. 43 billion, and the total social donation was 155. 8 billion. The lottery public welfare fund accounted for 35%. If calculated according to statistics of the Ministry of Civil Affairs, the Welfare Lottery will account for a higher proportion. The welfare lottery accounted for more than 50% in lottery public welfare fund. It can be seen that the welfare lottery public welfare fund has always been an important source of the development of charity in China.

The original intention of the welfare lottery was to "unify the people who are enthusiastic about social welfare, carry forward the socialist humanitarian spirit, raise social welfare funds, and set up disabled people, the elderly, orphan welfare and help those who have difficulties. " Over the years, the China Welfare Lottery has not forgotten its initial intentions, and has vigorously promoted the rapid development of charitable causes in China around the purpose of issuing "helping the elderly, helping the disabled, saving the solitary, and helping the poor". At the beginning of its birth, the welfare lottery was considered to be a new idea and a new breakthrough in social welfare. Now, it has become an important pillar of China's social welfare and public welfare undertakings.

In 2017, welfare lottery issuance sales and public welfare fund raising have steadily increased, with sales reaching 216. 977 billion yuan and raising public

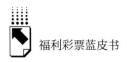
welfare funds of 62. 140 billion yuan. This report summarizes the use of public welfare funds raised by the central government, including the central special public welfare fund project, as well as the Ministry of Civil Affairs project and subsidized local fund projects. On the whole, in terms of the use of public welfare funds, the support for old-age services and local public welfare undertakings has been further strengthened, and the use management of public welfare funds has been strengthened. Welfare Lottery also organizes a large number of public welfare activities to promote the spread of public welfare brands, which have made important contributions to China's social welfare undertakings.

This book mainly consists of six parts. In the general report, the research team systematically sorted out the sales of welfare lottery in 2017 and the public welfare fund raising, the use of public welfare funds and the project, and analyzed the welfare lottery in public interest cognition and public welfare experience, game design and performance, management and other challenges. In the special research section, the three research teams discussed the lottery public welfare policy research, the type of public welfare projects of China's Welfare Lottery institutions in 2017, and the public welfare communication of the welfare lottery in the new media era. The survey and evaluation section includes two articles, one is a preliminary theoretical exploration of the evaluation system of the philanthropy of welfare lottery in China; the other is a survey on the public's perception of welfare lottery. In the philanthropy projects cases section, the five aspects of helping the elderly, helping the disabled, saving the orphans, helping the poor, and helping the students were summarized. In the Mirror, articles analyzed the public welfare development of the Hong Kong Jockey Club, the US lottery industry and the development of lottery public welfare, and made recommendations on the development of welfare lottery in China. The appendix section systematically sorts out the relevant policies of China's lottery public welfare fund and the related policies of different types of foundations participating in the lottery public welfare fund project.

Contents

I General Report

Abstract: In 2017, welfare lottery issuance sales and public welfare fund raising have steadily increased, with sales reaching 216. 97 billion yuan and raising public welfare funds of 62. 140 billion yuan. This paper sorts out the use of the public welfare fund raised by the central government, including the central special public welfare fund project, as well as the Ministry of Civil Affairs project and subsidized local fund projects. On the whole, in terms of the use of public welfare funds, the support for old-age services and local public welfare undertakings has been further strengthened, and the use management of public welfare funds has been strengthened. The Welfare Lottery Department also organized a large number of public welfare activities to promote the spread of public welfare brands, which have made important contributions to China's social welfare undertakings. This paper also analyzes the challenges faced by welfare lottery in public welfare cognition and public welfare experience, game design, performance management, etc. On this basis, it is proposed that the proportion of public welfare fund raising should be increased, the management of public welfare funds should be further improved, and the public welfare experience of buyers should be strengthened. Public welfare communication.

Keywords: Lottery Public Welfare Fund; Welfare Lottery; Philanthropy Development

Ⅱ Specific Topics

B. 2 Research Report on the Development of Welfare Lottery
Public Welfare Fund Policy in China   *Ma Fuyun* / 030

Abstract: with the increase of Chinese lottery issuance and sales, the total amount of lottery public welfare fund is rapid increasing, and the raise, use and its management of lottery public welfare fund are attracting more and more attention. The author reviews the development of the collection and distribution policy of lottery public welfare funds in China. Based on statistical analysis on lottery issuance revenue all these years, The author believes that the proportion of lottery welfare funds has not reached the proportion stipulated by the policy. The author analyses current status of collection and distribution of Chinese lottery public welfare funds, summarizes its existing problems and puts forward some policy suggestions for improving lottery-related laws and regulations, reforming lottery sales operations and regulatory mechanisms.

Keywords: Lottery Public Welfare Fund; Management Policy; Welfare Lottery

B. 3 The Commonweal Communication of Welfare Lottery
in New Media Era

Research Group of Philanthropy Communication,

Nanchang University / 052

Abstract: With the development of new media technology, The commonweal communication of welfare lottery has stepped into the new media era from the traditional media era. This paper look back upon the history and current status of lottery tickets, lottery sites, lottery books and newspapers, lottery radio and television programs, lottery web site, lottery social platform, then make a comparative analysis on the disseminator, audience, contents, effects and media communication characteristics of all these transmission channels, found that the overall effect of the commonweal communication of welfare lottery in new media era is unsatisfactory. Based on the analysis results, the author put forward the corresponding suggestions for policy making, such as strengthening the integration of old and new media, guiding lottery players to set up the correct values of lottery, and improving the level of lottery content design and marketing methods.

Keywords: New Media; Commonweal Communication; Communication Channel

Abstract: This paper sorts out the works of some local welfare lottery agencies in the planning and implementation of public welfare activities in 2017. These public welfare activities are divided into five types and analyzed separately. Based on the current situation of Welfare Lottery's public welfare projects, the article proposes to clarify the functions of welfare lottery agencies, regulate the use of funds, and strengthen the construction of public welfare brands.

Keywords: Lottery Public Welfare Fund; Public Welfare Activities; Use of Public Welfare Fund

Ⅲ Survey and Assessment

Abstract: In order to promote the healthy development of welfare lottery in

China, it is necessary to evaluate the system of welfare lottery, from the perspective of philanthropy development. Based on the analysis of many relevant relevant researches, this paper proposes a five-dimensional model of public welfare resources, public welfare management, performance evaluation, public welfare social responsibility and public welfare impact. Five-dimensional model focuses on public welfare development. It evaluates the system of welfare lottery from five aspects: public welfare resources acquisition, welfare concepts and management, performance evaluation of welfare lottery projects, information disclosure and stakeholders social responsibility, and the impact on social public welfare development.

Keywords: Philanthropy Development; Five-dimensional Model; Social Responsibility

B. 6　Analysis Report of a Survey on Public Awareness
of Welfare Lottery　*Wang Weiming, Du Jiaqi and Zheng Yanqi* / 137

Abstract: Welfare lottery, as a method of fund social welfare, is characterized by economy and commonweal. This survey is conducted on people's cognize of welfare lottery tickets, aimed at understanding the current situation of Chinese public welfare lottery, including purchase habits, the influence factors of choose a lottery site and buy the lottery, cognize of welfare lottery tickets. More than that, by collecting the suggests of respondent, the author put forward corresponding suggestions such as the publicity of lottery should be strengthened, Make information more transparent, and improve the experience of lottery.

Keywords: Cognition; Public Welfare Communication

IV   Case Studies

Abstract: With the aggravation of population aging, we need to vigorously promote the construction of multi-level pension service system. This paper reviews the situation that welfare lottery public welfare fund has been invested in various types of pension projects in recent years, and deeply participates in the construction of pension service system. It summarizes the role of welfare lottery public welfare fund in promoting the integration of home-based pension and institutional pension, helping to improve the service ability of medical and pension integration, supporting the training of professional personnel in pension service, building smart pension, and leading the trend of social respect for the elderly.

Keywords: Aging Population; Elderly Care Service System; Combination of Medicine and Nursing; Intelligent Old-age Care; Diversified Old-age Care

Abstract: In recent years, the welfare lottery's public welfare fund has done a lot of work in helping disabled people return to society and employment. Through rehabilitation, study aid and employment assistance projects, the welfare lottery has brought more and more disabled people back to society and self-reliance. Through a number of cases, this paper sorts out the design and development of the welfare lottery related disability project in China, and the effect of the project. It proposes to help the disabled to stand on their own feet and provide accurate assistance.

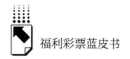

Keywords: Disabled Employment; Helping the Disabled; Self-reliance

B. 9   Rescue the Orphans Program: Welfare Lottery Promotes

the Construction of Moderate Inclusive Children's

Welfare System in China   *Yang Bowen* / 182

Abstract: In recent years, China Welfare Lottery has been continuously investing in child welfare, and has carried out various welfare projects. These projects have provided strong financial support for the development of children's welfare in China. Most of orphans and the distressed children get help. This paper analyzes several representative cases, sorts out the specific practices of China Welfare Lottery in building a child protection network, improving the child welfare protection mechanism, protecting the legitimate rights and interests of children, and proposes to increase the amount of public welfare funds, iIncrease the intensity of purchasing services.

Keywords: Child Welfare; Children in Distress; Moderate Inclusive Welfare System

B. 10   The Poverty Relief Program: Exploration of the

Multi-dimensional and Accurate Poverty Alleviation Model

of the Welfare Lottery   *Yang Bowen* / 201

Abstract: This paper introduces the accurate and precise rescue mode of the local welfare lottery departments, which is based on the precise drip irrigation, through the implementation of policies according to people, places, causes and types of poverty, to help the poor people. Local governments have also explored and innovated from five aspects: poverty alleviation through industry, poverty alleviation through health, poverty alleviation through education, poverty alleviation through old revolutionary base areas and poverty alleviation through relocation. It is suggested to further highlight the accuracy of poverty alleviation, consolidate the effect of poverty alleviation, and strengthen public welfare propaganda.

Keywords: Targeted Poverty Reduction; Poverty Alleviation; Guaranteeing Basic Living Standard for People Unable to Work

B. 11 The Student Aid Program: Exploring Diversified Student Aid Ways to Solve Difficult Student Entrance Problems

Yang Bowen / 222

Abstract: Education for poverty alleviation is an effective means to achieve educational equity and thus ensure social equity. China Welfare Lottery is an important force in education for poverty alleviation. China Welfare Lottery has invested heavily in educational aid projects, and various provincial and municipal welfare centers have also actively carried out various public welfare activities. This paper sorts out these student-assisted projects, and analyzes the practice of focusing on helping students, exploring diversified ways of helping students, and solving the problems of students in difficult situations. The article suggests that it is necessary to further build a long-term mechanism for education and poverty alleviation, enrich the mode of aiding students, and increase publicity.

Keywords: Education Fair; Poverty Alleviation through Education; Diversified Student Assistance; Poverty Alleviation by Accurate Student Aid

V　Comparative Studies

Abstract：As a non-profit organization with legal gambling, the Hong Kong Jockey Club contributed its profits to the charity through its unique operating mechanism. In order to promote the quality of life of Hong Kong citizens, the Club developed social welfare projects covering ten areas, perfectly integrated sports betting and charity. Through the analysis of the operating mechanism and donation scope of the Hong Kong Jockey Club Charity Trust, this paper presents the unique lottery charity operation mode of the Hong Kong Jockey Club in an all-round way and conducts in-depth comparative analysis with the mainland lottery charity, in order to obtain some reference and enlightenment. The article suggests that the mainland welfare lottery needs to advance the legalization process of lottery management, improve the supervision system, and establish lottery public welfare fund investment mechanism.

　　Keywords：Hong Kong Jockey Club；Gaming and Charity

Abstract：Compared with our country, the lottery industry in the United States has a long history, its system is more complete and mature, in terms of sales is the world's lottery power. Therefore, a comprehensive understanding of the U. S. lottery system is particularly important, which is helpful to provide experience and useful reference for China's lottery industry. Based on the historical evolution of the U. S. lottery industry, this paper introduces the current legal system, institutional mechanism and related examples of the U. S. lottery industry, comparing and analyzing China's lottery industry in the United States, and summarizes the reference and enlightenment of the U. S. lottery system to China. Based on the comparison of the lottery in China and the United States, the article suggests: Promoting the development of lottery in China in terms of laws and regulations related to lottery, strengthening information disclosure, and accelerating the use of new technologies.

Keywords: U. S. Lottery Industry; Lottery Public Welfare; Laws and Regulations

VI   Appendix

皮书系列

❖ 皮书起源 ❖

"皮书"起源于十七、十八世纪的英国,主要指官方或社会组织正式发表的重要文件或报告,多以"白皮书"命名。在中国,"皮书"这一概念被社会广泛接受,并被成功运作、发展成为一种全新的出版形态,则源于中国社会科学院社会科学文献出版社。

❖ 皮书定义 ❖

皮书是对中国与世界发展状况和热点问题进行年度监测,以专业的角度、专家的视野和实证研究方法,针对某一领域或区域现状与发展态势展开分析和预测,具备原创性、实证性、专业性、连续性、前沿性、时效性等特点的公开出版物,由一系列权威研究报告组成。

❖ 皮书作者 ❖

皮书系列的作者以中国社会科学院、著名高校、地方社会科学院的研究人员为主,多为国内一流研究机构的权威专家学者,他们的看法和观点代表了学界对中国与世界的现实和未来最高水平的解读与分析。

❖ 皮书荣誉 ❖

皮书系列已成为社会科学文献出版社的著名图书品牌和中国社会科学院的知名学术品牌。2016 年,皮书系列正式列入"十三五"国家重点出版规划项目;2013~2019 年,重点皮书列入中国社会科学院承担的国家哲学社会科学创新工程项目;2019 年,64 种院外皮书使用"中国社会科学院创新工程学术出版项目"标识。

中国皮书网

（网址：www.pishu.cn）

发布皮书研创资讯，传播皮书精彩内容
引领皮书出版潮流，打造皮书服务平台

栏目设置

关于皮书：何谓皮书、皮书分类、皮书大事记、皮书荣誉、

皮书出版第一人、皮书编辑部

最新资讯：通知公告、新闻动态、媒体聚焦、网站专题、视频直播、下载专区

皮书研创：皮书规范、皮书选题、皮书出版、皮书研究、研创团队

皮书评奖评价：指标体系、皮书评价、皮书评奖

互动专区：皮书说、社科数托邦、皮书微博、留言板

所获荣誉

2008 年、2011 年，中国皮书网均在全
国新闻出版业网站荣誉评选中获得"最具
商业价值网站"称号；

2012 年，获得"出版业网站百强"称号。

网库合一

2014 年，中国皮书网与皮书数据库端
口合一，实现资源共享。

权威报告・一手数据・特色资源

皮书数据库
ANNUAL REPORT(YEARBOOK) DATABASE

当代中国经济与社会发展高端智库平台

所获荣誉

- 2016年，入选"'十三五'国家重点电子出版物出版规划骨干工程"
- 2015年，荣获"搜索中国正能量 点赞2015""创新中国科技创新奖"
- 2013年，荣获"中国出版政府奖・网络出版物奖"提名奖
- 连续多年荣获中国数字出版博览会"数字出版・优秀品牌"奖

成为会员

通过网址www.pishu.com.cn访问皮书数据库网站或下载皮书数据库APP，进行手机号码验证或邮箱验证即可成为皮书数据库会员。

会员福利

- 已注册用户购书后可免费获赠100元皮书数据库充值卡。刮开充值卡涂层获取充值密码，登录并进入"会员中心"—"在线充值"—"充值卡充值"，充值成功即可购买和查看数据库内容。
- 会员福利最终解释权归社会科学文献出版社所有。

社会科学文献出版社 皮书系列
SOCIAL SCIENCES ACADEMIC PRESS (CHINA)

卡号：794485469536

密码：

数据库服务热线：400-008-6695
数据库服务QQ：2475522410
数据库服务邮箱：database@ssap.cn
图书销售热线：010-59367070/7028
图书服务QQ：1265056568
图书服务邮箱：duzhe@ssap.cn

S 基本子库
SUB DATABASE

中国社会发展数据库（下设 12 个子库）

全面整合国内外中国社会发展研究成果，汇聚独家统计数据、深度分析报告，涉及社会、人口、政治、教育、法律等 12 个领域，为了解中国社会发展动态、跟踪社会核心热点、分析社会发展趋势提供一站式资源搜索和数据分析与挖掘服务。

中国经济发展数据库（下设 12 个子库）

基于"皮书系列"中涉及中国经济发展的研究资料构建，内容涵盖宏观经济、农业经济、工业经济、产业经济等 12 个重点经济领域，为实时掌控经济运行态势、把握经济发展规律、洞察经济形势、进行经济决策提供参考和依据。

中国行业发展数据库（下设 17 个子库）

以中国国民经济行业分类为依据，覆盖金融业、旅游、医疗卫生、交通运输、能源矿产等 100 多个行业，跟踪分析国民经济相关行业市场运行状况和政策导向，汇集行业发展前沿资讯，为投资、从业及各种经济决策提供理论基础和实践指导。

中国区域发展数据库（下设 6 个子库）

对中国特定区域内的经济、社会、文化等领域现状与发展情况进行深度分析和预测，研究层级至县及县以下行政区，涉及地区、区域经济体、城市、农村等不同维度。为地方经济社会宏观态势研究、发展经验研究、案例分析提供数据服务。

中国文化传媒数据库（下设 18 个子库）

汇聚文化传媒领域专家观点、热点资讯，梳理国内外中国文化发展相关学术研究成果、一手统计数据，涵盖文化产业、新闻传播、电影娱乐、文学艺术、群众文化等 18 个重点研究领域。为文化传媒研究提供相关数据、研究报告和综合分析服务。

世界经济与国际关系数据库（下设 6 个子库）

立足"皮书系列"世界经济、国际关系相关学术资源，整合世界经济、国际政治、世界文化与科技、全球性问题、国际组织与国际法、区域研究 6 大领域研究成果，为世界经济与国际关系研究提供全方位数据分析，为决策和形势研判提供参考。

法律声明

　　"皮书系列"（含蓝皮书、绿皮书、黄皮书）之品牌由社会科学文献出版社最早使用并持续至今，现已被中国图书市场所熟知。"皮书系列"的相关商标已在中华人民共和国国家工商行政管理总局商标局注册，如 LOGO（ ）、皮书、Pishu、经济蓝皮书、社会蓝皮书等。"皮书系列"图书的注册商标专用权及封面设计、版式设计的著作权均为社会科学文献出版社所有。未经社会科学文献出版社书面授权许可，任何使用与"皮书系列"图书注册商标、封面设计、版式设计相同或者近似的文字、图形或其组合的行为均系侵权行为。

　　经作者授权，本书的专有出版权及信息网络传播权等为社会科学文献出版社享有。未经社会科学文献出版社书面授权许可，任何就本书内容的复制、发行或以数字形式进行网络传播的行为均系侵权行为。

　　社会科学文献出版社将通过法律途径追究上述侵权行为的法律责任，维护自身合法权益。

　　欢迎社会各界人士对侵犯社会科学文献出版社上述权利的侵权行为进行举报。电话：010-59367121，电子邮箱：fawubu@ssap.cn。

社会科学文献出版社